Civilisation et société
dans l'Occident médiéval

Aryeh Graboïs

Civilisation et société
dans l'Occident médiéval

VARIORUM REPRINTS

London 1983

British Library CIP data   Graboïs, Aryeh
Civilisation et société dans l'Occident médiéval.
— (Collected studies series; CS174).
1. Civilization, occidental   2. Civilization,
Medieval
I. Title
940.1   CB351

ISBN 0-86078-122-4

Copyright © 1983 by   Variorum Reprints

ω

Published in Great Britain by   Variorum Reprints
20 Pembridge Mews London W11 3EQ

Printed in Great Britain by   Galliard (Printers) Ltd
Great Yarmouth Norfolk

VARIORUM REPRINT CS174

TABLE DES MATIÈRES

CHRÉTIENTÉ, JUDAÏSME ET LA CIVILISATION OCCIDENTALE

LES JUIFS DANS LA SOCIÉTÉ OCCIDENTALE

Ce volume est composé de 334 pages

A la mémoire de mes parents,
Eliézer et Judith Graboïs.

AVANT-PROPOS

Les articles recueillis ici sont une sélection de travaux publiés pendant vingt années de recherche. Le titre choisi reflète les idées de l'auteur, qui considère la civilisation médiévale comme le fruit d'une synthèse entre l'héritage de l'Antiquité classique et des contacts entre les components de la société médiévale, en l'occurrence chrétiens et juifs. Cette civilisation que l'on ne peut pas qualifier d'antropocentriste, en raison des croyances dans le déterminisme divin, fut pourtant une civilisation humaniste. L'homme, image de Dieu, a été à son centre, reflétant le microcosme, terme cher aux intellectuels de l'époque.

La sélection est divisée en quatre volets, dont les premiers traitent de la société "latine", tandis que les deux derniers portent sur la cohabitation des juifs et chrétiens et sur la contribution juive à la cristallisation de la civilisation occidentale. Nous abordons le thème par l'étude des institutions de la France au XIIe siècle, période charnière du *millenium* médiéval. Le processus de la réstructuration sociale, menant à la renaissance de l'Etat, dont la raison d'être a été la protection de l'individu et de sa sécurité, s'exprime dans l'évolution de la "trêve de Dieu", instituée en raison de la carence du pouvoir public, à la "paix du roi" (I). L'idéal de la paix eut son influence sur les attitudes humaines à une époque de guerres endémiques, au point que l'on commença à les légitimer comme actions défensives. Les développements des institutions de l'Etat (II-IV) ont été étroitement liés à la désagrégation du monde féodal; le cas du comté de Toulouse (V), dont une étape est élucidée par l'étude d'un texte hébraïque, qui comble des lacunes dans la documentation latine, est signifiant.

Les mythes, compris au sens du concret, ont joué un rôle important dans la mentalité médiévale. Dans ce sens de l'*imago mundi*, la Bible servit de source pour la connaissance de la Terre sainte, ainsi que d'exemple pour la royauté sacrée. La légende de Charlemagne, née du souvenir de son règne, est devenue à la fois l'expression de l'identité collective d'une civilisation et un modèle de conduite. L'étude sur la place de Jérusalem, symbolisant la royauté biblique, dans l'élaboration de l'idée de l'Empire (VI), se projette sur l'évolution postérieure. On la retrouve dans la genèse du premier quartier universitaire dans l'Occident, à Paris, signifiant Jérusalem, la *Cariath-sepher* (VII), mais aussi dans les expressions de l'idéal de la royauté de David (VIII) et dans l'actualisation du passé biblique par les pèlerins visitant la Terre sainte à l'époque des Croisades (IX).

La cohabitation des juifs et chrétiens en Europe occidentale est abordée sous l'angle de la transmission mutuelle des influences, aussi bien de valeurs spirituelles, que structuration des institutions. La légende de Charlemagne a été assimilée par les juifs, servant de fondement pour la requête des privilèges aux communautés et pour tracer l'origine des écoles rabbiniques en Europe (X). D'autre part, la dialogue intellectuel, à partir des contacts quotidiens, a permis aux sages juifs à apporter leur contribution à la cristallisation de la civilisation occidentale (XI-XIV). Enfin, les études sur le rôle des juifs dans la société et l'économie médiévale (XV-XIX), illustrent la collaboration de deux components sociaux de la cité, dans le cadre de la vie urbaine.

Résultats de travaux personnels, ces études ont bénéficié de l'assistance et la collaboration de plusieures personnes. Qu'il me soit permis d'exprimer ma gratitude aux maîtres auxquels je dois ma formation d'historien, aux collègues et amis, qui m'ont fourni des indications précieuses et ont bien voulu discuter mes idées, aux archivistes et bibliothécaires, qui ont mis à ma disposition leurs fonds. Cependant, le fondement en est dû à mes parents, auxquels je dois ma formation humaniste et c'est à leur mémoire que ce volume est dédié.

A. GRABOÏS

Mont Carmel,
septembre 1982

INSTITUTIONS ET SOCIÉTÉ
EN FRANCE AU XIIe SIÈCLE

I

De la trêve de Dieu à la paix du roi
Étude sur les transformations du mouvement de la paix
au XIIᵉ siècle

L'étude d'E. Sémichon sur *La paix et la trêve de Dieu*[1] a, déjà depuis un siècle, souligné l'importance du phénomène ; le sujet devint dès lors l'objet des préoccupations des chercheurs, qui en ont traité les différents aspects. Les travaux de M. R. Bonnaud-Delamare ont récemment prouvé, dans ce domaine aussi, l'importance du travail sur le plan régional[2] ; ses conclusions ont abouti à des progrès importants et ont permis l'essai d'une nouvelle synthèse[3]. Cependant, la plupart des travaux traitent du XIᵉ siècle, l'époque qui a vu la genèse et l'organisation de la trêve de Dieu, et sont ainsi liés avec les développements sociaux du premier âge féodal. Quant au XIIᵉ siècle, le phénomène doit encore être étudié et situé dans les cadres des transformations sociales qui ont accompagné la renaissance de l'autorité royale et de l'idée d'État.

Marc Bloch a tracé les grandes lignes du développement de la trêve de Dieu au cours de la refonte des structures seigneuriales au second âge féodal[4]. Ses conclusions sur l'emploi des institutions de la paix par les princes territoriaux se trouvent confirmées par les études des savants, qui ont prouvé comment les ducs et les comtes, en Flandre[5], en Normandie[6], en Bourgogne[7] et en Anjou[8], profitèrent de la législation ecclésiastique et se substituèrent à l'Église comme législateurs, juges et gardiens de la paix publique.

---

1. E. Sémichon, *La paix et la trêve de Dieu*, 2 vol., Paris, 1857 (2ᵉ éd., 1869). Cf. aussi L. Huberti, *Studien zur Rechtsgeschichte der Gottesfrieden und Landfrieden*, t. I : *Die Friedensorgungen in Frankreich*, Ansbach, 1892.

2. R. Bonnaud-Delamare, *La légende des associations de la paix en Rouergue et en Languedoc au début du XIIIᵉ siècle (1170-1229)*, dans « Bull. philol. et histor. Comité des Trav. hist. et scient. », 1936/37, p. 47-78 ; Id., *L'idée de paix à l'époque carolingienne*, Paris, 1939 ; Id., *Le fondement des institutions de paix au XIᵉ siècle*, dans « Mélanges Louis Halphen », Paris, 1950, p. 19-26 ; Id., *Les institutions de la paix dans la province ecclésiastique de Reims au XIᵉ siècle*, dans « Bull. philol. et histor. Comité des Trav. hist. et scient. », 1955/56, p. 143-200 ; Id., *La paix en Flandre pendant la première croisade*, « Revue du Nord », t. XXIX, 1957, p. 147-152 ; Id., *Les institutions de paix en Aquitaine au XIᵉ siècle*, dans « Recueil Soc. Jean Bodin », t. XIV, 1962, p. 415-487.

3. H. Hoffmann, *Gottesfriede und « treuga Dei »* (« Schriften d. M. G. H. », 20), Stuttgart, 1964. Notre étude était en voie d'achèvement lorsque cet ouvrage fut publié. Nous avons eu ainsi la possibilité de profiter des résultats des recherches de M. Hoffmann.

4. M. Bloch, *La société féodale*, t. II : *Les classes et le gouvernement des hommes* (« Évolution de l'humanité »), Paris, 1940, p. 210-211.

5. Bonnaud-Delamare, *Les institutions de la paix dans la province ecclésiastique de Reims*, p. 194.

6. M. de Boüard, *Sur les origines de la trêve de Dieu en Normandie*, dans « Ann. de Normandie », t. IX, 1959, p. 186 et ss.

7. Cf. J. Richard, *Les ducs de Bourgogne et la formation du duché du XIᵉ au XIVᵉ siècle*, Paris, 1954, p. 24, 122 et 150.

8. Cf. Hoffmann, *op. cit.*, p. 126-128.

Une évolution similaire a été constatée aussi dans le domaine royal. Louis VI, qui avait consacré son règne à pacifier et consolider la principauté territoriale des Capétiens, à savoir le domaine royal, profita des institutions de paix pour imposer son autorité aux feudataires les plus turbulents du domaine[9] ; les épisodes racontés si vivement par Suger, à propos des efforts déployés pour réduire le pouvoir des sires du Puiset[10], où l'action royale fut secondée par l'Église[11], représentent la meilleure illustration de cette attitude. Un second cas, du même genre, fut le combat contre Thomas de Marle[12]. Cependant, les Capétiens n'étaient pas seulement des princes territoriaux, pareils à d'autres ducs et comtes du royaume ; ils étaient en même temps investis du titre royal, titre qui resta sans autorité au cours de la dernière partie du règne de Philippe Ier ; c'est sous Louis VI que s'amorça le redressement du pouvoir royal en France. Nous nous proposons d'étudier ici le rôle du mouvement de la paix et son développement dans cette évolution du renouvellement du pouvoir royal.

*
* *

Le règne de Louis VI commença quand la législation ecclésiastique de la trêve de Dieu avait déjà abouti à la codification. Les actes des synodes locaux et provinciaux contenaient tous les éléments nécessaires pour être consignés dans les traités du droit canon ; vers la fin du XIe siècle, Yves de Chartres était en état d'en établir les principes et de les insérer dans la *Panormia* :

> Nous prescrivons que les prêtres, les clercs, les moines, les pèlerins, les marchands allant et revenant, ainsi que les paysans, avec leurs animaux de labourage, les semences et les moutons, soient toujours en sûreté. Et nous prescrivons que la trêve soit strictement observée par tous, depuis le coucher du soleil le mercredi jusqu'au lever du soleil le lundi, et depuis l'Avent jusqu'à l'octave de l'Épiphanie, et depuis le dimanche de la Septuagésime jusqu'à l'octave de la Pentecôte. Et si quelqu'un tentait de violer la trêve, qu'il soit frappé d'excommunication et qu'aucun évêque n'ose point l'absoudre, sauf s'il était en danger immédiat de mort ; mais qu'il se présente devant le pape et qu'il accomplisse le mandement apostolique. Et si quelqu'un mourait, après avoir fait pénitence, il ne sera point privé du viatique, mais qu'il ne soit pas enseveli par l'Église. Si quelqu'un tentait de violer la trêve et ne donnait pas de satisfaction après avoir été averti trois fois, que son évêque lance contre lui une sentence d'excommunication, qui doit être annoncée par écrit aux évêques voisins. Qu'aucun excommunié ne soit reçu en communion par les autres évêques, qui doivent confirmer la sentence écrite...[13]

9. Cf. A. LUCHAIRE, *Louis VI le Gros. Annales de sa vie et de son règne*, Paris, 1890, p. LXVII-LXVIII.
10. SUGER, *Vita Ludovici Grossi regis*, éd. H. WAQUET (« Class. de l'hist. de France au moy. âge »), 2e éd., Paris, 1964, p. 128-146 et 152-168.
11. YVES DE CHARTRES, *Ep. CLXXI*, dans *P.L.*, t. CLXII, col. 174.
12. Cf. LUCHAIRE, *op. cit.*, n° 183, 189, 461.
13. « Praecipimus etiam ut presbyteri, clerici, monachi, peregrini, mercatores et rustici euntes et redeuntes in agricultura existentes, et animalia cum quibus aratur et semina portant ad agrum, et oves omni tempore securae sint. Treugam autem ab occasu solis in quarta feria, usque ad ortum solis in secunda feria, et ab Adventu Domini usque ad octavem Pentecostes ab omnibus inviolabiliter servari praecipimus. Si quis autem treugam frangere tentaverit, anathemati subjaceat, et nullus episcoporum illum absolvere praesumat, nisi mortis imminente periculo, donec apostolico conspectui praesentetur, et ejus mandatum suscipiat. Quod si quis eorum mortuus fuerit, quamvis ei poscenti et poenitenti viaticum non negetur, ecclesiastica tamen careat sepultura. Si quis autem treugam frangere tentaverit, post tertiam commonitionem, si non satisfecerit, episcopus suus sententiam excommunicationis in eum dictet, et scriptam vicinis episcopis nuntiet. Episcoporum autem nullus excommunicatum in communicationem suscipiat, imo scriptam sententiam quisque confirmet » (YVES DE CHARTRES, *Panormia*, lib. VIII, cap. CXLVII, dans *P.L.*, t. CLXI, col. 1343). En ce qui concerne l'idéologie et la pratique chartraine sur la paix et la trêve de Dieu, cf. HOFFMANN, *op. cit.*, p. 195 et ss.

La papauté, de son côté, prit la direction du mouvement et, depuis Nicolas II, vers 1059[14], la paix de Dieu fut étendue à toute la Chrétienté. L'action d'Urbain II fut en particulier importante, en raison de l'ampleur de la législation de la paix et de la trêve de Dieu sous son pontificat. Le premier canon des décrets du concile de Clermont en 1095, qui instituait la paix de Dieu[15], ne fut que le cadre d'une législation plus précise, élaborée ultérieurement. Cependant, en vertu des circonstances qui ont fait de ce concile un tournant de l'histoire du moyen âge, avec le déclenchement des croisades, ce décret se propagea rapidement et reçut une signification particulière : la papauté conduisait le monde chrétien à la guerre sainte et en même temps instaurait la paix parmi les fidèles. Aussi les conciles ultérieurs d'Urbain devinrent-ils le lieu où le pape développa ses idées concernant la paix, pour aboutir à une législation complète dans un concile tenu au Latran entre 1097 et 1099. Cette fois-ci, le pape reprenait les termes d'Yves de Chartres et mettait surtout l'accent sur la trêve de Dieu[16]. Le fondement de cette législation fut repris par les différents conciles, généraux et œcuméniques, au XIIe siècle[17]. La trêve de Dieu fut ainsi proclamée par les papes et sa portée devint, au moins théoriquement, générale.

C'est ainsi que l'organisation de la trêve de Dieu devint, vers la fin du XIe siècle, un problème commun à la Chrétienté. Sa généralisation et propagation se posait en même temps en antithèse face à la consolidation des principautés territoriales, où le prince concentrait entre ses mains toute l'autorité et s'imposait comme premier devoir de veiller au maintien de la paix publique[18]. Cette antithèse était en particulier accentuée en France ; la réorganisation des structures seigneuriales, dans un bon nombre des comtés, y rendait inutile le fonctionnement des institutions de la trêve de Dieu, qui se limitèrent aux régions moins organisées. D'autre part, la carence du pouvoir royal donnait aux organisations de la paix dans le royaume capétien une importance particulière : elles devaient remplir la place de la royauté dans le maintien de la paix entre les grands vassaux de la couronne. La notion de la *pax regis*, qui était en Angleterre un des fondements les plus importants de l'autorité monarchique[19], n'était point connue en France au début du XIIe siècle ; Louis VI dut sans doute remarquer la différence entre les régimes lorsqu'il fut, encore héritier de la couronne, l'hôte d'Henri Ier à Londres, vers la fin de 1100[20], et en tirer l'enseignement.

* *

Il est évident qu'à l'avènement de Louis VI, le Capétien ne pouvait que tenter d'imposer l'observation de la paix dans le domaine royal ; et même dans l'intérieur de cette principauté, le roi était obligé de recourir au soutien de l'Église pour obtenir d'abord

---

14. MANSI, *Sacrosancta concilia*, t. XIX, col. 897 et 907.
15. *Ibid.*, t. XX, col. 816.
16. *Acta pontificum romanorum inedita*, éd. J. VON PFLUGK-HARTTUNG, t. II, Stuttgart, 1884, n° 203, p. 167.
17. V. ainsi les canons du concile de Reims en 1119 (MANSI, *op. cit.*, t. XXI, col. 236-237) ; de Latran en 1123 (*Ibid.*, col. 284) ; de Clermont en 1130 (*Ibid.*, col. 439) ; de Latran en 1139 (*Ibid.*, col. 530-531) ; de Reims en 1148 (*Ibid.*, col. 716).
18. Évidemment, cette affirmation est valable seulement pour les principautés territoriales où le pouvoir du prince était efficacement établi. Quant aux régions du Centre et du Midi de la France, les institutions diocésaines de la paix ont connu l'époque de leur essor au XIIe s. Tel fut, par exemple, le cas des diocèses méridionaux de la province ecclésiastique de Bourges, dont les évêques de Mende (cf. Ch. PORÉE, *Études historiques sur le Gévaudan*, Paris, 1919, p. 352-354) et ceux de Rodez (cf. BONNAUD-DELAMARE, *La légende des associations de la paix en Rouergue...*) accrurent sensiblement leur pouvoir temporel grâce à l'action des associations de la paix.
19. Le « Domesday Book » indique à quel point la paix du roi était implantée en Angleterre sous Guillaume le Conquérant (v. les extraits de l'enquête dans W. STUBBS, *Select Charters and Other Illustrations of English Constitutional History*, 9e éd., Oxford, 1962, p. 103, 106-107). Le rétablissement de la paix royale fut aussi défini dans l'article XII de la « charte des libertés » issue par Henri Ier à son sacre, le 5 août 1100 (*Ibid.*, p. 119). La portée de la paix du roi est au mieux définie dans la compilation connue comme *Leges Henrici Primi*, ch. X (*Ibid.*, p. 125).
20. LUCHAIRE, *op. cit.*, n° 12.

l'excommunication des feudataires les plus puissants, en tant qu'infracteurs à la trêve de Dieu ; seulement alors arrivait le temps de l'expédition militaire, comme une action contre les excommuniés, et qui prenait le caractère d'exécution des sentences ecclésiastiques[21]. Aussi, il ne s'agissait pas encore de faire observer « la paix du roi », telle qu'elle était pratiquée en Angleterre. Nous devons néanmoins remarquer que Louis VI essaya d'introduire une paix royale en France, et ceci encore pendant les premières années de son règne. Yves de Chartres, s'adressant au roi en 1114, l'exhorta à faire respecter « le pacte de la paix » qu'il a fait confirmer dans tout son royaume :

> Il convient en effet à votre majesté royale de ne point permettre, soit par faveur, soit par faiblesse, que soit violé le pacte de la paix que, sous l'inspiration de Dieu, vous avez fait confirmer dans votre royaume[22].

Quelle était la signification de ce « pacte de la paix » et quelle en était la portée ? Malheureusement, les sources qui se trouvent à notre disposition ne nous permettent que de faire des conjectures. Le témoignage d'Yves de Chartres est confirmé par le chroniqueur normand Orderic Vital, qui parle de la coopération entre le roi et les milices populaires afin d'imposer l'observation de la paix en France[23]. Mais le texte manque de précision ; les termes employés par Orderic Vital ont plutôt le caractère d'une conclusion sur l'œuvre du Capétien pendant tout son règne, en attirant l'attention sur un des moyens qui lui avaient permis de réussir dans son action. Quant au fameux pacte de la paix, aucun renseignement précis. Sans doute, la lettre d'Yves se réfère à un fait authentique. Nous supposons donc que, quelque temps après son sacre, Louis VI avait convoqué une assemblée des prélats du domaine royal et de quelques vassaux de la couronne, parmi ceux qui maintenaient des rapports plus ou moins étroits avec la dynastie, tels que les comtes de Vermandois et de Flandre ; cette assemblée aurait adopté le principe de la trêve de Dieu. Il est possible que ce pacte ait été conclu vers la même époque où le comte de Flandre, Robert II, confirma de son côté, en 1111, les termes de « la paix » de Thérouanne[24]. En tout cas, nous croyons pouvoir avancer l'hypothèse que ce « pacte de la paix » eut une portée plus large que le domaine royal proprement dit, quoiqu'il ne faille pas exagérer ni en étendre la vigueur à tout le territoire du royaume, même pas sur une partie importante de celui-ci. La même lettre d'Yves de Chartres offre un premier appui à cette hypothèse.

En effet, le but de l'exhortation de l'évêque de Chartres était de persuader le roi d'intervenir en faveur de l'évêque d'Amiens, Geoffroy de Nogent qui, en conflit avec le comte Enguerrand de Coucy, le châtelain Adam, et avec Gormond, vidame de Picquigny, fut obligé de quitter son siège[25]. Quoique l'évêché d'Amiens fût royal, le comté n'appartenait pas au domaine[26] et l'intervention de Louis VI peut à juste titre être considérée comme une action royale et non pas comme celle d'un prince territorial agissant dans sa principauté. Les

---

21. Telle fut, pour citer un seul exemple, l'attitude du roi pendant sa guerre contre Hugues du Puiset, en 1112. On trouvera la narration et la bibliographie dans l'ouvrage cité de HOFFMANN, p. 209.

22. « Decet enim regiam majestatem vestram, ut pactum pacis, quod Deo inspirante in regno vestro confirmari fecistis, nulla lenocinante amicitia vel fallente desidia violari permittatis, ne si uni in hoc maxime principio parcere volueritis, multos in discrimen adducatis... » (YVES DE CHARTRES, Ep. CCLVIII, dans P.L., t. CLXII, col. 259).

23. « Igitur, quia senio et infirmitate Philippus a regali fastigio deciderat, et principalis erga tyrannos justiae rigor nimis elanguerat, Ludovicus in primis, ad comprimendam tyrannidem praedonum et seditiosorum, auxilium totam per Galliam deposcere coactus est episcoporum. Tunc erga commitas in Francia popularis statuta est a praesulibus, ut presbyteri comitarentur regi ad obsidionem vel pugnam cum vexillis et parochianos omnibus. » (ORDERIC VITAL, Historia ecclesiastica, éd. A. LEPREVOST, t. IV, Paris, 1842, p. 285).

24. Cf. BONNAUD-DELAMARE, Les institutions de la paix dans la province ecclésiastique de Reims..., p. 194. V. aussi HOFFMANN, op. cit., p. 208, qui en voit une adhésion de Louis VI aux décrets du concile de Troyes de 1107.

25. NICOLAS, Vita sancti Godefridi Ambianensi episcopi, dans H.F., t. XIV, p. 179-180.

26. Cf. P. FEUCHÈRE, La principauté d'Amiens-Valois (et Vexin) au XIe siècle, dans « Moyen âge », t. LX, 1954, p. 1-37.

troubles d'Amiens en 1113 et 1114[27] ont été considérés comme une violation de la trêve de Dieu ; c'est dans ce sens qu'Yves, qui séjournait alors à Beauvais, comprit l'affaire, et Suger, de son côté, appuie les arguments de l'évêque de Chartres, en qualifiant le châtelain Adam de « tyran qui dévastait les églises et tout le voisinage »[28]. Aussi, Louis VI adopta-t-il la procédure habituelle à l'égard des infractions à la trêve de Dieu : un concile, réuni le 6 janvier 1115 à Soissons et présidé par le légat Conon, cardinal-évêque de Préneste, en fut saisi. L'évêque d'Amiens fut invité à se rendre à sa ville et ses ennemis furent convaincus comme perturbateurs de la trêve de Dieu[29]. L'expédition royale en Amiénois portait ainsi le caractère de l'exécution de la sentence du concile, aussi bien contre Thomas de Marle que contre Adam[30]. Il est intéressant de signaler au passage que dans cette expédition le roi fut secondé par des vassaux dont les fiefs étaient assez éloignés du théâtre des opérations, tel que Guillaume II, le comte de Nevers[31].

Le résultat de l'action est connu : le pouvoir royal fut renforcé en Laonnois où, après la défaite de Thomas de Marle, il n'y avait plus de rival efficace de l'autorité royale ; en Amiénois, l'intervention royale amena le déshéritement de la famille de Coucy au profit des comtes de Vermandois, branche cadette de la dynastie[32].

L'expédition royale en Picardie en 1115 était considérée comme une guerre entreprise pour le service de l'Église ; aussi, ses participants jouissaient-ils du privilège de l'immunité comme tout chevalier combattant pour l'Église en bénéficiait[33]. C'est ainsi que la captivité du comte de Nevers, Guillaume II, lors de son retour de Picardie, fut considérée comme une infraction très grave à la trêve de Dieu. En tant que suzerain du comte de Nevers et du seigneur de son agresseur, Thibaud IV de Blois, Louis VI pouvait se saisir de l'affaire et juger le cas selon la procédure féodale ; il préféra cependant en appeler à la juridiction ecclésiastique. Nul doute que sa décision n'ait été influencée par des considérations concernant le rapport de forces ; le roi ne pouvait point faire imposer à un adversaire de la taille de Thibaud de Blois le respect de la sentence de sa cour. Aussi porta-t-il plainte devant le légat Conon qui de son côté fit agir les institutions ecclésiastiques : une sentence d'excommunication fut lancée par le légat et le diocésain de Thibaud, Yves de Chartres, fut invité à la notifier au comte. L'évêque de Chartres se trouva dans une situation délicate en raison de la qualité des personnages mêlés à cette affaire. Dans sa réponse à Conon, il se fit l'organe de Thibaud, qui préférait comparaître devant les instances laïques, selon la procédure qui était en vigueur à la cour du roi, ou au moins demandait un débat contradictoire devant « les juges de la paix »[34].

27. GUIBERT DE NOGENT, De vita sua, éd. G. BOURGIN (« Coll. textes étude et enseign. de l'hist. », 40) Paris, 1907, p. 198-202.

28. SUGER, op. cit., p. 178.

29. Vita sancti Godefridi, p. 179-89. Cf. LUCHAIRE, op. cit., n° 188.

30. SUGER, op. cit., p. 174-178 ; GUIBERT DE NOGENT, op. cit., p. 202-205.

31. LUCHAIRE, op. cit., n° 203.

32. Cf. J. TARDIF, Le procès d'Enguerrand de Coucy, dans « Bibl. École Chartes », 1918, p. 15.

33. Il est difficile de déterminer la portée du privilège des « chevaliers de la paix » au XIIe s. Sans doute, ils étaient protégés, eux et leurs biens, comme toute personne incluse dans la « trêve de Dieu ». Il est possible qu'ils aient joui d'une protection semblable à celle des croisés, au moins pour la période des expéditions contre les infracteurs de la paix.

34. « Nuper accepi litteras vestras, continentes excommunicationem eorum qui Nivernensem comitem ceperunt, vel captioni ejus interfuerunt, vel de spoliis ejus aliquam partem acceperunt, vel auxilium in hoc dederunt excepta sola persona Theobaldi comitis, cui inducias usque ad octaves Omnium Sanctorum donastis. Et tamen, nisi interim comitem Nivernensem reddat, ex tunc cum eidem excommunicationi subjecistis. Has itaque litteras Theobaldo comiti legi et exponi feci, ut audito rigore ecclesiastico forte apud se cogitaret, vel Deus ei inspiraret, ut praedictum comitem reddat, et terrae turbatae, et gravius turbandae, pacem restituat. Quibus auditis et intellectis miratus est valde quod rex apud judices ecclesiasticos clamorem de eo fecerit, qui nullam ei, cum dominus ejus sit, justitiam denegaverit. Offert itaque se ad omnem justiciam ante judices pacis eo ordine quo rerum gestarum ordo postulaverit, in omni loco ad quem securus suas possit exercere actiones, et probare exacturus tamen prius injuriam sibi factam, quod praeponere et inordinante milites sui excommunicati sint, qui vel nihil in pactum pacis delinquerunt, vel nullam inde justitiam denegaverunt... » (YVES DE CHARTRES, Ep. CCLXXV, dans P.L., t. CLXII, col. 277-278).

L'enjeu des forces politiques détermina la suite de cette affaire[35] ; le roi resta néanmoins sur sa position de principe et exigea l'intervention de l'Église contre le comte de Blois. Cette attitude devint la ligne constante de la conduite de Louis VI à l'égard de ses vassaux trop puissants. Le conflit avec Thibaud de Blois mena au renouvellement de la guerre avec Henri Ier[36], qui dura jusqu'à 1119. Les hostilités n'aboutirent pas à des résultats décisifs et le Capétien s'en rendit compte après sa défaite à Brémule[37]. Aussi fut-il obligé de revenir à son attitude traditionnelle et d'en appeler, en automne 1119, à l'Église. Il saisit l'occasion du séjour de Calixte II en France pour formuler ses griefs devant le concile de Reims. Les paroles que lui prête Orderic Vital sont un réquisitoire contre le roi d'Angleterre et Thibaud de Blois, présentés comme parjures et perturbateurs de la paix[38].

Dans ces conditions, le pape ne pouvait traiter de l'affaire que sur les fondements de la doctrine de la paix. Promettant d'intervenir personnellement dans la dispute après la fin du concile, il prononça un sermon sur la paix, dont la teneur était générale, et qui renouvelait les décrets d'Urbain II sur la trêve de Dieu. En formulant son programme, Calixte II s'engagea à exhorter Henri Ier et Thibaud à faire justice de tous les torts et à « maintenir la paix selon la loi de Dieu »[39].

La proclamation de la trêve de Dieu au concile de Reims[40] était aussi un rappel de la législation ecclésiastique de la paix, comme un instrument de politique internationale ; en vertu de « la paix selon la loi de Dieu », le pape exigeait des rois de soumettre leurs disputes à son arbitrage[41].

Les résultats de l'arbitrage de Calixte II n'étaient pas satisfaisants pour le roi de France, qui n'obtint en somme que le relâchement de Guillaume de Nevers. La maison de Blois dut céder sur ce point, grâce à l'intervention des institutions de la paix.

Suger témoigne que Louis VI garda toujours cette attitude. Telle est la motivation donnée aux campagnes royales en Auvergne, en 1122 et 1126, où le roi intervint pour protéger l'évêque de Clermont, qui accusait le comte d'avoir violé la paix de son Église[42]. Cependant, au cours de la deuxième expédition, en 1126, Suger introduit en scène Guillaume X, duc d'Aquitaine et suzerain du comte d'Auvergne ; il exigea le recours à la procédure féodale, à savoir répondre dans la cour du roi pour son vassal ; sur le conseil des grands du royaume, Louis VI dut acquiescer à cette demande[43]. L'événement est important : le roi de France se saisissait d'un cas qui auparavant appartenait à la juridiction ecclésiastique de la paix.

---

35. Guillaume de Nevers resta en captivité jusqu'en 1119, quand le roi en appella au pape Calixte II.
36. LUCHAIRE, *op. cit.*, n° 207.
37. SUGER, *op. cit.*, p. 196-198.
38. ORDERIC VITAL, *op. cit.*, p. 377-378.
39. « Treviam Dei, sicut eam sanctae memoriae Urbanus papa in concilio Clarimontis tenendam constituit, praecipio ; et reliqua decreta, quae ibi a sanctis Patribus sancita sunt, ex auctoritate Dei et sancti Petri apostoli, omniumque sanctorum Dei, confirmo... Regem Anglorum adibo ; praecibus et alloquiis ipsum et Tedbaldum comitem, ejus videlicet nepotem, aliosque dissidentes admonebo ut in omnibus rectitudinem faciant et ad omnibus eamdem in amore Dei recipiant, et juxta Dei legem pacificati, ab omni bellorum strepitu sileant, atque cum subjectis plebibus securi quiescentes gaudeant. » (*Ibid.*, p. 378-380).
40. MANSI, *op. cit.*, t. XXI, col. 236-237. Le texte de ce décret semble avoir été rédigé plutôt selon les canons du concile de Latran, célébré par Urbain II vers 1097-99, après son retour en Italie (v. n. 16, *supra*).
41. Il est à souligner que Calixte II adopta une attitude constante dans l'emploi de la trêve de Dieu comme instrument d'arbitrage pontifical dans les conflits entre les chefs d'État. Un autre exemple est celui de la trêve décrétée par le pape au concile de Bénévent, en 1120, pour une période de trois ans, afin de concilier entre eux les princes normands de l'Italie méridionale (FALCON DE BÉNÉVENT, *Chronique*, s. a. 1120, dans *P.L.*, t. CLXXIII, col. 1179. Cf. là-dessus, F. CHALANDON, *Histoire de la domination normande en Italie et en Sicile*, t. I, Paris, 1907, p. 321). Cette action avait déjà un précédent dans la proclamation de la trêve de Dieu par Pascal II, au concile de Troia en 1115, établie pour les mêmes raisons (MANSI, *op. cit.*, t. XXI, col. 139).
42. SUGER, *op. cit.*, p. 232-240. Cependant Suger ne dit rien à propos d'une procédure ecclésiastique dans ce cas ; nous pouvons d'ailleurs supposer qu'elle ait été entamée en raison de l'organisation des institutions de la paix dans la province ecclésiastique de Bourges.
43. SUGER, *op. cit.*, p. 238-240.

Cette évolution est d'autant plus importante qu'elle fut le résultat d'une délibération d'un grand nombre de vassaux, dont les plus puissants de l'époque. En effet, les ducs d'Aquitaine et de Normandie[44], les comtes de Flandre, d'Anjou et de Bretagne, proclamaient le droit du roi de France de juger les infractions à la paix dans le royaume. C'était un fait, mais un fait qui devait trouver bientôt une confirmation en droit. Aussi, l'expédition en Auvergne était un pas important, mais non encore décisif, vers la substitution de l'autorité royale à celle de l'Église, en tant que responsable de la justice de la paix du royaume.

L'événement représentait une tendance, mais la réalité obligeait le Capétien à ne pas abandonner complètement le recours aux institutions de la paix. Puisque l'édifice était encore fragile, Louis VI dut recourir en 1128 à la juridiction ecclésiastique au cours de sa campagne en Flandre[45].

**

L'évolution que nous avons constatée pendant la dernière décade du règne de Louis VI fut observée aussi par ses contemporains. Les institutions ecclésiastiques de la trêve de Dieu se développaient au XIIe siècle, en particulier dans les régions où l'organisation féodale n'était pas achevée, tandis que la répétition de ses décrets dans les conciles[46] avait pris une signification particulière, celle de faire observer la paix entre les princes. Aussi restait-il à trouver le rapprochement entre l'évolution de fait dans les régions organisées et la situation juridique telle qu'elle était formulée dans les canons conciliaires. Le pontificat d'Innocent II fut, de ce point de vue, l'époque du problème de la synthèse entre la théorie ecclésiastique de la trêve de Dieu et la situation de fait, créée par le développement de la royauté. Sans doute, la situation particulière du pape, sa position à l'égard des pouvoirs laïques, dont il devait se ménager l'appui afin de vaincre dans le schisme, eut une influence dans la cristallisation de la synthèse.

Le problème fut traité à fond au cours du dixième concile œcuménique, tenu au Latran en 1139. Après avoir confirmé la législation antérieure de la trêve de Dieu, le concile reconnut le droit des souverains d'administrer la justice, pourvu qu'ils prennent conseil auprès des prélats :

> xx. Nous ne nions point que la faculté d'administrer la justice appartienne aux rois et aux princes, après avoir consulté les archevêques et les évêques[47].

L'adoption de ce canon doit être expliquée par le concours de plusieurs circonstances. D'abord la situation politique du pape à l'égard des souverains occidentaux pendant le schisme d'Anaclet ; la renaissance du droit romain, qui commençait à se répandre dans

---

44. La présence d'un contingent de chevaliers normands, envoyés par Henri Ier, est attestée par SUGER. On peut donc supposer que le roi d'Angleterre avait consenti aux décisions arrêtées devant le château de Montferrand, d'autant plus que depuis 1120 le duché de Normandie lui fut investi et, qu'en envoyant ses vassaux à l'ost royal, il agissait comme vassal du Capétien.

45. LUCHAIRE, op. cit., n° 407. Cf. là-dessus F.L. GANSHOF, Le roi de France en Flandre en 1127-1128, dans « Rev. histor. droit fr. et étr. », 1949, p. 204-228, et HOFFMANN, op. cit., p. 213-214.

46. Cf. HOFFMANN, op. cit., p. 228-229.

47. « Sane regibus et principibus facultem faciendae justitiae, consultis archiepiscopis et episcopis, non negamus. » (MANSI, op. cit., t. XXI, col. 531). Ce canon ne peut être compris que s'il est lié aux canons qui le précèdent et qui traitent de différents aspects de la paix et de la trêve de Dieu ; autrement, le concile n'avait point besoin de confirmer cette prérogative. L'exclusion des vassaux laïques de ce texte indique aussi que l'administration de la justice, en ce cas, concernait les infractions à la trêve de Dieu, dont le caractère ecclésiastique n'était pas mis en question.

l'entourage de la cour romaine, a sans doute pu aussi jouer un rôle[48]. Toutefois, la grande œuvre de consolidation sociale, dont le résultat fut l'affermissement des monarchies féodales et la renaissance de l'idée de l'État, ne peut être négligée et son influence devait être décisive. Cependant, les événements dans les pays occidentaux amenaient un recul de l'autorité royale, ce qui provoqua un nouvel essor des institutions ecclésiastiques de la trêve de Dieu. C'est ainsi qu'en Angleterre, où la trêve de Dieu ne fut jamais connue, l'anarchie qui caractérisait le règne d'Étienne de Blois a eu des répercussions sur l'idée de la paix. Le concile de Londres institua en 1142 la trêve de Dieu dans le royaume insulaire afin de suppléer à la carence du pouvoir royal[49]. En France, le conflit entre Louis VII et Thibaud de Blois-Champagne[50], plaça le roi dans une situation délicate, d'autant plus qu'il se trouvait en conflit avec les autorités de l'Église. Néanmoins, ces crises n'étaient pas structurales et ne pouvaient que ralentir l'évolution politique et sociale, dont les tendances étaient toujours orientées vers le regroupement. Une fois résolues, les crises ne furent plus ressenties ; en Angleterre, Henri II Plantegenêt n'eut point de grandes difficultés à restaurer la paix du roi et les décrets du concile de Londres tombèrent vite en oubli[51].

Quant à la France, la croisade de Louis VII eut des conséquences favorables sur le redressement du pouvoir royal, et cela malgré l'absence du roi pendant deux ans. En vertu du privilège de croisade, la régence fut confiée à l'abbé de Saint-Denis, Suger, qui était muni d'une sorte de vicariat pontifical[52]. Puisque le royaume entier était mis pendant la croisade du roi sous la protection de l'Église, la paix de Dieu devint la paix du royaume ; la réunion des deux notions fut comprise ainsi par les contemporains. La chronique de Morigny raconte comment, après avoir célébré le concile de Reims en 1148, Eugène III menaça d'anathème toute personne qui oserait violer la paix du royaume avant le retour du roi[53]. Or, pendant ce concile de Reims, le pape renouvela les décrets de la trêve de Dieu[54], sans qu'apparemment il y eût un lien entre ces canons et la situation créée par la croisade de Louis VII. Cependant, il ne semble pas que d'autres considérations, en dehors des conséquences du privilège de croisade, aient exigées ce rappel de la législation de la paix.

La correspondance de Suger pendant les années 1147-1149 indique parfaitement à quel point la notion de la trêve de Dieu perdit sa propre signification pour céder la place à la notion de paix du royaume. Qu'il s'agisse des demandes de secours des prélats contre les perturbateurs de la paix des églises[55], ou des plaintes des laïques contre les vexations des seigneurs[56], le régent était prié de se servir de ses pouvoirs pour imposer la tranquillité. La nature de ces

---

48. Il suffit d'ailleurs de consulter la concordance de Gratien pour s'apercevoir à quel point abondent les textes puisés dans les autorités ecclésiastiques du Bas-Empire (qui avaient concilié la doctrine de l'Église avec les principes juridiques de l'empire chrétien) à propos de la position des princes dans la législation de la paix. V. GRATIEN, *Concordantia discordantium canonum*, causa XXIII (éd. E. FRIEDBERG dans « Corpus juris canonicis », t. I, Leipzig, 1879). Cf. là-dessus, A. VANDERPOL, *La doctrine scolastique du droit de guerre*, Paris, 1925, p. 290-299, ainsi que l'appendice contenant la traduction des textes relevants.

49. MANSI, *op. cit.*, t. XXI, col. 603. Cf. J.H. ROUND, *Geoffrey of Mandeville*, Londres, 1892, étude qui reste toujours valable.

50. Cf. A. LUCHAIRE, *Louis VII, Philippe Auguste, Louis VIII*, dans E. LAVISSE, *Histoire de France, depuis les origines jusqu'à la Révolution*, t. III-1, p. 6-9, et M. PACAUT, *Louis VII et son royaume*, Paris, 1964, p. 39-46.

51. Cf. J. BOUSSARD, *Le gouvernement d'Henri II Plantegenêt*, Paris, 1956, p. 402-406.

52. Cf. notre étude, *Le privilège de croisade et la régence de Suger*, dans « Rev. histor. droit fr. et étr. », t. XLII, 1964, p. 458-464.

53. *Chronique de Morigny*, éd. L. MIROT (« Coll. textes étude enseign. de l'hist. », 45), Paris, 1912, p. 87.

54. MANSI, *op. cit.*, t. XXI, col. 716.

55. V. ainsi la lettre de l'archevêque de Reims, Samson de Mauvoisin, demandant le secours de Suger contre les bourgeois de Saint-Rémi (*H.F.*, t. XV, p. 489) ; la plainte de Geoffroy de Lèves, évêque de Chartres, contre le prévôt de Janville (*Ibid.*, p. 493), pour retenir seulement deux exemples. On trouvera une analyse de toute cette correspondance dans les *Œuvres complètes de Suger*, éd. A. LECOY DE LA MARCHE, Paris, 1867, p. 289-310.

56. Par exemple, v. l'intervention de la comtesse de Nevers, Ida (*H.F.*, t. XV, p. 491) et la plainte de la commune de Beauvais contre Galeran, seigneur de Lèvemont (*Ibid.*, p. 506).

pouvoirs fut définie par les instructions du pape, qui associait les prélats au régent dans la garde de la paix du royaume :

> ... Signalez-nous les noms des évêques qui refusent de vous prêter leur assistance pour la défense du royaume, afin que nous les blâmions par des lettres apostoliques et les exhortions à vous assister plus promptement, par leurs pouvoirs et leur conseil, pour la conservation de l'état du royaume...[57]

En même temps, le pape menaçait les perturbateurs de la paix du royaume des peines ecclésiastiques, ordre qui fut répété plus explicitement après le retour d'Orient de Robert de Dreux, frère du roi :

> ... Et comme vous pouvez apprendre du texte des lettres que nous avons envoyées à nos frères, les archevêques et les évêques, nous avons mandé d'excommunier ceux qui troublent la paix du royaume, s'il ne se repentaient ; et nous avons mandé aussi à eux-mêmes comme aux comtes, en les exhortant, de prêter leur assistance à vous et à ceux dont la régence est commise pour la ferme défense du royaume...[58]

C'est ainsi que pendant la seconde croisade la notion de paix du royaume se substitua à la paix de Dieu. Louis VII trouva, à son retour, une autorité royale accrue qui, pendant la régence, était munie aussi des pouvoirs laïques comme des ecclésiastiques. Le Capétien n'eut donc qu'à exercer l'ensemble des prérogatives que Suger lui léguait[59]. Pendant la seconde partie de son règne, sa ligne de conduite fut de faire prévaloir les droits du roi dans le maintien de la paix du royaume.

Les interventions royales en Bourgogne et dans le Nivernais représentent un aspect intéressant de cette attitude. Le jugement de la dispute entre Geoffroy de La Roche, évêque de Langres, et Eudes II, duc de Bourgogne, qui inaugura la série des interventions royales dans la région[60], mérite en particulier d'être souligné. Le fondement du conflit portait sur des problèmes d'ordre féodal, tels que la mouvance des fiefs, mais le différend dégénéra en guerre ; en saisissant la cour royale, l'évêque se plaignait, entre autres, des agressions de la part du duc et de ses vassaux[61]. Le roi convoqua en 1153 les deux parties à Moret, où Eudes II, qui s'était retiré de la cour, fut condamné. L'examen des signataires de la charte révèle, outre les signatures des grands officiers, quelques noms de témoins, gens d'Église, dont l'archevêque de Sens, Hugues de Toucy, et les évêques Thibaud de Paris et Alain d'Auxerre ; sans doute peut-on affirmer qu'ils furent les juges du cas. Cette composition de la cour royale dans le procès de Moret concorde parfaitement avec la teneur du 20e canon du concile de Latran de 1139. Aussi croyons-nous que le jugement de Moret fut considéré comme portant sur l'infraction à la paix ; le roi de France en prit connaissance assisté par des prélats du royaume.

---

57. « De episcopis vero qui pro defensione regni tibi opem ferre et adesse recusant... nobis de aliquibus nominatim significes, ut eos apostolice affatibus corripiamus, et exhortemus quatinus ad conservandum statum regni promtiores existant, et ea quae regni honori et utilitati expediunt, vires et consilium subministrent. » (JAFFÉ-LOEWENFELD, *Regesta pontificum romanorum*, n° 9144, 6 octobre 1147 ; *H.F.*, t. XV, p. 447). V. aussi la teneur des mandements pontificaux aux archevêques du royaume, du 8 juillet 1149 (JAFFÉ-LOEWENFELD, *op. cit.*, n° 9344-45).
58. « Sicut enim ex litteris quas fratribus nostris archiepiscopis et episcopis mittimus, perpendere poteris, illos qui pacem regni perturbant, nisi resipuerint, excommunicari mandavimus ; et tam ipsis quam comitibus exhortando mandavimus ut tibi et aliis quibus regni est commissa custodia ad defensionem ipsius viriliter, auxiliando assistant. » (JAFFÉ-LOEWENFELD, *op. cit.*, n° 9346, 8 juillet 1149 ; *H.F.*, t. XV, p. 453-454).
59. Cf. les conclusions de notre étude citée n. 52, p. 465.
60. Cf. RICHARD, *op. cit.*, p. 154-157.
61. V. la charte royale, contenant le résumé des débats, dans *Textes relatifs à l'histoire du Parlement*, éd. Ch.V. LANGLOIS (« Coll. textes étude enseign. de l'hist. », 5), Paris, 1888, n° XI, p. 18-21. La plainte concernant la violation de la paix est ainsi libellée : « Quaero etiam que michi abstulit in Castellione, capiendo presbiteros aliosque nostros et res nostras incendendo etiam villam que vocatur Occey. » De pareils faits représentaient une infraction classique à la trêve de Dieu.

I

* *

Nous avons remarqué que, pendant le premier tiers du xiiᵉ siècle, sous Louis VI, la royauté se fit un appui du mouvement de la paix, se faisant l'exécutrice des jugements ecclésiastiques contre les infracteurs à la trêve de Dieu. Au cours du second tiers du siècle, la tendance à faire juger ces cas par la cour royale prévalut contre l'appel aux juridictions ecclésiastiques. Il restait à franchir le dernier pas, celui de la législation de la paix par la royauté. Évidemment, un pareil pas devait être en rapport avec le développement du pouvoir royal ; le roi de France ne pouvait décréter la paix dans son royaume que s'il était capable d'imposer son autorité, au moins à un nombre important de grands vassaux de la couronne. Cependant, la formation de l'empire angevin semblait mettre fin à tout espoir d'accroître l'autorité du Capétien ; au contraire, elle favorisait un regroupement autour d'Henri II.

Pourtant, Louis VII trouva des ressources pour combattre ce rival. Au cours de son pèlerinage à Saint-Jacques-de-Compostelle, il eut l'occasion, en automne 1154 et au début de 1155, d'entrer en rapports directs avec les vassaux du Midi, resserrant en même temps ses liens avec les grands feudataires de la frange orientale du royaume[62]. C'est ainsi que, lors de son retour en France, il estima qu'il était opportun de réunir une assemblée des magnats du royaume pour y traiter de problèmes d'intérêt commun ; son but était sans doute de procéder à l'organisation de toutes les forces de ses fidèles afin de faire face au Plantegenêt. Cette assemblée fut réunie le 10 juin à Soissons, en présence des archevêques de Reims et de Sens, Samson de Mauvoisin et Hugues de Toucy, ainsi que de leurs suffragants, et de principaux vassaux laïques, dont Eudes II, duc de Bourgogne, Thierry d'Alsace, comte de Flandre, Henri le Libéral, comte de Champagne, Guillaume IV, comte de Nevers, et Yves de Nesle, comte de Soissons. Le seul texte qui témoigne des débats de cette réunion est une charte royale qui institua la paix du royaume. Sa teneur indique que les décrets sont similaires à ceux qui ont été naguère promulgués par les conciles qui organisaient la trêve de Dieu ; toutefois, ce terme est remplacé dans notre document par « la paix du royaume » :

> Louis, par la grâce de Dieu, roi des Francs. Afin de réprimer la ferveur des malignités et de restreindre la violence des brigands, nous instituons, donnant suite à la prière du clergé et avec le consentement des barons, la paix de tout le royaume. En raison de quoi, nous avons assemblé un concile, en l'année de l'Incarnation 1155, le 10 juin, à Soissons. Y ont été présents les archevêques de Reims et de Sens et leurs suffragants, ainsi que les barons, les comtes de Flandre, de Troyes et de Nevers, beaucoup d'autres et le duc de Bourgogne. Avec leur consentement, nous avons ordonné que, à partir de Pâques prochaine et pour une période de dix ans, toutes les églises du royaume avec toutes leurs possessions, ainsi que tous les paysans, avec leurs bétail et troupeaux et les cheminées assurées, et tous les marchands, en tout lieu, et les hommes de qui que ce soit, lorsqu'ils iront chercher justice chez leurs seigneurs, ... aient toujours la paix et la pleine sécurité. Nous avons promis en plein concile et devant tous, par la parole royale, que nous maintenions inviolablement cette paix ; et que, s'il y avait des infracteurs à la paix ainsi décrétée, nous ferions justice à leur égard, selon nos possibilités. Le duc de Bourgogne, le comte de Flandre, le comte Henri, le comte de Nevers et le comte de Soissons, ainsi que les autres barons ici présents, ont juré de faire observer cette paix. Et pareillement, les membres du clergé, ... ont promis, devant les saintes reliques et en vue de toute l'assemblée, de maintenir de leur côté cette paix...[63].

---

62. A. Luchaire, *Études sur les actes de Louis VII*, Paris, 1885. V. l'itinéraire du roi, p. 65.
63. « Ego Ludovicus Dei gratia Francorum rex. Ad reprimendum fervorem malignantium, et compescendum violentas praedonum manus, postulationibus cleri, et assensu baroniae, toti regno pacem constituimus. Ea causa anno incarnati Verbi MᵒCᵒLᵛᵒ, IV idus junii, Suessionense concilium celebre adunavimus. Et affuerunt

594

Ce concile de Soissons marqua ainsi un tournant dans le mouvement de la paix ; la protection des églises et des clercs, celle des paysans et des marchands, fut considérée désormais comme du devoir du roi[64] et la trêve de Dieu fut convertie en paix du royaume. Il est vrai que les débuts étaient modestes : le roi faisait jurer à ses grands vassaux de maintenir ce véritable « pacte de la paix » pour dix ans ; le pacte était plutôt un consentement à une trêve qu'une véritable paix. Cependant, le pas était franchi et l'Église n'avait qu'à s'adapter au nouvel ordre. C'est ainsi que le concile de Reims en 1157 eut à remanier la législation ecclésiastique de la trêve de Dieu afin de céder la place principale à la royauté. Après avoir résumé les décrets qui définissaient la nature de l'institution, le concile rappela l'emploi des peines canoniques contre les infracteurs, mais en même temps entérina les dispositions pratiques, selon lesquelles le jugement était remis entre les mains des seigneurs et, si ceux-ci faisaient défaut, la royauté devait intervenir, afin de punir les coupables et assurer l'observation de la paix[65].

* *
*

L'accroissement de l'autorité royale en France, ainsi que la renaissance de l'idée d'État au XIIe siècle, ont permis aux Capétiens, qui au début du siècle avaient eux-mêmes besoin d'être protégés par les institutions de la trêve de Dieu, de diriger le mouvement et, enfin, de légiférer la paix en leur propre nom. Aussi, la paix de Dieu, qui fut instituée afin de suppléer à la carence des autorités laïques, devint, depuis le règne de Louis VII, la paix du roi. Cette évolution ne peut être considérée comme achevée en 1155 ; elle devait continuer sa route, au côté du développement de l'autorité royale, pour n'aboutir à sa fin qu'un siècle plus tard, sous saint Louis[66]. L'idée, dont les fondements furent posés sous Louis VII, devint mûre seulement au milieu du XIIIe siècle, lorsque l'opinion publique accepta le

---

archiepiscopi Remensis, Senonensis, et eorum suffraganei. Item barones, comes Flandrensis, Trecasinus, et Nivernensis, et quamplures alii, et dux Burgundiae. Ex quorum beneplacito ordinavimus a veniente Pascha ad decem annos, ut omnes ecclesiae regni, et earum universae possessiones, et omnes agricolae, armenta similiter et greges, et assecuritatis caminis, omnes ubique mercatores, et homines quicumque sint, quamdiu parati fuerint ad justitiam stare ante eos, per quos justitiam facere debuerint, omnes omnino pacem habeant et plenam securitatem. In pleno concilio et coram omnibus in verbo regio diximus, quod pacem hanc infrangibiliter teneremus ; et si qui essent violatores ordinatae pacis, de eis ad posse nostrum justitiam faceremus. In pacem istam juraverunt dux Burgundiae, comes Flandriae, comes Henricus, comes Nivernensis, et comes Suessionensis, et reliqua baronia, quae aderat. Et clerus similiter, archiepiscopi, et episcopi, et abbates, ante sacras reliquias, et in visu totius concilii, hanc ex parte sua pacem totis viribus se tenere promiserunt. Et ut justitia fieret de violentiis, ad posse suum se adjuturos promiserunt quidem, et in stabilitate sacrati oris edixerunt. Ut res latius audiretur, et a memoria non decideret, rei gestae ordinem et pacis tenorem monumentis litterarum tradi, et sigilli nostri auctoritate praecepimus communire. » (H.F., t. XIV, p. 387).

64. Il est à remarquer que vers le même temps, Frédéric Barberousse proclama la trêve de Dieu comme une des constitutions de l'Empire. V. les actes de la paix de Roncaglia de 1158, où il proclama la trêve de Dieu en Italie [RAHEWIN, Gesta Friderici imperatoris, éd. G. WAITZ (« Scriptores rer. germanic. in usum scholarum »), Hanovre, 1912, p. 241] et le texte de sa constitution de la paix (Ibid., p. 243-245). Cf. E. JORDAN, L'Allemagne et l'Italie aux XIIe et XIIIe siècles (« Coll. GLOTZ, Hist. génér., Moyen âge », t. IV, 1), Paris, 1939, p. 61-69, et R. FOLZ, Le souvenir et la légende de Charlemagne dans l'Empire germanique médiéval, Paris, 1950, p. 195.

65. « Clerici, monachi, conversi, peregrini, feminae, et qui cum eis pertinentes ambulant, in perpetua pace sint. Greges, armenta, agricolae, aratra, vinearumque cultores et mercatores semper in pace sint. Ceterum pax illa, quam treugam Dei vocant, a vespera feriae IV, usque ad mane feriae secundae debet observari. Quorum vero improbitas temerare ista praesumpserit, nisi commoniti emendare festinaverint, canonica ultione ferienda sunt. Porro dominus suus, cujus hoc est, conveniatur, ut eum satisfacere vel judicium subire compellat. Quod si noluerit, eadem lex erit illius. Deinde regia sublimitatis interpellabitur. Ipsa vero pro suo officio, quo tueri ecclesias debet, ad emendationem cogadere poterit improbos. Hac igitur ratione et praedonum manus comprimentur, et ecclesiae tranquillam et quietam vitam agent in omni pietate et castitate. » (MANSI, op. cit., t. XXI, col. 844, c. III).

66. Cf. l'esquisse de M. R. FAWTIER : F. LOT et R. FAWTIER, Histoire des institutions françaises au moyen âge, t. II, Paris, 1958, p. 422-429.

postulat selon lequel le roi de France doit veiller à la tranquillité du royaume et en assurer la paix[67].

Nous n'avons point l'intention de soutenir la thèse que l'ordonnance de Soissons ait été observée partout ; les participants de l'assemblée eux-mêmes n'en respectèrent pas la teneur pour la période consentie. Par ailleurs, cette affirmation est valable aussi pour les institutions ecclésiastiques de la trêve de Dieu. Aussi, du point de vue pratique, la législation de Louis VII accusait plutôt la bonne intention. Cependant, elle reflétait un changement de mentalité, changement produit par les progrès de la monarchie, qui se trouvait en 1155 en position de légiférer pour tout le royaume. Il est ainsi intéressant de souligner que la première ordonnance royale de portée générale établissait, au moins en droit, la paix du roi.

---

67. *Ordonnances des rois de France de la troisième race*, t. I, Paris, 1723, p. 84 ; LANGLOIS, *op. cit.*, n° XXX, p. 45-48.

II

LES SÉJOURS DES PAPES EN FRANCE AU XIIe SIÈCLE ET LEURS RAPPORTS AVEC LE DÉVELOPPEMENT DE LA FISCALITÉ PONTIFICALE

Une des conséquences de la querelle entre le Sacerdoce et l'Empire était l'exil des papes de l'Italie. Depuis la fin du XIe siècle, on peut remarquer que, chaque fois que les souverains pontifes se voyaient obligés de quitter l'État pontifical, ils avaient choisi leur refuge en France[1]. La raison de ce choix était claire. Le patriarche de l'Occident ne pouvait se réfugier dans un diocèse voisin de Rome, afin d'y attendre une occasion favorable pour retourner à Rome. Le gouvernement du monde catholique, la lutte contre son adversaire, l'empereur, lui imposaient le choix d'une résidence d'où ses liaisons avec les fidèles pouvaient être faciles et de laquelle il devait avoir la possibilité, soit de négocier, soit de mener la lutte contre l'Empire. Or la France était une position idéale à ces deux égards. Depuis la séparation de l'Église orthodoxe et l'achèvement de la christianisation des peuples germaniques, le véritable centre géographique du monde catholique était le territoire du royaume capétien[2]. Les grandes

---

1. Les voyages et les séjours des papes en France avant la période d'Avignon n'ont pas été, à notre connaissance, l'objet d'études, exception faite pour le voyage d'Urbain II en 1095-96, qui a donné lieu à deux études de M. R. Crozet, *Le Voyage d'Urbain II et ses négociations avec le clergé de France* (dans *Revue historique*, CLXXIX, 1937, p. 271-310) et *Le voyage d'Urbain II et son importance au point de vue archéologique* (dans *Annales du Midi*, XLIX, 1937, p. 43-69). Quant aux autres papes, leurs voyages en France ont été traités dans le cadre des études qui leur ont été consacrées, sans, toutefois, avoir dépassé le cadre de l'histoire politique. Dans cette étude nous n'avons pas l'intention de reprendre la discussion des circonstances politiques des exils des souverains pontifes, ni de refaire l'historique de leurs voyages. On en trouvera là-dessus renseignements et bibliographie dans les tomes VIII et IX de l'*Histoire de l'Église* de Fliche et Martin et, pour le pontificat d'Alexandre III, dans l'article de M. M. Pacaut, *Louis VII et Alexandre III* (dans *Revue d'histoire de l'Église de France*, 1953, p. 5-45).
2. Les conclusions pour le XIVe siècle, résumées par M. Y. Renouard dans son ouvrage (*La papauté à Avignon*, Paris, 1954, *Que sais-je?*, pp. 25-28)

6

routes des principaux pèlerinages passaient par le royaume et,
par la rencontre des pèlerins, les papes pouvaient maintenir
facilement les contacts avec les diocèses les plus éloignés, même
avec ceux qui se trouvaient sous le contrôle impérial. Ils étaient
ainsi informés de première main de ce qui se passait dans tous
les coins du monde catholique et étaient capables d'y faire pénétrer leur influence. En outre, il leur était plus facile de rassembler
en France des conciles avec la participation des prélats allemands,
auxquels le voyage d'Italie était devenu trop difficile à cause
des événements politiques. En même temps, la renaissance de
l'enseignement scolastique, vers la fin du xie siècle, avait fait
de quelques centres du royaume capétien de véritables foyers
de rencontre des étudiants de tous les pays de l'Occident, attirés
par l'éclat des écoles, telles que celles de Laon, de Chartres et
enfin de Paris. Ces étudiants étaient destinés à être investis des
responsabilités ecclésiastiques dans leurs pays et des liens noués
avec ces milieux pouvaient toujours être profitables [3]. C'est ainsi
que, lorsque le schisme d'Anaclet éclata, Innocent II vint en
France pour rallier autour de sa personne « l'univers », contre
la « ville » qui soutenait son adversaire [4].

Les circonstances des séjours des papes en France les obligeaient à entrer en rapports avec les pouvoirs laïcs et à s'assurer
de leur appui. La situation de l'Église dans la société féodale
rendait d'ailleurs impossible un isolement du chef de l'Église.
Mais si Urbain II avait trouvé encore possible, à la fin du
xie siècle, d'ignorer le roi de France et de limiter ses contacts
à la grande féodalité, la chose est devenue impossible depuis
le début du xiie siècle. La refonte des structures sociales, abou-
tissant à la formation des principautés féodales, marquait le début
du renforcement de l'autorité royale, qui commençait à se manifester vigoureusement dans le domaine des Capétiens et dans
ses environs [5]. Malgré l'accroissement du pouvoir des grands

sont aussi valables pour le xiie siècle. Cf. là-dessus E. DELARUELLE, *Avignon
capitale* (dans *Revue géographique des Pyrénées et du Sud-Ouest*, 1952,
p. 233-264).

3. On se contentera de mentionner ici les noms de personnages tels
qu'Othon, futur évêque de Freising, de l'anglais Jean de Salisbury et de
toute une série d'Italiens (parmi eux certains qui ont porté la tiare, comme
Pietroleone, Roland Bandinelli et Hiacynthe). Cf. les premiers textes du
Cartulaire de l'Université de Paris (éd. DENIFLE et CHATELAIN), ainsi que
les études de R. L. POOLE, *The Masters of Schools of Paris and Chartres in
John of Salisbury's time* (dans *English historical Review*, XXXV, 1920) et de
A. L. GABRIEL, *The English Masters and Students in Paris during the XIIth
century* (tiré à part des *Analecta Praemonstratensia*, XXV, Tongerloo, 1949).

4. GEOFFROY DE VIGEOIS, éd. LABBE, *Nova bibliotheca manuscriptorum*,
II, p. 301.

5. Le parallèle entre la refonte des structures ecclésiastiques et le développement social caractéristique au second âge féodal a été mis en relief

feudataires, ceux-ci ne pouvaient plus mener une politique indépendante, ignorant la royauté. Aussi les papes étaient obligés de prendre en considération les rois de France, d'autant plus que les évêchés limitrophes de l'Empire étaient tous placés sous l'autorité du Capétien ; les grands centres de l'enseignement se trouvaient eux aussi dans le domaine royal. Enfin, contre l'empereur qui prétendait être l'héritier de l'autorité universelle de l'empire romain, la papauté avait besoin de s'appuyer sur le Capétien qui s'intitulait « roi des Francs », et dont on allait faire l'héritier de l'ancienne royauté franque, alliée et protectrice de l'Église. Ces causes ont été une des raisons les plus importantes qui avaient obligé Pascal II à se réconcilier avec Philippe Ier et, depuis 1107, à recourir au soutien des rois de France [6].

C'est ainsi que les papes ont passé, au cours de leurs séjours respectifs en France, pendant le XIIe siècle, la plupart de leur temps dans les seigneuries ecclésiastiques dépendant du roi de France ; il est inimaginable que de pareils séjours, en compagnie d'une suite nombreuse des cardinaux et des gens appartenant à la cour pontificale, aient pu être effectués sans l'accord préalable du roi, suzerain et gardien des domaines ecclésiastiques où ils avaient trouvé abri. Au cours de son voyage de 1107, Pascal II resta dans le royaume pendant cinq mois et demi ; durant approximativement trois mois, il séjourna dans les territoires royaux [7]. Calixte II y passa presque cinq mois sur les onze mois de son séjour en 1119-1120 [8]. Quand Innocent II arriva en France au mois de septembre 1130, l'attitude de Louis VI à son égard lui était encore inconnue ; mais lorsque la reconnaissance du Capétien lui fut notifiée, il se dirigea vers le domaine royal. Sur les dix-sept mois qu'il passa au total dans le royaume, il séjourna dans les seigneuries ecclésiastiques royales durant environ treize mois et demi [9].

dans l'ouvrage de M. G. Tellenbach, *Church, State and Christian Society in the time of Investiture Contest*, Oxford, 1959.

6. Suger, auquel nous devons le récit de l'entrevue de Saint-Denis, est formel : « ... beato Petro sibique eius vicario supplicat opem ferre, ecclesiam manutenere, et, sicut antecessorum regum Francorum Karoli Magni et aliorum mos inolevit, tyrannis et ecclesiae hostibus, et potissimum Henrico imperatori audacter resistere » (*Vie de Louis le Gros*, éd. Waquet, p. 54).

7. Jaffé-Loewenfeld, I, p. 728-732 (abbrev. JL). Nous nous appuyons sur l'itinéraire dressé par Loewenfeld et basé sur les actes pontificaux. Bien entendu, il y a des périodes, assez courtes, où des renseignements sur les lieux des séjours des papes nous manquent. D'un autre côté, des actes ont été émis par la chancellerie pontificale pendant des haltes au cours du voyage, qui ne duraient pas plus qu'un jour ou deux. Malgré cette difficulté, nous devons classer ces haltes (la plupart en dehors du domaine royal et simplement lieux de repos sur la route) comme s'il s'agissait de séjours véritables.

8. JL, I, p. 782-793.

9. JL, I, p. 844-854. Le mois que le pape passa dans l'Empire pendant ce laps de temps est exclu de notre calcul, de même que pour Eugène III.

8

Eugène III passa les neuf mois de son séjour dans le domaine royal (exception faite pour deux semaines, passées dans les diocèses du comté de Champagne — Meaux et Troyes [10]).

Enfin, sur quatre années et cinq mois du séjour d'Alexandre III dans le royaume, sept mois seulement ne s'étaient pas passés sur les territoires du domaine royal [11]. Quant à Gélase II, dont le séjour fut entièrement en dehors du domaine royal, il s'apprêtait aussi trouver refuge auprès du roi de France ; une rencontre entre le pape et Louis VI fut arrêtée à Vézelay [12]. Gélase était en route vers Vézelay, lorsqu'il mourut le 29 janvier 1119 à Cluny [13].

*　*　*

Ces déplacements des papes, suivis d'un grand nombre des membres de la curie et parfois des services entiers de Rome, posaient un problème, celui de l'hébergement des hôtes. En effet, par les circonstances de ces exils, les papes étaient privés des revenus provenant de l'État pontifical, ainsi que d'autres ressources italiennes. Dans la plupart des cas, le souverain pontife ne pouvait compter sur des revenus provenant de l'Empire. Mais, en même temps, les ressources des Capétiens étaient minces ; le roi de France vivait en particulier de son domaine et avait besoin maintes fois d'accroître ses revenus en faisant appel aux églises, et surtout par l'exercice du droit de dépouille et de la régale pendant les vacances épiscopales [14]. Il était donc exclu de faire appel au trésor royal.

Cependant la coutume assimilait le pape aux souverains, lui accordant ainsi la jouissance du droit de gîte ; par ailleurs, l'accroissement de l'autorité du Saint-Siège dans les cadres de l'Église, qui était un des résultats de la réforme grégorienne, faisait des prélats les subordonnés du souverain pontife, lui assurant ainsi le droit de gîte dans les domaines ecclésiastiques [15]. Déjà les légats pontificaux jouissaient de ce droit [16], dont aucune église du royaume capétien ne contestait le bien-fondé. Les

10. JL, II, p. 40-57.
11. JL, II, p. 156-195.
12. SUGER, op. cit., p. 202.
13. JL, I, p. 779.
14. Cf. là-dessus J. GAUDEMET, La collation par le roi de France des bénéfices vacants en régale, des origines à la fin du XIVe siècle, Paris, 1936.
15. LUCHAIRE, Catalogue des actes de Louis VII, nº 610. Le roi mentionne le droit de gîte du pape et des cardinaux à côté du sien, se référant ainsi à une coutume existante et dont il n'y avait pas lieu de discuter le bien-fondé.
16. TEULET, Layettes du Trésor des chartes, I, nº 16 ; Chronique de Morigny, éd. MIROT, p. 31.

dépenses pour l'entretien de la cour pontificale ou des légats étaient prélevées sur la mense épiscopale dans le clergé séculier. Le droit de gîte avait deux inconvénients : il pouvait être utilisé seulement sur place et permettait des séjours trop courts. La pratique de cette coutume féodale nous explique bien pourquoi, jusqu'à l'établissement d'Alexandre III en France, les papes se trouvaient en mouvement continuel, ne restant dans une cité épiscopale guère plus de 15 jours environ, et encore moins dans les abbayes [17]. Ces voyages ont, sans doute, contribué au rapprochement des souverains pontifes avec la grande masse des fidèles, mais leur raison fondamentale devait être d'ordre économique. Nul doute que les papes auraient préféré avoir une résidence stable pouvant faciliter l'expédition des affaires politiques qui avaient provoqué leur départ d'Italie.

Cet exercice du droit de gîte avait contribué aussi au choix de la ville où des conciles plus importants devraient être célébrés. Ces conciles étaient l'occasion de réunir la cour pontificale au grand complet. Le prélat qui devait héberger de pareilles assemblées, avait l'obligation d'assurer le gîte d'un nombre plus grand de personnes que celui qui entourait habituellement le pape. En outre, il devait avoir la possibilité d'offrir le logement et les vivres aux participants au concile, même lorsque ceux-ci y pourvoyaient à leurs frais. La ville de Reims fut choisie à trois reprises comme siège des conciles généraux, les plus importants qui furent célébrés en France avant l'arrivée d'Alexandre III : en 1119, en 1131 et en 1148. Le choix de cette ville ne nous paraît pas accidentel ; outre la proximité de la métropole par rapport aux terres de l'Empire, ce qui pouvait rendre plus facile aux prélats allemands l'assistance à ces conciles, les papes ont dû aussi prendre en considération que, du fait qu'il possédait le comté de Reims, l'archevêque de Reims était mieux placé pour héberger la cour pontificale au complet et pour un laps de temps plus long.

Les dépenses des évêques pour le gîte du pape n'ont grevé le budget ordinaire de la mense épiscopale qu'en partie. Grâce à un conflit qui eut lieu vers 1127 entre l'évêque de Paris, Étienne de Senlis, et son archidiacre, Thibaud, sur la délimitation de leurs pouvoirs respectifs, nous sommes renseignés sur la procédure du gîte pontifical. Le conflit fut arbitré à Rome en 1127

17. D'ailleurs, à l'exception de Cluny et de l'abbaye de Saint-Denis, les itinéraires pontificaux révèlent de très courts passages des papes dans les établissements monastiques. Ceci est vrai même pour des papes d'extraction monastique. La préférence manifestée pour les cités pourrait s'expliquer par la volonté de faciliter les activités de la curie, mais aussi peut-être par la volonté des souverains pontifes de ne pas gêner la vie du cloître qu'un afflux très grand de visiteurs pouvait troubler.

10

par Matthieu d'Albano et les cardinaux-prêtres Jean de Crême et Pietroleone au nom du pape. Tandis que l'administration du temporel du diocèse fut attribuée aux archidiacres, le paragraphe concernant les collectes disposait :

« L'évêque n'effectuera point lui-même des collectes, sans l'archidiacre, dans sa paroisse, sauf... pour l'accueil du seigneur pape dans son église ; dans ce cas, il les effectuera après avoir consulté l'archidiacre ; l'archidiacre n'aura aucune part des (revenus de ces) collectes, dont toutes les dépenses seront à la charge de l'évêque [18]. »

Les oboles des fidèles venaient ainsi dédommager les évêques de leurs dépenses pour l'hébergement des papes. Afin de favoriser ces paiements, qui étaient imposés aussi aux monastères du diocèse, les papes ont été amenés à présider des cérémonies de consécration des églises et des autels [19]. Ainsi, pour nous contenter de quelques exemples, Calixte II (en 1119) et Innocent II (en 1131) consacrèrent les autels de l'église abbatiale de Morigny, Eugène III consacra en 1147 l'autel de l'abbaye de Saint-Denis de Montmartre et Alexandre III, la nouvelle église abbatiale de Saint-Germain-des-Prés, en 1163 [20]. Ces cérémonies donnaient lieu à d'importants rassemblements des fidèles et à des donations aux églises. Les souverains pontifes avaient toutes raisons de favoriser les donations dans ces occasions solennelles ; parmi plusieurs exemples, citons le privilège d'Eugène III à l'abbaye de Montmartre : après la consécration de son autel, le pape accorda une indulgence à tous ceux qui, y faisant le pèlerinage, à l'anniversaire de la consécration, auront fait des oboles honnêtes [21].

Dans d'autres cas, comme à Tournus, et nous supposons qu'il en va de même dans d'autres seigneuries ecclésiastiques, on imposait sur les habitants une taille pour couvrir les dépenses causées par la visite du pape et des cardinaux :

« L'abbé n'imposera désormais la taille sur les bourgeois que pour notre aide ou gîte (du roi), ou pour le gîte du seigneur pape ou d'un des cardinaux [22]. »

---

18. *Cartulaire de Notre-Dame de Paris*, éd. B. Guérard, I, p. 28 : « Collectas vero episcopus, absque archidiacono, per parrochiam ipsius non faceret, nisi... dominum papam in ecclesia sua suscipiat ; quod tamen, consulto archidiacono, faciet ; in quibus quidem collectis, quia expense omnes erunt episcopi, archidiaconus nullam habeat portionem ». Ce privilège fut confirmé postérieurement, à l'occasion de chaque visite des papes à Paris.
19. Ces cérémonies ont, par ailleurs, eu leur importance du point de vue architectural et artistique, en particulier pour l'expansion des styles de construction et d'ornementation des églises. Les conclusions de M. Crozet (*art. cit.* dans *Annales du Midi*) pour le voyage d'Urbain II semblent être valables aussi pour le XIIe siècle.
20. *Chronique de Morigny*, p. 32-33, 54-55 ; JL, II, p. 43 et 167.
21. JL 9078.
22. « Abbas super burgenses nullam deinceps faciet talliam, nisi pro

Malheureusement, la documentation à notre disposition ne nous permet pas d'avoir des renseignements quantitatifs sur la dépense faite pour l'hébergement de l'entourage pontifical. Nous devons nous contenter de renseignements d'ordre général, tels ceux de Suger qui témoigne que Calixte II alla en 1120 à Rome, riche des bénéfices qu'il avait reçus des églises [23], et sur le séjour d'Innocent II en 1130-1311 « visitant les églises des Gaules et remplissant de leurs richesses sa pénurie [24] ». Ce même pape bénéficia d'un don spécial qui lui fut fait par Henri Ier, auquel contribuèrent, selon le témoignage de Guillaume de Malmesbury, les Normands et même les juifs du duché [25]. Enfin, Jean de Salisbury raconte qu'Eugène III, retournant à Rome, y « fut honorablement accueilli par les magnats, qui ont senti l'or et l'argent des Gaules [26] ».

En dépit de la fréquence de ces visites très courtes dans les différentes villes épiscopales, on peut relever maintes fois, avant celui d'Alexandre III, des séjours plus prolongés des papes dans la ville d'Auxerre. Ainsi Calixte II y résida pendant la plus grande partie du mois de décembre 1119 [27] ; Innocent II y habita durant les mois de juillet, août et septembre 1131 [28] et une seconde fois durant tout le mois de décembre [29] ; Eugène III la choisit aussi comme résidence entre le 14 juillet et le 6 septembre et entre le 25 septembre et le 12 octobre 1147 [30]. Il est bien acquis que les évêques d'Auxerre, tous d'origine monastique (anciens clunisiens et cisterciens), firent un effort plus grand pour héberger la cour pontificale dans leur cité. Mais, après tout, les dépenses étaient plus grandes que leurs possibilités. Afin d'assurer les sommes nécessaires, ils durent requérir l'aide de leurs métropolitains, les archevêques de Sens, lesquels de leur côté firent

---

auxilio aut procuratione nostra (sc. regis), aut procuratione domini papae, aut alicuius cardinalium. » Juénin, *Histoire de l'abbaye de Tournus*, preuves, p. 169 (Luchaire, *Actes de Louis VII*, n° 610).

23. Suger, *op. cit.*, p. 204 : « ... ecclesiarum votivis dilatus beneficiis ».
24. Id., p. 264 : « ... Galliarum ecclesias visitando et de earum copie inopie suae defectum supplendo... ».
25. Guillaume de Salisbury, *Historia novella* (éd. K. R. Potter, *Nelson's Medieval Texts*), p. 10.
26. Jean de Salisbury, *Historia pontificalis* (éd. M. Chibnall), p. 51 : « ... dominus papa ad urbem profectus est, a magnatibus honorifice susceptus, qui aurum et argentum olfecerant Galliarum ».
27. JL, I, p. 791.
28. Id., p. 850-851.
29. Id., p. 853. (Le dernier acte pontifical fut expédié d'Auxerre le 7 janvier 1132).
30. JL, II, p. 45-48. Nous croyons pouvoir affirmer qu'Eugène III fit d'Auxerre son siège continuel jusqu'au 12 octobre. En effet, il ne s'absenta d'Auxerre que pour une semaine (entre le 12 et le 19 septembre), ce qui ne peut être considéré que comme une visite-pélérinage qu'il rendit au monastère de Cîteaux.

appel à leurs suffragants et aux abbayes situées dans la province pour se procurer l'argent des frais supplémentaires. En 1147, pendant le séjour d'Eugène III à Auxerre, l'archevêque de Sens, Hugues de Toucy, demanda à ses suffragants des sommes d'argent pour le gîte du pape. L'abbaye de Morigny fut imposée et acquitta une somme de 20 livres [31].

* * *

La situation changea avec l'avènement d'Alexandre III. L'attitude de l'empereur à son égard et le conflit qui éclata à Rome autour de l'élection de 1159, coupèrent le pape dès les débuts de son pontificat d'une bonne partie de ses revenus domaniaux. En même temps, ses dépenses en Italie étaient plus grandes ; il devait payer ses partisans. Il fit donc appel, dès sa reconnaissance par les prélats français, au clergé du royaume capétien pour lui procurer une aide financière. L'évêque de Soissons, Hugues de Champfleury, lui fit parvenir de l'argent, en 1160 encore. Au début de 1161, le pape lança un nouvel appel à l'épiscopat français demandant des subsides [32].

Malgré cette aide financière, Alexandre III dut quitter l'Italie au début de 1162 et s'établir en France. Les circonstances de ce voyage et en particulier le contrôle de la situation en Italie par Frédéric Barberousse, faisaient prévoir un séjour plus prolongé dans le royaume, qui pouvait même durer des années. Le pape pouvait s'établir dans le comté de Melgueil, dont il était suzerain et où il pouvait exiger les aides féodales [33]. Son séjour à Montpellier (pendant trois mois en 1162) indique bien qu'il utilisa cette ressource. Mais la situation géographique de Montpellier n'était pas favorable aux nécessités politiques. Alexandre III avait besoin de se trouver dans un lieu assez proche de ses protecteurs, les rois de France et d'Angleterre, et, en même temps, de choisir une place d'où il pourrait surveiller les événements dans l'Empire. Ainsi, il décida de s'établir dans le centre même du royaume capétien [34].

Cette fois-ci le séjour du pape était prévu pour un laps de

---

31. *Chronique de Morigny*, p. 87 : « Noster quoque abbas in ipsius procuratione xx. libras, submonente archiepiscopo Senonensi, attribuit ».
32. JL 10655 (*Rec. des Hist. de France*, t. XV, col. 756) — à Hugues, évêque de Soissons ; JL 10656 (*Patr. lat.*, t. CC, col. 108) — à Henri, évêque de Beauvais.
33. La cession du comté de Melgueil au Saint-Siège et la reprise en fief par la famille comtale sont consignées dans les documents de 1085 et de 1088 : *Cartulaire de Maguelone*, éd. ROUQUETTE, I, n⁰ 14 ; *Gallia Christiana*, t. VI, Instr. 350 (JL, 5375). La suzeraineté des papes s'y est manifestée sous Honorius II, à propos des mesures pour maintenir le cours du sol melgorien (*Cartulaire de Maguelone*, t. I, p. 116).
34. Cf. PACAUT, *art. cit.*, p. 18.

temps plus grand. Les progrès de la procédure administrative, l'ampleur des problèmes canoniques, politiques et administratifs qui se sont développés au cours du siècle, ont amené l'accroissement du personnel employé à la cour pontificale [35]. Du fait de cette transformation, la papauté ne pouvait plus se permettre une vie nomade, basée sur des séjours courts et dispersés dans des diocèses différents. En outre, le passage, de plus en plus accentué, à l'économie monétaire, faisait de l'exercice du droit de gîte une ressource moins rentable. Toutes ces considérations imposaient à Alexandre III de renoncer à la coutume de ses prédécesseurs et de choisir une résidence stable ; en effet, son séjour en France fut marqué par un caractère plus sédentaire. Cet établissement de la papauté dans le royaume posait par conséquent de nouveaux problèmes d'ordre financier.

Les ressources pontificales en dehors de l'Italie étaient assez maigres. Le revenu le plus important était celui du denier de Saint-Pierre, payé à la chambre pontificale par le roi d'Angleterre et qui rapportait 300 marcs d'argent chaque année [36]. Les rentrées, moins importantes, du denier de Saint-Pierre, dans les pays scandinaves, établies pendant la légation de Nicolas Breakspear [37], étaient suspendues par les circonstances du schisme. Le cens que les abbayes et les églises exemptes de France devaient acquitter au Saint-Siège était symbolique, les sommes inscrites dans les censiers pontificaux ne totalisent que quelques dizaines de livres [38]. Les dons d'argent que la coutume exigeait de présenter au pape lors d'une audience, étaient, semble-t-il, plus substantiels [39], mais ils étaient des revenus accidentels sur lesquels on ne pouvait pas bâtir un budget régulier.

Pour établir ses assises financières, la chambre pontificale avait procédé à deux innovations. La première était de pourvoir une partie du personnel de la cour pontificale de prébendes dans les diocèses ; cette assignation des revenus se faisait par la recommandation du pape, soit au roi, soit au prélat intéressé [40]. Par

---

35. Pour l'esquisse générale, cf. J. Rousset de Pina dans Fliche-Martin, *Histoire de l'Église*, t. IX, 2e partie, p. 174-180.

36. *Liber censuum*, éd. Fabre et Duchesne (Paris, 1910), t. II, p. 121.

37. JL 9938 ; P.L., t. CLXXXVIII, col. 1086.

38. Id., I, p. 189-211. Le montant arithmétique de ces sommes ne saura être fait, car ce cens était payable en monnaie de frappe différente, donc de valeur variable. Dans le censier de Cencius, ainsi que dans les cahiers précédents, ces différences ne sont pas toujours mentionnées.

39. Les chroniqueurs anglais qui sont très sensibles à ces dons, ne donnent pas de chiffres. Voir, par exemple et pour la période du séjour d'Alexandre III à Tours, *Draco Normannicus*, éd. Howlett (*Rolls Series*), t. II, p. 743-752.

40. JL 11183 ; HF, XV, 832. Cf. G. Barraclough, *Papal Provisions*, p. 133 sq. M. Barraclough n'a pas fait le rapprochement de cette pratique avec la nécessité de rémunérer le personnel de la curie pendant le séjour du pape en France, se contentant d'analyser sa portée juridique.

14

ce moyen on pouvait rémunérer les services d'une partie du
personnel employé à la Curie ; mais, par la nature même des
bénéfices assignés, il s'agissait des personnes appartenant aux
échelons inférieurs du clergé. En ce qui concerne la personne
même du souverain pontife, les cardinaux et d'autres personnages
importants de la suite pontificale, le chambrier devait chercher
des moyens pour assurer l'équilibre du budget papal et notamment pour rembourser les emprunts contractés [41]. Le moyen
choisi fut celui d'établir une contribution sur tous les évêchés
et les monastères de France. Cette contribution fut perçue par
les métropolitains [42], son montant devant être établi par chaque
archevêque [43]. Les abbayes exemptes furent obligées aussi de
participer à cette contribution :

« Nous statuons, par l'autorité apostolique, que toute charge imposée
par les archevêques et les évêques sur vos obédiences à cause de notre
présence, ne leur sera permise aucunement après cela... [44] »

Cette procédure, qui avait soulevé l'opposition des monastères
exempts, fut adoptée en raison de l'établissement du montant
des subsides d'après le nombre des autels que chacun possédait [45] ;
ainsi on devait recourir à l'organisation diocésaine.

Quant à l'organisation de cet impôt, il semble qu'elle était
basée sur des tranches fixées d'avance par les métropolitains [46] ;
seul le pape pouvait dispenser un établissement ecclésiastique du
paiement de l'impôt, ou remettre l'acquittement de certaines
tranches [47] ; Par cette organisation, la chambre pontificale pou-

41. JL 11204, 11256.
42. JL 10880-81, HF, XV, 797 (5 mai 1163), lettres d'Alexandre III
à Henri, archevêque de Reims. Nous supposons que des demandes analogues
avaient été envoyées à tous les métropolitains du royaume.
43. Ainsi l'archevêque de Reims, Henri de France, paya à la chambre
pontificale de 1162 à 1165 la somme de 150 livres, et aussi des sommes
substantielles aux cardinaux. Cet argent provenait du diocèse de Reims
seulement (JL 11256 ; HF, XV, 849, 19 janvier 1166).
44. La bulle d'Alexandre III pour l'abbaye de Saint-Benoît-sur-Loire,
qui avait manifesté de l'opposition à cette organisation du subside, craignant
le précédent pour son privilège d'exemption, est explicite :
« ... auctoritate apostolica duximus statuendum ut, licet archiepiscopi
aut episcopi propter presentiam nostram aliquod onus ad praesens obedientiis
vestris imponant, nulli eorum fas sit posthac, occasione illa, contra consue-
tudinem vestram fratribus vestris per obedientias constitutis aliquas exac-
tiones imponere aut quidlibet ab eis exigere. » JL 11126 ; Prou, Recueil
des chartes de Saint-Benoît-sur-Loire, no 186.
45. JL 11132 ; Papsturkunden in Frankreich, IV (Picardie), éd. J. Ramac-
kers, no 103. Le pape autorise l'évêque de Tournai, Girard, à exiger de
l'abbaye exempte de Corbie, la somme de 20 sols pour l'autel de Huysse,
à titre de subside pour la cour pontificale.
46. JL 10910.
47. Ainsi le pape annonce à l'archevêque de Reims, Henri, le 22 juillet 1163,
qu'il avait remis le payement d'une des deux tranches de la contribution
imposée sur l'abbaye de Saint-Bertin (JL 10910 ; HF, XV, 802).

vait être en mesure de prévoir les revenus de la papauté et de préparer ainsi le budget de la cour pontificale.

Toutes ces nouvelles dispositions n'avaient pas annulé les anciennes coutumes concernant le gîte du souverain pontife. Les prélats qui devaient héberger le pape durent faire des efforts complémentaires. C'est ainsi que Guillaume de Toucy, frère de l'archevêque de Sens, Henri, et archidiacre de l'église métropolitaine, qui se chargea du logement de la cour pontificale à Sens au cours des années 1163-1165, eut des difficultés pour assurer le côté matériel de ce séjour [48].

Quelle fut la part de la royauté capétienne dans l'organisation matérielle du séjour d'Alexandre III ? Le roi se contenta-t-il d'accorder un refuge au pape et laissa-t-il tous les soucis financiers aux établissements ecclésiastiques du royaume ? Il est évident que, même dans ce cas, les charges nouvelles qui grevèrent les fidèles durent avoir des répercussions sur l'ampleur des revenus du Capétien. Nous ne disposons pas de livres des comptes royaux de cette époque afin de pouvoir affirmer des choses précises. Il y a pourtant une possibilité de supposer que le séjour d'Alexandre III à Sens a dû être mis en partie au compte du trésor royal. Le chambrier pontifical Boson raconte comment, après le concile de Tours, les rois de France et d'Angleterre avaient proposé au pape de s'établir dans une ville de leurs royaumes à son choix :

« Après avoir célébré ainsi le concile, le seigneur pape Alexandre reçut une réponse de la part des rois susnommés, selon laquelle il pourrait choisir à son gré la ville ou la cité de leurs royaumes, s'il voulait y établir sa demeure... [49] »

Faut-il envisager qu'en offrant au pape la ville de Sens comme résidence, Louis VII lui offrit en même temps les revenus royaux de cette cité ? Nous ne pouvons pas affirmer avec certitude qu'une pareille offre fut faite par le roi. Toutefois, un examen des chartes

---

48. *Gesta pontificum Autissiodorensium*, dans *Bibliothèque historique de l'Yonne*, éd. L. M. Duru, t. I, p. 421. Le biographe des évêques d'Auxerre n'en précise pas plus. Cependant nous ne croyons pas qu'il faut attribuer à l'archidiacre de Sens toutes les dépenses causées par le séjour du pape dans la métropole de la seconde Lyonnaise. Il nous semble que ses efforts furent concentrés dans le domaine du logement et de l'installation de la cour pontificale, ce qui appartenait à sa dignité archidiaconale. Néanmoins, même ce domaine impliquait de grands efforts et demandait d'importantes dépenses, étant donné l'agrandissement de la suite pontificale.

49. « Celebrato itaque concilio, domnus Alexander papa responsum a predictis regibus tale recepit, ut si moram in aliquo loco regnorum suorum assiduam facere vellet, iuxta beneplacitum suum eligeret villam seu civitatem que sibi magis placere deberet » (Boson, *Liber Pontificalis*, éd. Duchesne, t. II, p. 410). Il est évident que le séjour du pape à Tours, un des lieux disputés entre Louis VII et Henri II, gênait les deux rois.

royales nous permet d'affirmer que, parmi les actes conservés
de Louis VII, aucun document ne se réfère aux dispositions du
roi concernant Sens à l'époque du séjour d'Alexandre III dans
cette ville. Mais étant donné l'état de conservation des actes
du xiie siècle, cela ne serait pas une preuve pour affirmer que
la seigneurie de Sens fut concédée provisoirement au pape. De
même, un examen des actes d'Alexandre III concernant les
établissements ecclésiastiques de Sens et de ses environs nous
amène à conclure que le pape ne jouissait pas de droits régaliens
dans la métropole. Il faut toutefois mentionner qu'en 1164 l'élection abbatiale à Sainte-Colombe de Sens fut effectuée en présence
des commissaires du pape et de celui de Louis VII ; l'élu fut
présenté au roi de France, qui ne lui accorda pas l'investiture [50].
Nous ne savons pas à quel titre les commissaires pontificaux
ont participé à l'élection, mais en tout cas, il est à remarquer
que normalement la régale de Sainte-Colombe se trouvait entre
les mains du roi pendant la vacance abbatiale et c'était au roi
de France que l'on demandait son consentement avant de consacrer l'élu.

*
* *

L'étude des voyages et des séjours des papes en France au
cours du xiie siècle nous permet de constater le développement
des systèmes fiscaux qui ont été employés pour assurer les sommes
nécessaires à leur hébergement. Tandis que le système originel,
et qui resta fondamental, était l'exercice du droit de gîte, nous
avons observé qu'au cours de la seconde moitié du siècle, parallèlement avec le développement de l'économie monétaire et en
raison des circonstances politiques, l'Église avait adopté le système de l'impôt général, dont la technique fut basée sur l'autel
comme unité de paiement, et sur le diocèse comme cadre de la
perception. En même temps, une partie du personnel de la Curie
fut pourvue de bénéfices ecclésiastiques.

La dépendance de la papauté envers les ressources financières
provenant du dehors de l'État pontifical devint de plus en plus
accentuée depuis le pontificat d'Alexandre III. Lors de son
retour en Italie, en 1166, le pape fit encore appel aux prélats
français pour lui assurer les moyens de payer ses dettes [51] ; parmi
les créanciers de la papauté figurait déjà l'ordre du Temple [52].

---

50. La lettre de présentation des trois cardinaux (HF, XVI, 103) suit
le compte rendu du commissaire royal, Hugues, abbé de Saint-Germain-des-
Prés (Id., 102).
51. JL 11256 ; HF, XV, 849 (18 janvier 1166).
52. JL 11204 ; HF, XV, 836 (7 juin 1165).

Les procédures fiscales adoptées pendant le séjour de ce pape en France furent continuées pour devenir des revenus ordinaires du Saint-Siège et en particulier le pourvoi des bénéfices du personnel de la Curie, même quand il allait contre les tendances réformatrices qui se manifestaient dans les diocèses [53]. Par ailleurs, l'importance croissante des ressources provenant des pays catholiques se manifeste nettement dans les censiers pontificaux, surtout dans l'évolution de leur rédaction à la fin du XIIᵉ siècle et pendant le premier quart du siècle suivant [54]. Ainsi, l'expérience accumulée au cours des exils des souverains pontifes au XIIᵉ siècle fut le fondement de l'organisation fiscale de la papauté, qui atteignit son point culminant pendant le séjour des papes à Avignon.

En ce qui concerne les répercussions de cette expérience pour le royaume capétien, il faut mentionner l'organisation des contributions générales. A vrai dire, l'idée de l'impôt général s'était déjà manifestée en France, à la veille de la seconde croisade [55]. Mais malgré le témoignage de Raoul de Diceto, qui parle d'une taxation générale pour financer l'expédition de Louis VII [56], on ne peut interpréter les mesures fiscales du Capétien comme un impôt général. Il était bien certain que les ressources ordinaires du roi ne pouvaient pas lui permettre une pareille expédition ; quant aux revenus extraordinaires, il y avait lieu de discuter leur provenance : aussi Pierre le Vénérable, abbé de Cluny, proposa de taxer les juifs [57] ; et lorsque la royauté décida de lever une aide, elle fut imposée, selon l'état de notre documentation, seulement sur le domaine et sur les églises royales. Et même dans ce cas, on discuta longuement, autant sur le bien-fondé de la taxe que sur le montant des aides [58].

C'est sur ce plan que se situe l'innovation d'Alexandre III ; l'organisation de la perception des contributions pour l'entretien du pape devient un exemple pour la levée des impôts généraux à venir, quoique les taxations au XIIᵉ restent encore sporadiques

---

53. V. ainsi les statuts du chapitre cathédral de Paris, imposant à ses membres la résidence, sous la peine de perdre la jouissance de leurs prébendes ; Alexandre III, tout en confirmant en 1172 le statut (JL 11959 ; *Cartulaire de N.-D. de Paris*, t. I, p. 227-8), exclut les bénéficiaires employés à la cour pontificale ou à la cour royale de cette obligation.
54. L'étude des différents cahiers composant les deux volumes du *Liber censuum* en témoigne.
55. Cf. Lot et Fawtier, *Histoire des institutions françaises au Moyen-Age*, II, Institutions royales, p. 170.
56. Raoul de Diceto, *Ymagines Historiarum*, éd. Stubbs (*Rolls Series*), I, p. 140.
57. Pierre le Vénérable, ep. IV, 36 (P.L., t. CLXXXIX, col. 366).
58. *Recueil des chartes de Saint-Benoît* (éd. Prou), t. I, nᵒ 150, p. 340-343, HF, XV, 496-497.

18

et que les aides soient imposées seulement pour des besoins extraordinaires, comme les impôts pour les croisades. L'organisation de ces impôts, celui de 1166-1167, ceux de 1184 et de 1188, ainsi que la dîme « saladine », profita de l'expérience de la contribution pontificale ; en 1166 c'était l'épiscopat qui fut chargé de la levée.

Université hébraïque de Jérusalem.

III

LE SCHISME DE 1130 ET LA FRANCE

La double élection pontificale de 1130 a été étudiée par plusieurs chercheurs qui ont traité de ses divers aspects ; il en résulte une bibliographie abondante (¹), centrée surtout sur les problèmes de la cour pontificale et de la société romaine. Cette prolifération des travaux et l'intérêt constant des chercheurs s'expliquent par le fait qu'il ne s'agissait pas seulement d'une des multiples divisions au sein du collège des cardinaux ; en l'occurrence, il s'agit aussi de la signification de cet événement par rapport au processus qui avait mis un terme au « grégorianisme » à Rome et à l'avènement d'une nouvelle couche à la direction de l'Église. Les travaux de H. W. Klewitz ont en effet mis en évidence l'importance de ce parti de « jeunes » cardinaux, ayant à sa tête le chancelier Haimeric et dont une bonne partie provenait des ordres monastiques, qui s'est heurté aux « vieux » grégoriens (²). Il semble que cet aspect du schisme, ayant trouvé son expression dans l'appui respectif des candidatures d'Innocent II et d'Anaclet II, doit être considéré comme ayant un poids plus important que la rivalité traditionnelle des grandes familles romaines, représentées dans ce cas par les Frangipani et les Pierleone.

A la mort d'Honorius II, le 13 févr. 1130, une tentative de trouver une solution de compromis, qui pourrait réunir l'ensemble des cardinaux autour d'un candidat apte à lui succéder, échoua. Au cours de la même journée, les partis se réunirent pour élire et pro-

---

(1) Cfr la bibliographie dressée par F.-J. Schmale, *Studien zum Schisma des Jahres 1130*, Cologne, 1961, p. 303-305, où les plus importantes contributions sont mentionnées. Nous y ajouterons d'autres travaux aux endroits appropriés.

(2) H. W. Klewitz, *Die Entstehung des Kardinalkollegiums*, dans *Zeitschrift der Savigny-Stiftung für Rechtsgeschichte, Kan. Abt.*, 1936, t. LVI, p. 115-221, et *Das Ende des Reformpapsttums*, dans *Deutsches Archiv für Erforschung des Mittelalters*, 1939, t. III, p. 371-412, réimprimés dans son ouvrage posthume, *Reformpapsttum und Kardinalkolleg*, Darmstadt, 1957. Ses conclusions ont été réétudiées et adoptées par F.-J. Schmale, *op. cit.*, p. 29-90, qui s'est livré à une recherche minutieuse des milieux humains au sein du collège des cardinaux.

clamer leurs candidats ; c'est ainsi que Grégoire de Saint-Ange fut élu par les « jeunes » et, appuyé par les Frangipani, consacré sous le nom d'Innocent II, tandis que les « vieils » grégoriens se ralliaient à Pierre Pierleone, dont la famille était la plus influente dans la ville, et qui fut proclamé pape sous le nom d'Anaclet II (¹). Les deux élections étaient irrégulières ; on pouvait les justifier par deux versions contradictoires du décret de Nicolas II de 1059 touchant les élections papales (²). Pendant les semaines qui suivirent, Anaclet réussit à s'imposer à Rome ; les deux élus, chacun de leur côté, requirent la reconnaissance de l'empereur Lothaire III, des autres monarques d'Occident et des Églises de l'*orbis christianus*, annonçant à leurs correspondants qu'ils avaient recueilli « l'unanimité » des suffrages (³). Il semble que les souverains furent pendant quel-

(1) Le récit détaillé de la double élection de 1130 a été reconstitué par E. Mühlbacher, *Die streitige Papstwahl des Jahres 1130*, Innsbrück, 1876. P. F. Palumbo, dans son important ouvrage, *Lo scisma des MCXXX*, Rome, 1942, a mis l'accent sur la rivalité des grandes familles romaines. Le chapitre rédigé par A. Fliche, pour le tome IX de son *Histoire de l'Église : Du premier Concile du Latran à l'avènement d'Innocent III, 1123-1198*, Paris, 1948, p. 50-69, est une présentation traditionnelle, ne tenant pas compte des conclusions de H. W. Klewitz. On trouvera une mise à jour des événements dans l'étude de F.-J. Schmale, *op. cit.*, p. 145-161. Cfr aussi H. Bloch, *The Schism of Anacletus and the Glanfeuil Forgeries of Peter the Deacon*, dans *Traditio*, 1952, t. VIII, p. 159-264.

(2) Ce décret, réservant l'élection pontificale au collège des cardinaux, était connu au XIIᵉ s. en deux versions ; l'une, dite « version pontificale », a été diffusée en France et insérée par Yves de Chartres dans la *Panormia* (*P.L.*, t. CLXI, col. 1127), tandis que la seconde, dite « version impériale », a été répandue dans l'Empire et en Italie (*M.G.H.*, *Leges*, t. IV-1, p. 537-547). Les deux s'opposaient sur un point essentiel, le rôle des cardinaux-évêques ; la première en faisait les électeurs principaux, tandis que la seconde les excluait. Cfr R. Holtzmann, *Zum Papstwahldekret von 1059*, dans *Zeitschrift der Savigny-Stiftung für Rechtsgeschichte, Kan. Abt.*, 1938, t. LVIII, p. 135-153. Puisque les circonstances de la double élection de 1130 ont été la conséquence d'une division dans les trois ordres du collège des cardinaux, il était difficile d'invoquer une des versions du décret de Nicolas II ; c'est ainsi que la question débattue était si l'on devait préférer la majorité (*major pars*) qui avait élu Anaclet, ou bien la *sanior pars*, supportant Innocent. Pareille dispute ne pouvait être tranchée sur le seul plan canonique. Sur le collège des cardinaux, cfr S. Kuttner, *Cardinalis ; the History of a Canonical Concept*, dans *Traditio*, 1945, t. III, p. 129-214, et plus particulièrement p. 173 svv.

(3) Le dossier de cette correspondance a été reconstitué par P. F. Palumbo, *op. cit.*, p. 303-358 ; il contient les encycliques des deux rivaux ainsi que les lettres de cardinaux et d'autres prélats.

ques mois dans l'expectative avant de se prononcer ; en tout cas, à l'exception de Roger II de Sicile qui reconnut Anaclet, ils attendirent des éclaircissements avant de prendre attitude. Une bonne partie des prélats adoptèrent la même attitude, surtout dans les pays transalpins, quoique l'on trouve des exceptions notables à cette conduite.

En revanche, les ordres monastiques réformés, Cluny et Cîteaux, ainsi que les chanoines de l'ordre de Prémontré, liés au parti des « jeunes » cardinaux, s'empressèrent de reconnaître Innocent II ([1]) qui, obligé de quitter Rome, trouva à Cluny non seulement un refuge, mais aussi une base, d'où il serait capable de rallier ses partisans et diriger son activité afin de s'assurer la reconnaissance des monarques et l'obédience des Églises transalpines. Ainsi, pour la seconde fois au xiie s. ([2]), un des rivaux au siège pontifical trouvait un abri en France, et à Cluny encore, ce qui obligeait le roi et les Églises du royaume capétien à se prononcer. Par ailleurs, dans ce cas, en raison de l'irrégularité de l'élection et du fait que les centres des grands ordres monastiques et des chanoines réguliers se trouvaient dans le royaume, l'attitude qui serait adoptée par le « roi des Francs » et par « l'Église gallicane » devrait devenir un exemple d'orthodoxie.

*
* *

Louis VI avait été saisi du schisme au moins depuis le mois de mai 1130 ([3]). Il connaissait bien les deux rivaux, qui avaient exercé

---

(1) Cfr F.-J. SCHMALE, op. cit. (part IV : « Innocenz und die Orden »), p. 253-279.

(2) En 1118, Gélase II fut obligé de quitter Rome, où l'empereur Henri V imposa l'installation de son rival, Maurice Burdin (l'antipape Grégoire VIII), et se réfugia à Cluny, où il mourut. A la différence de celle de 1130, l'élection de Gélase II a été régulière. Son rival, l'archevêque Maurice Burdin de Braga, n'a pas trouvé d'appui au sein du collège des cardinaux (cfr A. FLICHE, Histoire de l'Église, t. VIII : La réforme grégorienne et la reconquête chrétienne (1057-1123), Paris, 1944, p. 376-378). Il est intéressant de noter que, lors de ce schisme, Burdin s'était appuyé à Rome sur Cencio Frangipani, alors en opposition avec Pascal II (Vita Paschalis Papae, éd. L. DUCHESNE, Liber Pontificalis, t. II, Paris, 1892, p. 303). Les Frangipani se sont réconciliés avec le St-Siège, en 1122, tout en persistant dans leur rivalité avec les Pierleone.

(3) Lettre d'Anaclet II, du 1er mai 1130 (J.L., 8380). Cette lettre a été suivie par une série d'épîtres adressées au prince Philippe, à Suger, aux évêques et aux

des légations en France ; de surcroît, il semble qu'il fût ami de la famille Pierleone, aussi bien du père du cardinal que de Pierre lui-même, dès son adolescence ([1]). Toutefois le problème ne pouvait pas être tranché sur le plan des rapports personnels ou des liens d'amitié ; il y avait aussi le problème canonique à résoudre. La tradition capétienne exigeait que les prélats examinent le cas et que la royauté suive leur avis ([2]). C'est ainsi que le roi décida de convoquer les prélats, en l'occurrence les prélats « royaux », qui étaient en rapports réguliers avec la royauté ([3]), afin de leur demander conseil. Malgré les sollicitations des deux côtés et les pressions exercées, il ne montra aucune volonté de précipiter la procédure, soit par prudence et la volonté de recueillir tous les renseignements possibles, soit afin de permettre aux événements de jouer. L'assemblée qu'il avait convoquée fut réunie à Étampes en octobre 1130.

seigneurs français, annonçant l'envoi d'un légat, Othon, évêque de Todi (cfr le *Regestum* des actes d'Anaclet, P. F. PALUMBO, *op. cit.*, nᵒˢ xii-xvi, p. 654-656). Aucun appel de la part d'Innocent II à l'adresse du roi de France n'est conservé, mais on peut se douter de son existence.

(1) *Chronique de Morigny*, éd. L. MIROT, Paris, 1912, p. 51-52. Dans sa lettre citée *supra*, Anaclet fait allusion à ces liens d'amitié ; cette allusion n'est pas corroborée par d'autres sources diplomatiques ou narratives. A. LUCHAIRE, *Louis VI le Gros ; Annales de sa vie et de son règne*, Paris, 1890, Introduction, p. cxl, accepte la valeur de cette seule source.

(2) Les consultations des premiers Capétiens avec le clergé en matière ecclésiastique ont été mises en évidence par J.-F. LEMARIGNIER, *Le gouvernement royal aux premiers temps capétiens (987-1108)*, Paris, 1965, *passim*. Pour le xiiᵉ s., cfr E. BOURNAZEL, *Le gouvernement capétien au XIIᵉ s.*, Paris-Limoges, 1976, p. 135-136. En 1160, lors du débat concernant le schisme d'Octavien, Louis VII a fait état de cette attitude traditionnelle « nos antedicti negotii examen clericis imposuimus, quod a laycis discuti non decebat » (Lettre à Jean de Montlaur, évêque de Maguelone, éd. L. DELISLE, dans *Journal des Savants*, 1902, p. 46). Le texte est explicite : l'initiative de la délibération est royale, les participants sont membres du clergé.

(3) Le terme « prélat royal » n'a pas de sens juridique ; en principe, tous les prélats du royaume devraient être considérés comme « prélats royaux ». Pratiquement, ont été tenus pour tels les seuls évêques et abbés qui recevaient l'investiture de leur temporel des Capétiens, ou qui maintenaient des rapports réguliers avec la Cour. Pour le règne de Louis VI (1108-1137) ce groupe se limitait à la grande majorité des prélats des provinces ecclésiastiques de Reims et de Sens, aux archevêques de Bourges et de Tours, aux abbés de Marmoutier, aux évêques bourguignons et à quelques prélats auvergnats.

Cependant, une partie des prélats français s'était prononcée. Le parti d'Anaclet s'était assuré l'appui de Girard, évêque d'Angoulême, l'un des « vieils » grégoriens, qui se vit confirmer dans la légation qu'il avait exercée depuis le pontificat de Pascal II, et qui s'employa à amener à son candidat l'obédience des provinces occidentales du royaume (¹). Du côté opposé, on remarque une tendance à l'adhésion à la cause d'Innocent chez plusieurs prélats influencés par les ordres monastiques. Certains d'entre eux, du Midi, s'étaient réunis en concile au Puy, où ils avaient reconnu la légitimité de l'élection d'Innocent, considérée comme celle de la *sanior pars* des cardinaux (²). Et le 13 juillet, l'archevêque de Sens, Henri Sanglier, un ami de S. Bernard de Clairvaux, avait rallié le parti innocentin et fait acte d'obédience (³). Pourtant, la majorité des prélats ne s'était pas prononcée ; leur attitude, quoique dans certains cas fondée sur des considérations indépendantes de la politique capétienne, donnait un poids décisif à la démarche royale, marquant ainsi un début de prise de conscience d'un État, bien avant son éveil (⁴).

L'assemblée d'Étampes joua ainsi un rôle de première importance, non pas seulement dans l'histoire du schisme même, mais aussi dans celle du développement des institutions royales en France. Appelée *concilium* par Suger et d'autres sources narratives (⁵), elle n'eut cependant pas le caractère d'un concile ecclé-

(1) *J.L.*, 8377 ; P. F. PALUMBO, *op. cit.*, nᵒˢ IX-X, p. 653. Girard avait été nommé légat par Pascal II en 1108 et exerça sa légation en permanence dans la France occidentale. L'adhésion à la cause d'Anaclet de l'évêque d'Angoulême, dont l'expérience lui donnait un poids particulier, a été une conséquence logique de la communauté d'idées entre les deux personnes et de leur coopération étroite sous les pontificats de Pascal II, de Calixte II et d'Honorius II. D'autre part, tout devait séparer *a priori* Girard d'Innocent II et de la couche des « jeunes » cardinaux (cfr F.-J. SCHMALE, *op. cit.*, p. 230-232).

(2) MANSI, *Ampl. Coll. Conciliorum*, t. XXI, p. 435.

(3) *Cartulaire général de l'Yonne*, éd. M. QUANTIN, t. I, Auxerre, 1854, nᵒ 155, p. 275.

(4) Cfr pour le bas moyen âge, B. GUENÉE, *État et nation en France au moyen âge*, dans *Revue historique*, 1967, t. CCXXXVII, p. 17-30, et *Espace et État dans la France au bas moyen âge*, dans *Annales. É.S.C.*, 1968, t. XXIII, p. 744-758.

(5) SUGER, *Vita Ludovici Grossi*, éd. H. WAQUET, Paris, 1964², p. 258 ; ARNOUL DE SÉEZ, *Invectiva in Girardum Engolismensem episcopum*, éd. I. DIETERICH, dans *M.G.H.*, *Libelli de lite*, t. III, Hanovre, 1897, p. 100 ; RADULFUS, *Vita Petri Venerabilis*, dans *P.L.*, t. CLXXXIX, col. 26 ; ERNAUD DE BONNEVAL, *Vita sancti Bernardi*, dans *P.L.*, t. CLXXXV, col. 270. En revanche, la *Chronique de Morigny*, p. 52, n'emploie pas le mot *concilium*. F.-J. SCHMALE, *op. cit.*,

siastique au sens que le terme revêtait au xiie s. On pourrait y voir plutôt la forme des *concilia* carolingiens, mais elle était périmée (¹). En réalité, il s'agissait d'une assemblée de la Haute Cour royale ; les témoignages concernant ses délibérations indiquent clairement que les participants, parmi lesquels se distinguaient les archevêques de Bourges, Reims, Sens et Tours (²), n'avaient pas pour mission de statuer, mais de conseiller le roi, auquel il incombait de prendre la décision. Dans les conditions extraordinaires du schisme, en raison du caractère de la double élection à Rome, il était difficile de penser à une solution juridique du problème (³) ;

p. 226, emploie le terme « synode », restant ainsi fidèle à l'historiographie qui a vu dans ces assises un concile ecclésiastique.

(1) Cfr J.-F. LEMARIGNIER, *L'influence de la réforme grégorienne*, dans *Institutions ecclésiastiques* (t. III de F. Lot et R. Fawtier, *Histoire des institutions françaises au moyen âge*), Paris, 1962, p. 90-91, qui a souligné à juste titre que la pratique des assemblées conciliaires convoquées et dirigées par le roi ne se manifesta plus depuis le règne de Philippe Ier. Cependant, les auteurs du xiie s. emploient le terme *concilium*, qu'il s'agisse de conciles ecclésiastiques au sens strict du mot ou d'autres assemblées et conseils. Cfr à cet égard, G. I. LANGMUIR, *Counsel and Capetian Assemblies*, dans *Studies Presented to the International Commission for the History of Representative and Parliamentary Institutions*, t. XVIII, Louvain, 1958, p. 21-34, et *Concilia and Capetian Assemblies*, dans *Album Helen Maud Cam*, Louvain, 1961, t. II, p. 29-63. Par ailleurs, en Allemagne la *curia* de Wurtzbourg, convoquée par Lothaire III aux mêmes fins, a été elle aussi qualifiée de *concilium* (MANSI, *Concilia*, t. XXI, p. 443-446).

(2) « [...] rex Ludovicus archiepiscopos Remensem, Senonensem, Bituricensem, Turonensem simulque episcopos regni sui et abbates Stampis convocat... (Chronique de Morigny, p. 52). [...] rex, ... concilium archiepiscoporum, episcoporum, abbatum et religiosorum virorum Stampis convocat [...] » (SUGER, *op. cit.*, p. 258).

(3) Suger, qui a été témoin des débats et dont la position auprès du roi en fait la source la mieux informée des intentions royales, souligne que, dans les circonstances du schisme, il était impossible de se prononcer sur le fondement juridique des élections (*op. cit.*, p. 260). Quoique d'autres sources fassent des conditions de l'élection d'Innocent, telles la *Chronique de Morigny* (*electione superior apparebat*, p. 52) ou quelques lettres de S. Bernard (*e.g.* : *electio meliorum. Ep.* 124, *P.L.*, t. CLXXXII, col. 269), toutes s'accordent sur la nécessité de trancher le conflit par la considération des qualités personnelles des rivaux. Cette position est d'ailleurs conforme au droit canon, en combinant le décret de Léon Ier et de Nicolas II, tels qu'il ont été recueillis par Yves de Chartres dans la *Panormia* (*P.L.*, t. CLXI, col. 1127). Se fondant sur ces textes, l'évêque de Chartres est arrivé à la conclusion que, en cas d'élection contestée, il faut considérer les mérites des candidats (*ibid.*, col. 1030). Cette concordance des sources doit mettre fin aux débats des historiens modernes sur la légitimité des élections de

une décision, même unanime, aurait été plutôt un appui spirituel du clergé, dont le poids aurait été moral. D'autre part, une assemblée de la Haute Cour, couronnant les efforts de Louis VI pour redresser l'autorité royale, avait un rôle plus effectif à jouer. La décision du Capétien, après consultation de ses *fideles*, accorderait la légitimité, au moins dans le royaume, au pape qu'elle reconnaîtrait ; plus encore, conformément à la pratique féodale qui donnait tort aux absents, ou aux opposants retirés de l'assemblée ([1]), les tenants de la partie adverse seraient exposés aux conséquences de leur refus de la décision royale.

Le caractère de l'assemblée facilita par ailleurs la concentration des débats sur le terrain pragmatique, ce qui permit d'éviter la controverse juridique, sur la régularité des élections à Rome. Suger témoigne que le débat a été défini par une question du roi : « Le roi ... s'étant enquis, sur le conseil (des prélats), plutôt du caractère de l'élu que des circonstances de l'élection, car il arrive souvent que la gêne causée à l'Église par les troubles des Romains ne permette pas qu'il soit procédé à une élection régulière... » ([2]). Évitant ainsi la discussion d'ordre canonique, les prélats s'accordèrent sur la reconnaissance d'Innocent II, considérant que ses qualités en faisaient une personne plus digne du St-Siège ([3]). Nul doute que l'influence des ordres monastiques réformés, qui avaient déjà pris position, ait été ressentie au sein de l'assemblée ; bon nombre de prélats étaient d'anciens clunisiens, ou en relations étroites avec les cisterciens, comme l'archevêque de Sens, Henri Sanglier.

1130. A partir de E. VACANDARD, *S. Bernard et le schisme d'Anaclet*, dans *Revue des questions historiques*, 1888, t. XLIII, p. 87, qui avait disqualifié les « vieils » cardinaux qui avaient élu Anaclet en les taxant de « sénilité », on retrouve cet argument dans la littérature historique. On pourrait se douter à quel point « l'expression de la sagesse de l'âge » aurait été soulignée si le suffrage de ces « vieillards » avait été différent.

(1) Sur cette pratique, cfr M. BLOCH, *La société féodale*, Paris, 1939, t. I, *passim*, et. F.-L. GANSHOF, *Qu'est ce que la féodalité?*, 4e éd., Bruxelles, 1968, p. 144-145.

(2) « Quo rex, ut erat piissimus Ecclesiae defensor, cito compunctus, concilium, archiepiscoporum, episcoporum, abbatum et religiosorum virorum Stampis convocat, et eorum consilio magis de persona quam de electione investigans — fit enim sepe ut Romanorum tumultancium quibuscumque molestiis ecclesie electio minus ordinarie fieri valeat [...] » (SUGER, *op. cit.*, p. 258-260).

(3) SUGER, *loc. cit.* ; *Chronique de Morigny*, p. 52-53 : [...] *Innocentium, quia et vita sanctior et fama melior et electione superior apparebat, cum omni regno suo Romanum papam sibique patrem (rex Ludovicus) denuntiat.*

L'arrivée d'Innocent en France et son installation à Cluny en septembre 1130 a aussi joué à Étampes. Il ne s'agissait pas seulement d'une pression sur l'assemblée, d'ailleurs exercée par les clunisiens et cisterciens ; pour les participants, au moins pour Suger, le refuge en France d'Innocent, qui symbolisait sa confiance dans l'orthodoxie « gallicane », plaidant en sa faveur, flattait l'amour-propre de cette opinion publique, qui se reflétait à l'assemblée (¹). En tout cas, l'opinion des participants n'était qu'un conseil. La reconnaissance du pape a été une décision du roi ; dès qu'il se fut rangé à l'avis des prélats, celui-ci envoya Suger à Cluny, afin de la notifier à Innocent et de l'inviter à séjourner en France jusqu'à ce qu'il soit en mesure de rentrer à Rome (²).

Nous ne disposons pas de détails précis, provenant de témoignages directs, sur la participation aux débats d'Étampes, ni sur les arguments exprimés. Seul le fait que l'on y prit en considération le

---

(1) L'idée de faire venir Innocent en France afin d'y obtenir la reconnaissance de l'« univers », a été celle des cardinaux Haimeric et Mathieu d'Albano, tous deux français et parfaitement informés de l'état des esprits en France. A cet égard, on remarquera que le poids accordé à la reconnaissance de l'« univers » a été fondé sur un passage de S. Jérôme : « [...] si auctoritas quaeritur, orbis maior est urbe » (*Ep.* 146 dans *Corpus Scriptorum Ecclesiasticorum Latinorum*, t. LVI, p. 310, qui sera repris par Gratien dans la génération suivante (D. 73, c. 24), exploité par S. Bernard : « Pulsus urbe, ab orbe susceptitur » (*Ep.* 124, *P.L.*, t. CLXXXII, col. 268). Dans l'entourage d'Innocent, on donnait la préférence, en ce qui concernait cet « univers », à la France et à la *Gallicana Ecclesia*, et non à l'empereur, le chef de cet univers catholique ; cela, en dépit de l'influence de S. Norbert, fondateur de Prémontré et archevêque de Magdebourg qui, ami intime de Lothaire, était à même de le gagner à la cause d'Innocent. Certes, l'appui militaire de l'empereur était indispensable pour faire rentrer Innocent à Rome ; pourtant la tradition grégorienne imposait, afin d'assurer l'indépendance de la papauté, de ne pas requérir une reconnaissance qui pourrait être interprétée comme une confirmation. Cette même tradition a, par ailleurs, créé le précédent de chercher en France l'appui au pape persécuté et obligé de fuir Rome, au point qu'après les cas d'Urbain II, Pascal II, Gélase II et Calixte II, elle est devenue une règle de conduite, une reconnaissance implicite de l'orthodoxie gallicane. Suger fait état de cette conscience : « [...] dominus papa Innocentius cum suis Urbem relinquere deliberat, ut orbem terrarum optinere prevaleat. Descendens itaque navali subsidio ad partes Galliarum, tutum et approbatum eligit persone et Ecclesie post Deum defensionis asilum regnum nobilissimum Francorum [...] » (*op. cit.*, p. 258). On ajoutera que cet *orbis* gallican contenait aussi Cluny, Cîteaux et Prémontré, les centres spirituels des néo-réformateurs post-grégoriens.

(2) SUGER, *op. cit.*, p. 260.

caractère des rivaux est certain. Ce point fut repris et développé par Bernard de Clairvaux en 1131, dans une lettre adressée à Hildebert de Lavardin, archevêque de Tours, et qui devint le manifeste du parti innocentin. Anaclet y est représenté comme une personne intéressée et vénale, à laquelle s'oppose la pureté des mœurs d'Innocent, pape légitime et digne de la charge par sa sainteté ([1]). Le rôle de l'*electio superior* fut donc secondaire ; il donna un poids complémentaire aux qualités personnelles, le facteur principal.

La lettre de S. Bernard pose quelques questions importantes à propos de l'action de l'abbé de Clairvaux sur la décision royale. De prime abord, elle ressemble à un document résumant les débats, informant un prélat absent de la décision et l'exhortant à s'y conformer ([2]). Cela concorderait avec le récit d'Ernaud de Bonneval, le compilateur de la *Vita prima* de S. Bernard, qui crédite son héros d'avoir prononcé « par inspiration divine » le sermon, dont la conséquence aurait été l'adhésion spontanée et unanime des présents à Étampes à la cause d'Innocent ([3]). C'est sur la foi de cette source que l'historiographie a attribué à S. Bernard le rôle principal au « concile ». Cependant, un examen attentif des textes incite à la révision de cette thèse. La lettre ne fait pas état de l'assemblée d'Étampes. D'ailleurs, on n'avait pas à informer l'archevêque de Tours de délibérations et d'une décision prise à une assemblée à laquelle il avait participé ; si Hildebert n'a pas fait immédiatement acte d'obédience, c'est qu'il attendait la décision de son ami et protecteur, Henri Ier d'Angleterre ([4]). Qui plus est, les sources

(1) *Ep.* 124, *P.L.*, t. CLXXXII, col. 268-269.

(2) Cfr E. VACANDARD, *art. cit.*, p. 92-94.

(3) ERNAUD DE BONNEVAL, *Vita Sancti Bernardi*, I, 3, *P.L.*, t. CLXXXV, col. 270.

(4) La position de l'archevêque de Tours dans le schisme est un problème plus compliqué qu'il ne semble de prime abord. La personnalité de Hildebert de Lavardin et son prestige de poète, de canoniste, de prélat avec une vaste expérience (évêque du Mans, 1097-1125 ; archevêque de Tours depuis 1125), lui donnait un poids particulier. Son âge, ses relations de longue durée avec le parti des « vieils » grégoriens et surtout avec Girard d'Angoulême, l'existence à Tours d'une faction influente des partisans d'Anaclet, enfin sa querelle avec Louis VI, pourraient indiquer une tendance de sa part en faveur d'Anaclet. Il ne faut pas exclure l'hypothèse que, lors des délibérations à Étampes, Hildebert ait exprimé quelques réserves sur la personne d'Innocent qui, de sa part, a annulé une sentence d'excommunication lancée par l'archevêque contre certains clercs de Tours (lettre de Hildebert à Innocent, *R.H.F.*, t. XV, p. 326). Cependant, en raison de ses

contemporaines qui mentionnent les assises d'Étampes ne signalent pas l'abbé de Clairvaux parmi les participants et ne soufflent mot d'un rôle prépondérant qu'il y aurait joué. Ce silence n'est pas le résultat d'une erreur de scribe ; Bernard était déjà bien connu et sa participation active aurait été remarquée ; il suffit de rappeler que la chronique de Morigny souligne sa présence dans l'entourage d'Innocent, lorsque le pape visita l'abbaye au début de 1131 ([1]). Enfin ni dans sa correspondance, ni dans ses sermons, Bernard ne mentionne le concile d'Étampes et ne se présente comme son porte-parole. Parce qu'il n'y avait pas joué un rôle primordial, même s'il y fût vraisemblablement présent ([2]).

étroits rapports d'amitié avec Henri Ier, noués lorsqu'il était évêque du Mans, Hildebert n'a pas adopté une attitude indépendante et a attendu la prise de position du roi d'Angleterre avant de faire acte d'obédience à Innocent II. La lettre de Bernard de Clairvaux, dont le style est très modéré et respectueux, doit être considérée comme une exhortation à mettre un terme à cette expectative, plutôt qu'à un rappel des décisions adoptées à Étampes. Cfr F. X. Barth, *Hildebert von Lavardin (1056-1133) und das kirchliche Stellenbesetzungsrecht*, Stuttgart, 1906 ; P. F. Palumbo, *op. cit.*, p. 341-342 ; H. Bloch, *art. cit.*, p. 169 ; F.-J. Schmale, *op. cit.*, p. 228-229 et P. von Moos, *Hildebert von Lavardin, 1055-1133. Humanitas an der Schwelle des höfischen Mittelalters*, Stuttgart, 1965.

(1) « [...] Bernardus, abbas Claris Vallium, qui tunc temporis in Gallia divini Verbi famosissimus predicator erat [...] » (*Chronique de Morigny*, p. 54).

(2) La plus ancienne source qui signale la participation de Bernard aux débats d'Étampes est sa biographie par Ernaud de Bonneval, qui n'a pas été témoin des faits et qui a écrit sur la base d'une tradition déjà hagiographique. Dans sa relation, Ernaud fait allusion à une certaine hésitation de la part de l'abbé de Clairvaux à se rendre à l'assemblée en raison de l'ordre qui lui avait été intimé de rester dans son monastère. Seule une vision céleste aurait vaincu ses répugnances, en lui imposant le devoir de gagner Étampes. Notre hagiographe raconte que Bernard y prononça « la parole divine », qui devint immédiatement la conclusion du « concile » (Ernaud de Bonneval, *Vita sancti Bernardi, Vita Prima*, II, 1, *P.L.*, t. CLXXXV, col. 270). Ce récit, adopté tel quel par Vacandard (*art. cit.*, p. 86-96), oblige à formuler quelques réserves ; si pareille intervention inspirée avait frappé les esprits des présents, comme il est raconté, il est incroyable que les chroniqueurs, sensibles à tout acte surnaturel et merveilleux, n'aient pas noté le fait. Cfr à cet égard, les remarques méthodologiques de P. Rousset, *Le sens du merveilleux à l'époque féodale*, dans *Le Moyen Âge*, 1956, t. LXII, p. 25-37. Par ailleurs, il nous semble qu'Ernaud a pris comme exemple pour son propre récit la relation d'Eudes de Dueil (*De profectione Ludovici VII in Orientem*, éd. H. Waquet, Paris, 1949, p. 24), sur l'assemblée d'Étampes de 1147, avant le départ du roi pour la Croisade, où S. Bernard nomma les régents « par inspiration divine ». Cfr aussi A. H. Bredero, *Études sur la Vita Prima*

Au reste, en liaisons étroites avec le chancelier pontifical Haimeric et informé par lui de ce qui venait de se passer à Rome ([1]), il avait déjà arrêté et manifesté sa position. L'assemblée d'Étampes n'était à son estime qu'une de ces manifestations massives dont l'intérêt était de faire reconnaître et proclamer Innocent II, la seule attitude qu'il jugeât concevable. D'un autre côté, en raison de ses mauvais rapports avec le roi, qui persistaient depuis 1128 et qui lui avaient valu une réprimande de la part d'Honorius II, il semble peu probable que Louis VI ait accordé une place de choix à l'assemblée de la Haute Cour royale à celui qui venait de le qualifier « Hérode » ([2]). Si Bernard fut présent à Étampes, comme l'affirment Arnoul de Séez et Ernaud de Bonneval, son action dut être effacée, quoique très active dans les coulisses. Le rôle principal a été, comme l'affirme Orderic Vital ([3]), joué par les clunisiens, qui, de concert avec Suger, ont pesé sur la position royale. C'est seulement après Étampes que Bernard a pris une importance capitale, aussi bien pour l'épanouissement de l'obédience que dans le combat contre le parti d'Anaclet, en France et dans les autres pays catholiques ([4]).

*
* *

de S. Bernard, Rome, 1960, dont la conclusion, qu'il faut manier cette source avec précaution et critique, s'impose dans notre cas. Quant à l'opinion de B. JACQUELINE (Bernard et le schisme d'Anaclet, dans Commission d'Histoire de l'ordre de Cîteaux, Bernard de Clairvaux, Paris, 1953, t. I, p. 179-184) qui, tout en acceptant que Bernard a été l'arbitre du colloque d'Étampes, place son intervention sur le terrain du droit canon, en accord avec les concepts d'Yves de Chartres, elle soulève quelques problèmes. Que l'abbé de Clairvaux se soit inspiré de telles vues canoniques est admissible pour les événements postérieurs à l'assemblée d'Étampes. Quant à savoir si Bernard fut « l'arbitre du colloque », Mgr Jacqueline n'apporte aucune preuve qui infirmerait les témoignages de Suger et de la Chronique de Morigny.

(1) Cfr F.-J. SCHMALE, op. cit., p. 130-131.

(2) La qualification se trouve dans la lettre 49 de Bernard (P.L., t. CLXXXII, col. 157). La réprimande du pape, atténuée dans la forme par le moyen d'une lettre du chancelier Haimeric, qui a été perdue et dont on connaît le contenu par la réponse de l'abbé de Clairvaux (Ep. 50-51, P.L., t. CLXXXII, col. 157-158), exigeait de celui-ci de s'occuper des affaires de son abbaye. Cfr E. VACANDARD, Vie de S. Bernard de Clairvaux, 4e éd., t. I, Paris, 1927, p. 277-281.

(3) ORDERIC VITAL, Historia Ecclesiastica, éd. A. LE PRÉVOST, t. V, Paris, 1855, p. 25.

(4) Sur ce point, on peut suivre l'analyse de H. BLOCH, art. cit., p. 166-170.

604

Le pendant ecclésiastique de l'assemblée d'Étampes a été le concile réuni à Clermont le 18 novembre 1130, donc après la reconnaissance d'Innocent par Louis VI. Sous la présidence du pape et avec la participation des prélats de France et d'Empire, le schisme fut tranché sur le plan ecclésiastique. Il ne s'agissait plus de délibérer sur l'élection même : le principe de la *sanior pars* n'était plus mis en cause. Innocent était considéré comme le pape légitime, auquel le monde catholique devait obédience et soumission. Ce qui restait à faire était la dénonciation solennelle d'Anaclet et de ses partisans comne schismatiques, leur excommunication et le retrait de toutes leurs dignités ecclésiastiques ([1]). Il semble que, pour Innocent et ses principaux conseillers, ce concile n'était pas moins important que la reconnaissance de Louis VI, qu'avaient suivie de près celles de Lothaire III et d'Henri Ier d'Angleterre. Convoqué rapidement, il suffit à faire reporter par le pape un voyage vers l'Ile-de-France, où la réception par Louis VI à St-Benoît-sur-Loire devrait symboliser son triomphe ([2]). Cette priorité donnée au concile s'explique par la volonté des innocentins d'employer les censures ecclésiastiques contre les anaclétins, afin d'éviter toute équivoque ; le pape reconnu à Étampes en raison de ses qualités personnelles pourrait se trouver en situation délicate si son rival n'était pas excommunié par les prélats qui venaient de conseiller le roi. L'anathème lancé contre les anaclétins ne les mettrait pas seulement hors de l'Église ; la censure préviendrait un revirement en cas de changement des circonstances.

Plus encore, au sein de la société ecclésiastique d'Occident, le concile de Clermont symbolisait mieux qu'aucun autre événement la révolution structurelle déjà remarquée dans le collège des cardinaux. La mort des prélats dits « grégoriens » et la chute d'autres personnages, comme l'abbé Pons de Cluny ([3]), liés à cette même couche qui avait entrepris la réforme des structures ecclésiastiques et participé à la querelle des investitures, ont sans doute laissé leurs collègues, comme Girard d'Angoulême, en minorité. Les chefs de file des partisans d'Innocent II ont été des personnages installés

(1) Mansi, t. XXI, p. 437-440.

(2) Suger, *op. cit.*, p. 260-264.

(3) Cfr H. V. White, *Pontius of Cluny, the Curia Romana and the End of Gregorianism at Rome*, dans *Church History*, 1958, t. XXVII, p. 195-219 et G. Tellenbach, *La chute de l'abbé Pons de Cluny et sa signification historique*, dans *Annales du Midi*, 1964, t. LXXVI, p. 355-362.

dans leurs dignités épiscopales et abbatiales au cours de la décennie qui avait précédé le schisme. Une bonne partie provenait des ordres monastiques réformés ou étaient des chanoines réguliers (¹). Ces « jeunes » représentaient une nouvelle structure sociale dans l'Église, parallèlement à la transformation qui se manifestait dans la société laïque du second âge féodal et qui jouait en faveur de la restauration du pouvoir royal et des principautés territoriales (²). Leur alliance avec Louis VI était un trait significatif de la reconstruction politique et sociale en France, de la naissance de l'État. D'autre part, leur activité au sein de l'Église cadre avec la renaissance intellectuelle et spirituelle du xiie s., tandis que les anaclétins représentaient surtout les courants en vogue à la fin du xie s.

Le résultat le plus spectaculaire des assises d'Étampes et de Clermont a été la polémique anti-anaclétine. On y trouve deux aspects : la propagande contre les partisans d'Anaclet, surtout dans les provinces occidentales du royaume, et la polémique sur la personne même de Pierleone. Après l'adhésion du roi d'Angleterre, Henri Ier, à la cause d'Innocent, les prélats normands et ceux de la province ecclésiastique de Tours se sont ralliés à leurs collègues français (³). Cela, en dépit de l'influence de Girard d'Angoulême, dont l'activité comme légat dans les provinces occidentales pendant deux décennies a laissé des marques profondes dans le pays. C'est ainsi qu'en 1133, après la mort d'Hildebert de Lavardin, l'élection au siège archiépiscopal de Tours divisa les électeurs entre innocentins et partisans d'Anaclet (⁴). En Aquitaine même, Girard, fort de l'appui du duc Guillaume X et de son propre prestige, a été capable

---

(1) Le dépouillement de la *Gallia christiana* et de B. GAMS, *Series Episcoporum Ecclesiae Catholicae*, Ratisbonne, 1873, donne les résultats suivants pour les 78 sièges archiépiscopaux et épiscopaux du royaume de France : prélats consacrés avant 1120 : 31 ; prélats consacrés après 1120 : 47 (dont 8 de provenance monastique ou anciens chanoines réguliers).

(2) Cependant il y eut des conflits entre la royauté et certains prélats « néo-réformateurs », surtout dans le domaine royal, où l'intervention de la monarchie a été plus ressentie (Paris, Orléans, Sens). En dehors du domaine, l'effort des prélats de s'affranchir de l'emprise seigneuriale les a rapprochés de la royauté. Cfr J.-F. LEMARIGNIER, *Institutions ecclésiastiques* (t. III de G. Lot et R. Fawtier, *op. cit.*), p. 78-159.

(3) ORDERIC VITAL, *op. cit.*, p. 25-26 ; pour l'analyse d'autres sources, cfr F.-J. SCHMALE, *op. cit.*, p. 220-232 et H. BLOCH, *art. cit.*, p. 169-170.

(4) Sur ce point, nous sommes arrivé à des conclusions similaires à celles de H. BLOCH, *art. cit.*, p. 170-171.

de maintenir son influence jusqu'à son décès en 1134 ; malgré l'activité infatigable de S. Bernard (^{1}), la révolte des évêques de la province (^{2}) et la nomination d'un légat énergique, Geoffroi de Lèves, évêque de Chartres et un des partisans les plus zélés d'Innocent (^{3}).

Un des aspects les plus caractéristiques de la propagande contre les partisans d'Anaclet en France a été l'accusation de manque de probité. À partir des lettres de S. Bernard (^{4}) et du traité compilé par Arnoul de Séez, le futur évêque de Lisieux (^{5}), on remarque à quel point on les représentait comme personnes intéressées, vénales et on contestait la pureté de leurs mœurs recourant à la calomnie lorsqu'il n'y avait pas de preuves tangibles. À Girard d'Angoulême, on reprochait aussi l'abus de pouvoir, à savoir l'emploi de son auto-

---

(1) La correspondance de l'abbé de Clairvaux ne reflète qu'une partie de son activité ; il faut y ajouter ses voyages et sermons. Parmi eux, le voyage entrepris à Poitiers en 1132 afin de convertir le duc Guillaume X à la cause d'Innocent est intéressant à quelques égards : Bernard est arrivé à la conclusion que le duc était le seul appui de Girard d'Angoulême ; sa conversion devrait donc logiquement aboutir à la défaite des anaclétins en Aquitaine. Il était convaincu que sa démarche s'était soldée par un plein succès, séparant Guillaume de Girard et rétablissant la paix dans l'Église (*Praeter spem multorum reportarem mecum pacem Ecclesiae, Ep.* 128, *P.L.*, t. CLXXXII, col. 282-283). Mais il ne connaissait pas la mentalité des « aquitains » et leur civilisation particulière, et sa conviction s'avéra inexacte : après son départ de Poitiers, Guillaume resserra ses liens avec Girard qui, de son côté, installa à Poitiers un des chefs du parti anaclétin, Gilles, cardinal-évêque de Tusculum.

(2) Les évêques de Poitiers, Guillaume-Alleaume, de Saintes, Guillaume, de Périgueux, Guillaume, et de Limoges, Eustorges, ont reconnu, en 1131, Innocent, ce qui leur a valu l'expulsion de leurs cités respectives par Girard et par le clergé anaclétin de ces diocèses ; en vertu de ses pouvoirs de légat, Girard proclama leur déchéance et procéda aux nouvelles élections épiscopales (Geoffroi de Vigeois, *Chronicon, R.H.F.*, t. XII, p. 434). Les évêques aquitains s'adressèrent à Vulgrin, archevêque de Bourges, en sa qualité de « primat des Aquitaines », requérant son intervention et l'appui du roi de France (*Gesta Patriarcharum Bituricensium*, éd. P. Labbé, *Nova Bibliotheca Manuscriptorum*, t. II, p. 81-85). On leur conseilla de patienter. Sauf Eustorges, consacré évêque de Limoges en 1106, ils étaient relativement jeunes ; les évêques de Saintes et de Périgueux venaient d'être élus en 1130.

(3) Il a été nommé légat en octobre 1131, à l'issue du concile de Reims. Sur sa personnalité et activité, cfr W. Janssen, *Die päpstlichen Legaten in Frankreich (1130-1198)*, Cologne, 1961, p. 18-30.

(4) La plus acerbe est *Ep.* 126, *P.L.*, t. CLXXXII, col. 270-281, qui représente un petit traité.

(5) Arnoul de Séez, *Invectiva*, cfr p. 597, n. 5.

rité de légat pour imposer son despotisme à ses collègues, les évêques des provinces de l'Ouest de la France. Certes, il y avait un fossé entre lui et l'idéal ascétique du monachisme cistercien, mais rien ne démontre que la propagande de ses adversaires, dénigrant sa personne et attaquant ses mœurs, ait été fondée. L'image de cet évêque, qui appartenait à la vieille génération des grégoriens, était celle d'un humaniste, dont l'amour des lettres et la belle bibliothèque qu'il avait réunie dans son palais sont devenus fameux ([1]). Quoique son activité énergique lui ait fait des adversaires, son prestige personnel était si grand dans la province que son action n'était pas moins importante que l'appui ducal. La propagande menée contre son caractère amena plutôt à un résultat contraire, à savoir la prolongation du schisme en Aquitaine jusqu'à sa mort en 1134.

La polémique concernant la personnalité d'Anaclet est l'une des plus intéressantes du XIIe s. Pendant quelques années, l'opinion publique, à savoir le clergé et les couches les plus élevées de la société seigneuriale, a été saisie de la rivalité romaine. A la différence des schismes antérieurs, tranchés dans la Curie et dont seuls les résultats, avec la condamnation de schismatiques, avaient été diffusés parmi

---

(1) Girard de Blaye était originaire de Bayeux, en Normandie. D'une famille modeste, il devint écolâtre à Périgueux, puis à Angoulême, avant d'accéder, en 1101, au siège épiscopal de cette cité. Fameux par sa science (Orderic Vital l'a qualifié *vir eruditissimus* [*op. cit.*, t. V, p. 78]), il a été un prélat caractéristique de la génération grégorienne : fidèle à l'idée de la réforme, dévoué au St-Siège et aux principes grégoriens de centralisation du gouvernement de l'Église, il exerça ses fonctions de légat avec beaucoup de rigidité, n'étant pas intimidé par des remontrances des adversaires, qu'ils fussent de la qualité d'un Geoffroi de Vendôme ; pourtant, même eux ont estimé sa fermeté de caractère et sa vaste érudition. Comme tous les grégoriens, il protégea les ordres monastiques ; cependant, il eut des démêlés avec Cluny depuis 1119. Les éloges que lui réserva l'*Historia Engolismensium Episcoporum* sont corroborés par la chronique de Geoffroi de Vigeois, malgré les critiques formulées par celui-ci sur ses activités depuis 1130. Cfr H. CLAUDE, *Un légat pontifical adversaire de S. Bernard, Girard d'Angoulême*, dans *Bulletin de la Société historique et archéologique de Langres*, 1953, t. XII, p. 139-148, et *Autour du schisme d'Anaclet : S. Bernard et Girard d'Angoulême*, dans *Mélanges S. Bernard*, Dijon, 1954, t. I, p. 85-94 et F.-J. SCHMALE, *op. cit.*, p. 230-232. L'accusation de S. Bernard (*Ep.* 126, cfr p. 606, n. 4) que Girard aurait eu l'intention de reconnaître Innocent, à la condition que sa légation lui serait renouvelée et que seul le refus du pape l'aurait poussé vers le parti d'Anaclet, est une des calomnies courantes de la propagande, qui, dans ce cas, a eu un effet contraire, la prolongation du schisme.

les prélats du monde catholique, ou des schismes causés par l'intervention des empereurs, celui de 1130 a été discuté au Nord des Alpes et dans une large couche de clercs et de laïcs. Pourtant, notre dossier n'est pas complet ; il n'inclut pas des travaux provenant de la plume des partisans d'Anaclet. Or, ceux-ci ont élaboré et diffusé leurs propres pamphlets, dont certains, comme le mémoire composé par Girard d'Angoulême, ont fait une impression profonde. Ces documents ont été détruits par les clunisiens (¹). A partir de quelques allusions dans les ripostes des innocentins, on peut se rendre compte que Pierleone jouissait d'une renommée de réformateur ; les années de ses légations en France lui avaient valu une certaine sympathie, ainsi que des relations personnelles. L'époque qu'il avait passée à Cluny dans sa jeunesse, n'a pas été effacée non plus. Et son habileté à maintenir son autorité à Rome jouait encore en sa faveur.

D'autre part, la polémique contre Anaclet constitue un des plus plus gros efforts de propagande massive, à partir de l'activité orale pour aboutir à l'élaboration de libelles et de traités. La correspondance de S. Bernard est un dossier important en soi, auquel s'ajoutent les lettres de Pierre le Vénérable, des traités, comme l'*Invectiva in Girardum* d'Arnoul de Séez (²), ainsi que des allusions dans les chroniques, que leurs auteurs aient traité du schisme même ou qu'ils aient mentionné certaines activités du cardinal-légat Pierleone. Toute cette littérature, déjà étudiée par des générations de chercheurs (³), reflète la tendance des polémistes à détruire toute image favorable d'une personnalité, dont on ne pouvait pas contester la longue et laborieuse carrière à la Curie. Créé cardinal en 1113, Pierleone s'était acquis une position de premier rang au sein du collège des cardinaux, au service de quatre papes, Pascal II, Gélase II, Calixte II et Honorius II, qui lui avaient témoigné successive-

---

(1) Reimbold de Liège, dans *R.H.F.*, t. XV, p. 367.

(2) Composé entre 1133-1134, ce libelle est un document de polémique radicale, dénigrant et calomniant les anaclétins : il a valu à Arnoul l'estime chaleureuse de Pierre le Vénérable et de S. Bernard, qui l'ont aidé à devenir évêque de Lisieux en 1141. Cfr l'étude que lui a dédiée F. BARLOW dans l'introduction de son édition, *The Lettres of Arnulf of Lisieux*, Londres, 1939.

(3) P. F. PALUMBO, *op. cit.*, p. 605-638, a étudié l'histoire de cette polémique à partir du XIIᵉ s. jusqu'à la veille de la seconde guerre mondiale. Les travaux postérieurs accusent une attitude plus critique à l'égard des sources. Cfr F.-J. SCHMALE, *op. cit.*, surtout p. 295-302.

ment leur confiance. En dehors de la Curie, ses rapports étroits avec les rois Louis VI et Henri Ier, ainsi qu'avec bon nombre de prélats en Italie, en France et en Angleterre, en avaient fait une personnalité connue et estimée. Puisqu'il était impossible d'effacer cette carrière, il fallut l'interpréter autrement, en soulignant les défauts du caractère de ce prétendant au St-Siège. A la différence de Suger qui s'était contenté de déclarer, en termes mesurés et modérés, que par son caractère Innocent était plus digne du pontificat (¹), la propagande anti-anaclétine se concentra sur les vices du personnage. Il fut représenté comme le prototype de la personne vénale, intéressée et, en somme, l'intrigant par excellence. Le schisme, ou bien « l'intrusion sur la chaire de S. Pierre » de cet homme indigne n'avait ainsi été que l'achèvement d'une vie dédiée au profit personnel.

Si tel était le fondement commun des polémistes, on peut distinguer entre les méthodes de S. Bernard, qui se concentrait habituellement sur cet aspect (²), et celles d'autres protagonistes, qui ont poussé plus loin, pour s'attaquer plus ou moins ouvertement aux origines juives de Pierleone, arrière petit-fils d'un juif converti sous Léon IX ; Arnoul de Séez en fit état (³) ; l'insistance des chroni-

---

(1) Suger, *op. cit.*, p. 258. L'abbé de St-Denis ne critique point Anaclet et, d'autre part, ne cache pas son dédain pour les « romains », auxquels il attribue la responsabilité du schisme.

(2) La documentation à notre disposition permet d'affirmer que la polémique anti-anaclétine de l'abbé de Clairvaux, tout en s'attaquant au caractère et aux mœurs d'Anaclet, et en calomniant et dénigrant celui-ci, n'a pas critiqué les origines juives de sa famille. Une seule exception dans une lettre adressée à Lothaire III en 1134, l'exhortant à entreprendre une seconde expédition en Italie, contre Roger II de Sicile : « Ut enim constat Judaicam sobolem sedem Petri in Christi occupasse injuriam, sic procul dubio omnis qui in Sicilia regem se facit, contradicit Caesarem » (*Ep.* 139, *P.L.*, t. CLXXXII, col. 294). Il est impossible d'affirmer si, dans la propagande orale, Bernard avait employé aussi cet argument, ou bien, s'il s'agissait d'un cas exceptionnel, où il se serait exprimé ainsi, peut-être sous l'influence d'autres polémistes, notamment Arnoul de Séez.

(3) *Invectiva*, p. 108, où il s'attaque aux origines juives d'Anaclet, pour arriver à la conclusion que cela était une raison complémentaire de son indignité. Cet aspect a eu une large diffusion ; on en trouve l'écho dans certaines chroniques (par exemple, la *Chronique de Morigny*, p. 50) et dans la *Vita Innocentii II* (éd. J. Watterich, *Vitae Pontificum Romanorum*, Leipzig, 1862, t. II, p. 489-493). Sur la famille Pierleone, ses origines et son rôle dans la réforme grégorienne, cfr P. Fedele, *Le famiglie d'Anacleto II e di Gelasio II*, dans *Archivio della*

610

queurs sur la participation des juifs dans les manifestations en faveur d'Innocent n'est qu'une allusion symbolique, destinée à prouver que même les coreligionnaires de ses ancêtres ne soutenaient pas
la cause de ce « pape indigne ». C'est ainsi que Suger souligna la
présence d'une délégation de la communauté juive de Paris, avec
le rouleau de la Loi, devant les portes de l'abbatiale de St-Denis
lors de la réception solennelle d'Innocent (1) et que Guillaume de
Malmesbury insista sur la participation des juifs de Rouen à la
contribution imposée par Henri Ier aux frais de séjour du pape (2).
L'accent mis par ces deux auteurs sur l'intervention des juifs, qui
n'avait pas été volontaire, est significatif ; les sentiments antijuifs s'y mêlent à la polémique anaclétine, créant l'image du « pape
juif ». Et pourtant, il ne manquait pas d'exemples de juifs convertis qui avaient accédé aux dignités ecclésiastiques après leur
conversion ; et, dans ce cas, il ne s'agissait pas même d'un juif
converti, mais d'un catholique, né et baptisé dans une famille chrétienne.

Un passage de la chronique d'Ordéric Vital ne se contente pas
d'allusions. Le chroniqueur clunisien normand ne livre rien de
neuf sur le schisme de 1130 et les débats auxquels l'affaire donna
lieu en France et en Angleterre (3). Il était bien informé comme
d'habitude, mais, sur ce point, il n'est pas comme une source indispensable ; il crédite naturellement Pierre le Vénérable et les
clunisiens de la reconnaissance d'Innocent II à Étampes (4). Plus
intéressante est son attitude à l'égard de Pierleone, lorsqu'il rapporte les activités de celui-ci dans la décennie précédant le schisme.
Il prépare le lecteur à condamner cet aspirant à la dignité apostolique, bien avant qu'il n'ait été question d'élection pontificale.
Parlant du concile de Reims de 1119, il mentionne l'arrivée de
Pierleone au concile ; en guise de présentation de ce personnage, si

Societa Romana di Storia Patria, 1904, t. XXVII, p. 399-433, et D. Zema, S.J.,
The Houses of Tuscany and of Pierleone in the Crisis of Rome in the Eleventh
Century, dans Traditio, 1944, t. II, p. 155-175.

(1) Suger, op. cit., p. 264.

(2) William of Malmesbury, Historia Novella, éd. K. R. Potter, Londres-
Édimbourg, 1955, p. 10.

(3) Orderic Vital, op. cit., t. V, p. 24-26 et 28-29.

(4) Id., ibid. Sur ses tendances historiographiques, cfr H. Wolter, S.J.,
Ordericus Vitalis. Ein Beitrag zur kluniazensischen Geschichtsschreibung,
Wiesbaden, 1955, particulièrement p. 72-149.

cher au pape Calixte II, il se borne au portrait physique : « ... un adolescent noir et pâle, ressemblant plutôt à un juif ou un arabe (*Agarenus*) qu'à un chrétien, vêtu de riches vêtements, mais déformé corporellement... ». En somme, l'objet de « la dérision des Francs » ([1]).

Un homme, qui n'aurait rien de commun avec la chrétienté et serait plutôt l'émanation d'un type diabolique, si l'on ne trouvait pas d'expression plus précise, à savoir la ressemblance au type sémitique, plutôt qu'au type aryen (« chrétien ») : tous les mots d'Orderic Vital traduisent un sentiment antisémite ([2]) qui, à la différence des manifestations antijuives liées au plan religieux, est fondé sur le racisme, quelques siècles avant le mot. Dans le récit, Orderic Vital ne livre pas un témoignage ; si telle avait été l'impression laissée par Pierleone sur les participants du concile de Reims de 1119, il n'aurait pas été envoyé comme légat en France, pour y devenir l'objet de « la dérision générale » ; l'influence de sa famille et sa position personnelle auprès du pape auraient pu lui réserver un emploi élevé à Rome même ([3]). Nul doute que ce passage a été interpolé lors de la rédaction du livre XII de l'*Histoire Universelle*, après 1130, et qu'il reflète la propagande contre Anaclet dans sa forme la plus extrême. Pour la fraction de l'opinion publique en France et en Angleterre qui s'y reflète, la conversion d'un juif ne peut effacer, même dans la troisième génération, les signes raciaux qui n'ont rien en commun avec le type chrétien ; on avait donc affaire à un « pape juif » qu'il fallait combattre et non pas à un rival « moins digne » du Siège apostolique.

*
* *

(1) « Haec dicens, quasi ob insigne tripudium, laetitiamque mirabilem, digito monstravit nigrum et pallidum adolescentem, magis Judaeo vel Agareno quam Christiano similem, vestibus quidem optimis indutum, sed corpore deformem. Quem Franci, aliique plures Papae adsistentem intuentes, deriserunt, eique dedecus, perniciemque citam imprecati sunt, propter odium patris ipsius, quem nequissimum foeneratorem noverunt » (ORDERIC VITAL, *op. cit.*, t. IV, p. 385).

(2) Nous ne pouvons accepter l'interprétation de F.-J. Schmale (*op. cit.*, p. 71, n. 190), qui n'y voit pas d'expression antisémite. S'il y avait distinction entre sentiments antijuifs, fondés sur l'obstination des juifs à ne pas recevoir la foi chrétienne, et antisémitisme, fondé sur les apparences physiques et les qualités génétiques-raciales, nous sommes ici en présence de ce dernier cas.

(3) Cfr P. F. PALUMBO, *op. cit.*, p. 101-150.

612

En somme, le schisme de 1130 fut un événement dont les répercussions en France ont dépassé le cadre d'une rivalité pour obtenir le siège pontifical. Sur le plan du renouveau de l'autorité royale, voire de la naissance de l'État, une de ses conséquences immédiates fut le développement de l'Assemblée de la Haute Cour royale, réunissant le clergé et la noblesse autour du roi et le conseillant sur la décision à prendre. Sur le plan ecclésiastique, le schisme marqua en France aussi la défaite de la vieille génération grégorienne et l'ascension d'une nouvelle couche de prélats réformateurs. Plus encore, dès le lendemain de l'assemblée d'Étampes, il promut l'ascension de S. Bernard de Clairvaux qui devint, dans les vingt années postérieures, la personnalité la plus importante de l'Église de France, au point que nul domaine n'échappa à son influence. Sur le plan de la polémique, il contribua au développement des techniques de propagande, destinées à conquérir l'opinion publique ; il fut, en même temps, l'occasion de se manifester pour un antisémitisme latent, de relent raciste.

Université de Haïfa
Faculty of Humanities
Mount Carmel
HAIFA 31999 (Israël)

IV

Le privilège de croisade et la régence de Suger

Les historiens des croisades — et en particulier ceux de l'idée de croisade — se sont depuis longtemps préoccupés de la nature des privilèges accordés par l'Eglise aux croisés et de leur portée juridique. En effet, les croisades, dans leur grande majorité, étaient une action pontificale, entreprise à l'instigation et sous la direction de l'Eglise. Il était absolument nécessaire, pour le recrutement du personnel prenant part aux expéditions orientales, que la papauté réglât leur sort et prît sous sa protection les participants et leurs biens. Ce souci s'est manifesté depuis l'appel d'Urbain II aux fidèles avant la première croisade, à travers les XIIe et XIIIe siècles, pour aboutir à une législation complète (1). La protection pontificale accordée aux croisés a été codifiée au neuvième concile œcuménique, au Latran, en 1123 ; les termes du XIe canon établissent :

« A ceux qui partent pour Jérusalem et fournissent un secours efficace pour la défense des chrétiens et pour combattre la tyrannie des infidèles, nous accordons la rémission de leurs péchés et nous prenons leurs maisons, leurs familles et tous leurs biens sous la protection de saint Pierre et de l'Eglise romaine, comme il a été statué par notre seigneur le pape Urbain (2). »

Ce privilège dans sa lettre, impliquait la mise des biens des croisés sous la garde du Saint-Siège pendant leur absence. En pratique, il était impossible que la papauté assurât la protection individuelle des croisés, en particulier des petits seigneurs, et encore au début du XIIe siècle, les diocésains furent associés à cette garde, la papauté se réservant le rôle d'instance suprême d'appel (3). C'est dans cette même direction qu'Eugène III,

---

(1) La portée juridique du privilège de croisade a été étudiée par M. M. Villey, *Le privilège de Croisade*, Paris, Vrin, 1942. Cf. en particulier la formation de la théorie juridique de la protection des personnes et des biens des croisés, pp. 151 et suiv. Nous ne voulons pas revenir ici sur les recherches de M. Villey, tout en signalant qu'il serait intéressant d'étudier l'application de ce privilège et ses répercussions sur la société occidentale. Dans le cadre de cette étude, nous avons l'intention d'examiner les conséquences de la participation de Louis VII à la seconde croisade sur l'institution de la régence en France.

(2) Mansi, *Concilia*, XXI, 284.

(3) C'est la conclusion qui s'impose à la lecture de la lettre 135 d'Yves de Chartres, adressée à Pascal II (*PL*, CLXII, 144-45).

formulant le privilège de croisade dans sa bulle du 1ᵉʳ décembre 1145 (4), associa les prélats à la protection des biens des croisés.

Lorsque les participants à la croisade étaient des barons, même quand il s'agissait des plus importants, la portée du privilège était facile à concevoir. Le diocésain, ou le métropolitain, devait veiller à la sauvegarde des membres de la famille et des biens du croisé, tandis que la coutume féodale obligeait le suzerain à garder les intérêts de son vassal et à protéger sa famille s'il décédait pendant l'expédition. Mais le problème se posa différemment lorsque les rois commencèrent à prendre part aux croisades. Selon la conception médiévale, le royaume entier était le bien du roi et son étendue dépassait de loin le territoire d'une province ecclésiastique ; d'où résultait l'impossibilité de confier la protection d'un royaume à un seul métropolitain sans avoir ressuscité les pouvoirs réels des primats (5). D'autant plus que ce bien du souverain n'avait pas seulement une valeur territoriale, domaniale, comme c'était le cas des biens des barons, mais aussi une valeur supérieure, encore abstraite, celle du « regnum » ; il faut toutefois souligner que cette notion abstraite commençait à trouver une définition institutionnelle et juridique, par l'emploi du terme « couronne », *corona regni* (6).

Aussi le départ d'un roi aux croisades posait le problème de la protection ecclésiastique sur un double plan : d'abord celui, commun à tous les seigneurs, de la garde de la famille royale et des biens domaniaux ; ensuite celui de la sauvegarde du royaume, des prérogatives de la couronne, de l'autorité royale. Tandis que le privilège de croisade pouvait parfaitement être appliqué pour la protection du domaine royal, la garde du royaume impliquait l'adaptation de l'institution de la régence aux cas prévus par le privilège d'Urbain II.

* * *

Toutes ces considérations théoriques devinrent réalités lors du début de la seconde croisade. Pratiquement, le problème se posait en France et dans l'Empire, mais les données étaient différentes. Dans l'Empire, Conrad III avait un fils, Henri, qui, une fois élu par les princes et sacré, était devenu roi associé et pouvait gouverner le royaume de Germanie au nom de son père comme au sien (7). Avec le départ du souverain en

---

(4) « ... bona quoque et possessiones sub sanctae ecclesiae, nostra enim et archiepiscoporum, episcoporum et aliorum praelatorum ecclesiae Dei protectione manere decernimus. » (Quantum praedecessores, JL 8796, ap. Othon de Frising, Gesta Frederici, éd. MGH, Scriptores in usum scholarum, p. 157).

(5) Par ailleurs, il faut souligner que depuis la réforme grégorienne, la tendance à imposer l'omnipotence du Saint-Siège dans l'Eglise allait croissant au détriment des primats et des métropolitains. Aussi, la primatie est devenue au XIIᵉ siècle une fonction honorifique (cf. A. Fliche, La primatie des Gaules depuis l'époque carolingienne jusqu'à la fin de la querelle des investitures, Rev. Historique, 173, 1934, 329-342). Il est difficile de s'imaginer que la papauté eût accepté de ressusciter les pouvoirs des archevêques-primats par le truchement de l'exercice de la garde des royaumes des souverains participant aux croisades.

(6) La notion « corona regni Francorum » apparaît nettement dans les œuvres de Suger et elle signifie l'ensemble des prérogatives royales, telles qu'elles dérivent de la nature souveraine de la royauté (lettre de Suger à Henri, évêque de Beauvais, RHF, XV, 528).

(7) Othon de Frising, op. cit. p. 63.

460

1147, il n'y avait pas de vacance du pouvoir royal ; l'hommage et la fidélité des princes étaient dus à Henri le Jeune, dont l'autorité se substituait à celle de son père (8).

En revanche, le roi de France n'avait pas des descendants mâles et son absence posait le problème de la régence, non seulement pour administrer le royaume, mais aussi pour régler une succession éventuelle, s'il lui arrivait un accident pendant l'expédition. La fille de Louis VII et d'Aliénor d'Aquitaine, Marie, était encore un enfant et le projet de la marier à Henri Plantagenêt, le fils du comte d'Anjou, Geoffroy le Bel, dut être écarté à cause de l'opposition de l'Eglise, pour des raisons de parenté (9). Quant aux frères du roi, l'aîné, Robert de Dreux, l'accompagnait en Orient et deux autres étaient clercs (Henri et Philippe).

Comment constituer cette régence ? Deux voies s'offraient pour le choix de ses membres : la nomination par le roi ou l'élection par les grands vassaux et les prélats du royaume. La question semble avoir préoccupé les contemporains et, entre parenthèse, la remarque faite par Eudes de Deuil, nous apprend qu'elle avait soulevé des controverses, avant la convocation de l'assemblée d'Etampes vers la mi-février. Le compagnon de Louis VII atteste que le roi, en adoptant cette dernière procédure, avait cédé à ses scrupules habituels (10). En tout cas, posant le problème de la régence devant l'assemblée des prélats et des barons, Louis VII continuait la tradition des Capétiens, à savoir de s'assurer la coopération de la féodalité, faisant ainsi participer les vassaux aux actes royaux ; bien plus, le roi donnait satisfaction aux grands barons sur la forme élective de la régence. Toutefois, il est évident que l'assemblée d'Etampes, malgré l'importance de ses participants, parmi lesquels se trouvaient les comtes d'Anjou, de Flandre, de Blois et Champagne et de Nevers, n'eut autre rôle que celui de confirmer le choix des personnes que saint Bernard venait lui imposer (11). On peut supposer que la désignation de Suger et du comte de Nevers fut convenue d'avance avec la cour royale.

(8) Néanmoins, le pape se posa en protecteur de l'Empire et du jeune roi (*JL* 9084, *PL*, CLXXX, 1300).

(9) St. Bernard, *Ep.* 371, *PL*, CLXXXII, 575. Théoriquement, les filles de Louis VII pouvaient transmettre la couronne de France à leurs descendants. Il faut toutefois rappeler l'opposition que les prétentions de la fille d'Henri Ier, Mathilde, d'hériter le royaume de son père, avaient soulevée en Angleterre et, malgré les efforts d'Henri, l'état de guerre civile qui sévissait dans le royaume anglo-normand. Pour le royaume capétien la situation était encore plus compliquée étant donné le caractère électif de la royauté ; cette nature, quoique transformée en simple formalité, ne fut jamais abolie jusqu'au règne de Philippe-Auguste (cf. là-dessus, Schramm, *Der König von Frankreich*, éd. 1960, I, pp. 97-109).

(10) Eudes de Deuil, *La Croisade de Louis VII*, éd. Waquet, p. 24 : « *Rex autem, more suo sub timore Dei reprimens potestatem, prelatis ecclesiae et regni optimatibus eligendi indidit libertatem* ».

(11) *Ibid.*, id. : « *... sanctus abbas, precedens revertentes, sic ait* : « *Ecce gladia duo hic. Satis est* », *te pater Sugerii, et Nivernensem comitem monstrans* ». La position de l'abbé de Clairvaux, l'inspirateur et le prédicateur de la croisade, était telle que ses propositions ne laissaient guère lieu aux discussions (cf. là-dessus, G. Constable, *The second crusade as seen by contemporaries*, dans *Traditio*, IX, 1953, 213-280), d'autant plus que ses paroles étaient considérées comme l'émanation de l'inspiration divine.

En toute autre circonstance cette élection des régents par les prélats et les barons du royaume eût été considérée comme suffisante et définitive. Mais cette fois-ci, il s'agissait de la garde du royaume pendant la croisade du roi, garde qui selon le privilège de croisade, revenait, comme nous l'avons vu, à l'Eglise et, en dernier ressort, au pape. Il semble que personne parmi les dirigeants de l'assemblée, y compris saint Bernard, n'ait songé à cet aspect ; les chroniqueurs français qui mentionnent l'établissement de la régence, n'ont pas non plus fait attention à ce détail (12). Cette omission dans le récit d'Eudes de Deuil est significative, car l'auteur, témoin des faits, était mieux renseigné que personne sur les débats de l'assemblée (13).

En revanche, dans l'entourage pontifical on avait bien songé au problème ; c'est ainsi que l'auteur de la *Chronique du Mont-Cassin* explique le but du voyage d'Eugène III en France ; cette version fait du souverain pontife le gardien du royaume :

> « Le pape célébra les Pâques à Paris (avec le roi Louis) ; celui-ci partit pour Jérusalem avec une grande armée, après lui avoir remis la tutelle du royaume des Francs (14). »

La même attitude avait été adoptée par Suger. Qu'une régence dût être constituée lors du départ du roi, le conseiller de Louis VI et de Louis VII le concevait ; il s'accordait à l'élection d'un prince laïque, sans lequel il eût été impossible de défendre le royaume et d'administrer la justice ; mais en ce qui concernait l'élection d'un prélat, c'est-à-dire d'un homme dans sa propre position, il avait vraisemblablement des idées différentes. Les textes ne nous renseignent pas sur les discussions qui eurent lieu à la cour pendant les semaines qui suivirent l'élection de la régence. Au refus formulé par l'abbé de Saint-Denis et à ses raisons nous avons deux explications opposées dans les textes contemporains. Tandis qu'Eudes de Deuil et le biographe de Suger, le moine Guillaume, font état de la difficulté de la charge : « plutôt un fardeau qu'un honneur » (15), l'auteur anonyme de la *Chronique de Saint-Denis* nous dévoile le véritable motif qui avait poussé Suger à se récuser : l'abbé de Saint-Denis affirmait qu'il ne pouvait pas recevoir la garde du royaume sans avoir été mandaté par le Souverain Pontife (16). Adoptant cette attitude, Suger se fondait sur

(12) *Chronique de Morigny*, éd. Mirot, p. 86 ; *Chronique brève de St. Denis*, éd. Lecoy de la Marche, *Œuvres de Suger*, p. 414.

(13) Cette omission peut aussi être expliquée par la nature de l'ouvrage d'Eudes ; il préparait un récit de la croisade à l'intention de Suger, qui devait s'en servir pour une histoire du règne de Louis VII ; le moine dionisien pouvait bien supposer que son abbé aurait traité au fond de cette question qu'il connaissait mieux que personne.

(14) *Anonymi Cassinense Chronicon* (Muratori, *Rerum Italicarum Scriptores*, V, p. 65) : « *Papa ... (cum Ludovico rege Francorum), cum que Pascha apud Parisius celebravit ; ejusque tutelae regno Francorum dimisso, idem rex cum magno exercitu Hierosolymam perrexit ... »* Par ailleurs, Louis VII se rallia à cette attitude (cf. Luchaire, *Etudes sur les actes de Louis VII*, n° 231).

(15) Guillaume, *Vie de Suger*, éd. Lecoy de la Marche, *op. cit.* p. 394 : « *Quam ille dignitatem, quia onus esse potius quam honorem judicabat... recusavit »*. Eudes de Deuil, *loc. cit.*

(16) *Chronique brève de St.-Denis* (Lecoy de la Marche, p. 414) : « *Quo etiam*

462

la lettre du privilège de croisade, selon laquelle la garde du royaume incombait à l'Eglise pendant l'absence du roi-croisé (17). Pour l'abbé de Saint-Denis il était indispensable que le pape fût le tuteur du royaume, que l'épiscopat tout entier eût une part dans la responsabilité du maintien de l'autorité royale et de la paix publique et, qu'en cas de besoin, les censures ecclésiastiques pussent contraindre la féodalité à ne pas empiéter sur les droits du roi. C'était seulement à de telles conditions qu'il pourrait prendre la tête d'un gouvernement collectif du royaume par l'Eglise (18).

Aussi les décisions de l'assemblée d'Etampes devenaient caduques ; la régence du royaume devait être formée en concert avec le pape. Les semaines qui s'écoulèrent entre la fin de cette assemblée et l'arrivée d'Eugène III à Paris, au début d'avril, furent consacrées à ces efforts. Il semble que Suger ait envoyé une délégation à la Cour pontificale pour consulter le pape, et que saint Bernard, de son côté, ait pris la charge de persuader son ancien élève d'imposer à l'abbé de Saint-Denis l'administration du royaume. Dans la correspondance de l'abbé de Clairvaux se trouve une lettre chaleureuse de recommandation ; l'objet de cette lettre, Suger, est présenté à Eugène comme le plus important prélat de l'Eglise de France, dont le caractère et les qualités constituent la garantie de sa compétence dans les affaires temporelles comme spirituelles :

« *Si quod magnae domus, magni Regis vas in honorem, apud nostram habetur ecclesiam gallicanam, si quis ut David fidelis ad imperium Domini ingrediens et egrediens, meo quidem judicio ipse est venerabilis abbas Sancti Dionysii. Novi siquidem virum, quod et in temporalibus fidelis et prudens, et in spiritualibus fervens et humilis, in utrisque (quod est difficillimum) sine reprehensione versetur. Apud Caesarem est tanquam unus de curia romana, apud Deum tanquam unus de curia coeli...* (19). »*

anno ab eodem regni administratio commissa est venerabili abbati Sancti Dionysii Sugerio, Stampis videlicet, in generali conventu ; quod factum est communi omnium electioni et unanimi assensu pontificum et optimatum, comitis scilicet Andegavensis, Blesensis, Flandrensis, Nivernensis et aliorum omnium qui de propinquis et remotis partibus ibidem convenerant. Cumque abbas omnino remiteretur, et diceret se non sine mandato summi pontificis hanc curam suscepturum, contigit eodem anno ut domnus papa Eugenius in Gallias veniret ; qui in Pascha Domini apud Sanctum Dionysium magnifice susceptus et coronatus, memoratum abbatem, ut eandem administrationem susciperet, sub obedientiae praecepto coegit. » Olivier-Martin, qui avait déjà saisi la position spéciale du pape pendant l'absence du roi (*Etude sur les régences et la majorité des rois*, p. 34), avait omis ce texte qui souligne nettement la nomination de Suger par Eugène III.

(17) Cet important aspect juridique nous amène à repousser les interprétations des historiens qui ont cherché les raisons de Suger dans sa propre position à l'égard de la croisade. Cf. en particulier O. Cartellieri, *Abt Suger von Saint-Denis*, pp. 45-7, qui conclut que le refus de Suger était dû à son désaccord avec le départ du roi.

(18) Il est probable que Suger a envoyé des messagers à Eugène III pour prendre son avis, comme il résulte de la lettre de saint Bernard, dont nous nous occuperons plus bas.

(19) St. Bernard, *Ep.* 309 (*PL*, CLXXXII, 513). Cette lettre, sans date, est considérée par Mabillon, dans son édition des œuvres de saint Bernard, comme étant de 1145. Nous préférons l'attribuer à 1147, en raison des termes de cette épître. Suger y est mentionné comme le personnage le plus distingué de l'Eglise

Cet éloge de la personnalité de Suger dépasse de loin les termes habituels par lesquels saint Bernard recommandait au Saint-Siège les prélats qui y venaient en solliciteurs ; aussi, croyons-nous pouvoir soutenir l'hypothèse que son véritable but était de recommander au pape le régent du royaume et de le prier de le confirmer dans cette position, selon les conditions mêmes de Suger.

Le résultat de toutes ces interventions fut l'ordre donné par Eugène III à Suger de régir le royaume pendant la croisade (20) ; Louis VII, pour sa part, lui adjoignit son cousin, le comte Raoul de Vermandois, et l'archevêque de Reims, Samson de Mauvoisin, nommés de sa propre autorité (21).

Point n'est besoin de revenir sur l'histoire de la régence de Suger pour nous apercevoir qu'il était l'âme du conseil et pour prouver que sa position était plus importante que celle de ses deux collègues (22). La question se pose cependant de savoir dans quelle mesure cette prééminence de l'abbé de Saint-Denis était due seulement à sa personnalité, à son ascendant personnel sur ses collègues. Evidemment, ce facteur était important et nul doute que Suger, le conseiller intime de Louis VI et de Louis VII, n'était mieux placé qu'un grand feudataire, comme Raoul de Vermandois, pour représenter l'idée monarchique (23) et pour sauvegarder l'autorité royale. Il jouissait toutefois d'une autorité dont ses collègues ne pouvaient bénéficier et dont le cadre était institutionnel, puisque sa nomination émanait du pape. Son rôle était donc renforcé par une délégation des pouvoirs du Souverain Pontife, qui seul était juridiquement le gardien du royaume. Cette position particulière du pape devait être d'ailleurs soulignée par Eugène III lui-même dans une bulle adressée à Hugues de Toucy, archevêque de Sens, et à ses suffragants :

de France et le pape est prié de se montrer favorable à son égard. La recommandation correspond à la situation créée lors de la nomination des régents et les qualités attribuées à l'abbé de Saint-Denis conviennent parfaitement à celles requises d'un gouverneur ecclésiastique du royaume.

(20) *Chron. de St. Denis, l. cit.* : « *papa... memoratum abbatem, ut eandem administrationem susciperet, sub obedientiae praecepto coegit.* » Guillaume, *Vie de Suger*, p. 394 : « *nec ad suscipiendum omnino consentit, donec ab Eugenio papa, qui profectioni regiae praesens affuit, cui resistere nec fas fuit nec possibile, tandem coactus est* ». Eudes de Deuil, p. 25 : « *Papa vero bene ordinata confirmavit* ». Voir aussi l'aveu même de Suger, *Ep. ad capitulum Carnotense, RHF*, XV, 507 : « *Gloriosus rex Francorum Ludovicus, carissimus dominus noster, ... archiepiscoporum et episcoporum ac regni optimatum consilio, nec sine domini papae assensu, curam administrationis regni sui nobis commisit* ».

(21) Eudes de Deuil, pp. 25-6.

(22) Cf. là-dessus Cartellieri, *op. cit,*. pp. 47-62. Sur les pouvoirs des régents, cf. Olivier-Martin, *op. cit.*, pp. 30-37.

(23) Sur l'importance de Saint-Denis pour le culte de la monarchie, et en particulier celui de Charlemagne, et sur le rôle de Suger, voir les remarques de M. Schramm, *op. cit.*, p. 134 et suiv., et en particulier p. 136. Il suffit d'ailleurs de parcourir les œuvres de Suger lui-même, pour s'apercevoir jusqu'à quel point l'abbé de Saint-Denis était l'interprète de l'idée de la monarchie franque et pour comprendre son action en faveur de la consolidation du pouvoir royal. Par cette restauration, il visait en même temps l'agrandissement de son monastère. Voir, par exemple, *De rebus in administratione sua gestis*, éd. Lecoy de la Marche p. 181, et surtout la description de l'invasion impériale de 1124, où le royaume de France, son patron saint Denis et l'abbaye deviennent une seule entité (*Vita Ludovici Grossi*, éd. Waquet, pp. 218-230).

464

« Lorsque notre très cher fils, l'illustre roi des Francs, Louis, prit par la dévotion la route de Jérusalem, ... il avait laissé son royaume sous la protection de la Sainte Eglise et la nôtre (24). »

Ce mandement pontifical suit l'excommunication lancée par le pape contre les perturbateurs éventuels du royaume lorsqu'il installa Suger (25), ainsi que la bulle adressée au régent ; le pape y exigea les noms des prélats qui refusaient de collaborer avec l'abbé de Saint-Denis, afin de les avertir et leur imposer le devoir de participer au maintien de l'autorité royale (26). Il avait d'ailleurs promis à Louis VII d'exercer la garde du royaume et le roi tenait à l'exécution de cette promesse (27).

Pour mieux affirmer la position de Suger, Eugène III lui accorda toute l'autorité religieuse sur l'Eglise de France, l'employant comme un vicaire pontifical dans les affaires ecclésiastiques. Afin que cette autorité ne fût point diminuée, aucun légat pontifical n'agit dans le royaume capétien pendant la seconde croisade (28).

Ainsi, pendant l'absence de Louis VII, le royaume était gouverné par l'Eglise ; Suger tirait ses pouvoirs du Saint-Siège, devant lequel il était responsable de ses actes. Quoique régent en titre, « vices regias exercens » (29), il était de droit et de fait le vicaire du pape. En outre, le Souverain Pontife l'appuyait dans ses efforts et l'informait de la marche de la croisade et des mouvements du Capétien, tout en lui donnant les instructions nécessaires pour exercer son activité (30).

* * *

La seconde croisade donna ainsi à la papauté l'occasion de faire usage du privilège des croisés à l'égard des souverains temporels et d'établir la garde pontificale sur les royaumes de France et de Germanie. Il est intéressant à remarquer que le pontife qui en fit application était l'élève de saint Bernard, qui lui avait envoyé auparavant son ouvrage d'inspiration politique, le De Consideratione. Les idées de l'abbé de Clairvaux concernant la suprématie du Saint-Siège étaient ainsi mises en pratique.

(24) JL 9345 ; RHF, XV, 454 (8 juillet 1149) : « Quanta devotione carissimus filius noster Ludovicus, illustris Francorum Rex, Hierosolymitanum iter assumpserit... regnum suum sub sanctae ecclesiae ac nostra protectione reliquit ». Le même ordre fut intimé aux autres métropolitains du royaume (JL 9344).

(25) Chronique de Morigny, p. 87.

(26) JL 9144 ; RHF, XV, 447 (6 octobre 1147) : « De episcopis vero qui pro defensione regni tibi opem ferre et adesse recusant, ... nobis de aliquibus nominatim significes, ut eos apostolicis affatibus corripiamus, et exhortemur quatinus ad conservandum statum regni promptiores existant, et ea quae regni honori et utilitati expediunt, vires et consilium subministrent. »

(27) Luchaire, Etudes sur les actes de Louis VII, n° 231.

(28) La lecture des bulles d'Eugène III adressées à Suger pendant les années 1147-1149 est édifiante ; le régent était chargé de juger les différends ecclésiastiques, de vérifier la légalité des élections épiscopales, de réformer des établissements monastiques et capitulaires, c'est-à-dire d'exercer les fonctions d'un légat pontifical au-dessus des métropolitains. On trouvera l'analyse de toute cette correspondance dans le recueil des œuvres de Suger publié par Lecoy de la Marche, p. 289-309.

(29) JL 9256 ; Chartes de St. Martin-des-Champs, éd. J. Depoin, n° 302, p. 189 (29 avril 1148).

(30) Voir par exemple JL 9144 ; 9347.

Tandis que les rois combattaient pour la chrétienté, devenant ainsi les chevaliers de la foi, le glaive mis au service de l'Eglise, celle-ci, directement en France, ou par la haute protection du pape en Allemagne (31), gouvernait leurs royaumes. On pouvait donc croire que cette tendance universaliste, dont s'était prévalu la papauté au cours de la querelle des investitures, touchait à son but et que la société européenne venait de passer sous un régime théocratique, deux générations avant l'avènement d'Innocent III et que ce pape ne devînt le véritable chef et tuteur de l'Occident. L'ordre qui régnait dans les royaumes occidentaux ne pouvait que favoriser cette vue d'autant plus que les souverains temporels rentraient discrédités par l'échec de l'expédition.

Mais la réalité fut différente. Le privilège de croisade, appliqué dans sa lettre, joua au profit du pouvoir monarchique, particulièrement en France. Les pouvoirs ecclésiastiques qui étaient concentrés entre les mains de Suger, furent considérés comme une partie de l'autorité royale. On verra au cours de la seconde moitié du siècle Louis VII jugeant de différends ecclésiastiques, pour éviter qu'ils ne fussent jugés par la cour pontificale (32). La sage administration de Suger avait renforcé les ressources de la royauté. Enfin, Louis VII eut l'occasion, pendant l'expédition, de prendre contact avec des vassaux et des arrière-vassaux venant des régions où la royauté capétienne était ignorée ; ces contacts précieux lui furent utiles dans ses efforts pour imposer l'autorité royale en dehors du domaine royal. Pour le roi de France, la croisade avait aussi été l'occasion de se réconcilier avec les grands vassaux, comme la maison de Blois-Champagne.

Pourtant, le résultat le plus important de la régence de Suger fut la consolidation de l'institution monarchique. Tirant tout profit de la garde ecclésiastique des biens du roi, l'abbé de Saint-Denis eut l'occasion d'appliquer en fait l'idée abstraite de la « couronne » et du *regnum* ; il avait accoutumé les fidèles du roi à porter leur fidélité à la couronne ; la personne royale commençait à s'effacer, ne représentant plus un principe sacré et inviolable. C'est ainsi que le propre frère de Louis VII, Robert de Dreux, ne put trouver d'appui sérieux lorsqu'il essaya de se révolter, spéculant sur le discrédit et sur la perte de prestige de son frère après l'échec de la croisade ; le prince Capétien, qui eût pu à juste titre, comme membre de la famille royale, prétendre à une place dans la régence, fut considéré comme un simple perturbateur de la paix publique (33).

Université Hébraïque. Jérusalem.

(31) *JL* 9084 ; *PL*, CLXXX, 1300. Nous devons aussi rappeler l'influence prépondérante qu'eut dans l'Empire pendant la croisade, l'abbé de Corvey, Wibald, le conseiller écouté de Conrad III et l'homme de liaison entre les empereurs et la curie romaine.

(32) Ainsi fut le cas à Soissons, où le roi intervint deux fois (en 1155 et en 1169) dans le conflit qui opposa le chapitre à l'évêque et notifia au pape son jugement, après que les parties aient dû renoncer à leur droit d'en appeler à Rome. Luchaire, *Études sur les actes de Louis VII*, n° 343 (1155) ; n° 577 et 578 (1169) ; *RHF*, XV, 876 ; id. XVI, 14 ; *Gallia Christiana*, X, instr. 125.

(33) *JL* 9345.

Nous tenons à exprimer ici nos sentiments de gratitude à M. J. Prawer, doyen de la Faculté des Lettres de l'Université Hébraïque, qui nous a initié à l'étude du moyen-âge, et à M. R. Folz, professeur à l'Université de Dijon, qui a bien voulu diriger nos recherches en France.

Une étape dans l'évolution vers la désagrégation de l'Etat toulousain au XIIᵉ siècle : l'intervention d'Alphonse-Jourdain à Narbonne (1134-1143)

Les destinées de l'État toulousain ont soulevé l'intérêt des historiens depuis le XVIIᵉ siècle, d'autant plus qu'elles se lient étroitement à d'importants problèmes concernant les différents aspects de la civilisation méridionale, et les bibliographies en témoignent[1]. Ces destinées sont déterminées dans une grande mesure par le sort du pouvoir comtal, qui avait subi une évolution contraire à celle qui caractérisa les principautés territoriales du second âge féodal. Dans sa synthèse, A. Fliche souligne que la faiblesse de l'autorité comtale était due au morcellement des pouvoirs régaliens et à l'organisation de grandes vicomtés dans la principauté languedocienne des comtes de Toulouse[2]. Les efforts déployés par Alphonse-Jourdain (1109-1147) pour redresser le pouvoir comtal ont été soulignés par les chercheurs, qui les ont liés à la rivalité entre les comtes de Toulouse et ceux de Barcelone et dont l'enjeu fut la prépondérance méridionale[3].

Cependant, une étude d'ensemble de la société et de l'évolution des institutions féodales du comté de Toulouse nous manque encore[4]. En l'absence d'une pareille étude, maintes questions qui ont été posées par les chercheurs restent sans réponse. Tel est le cas de la politique

1. On trouvera une bibliographie sommaire à la fin de l'article rédigé par A. Fliche, « L'Etat toulousain », dans l'*Histoire des institutions françaises au Moyen âge*, dirigée par F. Lot et R. Fawtier (t. I. *Institutions seigneuriales*, Paris 1957, pp. 98-99). Pour les problèmes spécifiques de Narbonne, on pourra employer la bibliographie récente qui suit l'ouvrage de P. Carbonel, *Histoire de Narbonne des origines à l'époque contemporaine*, Narbonne 1956.

2. A. Fliche, *art. cit.*, pp. 71-88.

3. Cf. Ch. Higounet, *Un grand chapitre de l'histoire du XIIᵉ siècle : La rivalité des maisons de Toulouse et de Barcelone pour la prépondérance méridionale*, dans *Mélanges Louis Halphen*, (Paris 1951), pp. 313-322.

4. V. à titre comparatif : Ch. Higounet, *Le comté de Comminges de ses origines à son annexion à la couronne*, 2 vol., Paris-Toulouse 1949; J. Richard, *Les ducs de Bourgogne et la formation du duché du XIᵉ au XIVᵉ siècles*, Paris 1954; G. Duby, *La société aux XIᵉ et XIIᵉ siècles dans la région mâconnaise*, Paris 1953, afin de nous contenter de quelques exemples significatifs.

24

narbonnaise d'Alphonse-Jourdain, qui est peu connue[5] et définie comme faisant partie de ses efforts pour aboutir à l'unification du Languedoc[6].

Ayant l'occasion d'étudier un texte hébraïque qui fait allusion à la mainmise sur la vicomté de Narbonne par le comte de Toulouse, nous pouvons, en le rapprochant d'autres sources, contribuer à la solution de ce problème.

Le texte dont nous parlons est un appendice à la chronique compilée en 1161 par le chroniqueur juif de Tolède, Abraham ben David, et connue comme « *Seffer Hakabalah* » (*Le livre de la tradition*)[7]. L'appendice, qui fut aussi attribué à Abraham ben David, se trouve dans le manuscrit copié en Provence ou en Languedoc[8], et peut être considéré comme une fragment d'une chronique rédigée par un des membres de la communauté juive de Narbonne. Ce texte dut lui aussi être rédigé vers 1160, puisque l'auteur se réfère à des personnages vivants et qui peuvent être identifiés grâce à la chronologie des dirigeants juifs de la ville.

Le passage concernant les événements qui eurent lieu à Narbonne après la mort du vicomte Aymeric II est ainsi conçu :

« ...Notre seigneur et maître Calonymos le Grand y tint le haut office[9] et fit du bien au peuple d'Israël pendant l'époque de son gouvernement; il occupa longtemps cette grandeur et mourut à l'âge de 90 ans. Il laissa un

---

5. A. Dupont, *Les cités de la Narbonnaise première depuis les invasions germaniques jusqu'à l'apparition du Consulat*, Nîmes 1942, p. 544, n° 1.

6. P. Gauchon, *Histoire du Languedoc*, Toulouse, 1921, p. 60-62.

7. « *Seffer Hakabalah* », éd. Ad. Neubauer, dans *Anecdota Oxonensia - Semitic Series : Mediaeval Jewish Chronicles*, t. 1, Oxford 1887, pp. 47-84. L'auteur, Abraham ben David Halévi (1110-1180), naquit en Espagne musulmane et reçut sa formation à l'école de son oncle à Cordoue. Il s'installa à Tolède, en Castille, où il se fit rapidement remarquer comme philosophe, historien, médecin et astronome. Il composa le *Livre de la tradition* afin de prouver la continuité historique de la tradition rabbinique depuis l'époque biblique jusqu'à son époque; l'ouvrage apporte d'importants renseignements sur les dirigeants juifs, notamment en Espagne, en même temps qu'il propose une périodisation de l'histoire juive. Le *Livre de la tradition* devint, peu de temps après sa composition, un des ouvrages les plus diffusés parmi les communautés juives, fut copié et continué par des chroniqueurs postérieurs et résumé dans les ouvrages des historiens juifs au XVIe siècle. Son influence sur l'historiographie juive se manifesta jusqu'à la fin du XIXe siècle.

8. Et. citée, pp. 82-84. Pour la description du manuscrit, v. Ad. Neubauer, *Documents sur Narbonne*, dans *Revue des Études Juives*, t. X, 1885, p. 100.

9. Les chefs de la communauté juive de Narbonne portaient le titre de *Nassi*, héréditaire dans leur famille, qui était réputée au XIIe siècle comme rejeton du lignage royal de Judée et donc comme descendante du roi David. A cause de cette tradition, ils jouissaient d'un prestige particulier, aussi bien dans les différentes communautés juives que parmi la population chrétienne du Languedoc qui les appelait « les rois juifs de Narbonne ». La famille était richement dotée en possessions immobilières à Narbonne et possédait des biens allodiaux dans les environs de la ville. Par sa fortune, elle se trouvait être la plus aisée dans la communauté. Sur la position de la famille des *Nassis*, cf. J. Régné, *Étude sur la condition des juifs de Narbonne du Ve au XIVe siècle*, Narbonne, 1912, pp. 175-180. Cette signification du terme *Nassi* se limite au cas de la famille de Narbonne, ailleurs ce titre ayant une portée plus large, dont l'explication ne peut être donnée ici.

V

fils, nommé Rabbi Todros[10], qui était savant et poète, et qui composa des pièces liturgiques. Les jours de Rabbi Todros furent un temps de grande calamité à Narbonne, car le seigneur de Narbonne, Don Aymeric, fut tué au cours de la bataille de Fraga; il ne laissa pas de fils [qui lui aient survécu], et le gouvernement de la ville fut laissé entre les mains du troisième [de ses enfants], Dona Esmeineras[11], qui était mineure. Et les grands du pays convoitaient son héritage, car [la vicomté] est grande et riche, et ils la persuadaient de toutes leurs forces d'épouser le seigneur de Toulouse, le comte Don Alphonse. Mais le comte de Barcelone, Raimond-Bérenger[12], était l'ennemi de Don Alphonse et il persuada à Dona Esmeineras de refuser la main du comte Don Alphonse; et puisque le comte de Barcelone était son parent, elle l'écouta et épousa Don Bernard d'Anduze. Alors une guerre commença et la cité se divisa en deux parties. La moitié de la ville appuya la vicomtesse et ses conseillers, tandis que la seconde moitié se déclara pour le comte de Toulouse, Don Alphonse. Or, avant [ces événements], il y avait à Narbonne une grande communauté, comptant environ deux mille Juifs, dont quelques grandes [personnalités] ainsi que des savants réputés dans le monde entier. En raison de ces troubles, ils se sont dispersés dans l'Anjou, dans le Poitou et en France. Pendant cette guerre une lourde contribution fut imposée sur la communauté. Le Nassi, Rabbi Todros, ses fils et les membres de sa famille firent des efforts pour la défense [des droits] de la communauté et aidèrent [ses membres] par leurs donations; afin de garantir le payement de l'aide, ils donnèrent même aux Chrétiens comme otages leurs fils et filles. »[13]

L'auteur de ce fragment s'occupe de l'histoire de la famille des dirigeants de la communauté juive de Narbonne, et c'est ainsi que sa perspective est bornée par l'objet de ses préoccupations. Lorsqu'il est amené à traiter des événements appartenant à l'histoire générale, comme ceux qui ont suivi la mort d'Aymeric II à Narbonne, il en cherche les aspects liés à la vie de la communauté et aux actions de ses dirigeants. Cependant, son témoignage est important, parce que c'est le seul texte narratif connu qui traite de l'affaire de la succession narbonnaise, et il nous permet de savoir comment elle fut appréciée par les contempo-

---

10. Todros II, qui fut le chef de la communauté vers 1130-1150.

11. Ermengarde (1134-1192). Sur les prononciations de ce nom en français, cf. Neubauer, art. cit. p. 101.

12. Raimond-Bérenger IV (1131-1162).

13. *Mediaeval Jewish Chronicles*, t. I, p. 82. En traduisant ce fragment nous devions résoudre quelques questions de terminologie. L'auteur, qui écrivait en hébreu ancien, était gêné pour employer les termes féodaux. Aussi s'est-il servi du mot « pacha » (*pekha*) pour indiquer un comte, de celui de gouverneur comme synonyme de vicomte ou vicomtesse; dans tous ces cas, nous avons préféré les termes occidentaux. Quant à l'orthographe des noms de personnes, elle ne subit (sauf pour Ermengarde) que des variantes dues à la prononciation : ainsi Alphonse est-il appelé *Anphose;* Raimond-Bérenger *Raimon-Béranguier* et Bernard d'Anduze *Berndad Danduse*.

rains, en particulier les habitants de Narbonne qui en subirent les conséquences. Evidemment, la valeur du témoignage est réduite, en raison de la position de notre auteur et de la perspective de ses horizons; ii était un Juif et se trouvait donc en dehors des couches qui avaient déterminé l'évolution des événements; les sources de ses informations n'étaient pas des gens liés avec les classes dominantes de la société, et il n'avait point accès aux documents. Au contraire, tout porte à croire qu'il avait recueilli les rumeurs qui circulaient parmi les membres de la société urbaine narbonnaise, avec laquelle les Juifs entretenaient des rapports quotidiens. Il faut en même temps souligner que les troubles intéressaient notre chroniqueur surtout dans la mesure où la communauté juive en était concernée. Pourtant, malgré ces restrictions, les renseignements de notre auteur, confrontés avec nos autres connaissances, se révèlent authentiques[14]; aussi, nous pouvons estimer le texte comme un reflet de « l'opinion publique » narbonnaise lors de la mainmise du comte de Toulouse sur la vicomté.

Grâce à ce texte nous pouvons combler une lacune dans notre documentation et lier les événements de Narbonne avec le conflit entre les maisons de Saint-Gilles et de Barcelone; nous pouvons ainsi expliquer comment l'exercice du droit de garde donna lieu à une dispute, dans laquelle les intérêts dynastiques furent mêlés à des considérations d'ordre politique ou féodal, menant à la dislocation de la principauté languedocienne des comtes de Toulouse.

En effet, sur le plan du droit féodal, le comte de Toulouse agissait en tant que suzerain, lorsqu'en 1134 il occupa Narbonne; la mort de son vassal, Aymeric II, créait un vide et le suzerain devait exercer son droit de garde sur la vicomté pendant la minorité des filles et de l'héritière du vicomte défunt[15]. Mais puisque l'héritage de la vicomté était attribué à une fille, le suzerain pouvait aussi exercer son droit de choisir à son gré un mari pour la jeune vicomtesse. Sa volonté de profiter de l'occasion pour réunir la vicomté de Narbonne au domaine comtal, soit en épousant lui-même Ermengarde, intention que lui prête

---

14. Pour nous contenter de quelques exemples : la mort d'Aymeric II à Fraga sans héritier mâle (Devic-Vaissète, *Histoire de Languedoc*, éd. Privat, t. III, p. 690-92); la durée de l'ingérence d'Alphonse-Jourdain dans les affaires de la vicomté (*ibid.*, p. 692); la parenté entre les comtes de Barcelone et les vicomtes de Narbonne (*ibid.*, p. 691); le mariage d'Ermengarde avec Bernard d'Anduze (*ibid.*, p. 721).

15. Ermengarde et Ermensinde. Aymeric II avait eu aussi un fils, mort après 1130 du vivant de son père (*Histoire de Languedoc*, III, p. 691). Sur l'exercice du droit de garde par le suzerain dans le Midi, cf. A. Molinier, *Étude sur l'administration féodale dans le Languedoc* (tiré-à-part de l'*Hist. de Languedoc*, t. IV), Toulouse 1878, p. 25 et suiv.

le chroniqueur juif anonyme, soit en la mariant à un des membres de sa famille, doit être considérée comme une intention naturelle. Il suffit de rappeler le cas analogue de la succession de l'Aquitaine et le comportement de Louis VI en 1137, lorsque la nouvelle de la mort de Guillaume X lui fut notifiée et que la garde d'Aliénor lui fut confiée[16], pour prouver qu'une pareille attitude n'était pas exceptionnelle au XII° siècle. La position importante dont Narbonne jouissait comme enjeu des forces rivales dans le Midi[17] faisait du contrôle étroit de la situation dans la vicomté une condition indispensable pour établir l'autorité comtale dans le Languedoc. Alphonse-Jourdain se rendit de bonne heure compte de cette importance, et les circonstances portent à supposer qu'il y aurait déjà manifesté son intérêt en 1121.

En effet, en 1121 mourut Richard de Millau, archevêque de Narbonne, qui pendant ses quinze années d'épiscopat eut de graves conflits avec le pouvoir vicomtal[18]. Son successeur fut Arnaud de Lévezon, évêque de Béziers, et l'un des personnages les plus importants dans l'entourage du comte de Toulouse[19] . Sa position fut particulièrement importante pendant les troubles qui accompagnèrent la minorité d'Alphonse-Jourdain; il avait joué un rôle décisif lors de l'invasion de Guillaume IX d'Aquitaine dans l'État toulousain et avait contribué, en 1119, à repousser de Toulouse l'armée ducale[20]. Il semble que sa promotion au siège métropolitain ait été due à l'influence comtale[21], d'autant plus qu'après l'effacement de la menace aquitaine, le comte de Toulouse était libre de s'occuper de la politique méridionale. La vacance du siège archiépiscopal de Narbonne servait bien ses intérêts, et il pouvait profiter de

---

16. Suger, *Vie de Louis VI le Gros*, éd. H. Waquet, p. 280 (Les classiques de l'histoire de France, t. XI, 2ᵉ éd., Paris 1964).

17. La formation de la principauté des vicomtes appartenant à la famille de Trencavel (seigneurs de Béziers, Agde, Carcassonne, Razès, Nîmes et Albi) réduisait le pouvoir réel des comtes de Toulouse dans le Languedoc (cf. A. Fliche, art. cit., p. 74). Leurs liaisons avec les comtes de Barcelone créaient de graves difficultés à la maison de Saint-Gilles (v. Ch. Higounet, art cit., p. 315-317). La possession de Narbonne pourrait, dans ces conditions, permettre à Alphonse-Jourdain de contrôler les activités de ses vassaux et, en même temps, d'empêcher l'établissement du pouvoir catalan dans le centre du Languedoc.

18. Les détails de ce conflit nous sont connus par une lettre, ayant le caractère d'un réquisitoire, écrite en 1119 par l'archevêque Richard de Millau (*Histoire de Languedoc*, t. V, col. 860-865, pr. n° 461). Cf. sur ce sujet, A. Dupont, *op. cit.*, pp. 553-556.

19. Sur Arnaud de Lévezon, v. les notes biographiques de J. Balteau dans le *Dictionnaire de biographie française*, t. III, col. 835 et d'A. Sabarthès dans le *Dictionnaire d'histoire et de géographie ecclésiastique*, t. IV, col. 430-432, où on trouvera aussi la bibliographie complète.

20. Sabarthès, *D.H.G.E.*, IV, col. 430.

21. Quoique des témoignages positifs nous fassent défaut, nous croyons pouvoir nous rallier à l'opinion de Dom Vaissète (*Histoire de Languedoc*, t. III, p. 651), qui considéra l'élection d'Arnaud de Lévezon au siège archiépiscopal comme résultat de l'influence comtale.

cette occasion pour investir de l'importante seigneurie ecclésiastique narbonnaise[22] un allié fidèle et éprouvé. L'installation du nouvel archevêque eut rapidement des conséquences heureuses pour le pouvoir comtal; Alphonse-Jourdain put faire face à la nouvelle coalition nouée entre le duc d'Aquitaine, Raimond-Bérenger III de Barcelone, et Aymeric II de Narbonne (1123-1125), la position de l'archevêque Arnaud restreignant les effectifs vicomtaux et réduisant Aymeric à un état de défensive dans la vicomté[23].

La fidélité de l'archevêque était un important point d'appui pour le comte de Toulouse lors de l'ouverture de la succession de Narbonne. Lorsqu'il saisit la vicomté, Alphonse-Jourdain dut faire face à l'opposition de ses vassaux, comme à celle de son adversaire traditionnel, le comte de Barcelone. Il semble que la réunion des princes méridionaux à Saragosse en 1134, où la paix générale fut rétablie[24], n'ait pas mis fin aux hostilités à Narbonne, divisée entre les partisans des deux comtes[25]. Nul doute que l'archevêque et ses vassaux aient soutenu Alphonse-Jourdain, lui facilitant ainsi l'exercice d'une autorité assez efficace dans la vicomté, malgré la guerre qui n'avait pas cessé. Cette fidélité explique en même temps le redressement de la situation de la seigneurie archiépiscopale au détriment du pouvoir vicomtal[26].

Dans ces conditions, Alphonse-Jourdain parvint à imposer son autorité sur un bon nombre de vassaux dans la vicomté. Il en obtint le serment de fidélité en tant que seigneur de Narbonne, ainsi que la prestation de l'hommage pour les fiefs qu'ils tenaient du vicomte[27]. Nous le voyons aussi en 1139 inféoder des moulins appartenant au domaine vicomtal[28]. Pourtant, malgré les apparences, le comte de Toulouse ne

22. Sur la seigneurie archiépiscopale de Narbonne, cf. A. Dupont, l. c. supra. En principe, l'archevêque de Narbonne prétendait à la possession de la moitié du comté, prétention qui fut reconnue par Pascal II, le 11 juillet 1107 (*J.L.*, n° 6 157); cependant, la plus grande partie de cette seigneurie, ainsi que les droits de justice, notamment la haute justice, étaient inféodés, bon gré mal gré, au vicomte (*Histoire de Languedoc*, t. V, col. 831-833, pr. n° 445).

23. *Histoire de Languedoc*, t. III, p. 657, et t. V, col. 909, pr. n° 483-II. Le document cité est le texte d'un serment que le vicomte Bernard-Aton de Béziers, alors allié du comte de Toulouse, fit prêter à tous ses vassaux dans le comté de Narbonne, en vertu duquel ils s'engageaient à combattre Aymeric II et les autres seigneurs du pays, sauf l'archevêque et ses hommes.

24. Ch. Higounet, art. cit., p. 317.

25. V. à ce sujet la chronique hébraïque, qui en témoigne : « la cité se divisa en deux parties ». Il nous semble que cette division ne se limitait pas seulement à la ville de Narbonne, mais qu'elle se manifestait aussi parmi les grands dans la vicomté entière.

26. Cf. A. Dupont, *op. cit.*, p. 556.

27. *Histoire de Languedoc*, t. V, col. 1069, pr. n° 556-I (1143).

28. *Histoire de Languedoc*, t. V, col. 1035, pr. n° 543-I.

fut pas capable de saisir tout le pouvoir de Narbonne[29] ; il y a même
lieu de se demander si la charte de 1139 n'avait pas comme but d'acquérir des fidèles et si elle ne faisait pas partie d'une série d'efforts dans
ce sens ; il ne faut pas même écarter l'hypothèse que, dans l'impossibilité
d'établir une domination directe et efficace dans la vicomté, il ait songé
à démembrer le domaine vicomtal.

En tout cas, la guerre à Narbonne était âpre et, pour la première
fois dans l'histoire de la ville, la communauté juive se trouva dans
une situation si critique qu'une partie de ses membres décida d'émigrer[30].
Le texte que nous apportons témoigne que l'opposition à la domination
d'Alphonse-Jourdain fut dirigée par Raimond-Bérenger IV, comte de
Barcelone et prince d'Aragon, dont l'influence à Narbonne restait implantée, en particulier, parmi les membres de la famille vicomtale[31].
Il est même possible qu'il ait exercé une sorte de tutelle sur la jeune
vicomtesse, peut-être en vertu de leurs liens de parenté, comme y fait

29. P. Gauchon (op. cit. p. 62) affirme que l'autorité du comte de Toulouse
était effective à Narbonne, au moins jusqu'en 1141. Il accepta là-dessus l'opinion
de Dom Vaissète (Histoire de Languedoc, t. III, p. 692) et son jugement a été
adopté par les historiens postérieurs. La charte de 1139, la seule que nous
connaissions des actes d'Alphonse-Jourdain dans la vicomté de Narbonne,
servit pour appuyer cette thèse. Évidemment, sur le plan juridique, cette
affirmation est correcte, car la garde du comte de Toulouse sur la vicomté
de Narbonne fut exercée, en droit, jusqu'en 1143. Cependant, la situation
réelle ne correspondait pas au statut juridique ; il nous reste à essayer de
déterminer jusqu'à quel point la domination toulousaine à Narbonne fut efficace. Le témoignage du chroniqueur juif est formel : l'autorité d'Alphonse-
Jourdain, reconnue par l'archevêque et par une partie des vassaux, était
contestée par les partisans de la dynastie catalane, qui manifestèrent leur
opposition au pouvoir comtal les armes en main, et ceci pendant dix ans.
Pourtant, nous sommes incapables de préciser les forces des deux camps.

30. Il est intéressant de remarquer au passage que les émigrants juifs ont
choisi, selon le témoignage de notre chroniqueur, comme lieux de refuge, des
territoires faisant partie des domaines de Louis VII, roi de France et duc
d'Aquitaine (exception faite pour l'Anjou). Nous expliquons ce choix par
quelques raisons : 1° Les Juifs de Narbonne attribuaient au xII° siècle leurs
privilèges à Charlemagne, en soulignant que le roi de France était le protecteur de la communauté juive de Narbonne (Mediaeval Jewish Chronicles, p. 82,
et aussi Gesta Karoli magni ad Carcassonam et Narbonam, éd. F. Ed. Schneegans, Halle, 1898, pp. 178-180 et 188). 2° L'attitude des Capétiens était, à cette
époque, plus favorable aux Juifs de leur domaine ; Louis VII s'acquit même une
réputation postérieure comme protecteur des Juifs (Rigord, Gesta Philippi
Augusti regis, éd. H. F. Delaborde, Paris 1882, p. 24) ; ses prises de position
en faveur des Juifs peuvent être constatées pendant tout son règne (cf. R.
Anchel, Les Juifs de France, Paris 1946, pp. 100-101). Quant à l'émigration
des Juifs narbonnais vers l'Anjou, parmi lesquels on trouve un des fils du
chef de la communauté, Todros II, elle est aussi attestée par une élégie
composée probablement à Angers vers la fin du xII° siècle (texte édité par J.
Mann, Texts and Studies in Jewish History, Cincinnaty, 1931, p. 31).

31. Cf. là-dessus Ch. Higounet, art. cit., p. 317. Nous devons pourtant nous
demander dans quelle mesure il n'y avait pas d'intervention directe catalane
à Narbonne. L'étude du texte hébraïque confirme le jugement de M. Higounet,
qui parle des hostilités indirectes entre les deux maisons, « Barcelone poussant
à la rébellion les seigneurs languedociens ».

allusion le chroniqueur juif. En outre, il s'était assuré l'appui d'une partie influente de l'aristocratie locale. L'opposition des parents d'Ermengarde est facile à comprendre : dans le cas où le comte de Toulouse aurait imposé à la jeune vicomtesse un mariage servant ses intérêts, la position des membres de la famille de Narbonne aurait pu être amoindrie. Parmi ces parents le plus important était Bérenger, abbé de La Grasse, qui était le frère d'Aymeric II et donc l'oncle d'Ermengarde[32]. Comme le plus proche des parents, il était un protecteur naturel de sa nièce et son opinion sur le mariage de la jeune fille devait être écoutée. En tant qu'abbé de La Grasse, Bérenger avait tout intérêt à maintenir de bons rapports avec les maîtres de Carcassonne, en l'occurrence le comte de Barcelone et son vassal pour ce comté, Roger Trencavel de Béziers, vicomte de Carcassonne et de Razès[33].

Dans cet état des choses, l'affaire narbonnaise se trouvait liée au conflit ouvert entre les comtes de Toulouse et ceux de Barcelone qui, par le truchement d'un réseau d'alliances, s'efforçaient d'amoindrir le pouvoir comtal dans le Languedoc. Aussi la solution de la guerre à Narbonne dépendait de l'équilibre des forces dans la principauté toulousaine entière. Les efforts d'Alphonse-Jourdain pour imposer son autorité dans le Languedoc l'amenèrent à profiter en 1141 du soulèvement des bourgeois de Montpellier contre leur seigneur Guilhem VI[34], et cette intervention provoqua une réaction générale contre le comte : une coalition de vassaux dirigée par les Trencavel se forma et, en même temps, Innocent II, qui prit position contre les bourgeois[35], souleva l'Église contre les adversaires de Guilhem VI et isola Alphonse-Jourdain, qui se trouva privé de l'appui ecclésiastique. Dans ces circonstances, il eut à faire face à la tentative de Louis VII, qui attaqua Toulouse en 1141, afin de faire valoir les droits d'Aliénor d'Aquitaine sur le comté[36]. Nous ne savons pas si cette chevauchée du roi, qui d'ailleurs se solda par un échec, était entreprise de concert avec la coalition des vassaux du Languedoc méridional. En tout cas, elle obligea le comte de Toulouse à concentrer toutes ses forces pour repousser l'armée du

---

32. *Histoire de Languedoc*, t. III, p. 691. En novembre 1134, Bérenger fut le témoin des dispositions testamentaires de son frère et donna son consentement à cet acte.

33. Ces intérêts s'expliquent par la position géographique de l'abbaye de La Grasse dans le Carcassès et par l'exercice des droits seigneuriaux sur les biens ecclésiastiques dans le Midi (cf. Molinier, *art. cit.*, p. 165-167).

34. Cf. P. Gauchon, *op. cit.*, pp.61-62.

35. *J.L.*, n° 8154, 8187, 8203, 8453, 8458; *Bullaire de l'église de Maguelone*, éd. J. B. Rouquette et A. Villemagne, t. I, Montpellier, 1911, n° 31-44. V. aussi A. Dupont, *op. cit.*, p. 712 et suiv.

36. Orderic Vital, *Historia ecclesiastica*, éd. Leprévost-Delisle, t. V, Paris 1855, pp. 132-133. V. aussi l'interprétation de Dom Vaissète dans l'*Histoire de Languedoc*, t. III, pp. 718-720. La recherche actuelle reste sur la même position : cf. M. Pacaut, *Louis VII et son royaume*, Paris 1964, p. 42.

Capétien et, dans ces conditions, les Trencavel et leurs alliés purent agir librement à Narbonne et dans la région méditerranéenne.

Profitant des préoccupations d'Alphonse-Jourdain, la maison de Barcelone agit rapidement : donnant suite au conseil de Raimond-Bérenger IV, Ermengarde épousa en 1142 un des seigneurs de la région nîmoise, Bernard d'Anduze[37], qui probablement faisait partie de la coalition des Trencavel. Par ce mariage, les conditions juridiques sur lesquelles était fondée la domination du comte de Toulouse à Narbonne se trouvaient changées; la garde comtale sur la vicomté devait cesser et la vicomté devait être inféodée au nouveau seigneur. Cependant les événements prouvent que le suzerain ne voulut point accepter le fait accompli, et la guerre continua. Il est fort probable qu'Alphonse-Jourdain n'était pas prêt à accepter les conséquences d'un mariage auquel il était opposé et qui probablement fut conclu sans même qu'il ait été consulté. Evidemment, il agissait en vertu du droit féodal et cette attitude était par ailleurs la seule qu'il pouvait adopter, puisqu'une fois conclu, le mariage était canonique et il ne pouvait donc en obtenir l'annulation. Faut-il cependant supposer que le comte de Toulouse ait essayé de confisquer le fief? Nous n'avons pas de preuve à l'appui d'une pareille hypothèse. Néanmoins les deux pouvoirs se considéraient comme légitimes à Narbonne et ils imposèrent tous deux une contribution sur la population[38] pour financer la guerre qui se répandait dans tout le Languedoc[39].

Les destinées de Narbonne devaient être décidées dans cette épreuve de force, où Alphonse-Jourdain se trouvait isolé devant la coalition de ses vassaux, appuyée par les Catalans, tandis que la menace capétienne pouvait toujours se renouveler. Devant l'union de ses adversaires, le comte de Toulouse, fait prisonnier, dut céder en 1143. Roger de Béziers, le chef de la coalition, lui imposa un véritable traité de paix, dans lequel les deux parties se trouvèrent sur un plan d'égalité. Le premier article de cet accord est consacré au sort de Narbonne et oblige Alphonse-Jourdain à se dessaisir de la vicomté :

37. *Histoire de Languedoc*, t. III, p. 721 et suiv. Notre chroniqueur témoigne que le mariage d'Ermengarde avec Bernard d'Anduze fut conclu selon le conseil du comte de Barcelone.

38. Nous croyons qu'il faut interpréter dans un sens plus large l'affirmation que nous venons de lire dans le fragment de la chronique hébraïque : il nous semble que les besoins d'argent des deux parties aient exigé la levée d'une aide sur toute la population de Narbonne. Le chroniqueur juif est naturellement sensible au sort des membres de la communauté juive, qui fut imposée en tant qu'unité, et dont le chef et sa famille étaient tenus pour responsables de la levée de l'impôt sur tous les habitants juifs de la ville. Est à remarquer le système de secours mutuel entre les membres de la communauté que le chroniqueur anonyme souligne.

39. Sur le développement des hostilités entre 1141 et 1143 et sur les participants dans cette guerre, on se reportera à l'*Histoire de Languedoc*, t. III, pp. 721-726.

Premièrement, le comte doit rendre à Narbonne à la dame Ermengarde et doit absoudre les vassaux de Narbonne et de la Narbonnaise des serments qu'ils lui avaient prêtés pour Narbonne et pour leurs honneurs, qui appartiennent ou doivent appartenir à Narbonne, et il doit rendre les instruments des serments qu'ils lui avaient remis...[40].

L'effondrement général de la position du comte fut le facteur qui obligea Alphonse-Jourdain à se retirer de Narbonne. L'obligation imposée à Alphonse-Jourdain de rendre la vicomté à Ermengarde et d'absoudre les vassaux locaux de tous serments qu'ils lui avaient prêtés, figure comme la première clause du traité, avant même les articles qui intéressaient directement les Trencavel. Qui plus est, la reddition de la vicomté était la condition préalable pour le relâchement du comte de Toulouse des mains d'un des seigneurs locaux, Bernard de Cannet, et devenait ainsi une obligation devant laquelle il ne pouvait trouver d'excuse, ou de modalité pour différer l'exécution : « Et le comte doit rester dans le pouvoir de Bernard de Cannet jusqu'à ce qu'il aura rendu Narbonne, comme il a été convenu[41]. »

Comment expliquer cette insistance des seigneurs méridionaux à repousser Alphonse-Jourdain de Narbonne? Afin de répondre à cette question, nous devons songer aussi aux considérations d'ordre politique, comme aux problèmes concernant l'exercice des droits féodaux, dont l'importance ne saurait être confinée aux seuls aspects juridiques; le véritable enjeu était l'avenir du pouvoir comtal dans l'État toulousain, et il semble que les signataires du traité de 1143 s'en soient parfaitement rendu compte.

Du point de vue des rapports entre les puissances méridionales, l'insistance des vassaux languedociens sur le sort de Narbonne s'explique par la position géopolitique de ce pays dans la province. En effet, la vicomté créait une enclave entre les groupes de fiefs qui se trouvaient dans les mains des Trencavel, coupant les routes entre les domaines occidentaux (de Carcassonne et de Razès) et les domaines côtiers de Béziers, Agde et Nîmes. Le maintien de l'autorité d'Alphonse-Jourdain à Narbonne lui aurait permis de contrôler les Trencavel, et lui aurait

40. « Haec sunt capitula de ipsis placitis et assecuramentis quae debent fieri inter comitem Ildefonsum et Rogerium de Biterri. — In primis ipse comes debet reddere Narbonam dominae Hermengardi et debet solvere ipsa sacramenta quae homines Narbonae et Narbonensis ei fecerunt de Narbona et de ipsis honoribus qui ad Narbonam pertinent vel pertinere debent, et debet reddere ipsa sacramentalia quae de eis habet. Et ipsam finem qui concordatus est debet assecurare ipsa Hermengardis cum XL militibus de Narbona per sacramenta, et maritus ejus cum XX militibus, et Rogerius de Biterri cum XX militibus de Carcassona et Redense, et Trencavellus ac Raimundus Stephani cum XX militibus de Biterrense et Agathense, et Petrus de Minerva et Guillermus et Sicardus vicecomes cum XX militibus. Et totum hoc fiat per recognitionem Bernardi de Canneto. » (Histoire de Languedoc, t. V, col. 1069, pr. n° 556).
41. « Ipse autem comes debet permanere in potestate Bernardi de Caneto quousque habeat redditam Narbonam sicut supradictum est. » (Ibid., col. 1071).

fourni une base sur les frontières de la principauté catalane des comtes de Barcelone; en revanche, la perte de la vicomté reléguait le comte de Toulouse dans les contrées intérieures de la province. En outre, il était mis dans un état de dépendance à l'égard de ses vassaux méditerranéens, dont la position entre les deux rivaux du Midi faisait en quelque sorte des arbitres dans le conflit séculaire catalano-toulousain. Pour l'avenir immédiat, les routes entre Carcassonne et Nîmes étaient contrôlées par les alliés des comtes de Barcelone; ceux-ci disposaient ainsi de la voie directe et la plus courte qui liait la Catalogne et la Provence, où leur dispute avec les comtes de Toulouse n'était pas encore terminée[42].

Mais en même temps, les seigneurs méridionaux manifestaient leur inquiétude de l'exercice des droits du suzerain dans l'affaire de la succession narbonnaise. S'ils n'avaient pas eu la possibilité d'empêcher Alphonse-Jourdain de saisir le pouvoir à Narbonne en 1134 et d'y exercer son droit de garde pendant la minorité d'Ermengarde, s'ils avaient dû, bon gré mal gré, se plier devant l'exercice des droits comtaux, en vertu de la position du comte comme suzerain, ils insistaient pour que le comte rendît le fief après le mariage de la vicomtesse. Par leur soulèvement, ils empêchaient le suzerain d'exercer un autre droit, reconnu comme un des droits fondamentaux du seigneur, celui de choisir à son gré un mari, ou au moins de donner son accord au mariage de l'héritière de son vassal[43]. La reddition immédiate de Narbonne, imposée comme condition préalable de la paix et de la liberté d'Alphonse-Jourdain, devait empêcher la maison de Saint-Gilles de considérer son opposition au mariage d'Ermengarde avec Bernard d'Anduze comme un précédent; précédent qui était d'autant plus important, que le comte entendait établir dans le Languedoc ce droit du suzerain, dont la conséquence aurait été l'accroissement de l'autorité comtale. L'intérêt des chefs de la coalition, les Trencavel, à une pareille issue du conflit narbonnais était clair : aux prérogatives du suzerain, ils opposaient avec succès un autre principe, cher à la société féodale, celui de la solidarité du lignage.

L'échec d'Alphonse-Jourdain en 1143 eut des conséquences importantes aussi bien en ce qui concerne le sort de Narbonne que pour les destinées du Languedoc. Son allié fidèle, l'archevêque Arnaud de Lévezon, se trouvait isolé depuis la défaite du comte : il dut accepter les résultats de la lutte qui, en ce qui concerne l'église métropolitaine, rétablissaient l'influence vicomtale au détriment du pouvoir comtal. Lors de sa mort, en 1149, Pierre d'Anduze, abbé de Saint-Gilles et parent du mari d'Ermengarde (probablement son frère), fut élevé sur le siège métropolitain[44]; en 1155, l'archevêché passa entre les mains d'un autre mem-

---

42. Cf. Ch. Higounet, art. cit., pp. 318-319.
43. Cf. M. Bloch, La société féodale, t. I, Paris, 1939, pp. 348-350.
44. Histoire de Languedoc, t. IV, note nº 57, col. 249-250.

34

bre de la famille vicomtale, Bérenger, l'abbé de La Grasse[45]. Celui-ci fit reconnaître les privilèges de son église par Louis VII en 1157[46], en même temps que sa nièce nouait des liens étroits avec le roi de France qui, depuis son intervention à Toulouse en 1159, avait acquis un prestige particulier dans le Midi; quant aux affaires de Narbonne, le Capétien devint l'arbitre entre Raimond V, le fils d'Alphonse-Jourdain, et sa vassale[47].

C'est ainsi que la crise de la succession de Narbonne contribua à la dislocation territoriale du comté de Toulouse, affaiblit le pouvoir comtal, et entraîna le Languedoc dans une évolution contraire à celle qui caractérisa les autres principautés territoriales, en France, pendant le second âge féodal. L'échec de la maison de Saint-Gilles, dans ses efforts pour aboutir à l'unification du Languedoc, eut des conséquences personnelles pour Alphonse-Jourdain : comme son père, il abandonna l'Europe et, en tant que participant à la seconde croisade, alla mourir en Terre Sainte, où il était né. Avant son départ, il avait vu comment les seigneurs méridionaux, soutenus par la maison de Barcelone, se taillaient dans le Languedoc des principautés quasi-indépendantes. Cependant, ce morcellement que son successeur, Raimond V, s'efforça de combattre, créait,

45. *Ibid.*, col. 250.
46. A. Luchaire, *Catalogue des actes de Louis VII*, Paris 1885, n° 387; *Histoire de Languedoc*, t. V, col. 1207-1209, pr. n° 618. Nous ne croyons pas que Bérenger, qui s'était mis en rapport avec la cour capétienne et avait demandé l'issue du diplôme royal, ait pris cette initiative afin de créer les fondements juridiques de ses relations avec le pouvoir vicomtal. Il est légitime de se demander avec M. Dupont (*op. cit.*, pp. 565-566) si Louis VII, en accordant cette charte, n'avait pas l'intention de limiter l'autorité vicomtale. Cependant, nous préférons interpréter l'acte royal de 1157 comme une intention de confirmer l'élimination du pouvoir comtal sur l'archevêché de Narbonne. Ainsi s'explique l'absence de toute allusion dans le texte de la charte au conflit qui opposa au début du siècle les vicomtes aux archevêques. Les efforts de Pierre d'Anduze, qui avait fait des démarches auprès des papes et avait obtenu des bulles de la part d'Eugène III (*J.L.* 9719) et d'Adrien IV (*J.L.* 10218), semblent avoir eu le même but.
47. Une esquisse d'ensemble des actions de Louis VII dans le Midi pourra être trouvée dans l'étude d'A. Luchaire, *Histoire des institutions monarchiques de la France sous les premiers Capétiens*, t. II, Paris, 1891, pp. 295-300. La fidélité d'Ermengarde lui était acquise en raison de leur intérêt commun à combattre le pouvoir comtal. Les rapports de Louis VII et d'Ermengarde furent établis en 1164, selon la recommandation d'Alexandre III (*J.L.*, 11136; *R.H.F.*, XV, 818), qui fut suivie par des lettres d'autres personnalités ecclésiastiques et laïques de la province (*R.H.F.*, XVI, 88-89). En revanche, Raimond V et sa femme, Constance, la sœur du Capétien, demandaient au roi de ne pas reconnaître les droits de la vicomtesse de rendre justice (*ibid.*, p. 90). L'attitude du roi qui, en donnant raison à Ermengarde, s'appuyait sur les coutumes féodales de la France septentrionale (*ibid.*, p. 91), trancha la dispute en faveur de la vicomtesse. Cette attitude s'inscrivait dans le cadre général de la politique capétienne d'immédiatiser les arrière-vassaux afin d'amoindrir les pouvoirs des grands vassaux de la couronne.

vers 1159, des conditions favorables à l'introduction de l'influence royale dans le Midi.

Ce retour de l'autorité royale se manifeste aussi dans le texte de notre chroniqueur juif qui, parlant des privilèges de la communauté juive de Narbonne, mentionne les appels à la cour capétienne : « et le roi ordonne de réparer le tort, et son ordre est immédiatement exécuté sans appel, car Narbonne appartient au roi de France[48]. »

Cette expression était sans doute prématurée vers 1160. La souveraineté royale ne se manifesta à Narbonne et dans le Languedoc qu'après les croisades contre les Albigeois. Néanmoins, la mentalité populaire dans le Midi était déjà prête à ce retour de l'autorité capétienne et en voyait la conséquence la plus palpable des événements qui avaient marqué, pendant le second tiers du XII° siècle, l'affaiblissement de l'autorité comtale.

48. *Mediaeval Jewish Chronicles*, p. 82.

MENTALITÉS ET CULTURE DANS L'OCCIDENT "LATIN"

VI

Charlemagne, Rome and Jerusalem

The short statements of the Frankish Royal Annals [1] concerning the exchanges of delegations and embassies between the courts of Aix-La-Chapelle and Baghdad have aroused the interest of scholars who, however, have not reached any agreement about their goals and meanings [2]. Focused between 797 and 807, *i.e.* the period from just before until just after the Imperial coronation, these relations have been considered by several historians to be a natural outcome of common political interests of both Abbassids and Carolingians against the Byzantines and the Spanish Ummayads [3]. But besides this aspect of global policy of the super-powers of the period, Jerusalem and Palestine came to have a

---

(1) *Annales Regni Francorum*, ed. F. Kurze (*Scriptores Rerum Germanicarum in usum Scholarium*), Hanover, 1895, A.D. 799 (p. 108), 800 (110-112), 801 (116), 806 (122), 807 (123-124).

(2) Cf. the remarks of W. Björkmann, *Karl und der Islam*, in W. Braunfels (ed.), *Karl der Grosse*, Düsseldorf, 1965, vol. I, pp. 672-682.

(3) This statement is common to the modern historians and is based on the correct presumption that common adversaries bring to the emergence of common interests, whose result is an alliance. The existence of an Ummayad government in Spain after the fall of the Caliphate of Damascus and the establishment of the Abbassid dynasty, brought to a permanent tension between the governments of Baghdad and Cordova, while the Carolingian policy in Spain has brought them into conflicts with the Ummayad rulers. Byzantium was a traditional enemy of the Arab Caliphate and the frontier areas between Syria, Iraq and Asia Minor were in an endemic state of war. Since the conquest of the Lombard kingdom by Charlemagne in 774, the relations between the Frankish realm and Byzantium were merely bad, with ups and downs. Cf. F. L. Ganshof, *Les relations extérieures de la monarchie franque sous les premiers souverains carolingiens*, in *Annali di Storia del Dirito*, 5-6 (1961-62) 1-53 (reprinted in English translation in his *The Carolingian and the Frankish Monarchy*, London, 1971).

particular significance. Based on the affirmation of Einhard [4] about the concession of the Holy Sepulchre by Harun al-Rashid to Charlemagne, it brought to the development of the idea of a Frankish protectorate over the Holy land ; the French historian Louis Bréhier has even formulated this view according to the terms used in the famous capitulations of the Ottoman Empire, to the point of simply transplanting the prerogatives granted to king Francis I of France in the sixteenth century to the Carolingian period [5]. Bréhier's theories were criticized

(4) *Cum Aaron rege Persarum, qui excepta India totum pene tenebat orientem, talem habuit in amicitia concordiam ut is gratiam eius omnium qui in toto orbe terrarum erant regum ac principum amicitiae praeponeret solumque illum honore ac munificentia sibi colendum iudicaret. Ac proinde cum legati eius, quos cum donariis ad sacratissimum Domini ac salvatoris nostri sepulchrum locumque resurrectionis miserat, ad eum venissent et ei domini sui voluntatem indicassent, non solum quae petebantur fieri permisit, sed etiam sacrum illum et salutarem locum ut illius potestati adscriberetur concessit ; et revertentibus legatis suos adiungens, inter vestes et aromata et caeteras orientalium terrarum opes ingentia illi dona direxit, cum ei ante paucos annos eum quem tunc solum habebat roganti mitteret elephantum* (EINHARD, *Vita Caroli Magni*, ch. XVI, ed. L. HALPHEN, *Classiques de l'Histoire de France*, Paris, 1923, p. 36). The discussion on the worth of Einhard's biography and its credibility as an historical source has brought to a split among historians in the 1920's : while the radical rejection of its authority by Louis HALPHEN (*Études critiques sur l'histoire de Charlemagne*, Paris, 1922) was criticized by W. LEWISON in his review of Halphen's book (*Neues Archiv der Gesellschaft für ältere deutsche Geschichtskunde*, 45 (1924), 390-394) and F. L. GANSHOF, *Notes critiques sur Eginard, biographe de Charlemagne*, in *Revue Belge de Philologie et d'Histoire*, 3 (1924), 725-758, the common opinion of contemporary scholars gives some credit to this source, provided that it would be carefully used. However, the passage concerning the Eastern policy of the Emperor is enigmatic ; Einhard mentions a "concession of the Holy site" (interpreted by modern historians as the Sepulchre itself) and gifts, among them the famous elephant ; he does not satisfy the historians' curiosity about the nature of Charles' requests, as they were acquiesced by the caliph. Moreover, he has mixed the various embassies despatched by Charlemagne to Jerusalem and Baghdad. The meaning of this passage was the subject of controversy between Russian historians before World War I. While W. W. Barthold (*Karl Veliki i Kharun al-Rashid*, in *Khristianski Vostok*, 1 (1912), 69-94) had denied the existence of any relations, on the ground that Arab historians did not mention them, A. A. Vasiliev (*Karl Veliki i Kharun al-Rashid*, in *Vizantinski Vremmenik*, 20 (1914), 24-111) had given credibility to Einhard's words, which he had considered as a testimony, summarizing a decade of relations between the two rulers. Whether Einhard had written an accurate account on the events or not, it should be emphasized that chapter XVI of the biography reflects the importance of the relations with Jerusalem and Baghdad, as seen by the members of the Imperial court.

(5) L. BRÉHIER, *Les origines des rapports entre les Francs et la Syrie. Le protectorat de Charlemagne*, in *Congrès Français de la Syrie*, Marseille, 1919, vol. II, pp. 15-39. Cf. also his *La situation des Chrétiens de Palestine à la fin du VIIIᵉ siècle et l'établissement du protectorat de Charlemagne*, in *Le Moyen Age*, 21 (1919), 67-75.

by the American Joranson [6] and by the Frenchman Kleinclausz [7], who have both denied the existence of such an alleged protectorate, although they have accepted the idea that certain rights might have been conceded to the Frankish monarch in Palestine, perhaps that of the establishment of Roman Catholic foundations in the Holy city under his protection [8]. This criticism did not affect Bréhier's views and he remained faithful to his idea of a protectorate, even though he admits that "it has not been formulated in juridical terms" [9]. The controversy was summed up by Steven Runciman, who has opposed the views of Bréhier, which he has considered as an expression of a myth, but on the other hand has recognized the existence of special relations between Charlemagne and the Christian communities in Palestine, based on pious foundations and financial aid [10].

(6) E. JORANSON, *The Alleged Frankish Protectorate in Palestine*, in *American Historical Review*, 32 (1926), 241-261.

(7) A. KLEINCLAUSZ, *La légende du protectorat de Charlemagne sur la Terre sainte*, in *Syria*, 7 (1926), 211-233.

(8) That was their interpretation of Einhard's allusion to the «concession of the Holy site» and of the anonymous testimony of *Commemoratorium de Casis Dei vel Monasteriis*, dating of c. 808 (ed. T. TOBLER and A. MOLINIER, *Itinera Hierosolymitana et Descriptiones Terrae Sanctae*, Geneva, 1879, pp. 301-305. Cf. also, A. KLEINCLAUSZ, *Charlemagne*, Paris, 1934, pp. 340-346.

(9) L. BRÉHIER, *Charlemagne et la Palestine*, in *Revue Historique*, 157 (1928), 277-291, condensed in the 5th edition of his book, *L'Église et l'Orient*, Paris, 1928, pp. 22-34.

(10) S. RUNCIMAN, *Charlemagne and Palestine*, in *English Historical Review*, 50 (1935), 609-619. Runciman's conclusions of the dispute on Bréhier's theses should be emphasized : "The direct evidence proves that Charles was on friendly terms with Harun, with whom he had political interests in common, and probably used his friendships to secure the church of St. Mary (later called the Latin) for the Latin clergy in Palestine, a gift that the Patriarch of Jerusalem could or would not make without his overlord's permission ; also that Charles corresponded with the Patriarchate of Jerusalem, showing himself deeply interested in Palestine, sending large quantities of alms there and establishing in Jerusalem a hostel for Latin pilgrims and a library in connection with the church of St. Mary. These dealings may also have had the express approval of the Caliph, though it is not necessary to assume that the Caliph's permission would have been obligatory before the patriarch could send missions to Charles. The missions were simply to awaken Charles's financial interest ; and there is nothing to prove that the Caliph ever objected to the patriarch communicating with a friendly power. For all this Charles was deeply respected by the Christians of Jerusalem, who had the proper Levantine appreciation for an easy source of income. To squeeze any more out of the evidence is surely impossible.

The theory of Charlemagne's protective rights in Palestine must be treated as a myth. It was invented by that romantic historian, the Monk of St. Gall, who, writing some fifty years after the great emperor's death, combined the account of the presents sent to him by

Other historians have considered that the relations established between the Carolingian court and the Patriarchate of Jerusalem were a complementary aspect of the broader agenda of the alliance with the Abbassid Caliphate, especially under Harun al-Rashid. Since the publication of Buckler's study, *Harun 'ul Rashid and Charlemagne*, in 1931 ([11]), this idea has become a central topic in the study of the Carolingian "foreign policy", though no additional data were available to historians; the Arab sources did not mention such relations and, therefore, scholars had to rely on the same concise Western information, deriving from the Royal Annals and Einhard's Life of Charlemagne. There is no room in the present study to review these relations and reconsider the Eastern problem of the Carolingian period. We shall content ourselves to state that the impact of these relations was not only political ; besides political aspects, the relations were also affected by the economic exchanges in the Mediterranean, which explain the active role of Ibrahim al-Aghlab, the governor of *Ifriquia* and the founder of the Aghlabid principality in North Africa ([12]), as well as religious interests, such as the improvement of conditions of pilgrimage ([13]). All these topics did of course have their absolute and relative importance in the elaboration of the so-called alliance, though it was not very efficient versus Byzantium. In their particular concern

the Caliph and by the Patriarch with the vague words of Einhard to make a story that Harun ceded the sovereignty of Palestine to Charlemagne and regularly sent him its revenues. Thenceforward the tale grew, in conjunction with that other legend of Charlemagne's pilgrimage to the East, and, being less demonstrably untrue, has lingered to this day. It is time that its ghost were laid. Not all the fervor of occidental patriotism can give it any substance" (pp. 618-619).

(11) F. W. BUCKLER, *Harun 'ul Rashid and Charlemagne*, Cambridge (Mass.) 1931. In that monograph the author has gathered the full documentary evidence on the topic. His conclusions, alleging that the court of Baghdad considered Charlemagne as a subordinate ruler, based on the practice of sending gifts by the Caliph to tributary princes, and that on that ground he may have conceded him some privileges in Palestine, is not acceptable. The symbolic present sent to subordinate princes was the Caliph's banner. On the other hand, I agree with his interpretation of the symbolism of the presents sent by Patriarch George of Jerusalem to Charlemagne in 800 (p. 30), but limited only to the keys of the city of Jerusalem and the borough of Mount Sion (see p. 806 below).

(12) *Annales Regni Francorum*, A.D. 801 (p. 112). The importance of the Aghlabid Emirate of North Africa in the process of the revival of the Mediterranean trade was emphasized by R. S. LOPEZ, *East and West in the Early Middle Ages : Economic Relations*, in *Proceedings of the Tenth International Congress of Historical Sciences*, vol. III, Florence, 1955, pp. 113-163. See also R. LeTOURNEAU, *North Africa to the Sixteenth Century*, in *Cambridge History of the Islam*, ed. P. M. HOLT, A. K. S. LAMBTON and B. LEWIS, Cambridge, 1970, vol. II, pp. 216-218.

(13) This topic is emphasized by G. MUSCA in his well documented essay, *Carlo Magno ed Harun al Rashid*, Bari, 1963, pp. 49-64.

with Palestine, these relations might be explained only as tending to obtain the Caliph's acquiescence to the establishment of Western monks and facilities for pilgrims, as well as of a possible need of the Caliph's authorization for the establishment of relations with the Patriarchate of Jerusalem, but such an hypothesis has yet to be proven ([14]).

It seems therefore more appropriate to study the relations between the Frankish court and the See of Jerusalem in a separate context and consider them independently of the political alliance between Aix-La-Chapelle and Baghdad. Jerusalem enjoyed of a special position in the Western mentality, already manifested in the Early Middle Ages, as well as in connection with the emergence of the idea of the Empire in the West, as an expression of the revival of King David's monarchy, at the end of the eighth century. Since the fourth century, Western pilgrimages to Jerusalem and the Holy land had resulted in a fair knowledge of the Holy city in the West ; the relations of the pilgrims ([15]) were widely diffused in Western Europe and became a popular literary topic, akin to the lives and deeds of the Saints ; they also responded to a popular desire for descriptions of Holy sites and accounts of miracles. Widely spread in the West European countries, the pilgrims' relations also arose the interest of the learned community ; Bede the Venerable wrote a description of the Holy land, *De locis sanctis*, based on the relation of the pilgrimage of Arculf, which was made towards the end of the seventh century ([16]). This central position of Jerusalem was

(14) Cf. G. Musca, *op. cit.*, p. 17.

(15) The latin relations of pilgrims have been published by T. Tobler and A. Molinier, *Itinera Hierosolymitana* ... (see n. 8) and by P. Geyer, *Itinera Hierosolymitana saeculi IV-VIII*, in *Corpus Scriptorum Ecclesiasticorum Latinorum*, vol. 39, Vienna 1898. A new edition of the sources, with bibliography and important notes is included, as vols. 174-175, in the *Corpus Christianorum*, Turnhout, 1957. A good history of medieval pilgrimages to the Holy land is still expected, but the general histories of the Crusades often include a chapter on that topic, also covering earlier pilgrimages. See S. Runciman, *The Pilgrimage to Palestine before 1095*, in *A History of the Crusades*, ed. K. M. Setton and M. W. Baldwin, vol. I : *The First Hundred Years*, Philadelphia, 1955, pp. 68-78 ; J. Brundage, *Medieval Canon Law and the Crusader*, Madison, 1969, pp. 3-18, dealing with the legal status of the pilgrims, and J. Prawer, *The Crusader's Kingdom of Jerusalem*, London and New-York, 1972, ch. 1.

(16) Beda Venerabilis, *De locis sanctis*, ed. Tobler and Molinier, *op. cit.*, pp. 2215-234. The bulk of the treatise is dedicated to Jerusalem, with a description of the city, its churches and shrines. For a broader view of the impact, see A. H. Bredero, *Jérusalem dans l'occident médiéval*, in *Mélanges René Crozet*, Poitiers, 1966, vol. I, pp. 259-271 and M. L. W. Laistner, *Thought and Letters in Western Europe, A.D. 500-900*, New-York, 1955, as well as J. Prawer, *Jerusalem in the Christian and Jewish Perspectives of the Early Middle Ages*, in *Gli Ebrei nell'alto Medioevo*, Spoleto 1980, vol. XXVI, II, pp. 739-795.

even more reinforced under the influence of the cosmographical views of Isidore of Seville, who had described it in his *Etymology* as the centre of the Earth [17]. Thus, Jerusalem, the See of the fifth and latest Patriarchate, was no longer considered by both the learned and popular society in the West to the merely one of the three Sees of Eastern Christianity, secondary to the prestigious centres of Alexandria and Antioch ; since the Arab conquests of Syria and Egypt (636-644) and the decline of the ancient centres of the Christian Church, the importance and prestige of the Patriarchs of Jerusalem grew, not because of any theological or doctrinal achievements of that See, but as the consequence of its location in the church of the Holy Sepulchre, the main goal of the pilgrimages and an invaluable source of the most prestigious relics. Such an importance, already attested in the *Vita* of Saint Willibald and the relation of his pilgrimage (723-729) [18], is revealed in the letters addressed by Alcuin to Patriarch George in 799 [19] ; because these letters did not have any practical purpose and the learned Abbot of Saint Martin of Tours wrote them to congratulate George after his elevation to the Patriarchal See and to salute the new spiritual leader of the Eastern Christianity, their main signification is a *protestatio fidei* and the expression of respect and veneration to the See of the Holy city, which was considered by the learned Anglo-Saxon as "the motherland of the Christian people" and thus, second to Rome. The terms used by Alcuin in his greeting letters to the Patriarch of Jerusalem were never used at the Frankish court in respect with the See of Constantinople ; the *Libri*

---

(17) Isidore of Seville, *Etymologiae*, XIL, in Migne, *Patrologia Latina*, vol. 82, col. 499. Isidore's work has been used by the Spanish scholar and poet, Theodulf, who became under Charlemagne bishop of Orléans (788-821) and member of the Carolingian court, for the elaboration of his map (see A. Vidier, *La mappemonde de Théodulphe et la mappemonde de Ripoll*, in *Bulletin de Géographie Historique*, 1911, 285-313). This map was probably the model for the table-map made for Charlemagne's palace of Aix-La-Chapelle. Cf. P. E. Schramm, *Sphaira-Globus-Reichsapfel*, Stuttgart, 1967, p. 51. See also W. Edelstein, *Eruditio et Sapientia. Weltbild und Erziehung in Karolingerzeit*, Freiburg, 1965.

(18) *Vita Sancti Willibaldi*, ed. Tobler and Molinier, *op. cit.*, pp. 243-297. The pilgrimage of the Anglo-Saxon monk, made between 723-729, has been widely famous in the Carolingian realm, due to Willibald's later association with St. Boniface and his career as bishop of Eichstätt (765-787), when he entered in close contacts with the Frankish royal court. Cf. W. Levison, *England and the Continent in the Eighth Century*, Oxford, 1946 and C. H. Talbot, *The Anglo-Saxon Missionaries in Germany*, New York, 1954, pp. 152-177.

(19) ... *Hierosolyma (est) mater nostra atque Christiani populi patria* ... (*Alcuini Epistolae*, ed. C. Duemmler, *MGH, Epp.*, IV, *Epistolae Karolini Aevi*, II, No. 210 (pp. 350-351) and 214 (p. 358). Cf. R. Folz, *Le Couronnement impérial de Charlemagne*, Paris, 1964, p. 127.

Carolini and the criticism of the Greek Orthodox Church, especially the council of Nicaea II and the Patriarch Tarasius [20], clearly explain such an attitude. The rising importance of Jerusalem and the growing rivalry with Byzantium and the Greek Orthodox Church were doubtless part of Charlemagne's considerations of developing relations with the Patriarchate of Jerusalem ; this statement should however not be opposed to pious motives of the Frankish monarch. The friendly relations between the Byzantine Empress Irene and Patriarch Tarasius of Constantinople were an important reason for the Carolingian court to restrain its contacts with the See of Constantinople, despite of a more nuanced attitude of the Papacy, as expressed by Pope Hadrian I [21]. The emergence of the Imperial idea at the Carolingian court and its development since the council of Frankfurt, which many scholars have studied during the last generations [22], had sharpened this rivalry with Byzantium, which stood as an obstacle to the renovation of the Roman Empire in the West ; moreover, this rivalry has helped to cristallize the idea of a Biblical state, modelled after the kingship of David, the *Imperium Christianum*, urged and advocated by many Carolingian scholars, led by Alcuin himself [23].

(20) Cf. L. WALLACH, *Diplomatic Studies in Latin and Greek Documents from the Carolingian Age*, Ithaca, 1977, pp. 287-294 and S. GERO, *The Libri Carolini and the Image Controversy*, in *Greek-Orthodox Theological Review*, 18 (1973), 7-34.

(21) *Libri Carolini*, ed. H. BASTGEN, *MGH Legum sectio III, Concilia Aevi Carolini*, II ; criticism of the uncanonical status of Irene at the council of Nicaea : *Quia mulier in synodo docere non debet, sicut Herena in eorum synodo fecisse legitur* (III, 13, p. 127), as well as of the Patriarch Tarasius, who has accepted her leadership of the council (III, 2, p. 110). L. Halphen, in his *Charlemagne et l'Empire Carolingien*, Paris, 1947, has emphasized that Pope Hadrian I had openly expressed his opposition to the attitude of the Frankish court and to the decisions of the council of Frankfurt in that respect.

(22) For a full bibliography on this controversial issue, see K. REINDEL, *Die Kaiserkrönung Karls des Grossen* (*Historische Texte, Mittelalter*, IV), Göttingen, 1970, following his selection of sources, and P. E. SCHRAMM, *Kaiser, Könige und Päpste*, Stuttgart, 1968, vol. I, pp. 216-220. To their lists, the following works should be added : F. L. GANSHOF, *The Carolingian and the Frankish Monarchy*, London, 1971 ; R. FOLZ, *The Coronation of Charlemagne*, London, 1974 (English translation of his French *Le Couronnement impérial de Charlemagne*, London, 1964) and H. BAUMANN, *Das Paderborner Epos und die Kaiseridee Karls des Grossen*, in J. BROCKMANN (ed.), *Karolus Magnus et Papa Leo. Ein Paderborner Epos vom Jahre 799* (*Studien und Quellen zur Westfälischen Geschichte*, vol. 8), Paderborn, 1966, pp. 1-54.

(23) This idea is emphasized by F. L. GANSHOF, *The Imperial Coronation of Charlemagne ; Theories and Facts*, Glasgow, 1949, and *La révision de la Bible par Alcuin*, in *Bibliothèque de l'Humanisme et de la Renaissance*, 9 (1947), 7-20. Cf. also W. MOHR, *Karl der Grosse, Leo III. und der römische Aufstand von 799*, in *Archivum Latinitatis Medii Aevi* (*Bulletin Du Cange*), 30 (1960), 39-80.

Historians have commented at large on the famous statement of Einhard about the surprise and resentment of Charlemagne, when he was crowned "Roman Emperor" by Pope Leo III (²⁴). Certainly, the Imperial coronation of December 25, 800 was not a surprise : the imperial problem was discussed at large and clearly implied by Alcuin in his letters, at the Frankish court, between the emissaries of Charlemagne and the Pope, as well as in a series of negotiations with Byzantium. But one must agree with Einhard that Charlemagne was not satisfied at the Christmas ceremony : the *nomen imperatoris* that was given him was not the title to which he has aspired to and, as "Roman Emperor" he was compelled to negociate the recognition of the *Basileos* ; until such an acknowledgement of the title was granted him by his Eastern colleague, he used substitute titles, such as *Romanum gubernans Imperium* (²⁵). Lacking such a confirmation, the imperial title was considered by Charlemagne as an usurpation, illegally bestowed upon him by the Pope who, for his own sake, has believed that, on the ground of the "Donation of Constantine", the Imperial coronation of a Roman Emperor was a legitimate action of the Roman Pontiff (²⁶).

(24) *Quo tempore imperatoris et augusti nomen accepit. Quod primo in tantum adversatus est, ut adfirmaret se eo die, quamvis praecipua festivitas esset, ecclesiam non intraturum, si pontificis consilium praescire potuisset. Invidiam tamen suscepti nominis, Romanis imperatoris super hoc indignantibus, magna tulit patientia ...* (EINHARD, *Vita Caroli Magni*, ch. 28, p. 66). Cf. the discussion of this resentment by H. BEUMANN, *Nomen Imperatoris. Studien zur Kaiseridee Karls des Grossen*, in *Historische Zeitschrift*, 185 (1958), 515-549 and G. BORST, *Kaisertum und Namentheorie im Jahre 800*, in *Festschrift Percy Ernest Schramm*, Wiesbaden, 1964, I, pp. 36-57.

(25) See for example his intitulations in the capitularies (*MGH, Capitularia Regum Francorum*, ed. A. BORETIUS, I, 1890). For a different view, cf. P. CLASSEN, *Romanum gubernans Imperium*, in *Deutsches Archiv für Erforschung des Mittelalters*, 9 (1951), 103-121, and *Karl der Grosse, das Papsttum und Byzanz*, in W. BRAUNFELS (ed.), *Karl der Grosse*, Düsseldorf, 1965, vol. I, pp. 537-608.

(26) The problem of the "Donation of Constantine", or the *Constitutum Constantini*, has again been raised after the publication of the text by H. FUHRMANN, *Das Constitutum Constantini (Konstantinische Schenkung)*, in *MGH, Fontes Iuris Germanici Antiqui in usum scholarum*, vol. X, Hanover, 1968 (for previous works, see the bibliography of that edition). The discussion concerning its interpretation is not closed. Fuhrmann himself has forwarded the view that the document is not a political forgery, but a fiction compiled by a Lateran cleric during the second half of the eighth century ; its purpose seems to be the production of a compilation in the form of a document, gathering a number of privileges the Papacy had already enjoyed of, either *de jure* or *de facto* (*Das frühmittelalterliche Papsttum und die Konstantinische Schenkung. Meditationen über ein unausgeführtes Thema*, in *I Problemi dell Occidente nel secolo VIII, Settimana di Studi sull'alto Medioevo*, Spoleto, 1973, I, 275-292). This view has been emphasized by R.-J. Loenertz in a series of studies that brought him to conclude that the document had been compiled in order to

On the other hand, the Frankish idea of the Empire, the *Imperium Christianum*, did not require the recognition of the Byzantine court and was merely based on the application of the Biblical concept of the State, as it has been developed in the early Middle Ages, in the idea of the Davidic monarchy ([27]). Its implementation however was related with the clarification of Pope Leo III's situation at Rome. Charlemagne's idea was to proceed to a trial of the Pope, with the probable

produce a documentary version of the Papal sovereign rights at Rome, presuming that for its eighth century author the *Actus Silvestri* of the sixth century was a genuine source (see "*Constitutum Constantini* ; destination, destinataire, auteur, date", *Aevum*, 45 (1974), 199-245 ; *En marge du* Constitutum Constantini. *Contribution à l'histoire du texte*, in *Revue des Sciences Philosophiques et Théologiques*, 59 (1975), 289-294 and Actus Silvestri. *Genèse d'une légende*, in *Revue d'Histoire Ecclésiastique*, 70 (1975), 426-439). In the same time, the Italian scholar P. De Leo concluded that the document had been compiled for hagiographical purposes, in order to appeal for pilgrims' visits to the *basilica* of the Lateran (see *Il "Constitutum Constantini"* ; *compilazione agiografica del secolo VIII*, Reggio-di-Calabria, 1974). On these grounds, N. Huyghebaert has proceeded to his study of the document, reaching the conclusion that its political significance was given by its insertion in the "False Decretals" of the mid-ninth century ; the author, whom he presumes of having been a secular cleric of the *Patriarchium* of the Lateran, probably of a lower rank and not a skilled theologian, had compiled the text in order to produce an inscription to be posted or engraved in the Lateran church, as many other privileges have been engraved in different shrines. This idea should be the outcome of a concern by the *Patriarchium* clerics to remediate their material situation, which should have become critical due to the exclusive flow of pilgrims to Saint Peter's shrine in the Vatican (see his *La Donation de Constantin ramenée à ses véritables dimensions*, in *Revue d'Histoire Ecclésiastique*, 71 (1976), 45-69 and *Une légende de fondation : le* Constitutum Constantini, in *Le Moyen Age*, 85 (1979), 177-203). Even though one would accept the thesis, and it still does not respond to the question how it did become a "political forgery", to the point that the author of the "False Decretals" has found it fitted for his compilation, he will have to remark that in the period of the compilation of the *Constitutum*, ca. 754-760, or under the pontificate of Paul I, the future Pope Leo III had been a cleric at the Lateran. This of course, is not a reason of attributing him the authorship ; but on the other hand, it is quite impossible to think that he had not been aware of the document, sharing the opinion of his other fellow clerics that the narrative text entitled *Actus Silvestri* was a genuine fourth century source. Leo's works of restauration and embellishment of the Lateran are well known and represent a clear expression of his conviction of the Constantinean origins of the *basilica* and of the palace (see H. BELTING, *Die beiden Papstaulen Leos III. im Lateran und die Entstehung einer päpstlichen Programmkunst*, in *Frühmittelalterliche Studien*, 12 (1978), 55-83). It seems therefore that Leo III had considered that the form chosen by him to proclaim the Empire was indeed in the spirit of the "Donation of Constantine", whether he did use the document or not.

(27) Cf. R. FOLZ, *op. cit.*, pp. 146-147 and W. MOHR, *Christlich-alt-testamentarisches Gedankengut in der Entwicklung des karolingischen Kaisertums*, in P. WILPERT (ed.), *Miscellanea Medievalia*, IV : *Judentum im Mittelalter*, Berlin, 1966, pp. 382-409.

intention of purging him from the accusations of his Roman adversaries. This idea was challenged by influential members of the Frankish church, and especially Alcuin ; their opposition to a trial of Leo, finally led to the solution which has been found by the Roman synod of December 800, implying a spontaneous oath of purgation of the Pope [28]. But during the year that followed the meeting of Paderborn between the king of the Franks and Leo, where the problem of the Empire was probably discussed, this solution was not yet foreseen and, according to Alcuin's letters, the project of the trial was still seriously considered at the Carolingian court in the summer of 800 [29]. Such a project, in order to be carried on, implied the establishment of an ecclesiastical forum, capable of judging a Pope ; an ecumenical council, presided over by Charlemagne, would have been the best solution, as well as preferable institution for the proclamation of the Christian Empire, could it have been assembled. In such a case, the cooperation of the Greek Orthodox church and especially that of the Patriarchate of Constantinople would have been essential, but political circumstances, including the uneasy relations with Byzantium and the attitude of the council of Frankfurt toward the Byzantine church, made impossible the implementation of such an idea. Although unusual, the difficulty could have been by-passed if the king of the Franks could have secured the participation of the Patriarch of Jerusalem, a high Orthodox prelate, in such a synod. It is not impossible that such an idea had been expressed at the court in the fall of 799, when a monk sent by Patriarch George was received by the monarch. If it was, indeed, formulated, there is almost certainty that it had been rejected, at least in the context of the projected trial ; since Nicaea I, the ecumenical councils were held in Byzantine territory and the lack of precedents could be a serious legal objection of legitimacy.

However, the hypothesis of a projected proclamation of the Empire by an assembly held with the participation of representatives of the Patriarch of Jerusalem should not be rejected a priori, without further consideration. It may be

(28) Alcuin's Letters (ed. cit.), No. 174 (p. 288), 177 (p. 292), 179 (p. 297), 181 (op. 299-300), 184 (p. 309), 212 (pp. 352-353). Cf. F. L. GANSHOF, The Imperial Coronation (op. cit., n. 23). On the nature of the oath of purgation and its text, see H. ADELSON and R. BAKER, The Oath of Purgation of Pope Leo III in 800, in Traditio, 8 (1952), 35-80 and L. WALLACH, The Genuine and Forged Oath of Pope Leo III, in Traditio, 11 (1955), 37-63, who assumes that the author of Vita Leonis (Liber Pontificalis) has included the synodal acts in his compilation, while the Würzburg manuscript, used by Adelson and Baker, is a ninth century forgery.

(29) Alcuin's letter No. 184 (p. 308), addressed to Arn of Salzburg. See the diplomatic study of this correspondence by L. WALLACH, Charlemagne and Alcuin : Diplomatic Studies in Carolingian Epistolography, in Traditio, 9 (1953), 127-154, reprinted with corrections in his Alcuin and Charlemagne, Ithaca, 1959, ch. IX.

connected with the despatch of the Frankish embassy to Harun al-Rashid in 797. Its members, the counts Sigismund and Lantfrid, together with the Jewish merchant Isaac [30], had to travel along the North African coast to Egypt, in order to avoid an interception by Byzantine vessels, which controlled the northern Mediterranean route. According to the testimony of the *Vita Sancti Genesii*, composed at the Abbey of Reichenau between 822-838 [31], the Frankish ambassadors have been seen at Jerusalem by the monks sent there by Count Gebhard of Treviso, in quest for the saint's relics. The Frankish counts, either having been entrusted by their king with a message to the Patriarch, or simply making a pilgrimage to the Holy places during their journey from Egypt to Mesopotamia, were, on the faith of this source, received at Jerusalem by the Patriarch ; due to their position at the royal court, they were able to provide him with information about the Western realm and its monarch, and especially to exchange views about the goals of their mission at Baghdad. Is it not possible that, during the conversation, they referred to the Imperial ideas that were just formulated as the "Aix-La-Chapelle program" [32] ? On the other hand, they were informed about the situation in the Holy land and the Patriarch's concerns for the needs of his church – among them material aid for the restoration of the monastery of Saint Sabas, severely damaged by a Beduin raid in 797. The possibility should not be excluded that, during these talks, a suggestion to send a delegation from the church of Jerusalem to Charlemagne was advanced.

Anyhow, whether it was a result of the exchanges of views during this visit or of a subsequent analysis by the Patriarch and his advisers, George has decided to send one of his monks to the Carolingian court, bringing the Patriarchal benedictions and some relics of the Holy Sepulchre ; his arrival and reception by Charlemagne in 799 were considered an event at the court, to the point that the

---

(30) *Annales Regni Francorum*, pp. 112-114.

(31) *Vita et Miracula Sancti Genesii, MGH, SS,* vol. 15, pp. 169-172. A note mentioning Abbot Ernebold of Reichenau (822-838), has incited G. Musca (*op. cit.,* p. 14) to propose the datation of the *Vita,* corresponding with the years of his abbatial administration. On the other hand, there is no evidence to support his assumption that the envoys of Count Gebhard of Treviso may have travelled with the delegation sent by Charlemagne to Baghdad.

(32) The term was used by H. BEUMANN, *Die Kaiserfrage bei den Paderborner Verhandlungen von 799,* in *Das Erste Jahrtausend,* vol. I, Düsseldorf, 1962, pp. 296-317, to characterize the Frankish views of the Universal Christian Empire, as they were reflected by the palatine circles. See also W. OHNSORGE, *Das Kaisertum der Eirene und die Kaiserkrönung Karls des Grossen,* in *Saeculum,* 14 (1963), 221-247, where the basic differences between the two imperial ideas are discussed.

VI

account was included in the Royal Annals [33], where the visit is mentioned among the most important events of the year. In that respect it is important to remark that the Annals do not mention frequent visits at the court of ecclesiastical persons seeking for alms and royal donations, that Charlemagne used to grant liberally to churches and monasteries [34]. Even if Patriarch George had decided to limit the purpose of his monk's mission to sollicit donations, without any other task, the significance of the visit was not that that should have been given it by the sender ; moreover, the loss of the Patriarchal archives and the lack of Palestinian narrative sources covering that period preclude any speculations about his own motives. In this case, the meaning of the visit was that that was given by the Carolingian court ; therefore, its mention in the Annals has its importance. The invitation extended to the anonymous monk to enjoy for some months of the royal hospitality at the court, was of course not unusual ; it concorded with the practices concerning foreign missions [35], while the weather made it difficult for him to return before the next spring sailing season.

This very busy period, when the projected expedition of 800 to Rome was elaborated, in the light of the reports from the emissaries sent by the king to accompany Pope Leo III to his See, was used not only for the preparation of the royal gift to the churches of the Holy land, but also for intensive consultations concerning the projected trial of Leo and the implementation of the idea of Empire. May we not suppose that the role of the See of Jerusalem in respect with the projected events was also then considered ? Anyhow, one of the decisions taken during these consultations was to despatch an emissary to the Patriarch, charged to present him with the royal donations ; the choice fell on the priest

(33) *Eodem anno monachus quidam de Hierosolimis veniens benedictionem et reliquias de sepulchro Domini, quos patriarcha Hierosolimitanus domno regi miserat, detulit* (*Annales Regni Francorum*, p. 108) ; *Sed et monachus quidam die Hierosolimis veniens benedictionem et reliquias de loco resurrectionis Dominicae, quae patriarcha regi miserat, detulit* (*Annales qui dicitur Einhardi, ibid.*, p. 109).

(34) *Circa pauperes sustendendos et gratuitam liberalitatem, quam Graeci eleimosynam vocant, devotissimus, ut qui non in patria solum et in suo regna id facere curavit, verum trans maria, in Syriam et Aegyptum atque Africam, Hierosolimis, Alexandriae atque Carthagini, ubi christianos in paupertate vivere conpererat, penuriae illorum conpatiens pecuniae mittere solebat ...* (EINHARD, *Vita Caroli Magni*, pp. 64-66). There is no record in the Royal Annals or other contemporary narrative sources concerning visits at the court of envoys from these churches and communities, or their reception by the monarch. On Charlemagne's piety, see A. WAAS, *Karls des Grossen Frömmigkeit*, in *Historische Zeitschrift*, 203 (1966), 266-279.

(35) Cf. F. L. GANSHOF, *Les relations extérieures de la monarchie franque ...*, art. cit. (n. 3).

Zacharias, a palatine cleric [36] who, in accordance with the practices of the Frankish royal chapel, was aware of the royal intentions and policy. His name suggests that he was of Greek, or Italian-Greek origin ; thus, Zacharias combined the advantages of having a common language with the patriarch and of familiarity with Charles' intentions, being in that manner well qualified to negociate at Jerusalem the issues interesting the Frankish court.

The sources do not inform us about Zacharias' instructions, which must have been precisely elaborated ; from a later letter of Alcuin [37], we learn that his mission was considered of highest importance, implying thus that in addition to the distribution of alms, he has been entrusted with a confidential task, either concerning the pope's trial or the patriarch's place in the imperial elevation of Charlemagne. For all necessary purposes, Zacharias has been briefed before his departure in January 800 on the royal itinerary and instructed to join the king at Rome, once his mission was accomplished. Despite the fact that Charlemagne persisted in proceeding to the trial of the Pope and Alcuin has not been able to dissuade him of this idea [38], it seems that there was no intention of assembling any sort of ecumenical council for that purpose. Though such a council may have been an adequate institution to judge a Pope, its convocation would have been a

---

(36) *Rex absolutum Hierosolimitanum monachum reverti fecit, mittens cum eo Zachariam presbiterum de palatio suo, qui donaria eius per illa sancta loca deferret* (*Annales Regni Francorum*, p. 110) ; ... *ac monachum reverti volentem absolvens Zachariam quendam presbyterum de palatio suo cum eodem ire iussit, cui et donaria sua ad illa veneranda loca deferenda commisit* (*Annales qui dicitur Einhardi*, p. 111). The author of the *Annales Fuldenses*, who is dependent on the Royal Annals, gives Zacharias the title of *capellanus*. For other sources refering to this mission, see A. Abel and B. Simson, *Jahrbücher des fränkischen Reiches unter Karl dem Grossen*, vol. II, Leipzig, 1888, p. 203.

(37) *Litteras vero, quas direxisti mihi, benigne suscepti ; gratias Deo agens de exaltatione excellentissimi domini mei David ; et de prosperitate apostolici viri ; et de legatione honesta sanctae civitatis, in qua salvator noster mundum suo sanguine redemere dignatus est, et gloria resurrectionis ascensionisque coronari et exaltari* (Letter 214 of Alcuin, p. 358). In this letter, addressed to Charlemagne's sister, Gisla, abbess of Chelles, and Rotrud, the emperor's daughter, Alcuin summed up the three principal events of the year 800, *i.e.* the imperial coronation, the restoration of Pope Leo III and the arrival of the embassy from the Patriarch of Jerusalem. It reflects the importance of Zacharias's mission, as seen by the abbot of Saint Martin, who certainly was well informed on that issue. Discussing the task of Zacharias, W. Mohr (*Karl der Grosse, Leo III ..., art. cit.*, p. 68), expressed the opinion that it had had a symbolical importance, considered as a concretization of the ideal of king David's monarchy.

(38) Neither during their meeting at Tours, nor before the departure of Charles' expedition to Rome in August (see F. L. Ganshof, *The Imperial Coronation, op. cit.*, n. 23).

too open provocation, both against the Petrine doctrine of the Papacy, universally recognized by the Western churches, and the Patriarchate of Constantinople. Even if Charlemagne had been able to overcome the opposition of the Frankish ecclesiastical hierarchy and impose his will in the trial issue, any enlargement of the forum, tending to include an autonomous Patriarchate of the East, would have been considered as an humiliation for the Papacy and an open opposal to its claim of primacy within the Church.

On the other hand, the collaboration of the Patriarchate of Jerusalem in the process of the proclamation of the "Christian Empire" was, it seems, desirable for the Frankish court. Provided that it would not diminish the authority of the Roman Catholic See, it might serve the views of Charlemagne and his advisers. In such a case, a *formula* combining the acclamations of the Frankish warriors [39] with the benedictions of the pope and the patriarch of Jerusalem might legitimate the new imperial title, as an expression of the universalist idea, even if, practically, the geo-political area of the Empire remained within the frontiers of Charlemagne's dominions in the West. The request for such a *benedictio nominis impe-ratoris* was, in the opinion of the present writer, the main task of Zacharias at Jerusalem. This request, submitted by the palatine priest to the Patriarch of the Holy city, was probably considered favorably by George, who doubtless saw the concrete advantages of his symbolical approval, *i.e.* the flow of material aid to his churches from the Western Empire. Such a benediction had however to be accompanied by some gifts to the new Emperor, such as the keys of the city of Jerusalem and the banner of the Patriarchate, with the purpose of matching the Papal symbolical gesture of 796 [40]. Therefore, Zacharias' mission lasted so long :

---

(39) Constitutionally, the *acclamationes* made Charlemagne emperor and not the coronation, since he already was ointed. See C. Brühl, *Fränkischen Krönungsbrauch und das Problem der 'Festkrönungen'*, in *Historische Zeitschrift*, 194 (1962), 265-326. This view is also emphasized by R. Folz, *op. cit.*, *passim*. On the other hand, basing his argument on the legal practice of the Roman (Byzantine) Empire, W. Ohnsorge, has contested this idea ; see, *Das Kaisertum der Eirene und die Kaiserkrönung Karls des Grossen*, in *Saeculum*, 14 (1963), 221-247. But so far as Charlemagne and the Franks have been concerned, the "acclamations" were the source of the legitimacy of the Empire ; the Annals of Lorsch (*MGH, SS*, I, p. 38) clearly express this view.

(40) *Adrianus papa obiit, et Leo, mox ut in locum eius successit, misit legatos cum muneribus ad regem ; claves etiam confessionis sancti Petri et vexillum Romanae urbis eidem direxit* (*Annales Regni Francorum*, p. 98). This practice, of sending symbolical signs, both of the city and its most important shrine, had no more than a symbolical significance and did not create any prerogatives for the king of the Franks in Rome ; for example, until the imperial coronation, Charlemagne did not enjoy of the *jus monetae* at Rome, that was the symbol of the sovereignty. (See P. Grierson, *The Coronation of*

the Royal Annals mention that the patriarch has sent to Charlemagne, *inter alia*, "the keys of the City and of the Mountain" (Mount Sion) [41]. While George might send the Patriarchal banner, symbolizing the Holy Cross, and the keys of the Holy Sepulchre and of the Calvary, which belonged to his Church, he was unable, to imitate the Papal deed in what concerned the keys of the city of Jerusalem and of the borough of Mount Sion. The sovereign power at Jerusalem was the Abbassid Caliph ; the remission of its keys to a foreign monarch, though a symbolical gesture, had doubtless had a political significance. Therefore, Patriarch George had to request the permission of Harun al-Rashid, before sending the keys, even though *benedictionis causa* ; the summer and fall of 800 must have been spent in negociations between Jerusalem and Baghdad, before the Patriarchal delegation was able to sail to Italy.

In the meantime, events continued their course at Rome. Leo III, who has proved himself a skilled politician, has profited of the circumstances to take advantage of the changing situation. He received Charlemagne on November 22, with all the marks of submission, adopting the forms of the Byzantine protocol, which included the ceremony of *proskinesis* twelve miles before the gates of the Eternal City, in the same manner that the patriarch of Constantinople used to receive the new *Basileos* before the gates of the capital, the eve of his coronation [42]. A synod, presided over by the king of the Franks, was held at Saint Peter's since December 1 ; but after the opening ceremony, the public meetings have been postponed and, while the king was visiting churches, hearing the *laudes* and enjoying the honours, the clergy deliberated on procedures. It is not clear why Charles, who made the journey to Rome with a deliberate decision on its issues, accepted such a delay ; among several reasons connected with the possibility of new deliberations with his *entourage*, the possibility that he might have waited for the return of Zacharias with a delegation from Jerusalem should not be rejected, at least so far as it concerned the proclamation of the Empire. On the other hand, the delay was profitable to the pope : he was able to negociate with the Frankish prelates a solution of compromise, destined to avoid the trial,

Charlemagne and the Coinage of Leo III, in *Revue Belge de Philologie et d'Histoire*, 30 (1952) 825-833, who has proved that Leo III used to mint his own coins during the years 796-800).

(41) *Annales Regni Francorum*, p. 112. The city of Jerusalem did not include Mount Sion in the Middle Ages ; the Mount was venerated as the site of king David's tomb, of the Last Supper and of Saint Mary's death and was a distinct borough, with its own walls (See P. ABEL and A. VINCENT, *Histoire de Jérusalem*, vol. II, Jerusalem, 1921, *passim*).

(42) See P. E. SCHRAMM, *Die Annerkennung Karls des Grossen als Kaiser*, in *Kaiser, Könige und Päpste, op. cit.*, p. 225.

though no more rejecting the idea purely and simply, as it had been advocated by Alcuin [43]. It is possible that Leo knew something about the Jerusalem talks and wanted to clarify his own situation and create the Empire, before an autonomous Patriarch could become involved in these affairs, in a way that might prejudice the authority of the Roman Apostolic See. Therefore, an agreement has been reached on the oath of purgation to be taken by the pope during the solemn meeting of the synod, scheduled for December 23. Accordingly, the oath has been preceded by a proclamation of the prelates on the principle of the Papal immunity :

"We do not dare to judge the Apostolic See, which is the head of all the churches of God. For all of us are judged by it and its vicar ; it however is judged by nobody, as is the custom from ancient times" [44].

While the principle of immunity, *Papa a nemine judicatur*, was clearly expressed in this text, as stated by the *Liber Pontificalis*, Charles was satisfied with the oath of purgation, interpreted by the author of the Royal Annals that "there was nobody who wanted to testify on the alleged crimes" [45]. Of no lesser importance was the mention of the Petrine doctrine in the proclamation of the prelates ; its formulation had been indeed a reminder for the Western churches, which generally accepted the Papal supremacy as a principle of faith ; but the statement that "the Apostolic See ... is the head of all the churches of God" has not been included, in my view, just as a reminder ; its real significance was an open

(43) See L. WALLACH, *The Roman Synod of December 800*, in *Harvard Theological Review*, 49 (1956), 123-142.

(44) *Nos sedem apostolicam, quae est capud omnium Dei ecclesiarum, iudicare non audemus. Nam ab ipsa nos omnes et vicario eius iudicamur ; ipse autem a nemine iudicatur, quemadmodum et antiquitus mos fuit (Vita Leonis Papae,* in *Liber Pontificalis,* ed. L. DUCHESNE, Paris, 1892, vol. II, p. 5). On the discussion of this text and its interpretation, see, besides the works of Adelson and Baker (n. 27) and Wallach (n. 27 and 43), W. ULLMANN, *The Growth of the Papal Government in the Middle Ages,* London, 1962 and J. M. MOYNIHAN, *Papal Immunity and Liability in the Writings of the Medieval Canonists,* Rome, 1961, pp. 9-15.

(45) *Qui tamen, postquam nullus probatum criminum esse voluit, coram omni populo ... (Papa) ab obiectis se criminibus purgavit (Annales Regni Francorum,* p. 112) ; *Qui tamen, postquam nullus eorundem criminum probator esse voluit, ... se criminibus iurando purgavit. (Annales qui dicitur Einhardi,* p. 113) ; *... et ibi venerunt in presentia qui apostolicum condemnare voluerunt, et cum cognovisset rex, quia non propter aliam iustitiam sed per invidiam eum condemnare volebant, tunc visum est et ipsi piissimo principi Carolo et universis episcopis et sanctis patribus qui ibi adfuerunt, ut si eius voluntas fuisset et ipse petisset, non tamen per eorum iudicium sed spontaneae voluntate se purificare debuisset ; et ita factum est (Annales Laureshamenses,* p. 38).

rejection of any idea tending to create a position of equality between Rome, Constantinople or Jerusalem. The supremacy of the Roman See over "all the churches" was a matter of principle, on the same level as that of the Papal immunity and closely related with it. Thus, the synod was a great victory for Leo III ; the refugee and the dependent on Charlemagne's good will and protection reached a position of equality with the future Emperor, both submitted to the authority of Saint Peter [46].

The famous delegation from Jerusalem, so long awaited, arrived in Rome the same day, but after the closing of the synod. Zacharias was able to report that his mission had fully succeeded. His two companions, a monk from the Latin monastery of the Mount of the Olives and one from the Orthodox *lavra* of Saint Sabas, selected to represent the Eastern and Western communities of Palestine, have brought on behalf of the patriarch :

> "for the reason of benediction, the keys of the church of the Holy Sepulchre and of the Calvary, as well as the keys of the City and the Mountain, together with the banner" [47].

The monks have been well received by Charlemagne despite the fact that they reached Rome too late for his putative purpose. Thus, the Patriarchate of Jerusalem enjoyed of the benefices expected through the relations with the new Empire. But so far as Charlemagne was concerned, the arrival of the delegation after the closing of the council did not allow him the opportunity to offer them a place near his seat, perhaps with the wish of creating a different image from that which was subsequently ordered by the pope for his mosaic of the *tryclinum* of

(46) This was the ideological conception of the mosaic ordered by Leo III for the *tryclinum* of the Lateran palace, in order to commemorate the event. It represented Saint Peter between Pope Leo at his right and Charlemagne at his left, according to the order of the universal hierarchy, as conceived by the Papacy. See P. CLASSEN, *Karl der Grosse, das Papsttum und Byzanz*, in W. BRAUNFELS (ed.), *Karl der Grosse*, vol. I, Düsseldorf, 1965, pp. 575-576.

(47) *Eadem die Zacharias cum duobus monachis, uno de Monte Oliveti, altero de sancto Saba, de Oriente reversus Romam venit ; quos patriarcha Hierosolimitanus cum Zacharia ad regem misit, qui benedictionis causa claves sepulchri Domini ac loci calvariae, claves etiam civitatis et montis cum vexillo detulerunt. (Annales Regni Francorum, p. 112) ; Eadem die Zacharias presbyter, quem rex Hierosolimam miserat, cum duobus monachis, quos patriarcha cum eo ad regem misit, Romam venit ; qui benedictionis gratia claves sepulchri Dominici ac loci calvariae cum vexillo detulerunt. (Annales qui dicitur Einhardi,* p. 113). Cf. ABEL and SIMSON, *op. cit.*, pp. 232-234, with the mention of additional sources. R. Folz (*op. cit.*, pp. 168-169) considers that this benediction, sent from the city of king David, was an additional reason for the *nomen imperatoris* of Charlemagne.

the Lateran palace ; it might have represented Charles in the centre of the scene, with the Pope at his right and the Patriarch of Jerusalem at his left, as the symbolical image of the universalist conception of the *Imperium Christianum* [48].

The delay in the arrival of this delegation from Jerusalem, may thus have had more historical significance than has been realized. The Empire has been proclaimed by the Pope who, according to his idea of the *Renovatio Romani Imperii*, hailed Charlemagne as *Imperator Romanorum* and crowned him as such, to the disappointment of the new Emperor, so clearly expressed by Einhard. Moreover, this restauration of the "Roman Empire" was considered by the Imperial court as opposed to another restauration, more familiar to their feelings, that of the Biblical realm, formulated in the concept of the "Christian Empire".

---

(48) As expressed in the poetical language of Paulinus of Aquilea : *Sit dominus et pater, sit rex et sacerdos, sit omnium Christianorum moderatissimus gubernator*. (*Libellus Sacrosyllabus, PL*, vol. 99, col. 166).

VII

LA GENESE DU "QUARTIER LATIN"

Bien avant l'établissement de l'Université de Paris, les écoles fondées dans la cité des Capétiens avaient acquis une telle réputation que leur place du premier rang ne leur fut point disputée dans tout l'Occident. En effet, depuis le début du XIIe siècle, quelques grands maîtres, tels que Guillaume de Champeaux et Pierre Abailard, ont attiré autour de leurs chaires des étudiants arrivés de tous les pays de l'Occident. Ces écoles, localisées pour la plupart dans le cloître de la Cathédrale, ont dû accueillir des élèves d'un genre tout à fait différent que les disciples habituels des écoles cathédrales ou monastiques [1]. Quoique les textes utilisent le terme *puer,* ces élèves étaient plus âgés que les adolescents étudiant dans les établissements de l'enseignement traditionnel, ils avaient déjà la formation élémentaire, et le but de leur fréquentation des écoles parisiennes était plutôt la recherche d'un enseignement supérieur. Il est à souligner que pareil phénomène d'attraction vers un centre scolaire n'était pas sans précédent en Occident; depuis le VIe siècle plusieures écoles en Italie et en France avaient eu un énorme rayonnement, mais

---

[1] Nous n'avons pas l'intention dans cette étude de retracer les origines de l'Université de Paris, ni de traiter du problème de l'enseignement des écoles parisiennes; ces questions ont été débattues par un grand nombre de savants. On s'en rapportera à quelques travaux devenus classiques: — H. Denifle, *Die Entstehung der Universitäten des Mittelalters* (Berlin 1885); F. M. Powicke – A. B. Emden, *Rashdall's Medieval Universities,* I–III (Oxford 1936); Ch. H. Haskins, *The Rise of Universities* [2] (Ithaca 1957). A ces travaux il faut ajouter: Ph. Delhaye, "L'organisation scolaire au XIIe siècle", *Traditio* V (1947), pp. 211–268; L. Halphen, "Les origines de l'Université de Paris", dans *Aspects de l'Université de Paris* (Paris 1949), pp. 11–27 (réimprimé dans le recueil du même auteur, *A travers l'histoire du Moyen Age,* Paris 1950, pp. 286–298) et P. Classen, "Die hohen Schulen und die Gesellschaft im 12. Jahrhundert", *Archiv für Kulturgeschichte* XLVIII (1966), pp. 155–180.L'aspect qui nous préoccupe ici est la formation du cadre physique de l'Université, à savoir son longement.

leur lustre avait été bref et, avec le décès du maître, l'établissement était rentré dans le rang [2].

Le sort du centre scolaire parisien fut pourtant différent, étant donné que les écoles ne cessèrent point d'attirer des étudiants. Aussi formèrent-elles, dans le courant du XIIe siècle, le noyau de la future Université [3]. Quel fut le facteur de cette continuité du rayonnement des écoles parisiennes? Nul doute que l'importance politique de la ville ait joué un rôle; les historiens ont depuis long-temps souligné cet aspect, en faisant ressortir que Paris, la capitale du royaume capétien, avait été choisie par les rois de France comme centre de l'enseignement, et qu' ils lui avaient donné une protection spéciale. Cependant, une reconsidération de la situation politique et sociale en Occident aux XIe et XIIe siècle, nous impose une certaine réserve à l'égard de cette théorie. Que Paris ait été une ville royale depuis l'avènement des Capétiens est fait acquis; mais en raison de la nature même de la royauté féodale, les rois n'avaient pas de résidence stable et plusieures villes furent appelées des villes royales, en vertu des résidences des rois qui s'y trouvaient. Les Capétiens ont eux aussi partagé leur temps entre les différents châteaux du domaine royal; pendant ces séjours, ils étaient entourés par tout le personnel de la cour; un examen des diplômes royaux ne nous permet point d'affirmer que le Palais de l'Ile de la Cité ait été leur séjour principal avant le règne de Louis VII. Qui plus est, la notion de "capitale" n'était pas, avant le règne de Philippe Auguste, synonyme de "ville royale" [4]. En outre, l'autorité royale en France n'était pas encore solidement assise pendant la période qui nous préoccupe et la cour capétienne était encore trop pauvre pour attirer aussi bien les grands du royaume que les foules. Comparé aux autres monarques, voire même avec quelques uns de ses propres vassaux, le roi de France faisait figure d'un assez petit compagnon. Néanmoins, depuis le début du XIIe siècle, les Capétiens jouissaient d'un prestige sans pair dans le monde

---

[2] Cf. L. Maître, *Les écoles épiscopales et monastiques de l'Occident depuis Charlemagne jusqu'à Philippe-Auguste* [2] (Paris 1924) et E. Lesne, *Histoire de la propriété ecclésiastique en France*, t. VI: *Les écoles* (Lille 1943) et, dernière-ment, P. Riché, *Education et culture dans l'Occident barbare* (Paris 1967).

[3] Outre les travaux déjà mentionnés, cf. G. Paré – A. Brunet – P. Tremblay, *La renaissance du XIIe siècle: les écoles et l'enseignement*, (Paris – Ottawa 1933), où on trouvera un exposé détaillé de l'évolution.

[4] Cf. E. Ewig, "Résidence et capitale pendant le Haut Moyen Age", *Revue Historique* CCXXX (1963), pp. 25–72, ainsi que R. Mousnier, "Paris, capitale politique", dans *Paris, fonctions d'une capitale. Colloques des Cahiers de Civilisation* (Paris 1962), p. 41.

catholique, en tant que "rois très chrétiens", prestige qui contrebalança leur faiblesse [5].

Quant au facteur économique, il ne faut évidemment pas négliger l'importance des ressources de la région parisienne, ainsi que la place de Paris dans le développement des échanges, des routes ainsi que l'importance de la ville comme centre de pèlerinages [6]. Cependant, toutes proportions gardées, le véritable centre du commerce international en France, qui pouvait attirer une importante population flottante, parmi laquelle des intellectuels était le comté de Champagne. Le réseau routier qui liait la Champagne aux autres pays d'Europe ne passait pas par Paris.

En revanche, nous estimons qu'il faut souligner comme un facteur de première importance la concentration d'excellents maîtres à Paris, dont la renommée était répandue partout; ces maîtres avaient trouvé le moyen de coopter dans leurs rangs leurs meilleurs élèves, qui se sont établis dans la ville. Tel est l'édifiant exemple de Pierre Abailard, breton de naissance, venu à Paris pour continuer ses études et, enfin, maître dans les écoles parisiennes [7]. C'est par ailleurs un trait caractéristique dès le XIIe siècle à Paris: le milieu scolaire, maîtres et étudiants, est cosmopolite, ses membres étant originaires de tous les pays d'Europe occidentale. La plupart de ces étudiants remplit ensuite d'importantes fonctions dans la société, et surtout dans la hiérarchie ecclésiastique [8]. Il nous semble que la raison décisive de cette concentration doit être recherchée dans la nature même de ces écoles; une bonne partie, certainement la plus importante, était formée par des écoles privées, qui n'étaient pas incorporées dans les structures scolaires ecclésiastiques, à

---

[5] Cf. A. Luchaire, *Les premiers Capétiens,* dans E. Lavisse (ed.), *Histoire de France,* t. II/2 (Paris 1901), pp. 329–331; M. Pacaut, *Louis VII et son royaume* (Paris 1964), pp. 66 sp., et notre étude, "De la trêve de Dieu à la paix du roi", dans *Mélanges R. Crozet* (Poitiers 1966), t. I, pp. 585–596.

[6] Cf. là-dessus M. Poëte, *Une vie de Cité. Paris de sa naissance à nos jours* t. I, (Paris 1924), pp. 56–118.

[7] Nous nous rapportons à la description d'Abailard lui-même, *Historia Calamitatum,* ed. J. Monfrin (Paris 1962). Cette édition doit remplacer l'ancien texte, publié par Migne (*PL* CLXXVII).

[8] Parmi les anciens étudiants à Paris au XIIe siècle, on trouve quatre papes, bon nombre d'évêques de tout l'Occident, ainsi que d'autres personnalités dans les lettres, la pensée et la théologie de cette époque. Pour les différentes carrières, cf. S. d'Irsay, *Histoire des Universités françaises et étrangères* (Paris 1933), t. I, pp. 53–66; J. de Ghellinck, *Le mouvement théologique du XIIe siècle* (Bruxelles 1948), pp. 149–203 et *passim;* idem, *L'essor de la littérature latine au XIIe siècle* (Bruxelles 1954), pp. 33–108.

VII

savoir de la Cathédrale et des monastères; aussi les maîtres et les étudiants n'etaient pas trop soumis aux rigueurs des ordes [9]. Quoi qu'il en soit, vers le milieu du XIIe siècle, Paris se présentait devant les intellectuels de l'époque comme une ville où tout jeune homme désireux d'achever sa formation était tenu d'étudier. Philippe de Harvengt, abbé de Bonne-Espérance, qui recommandait les études à Paris, exagérait, sans doute, lorsqu'il comparait les écoles de Paris aux académies de l'Antiquité, mais il ne se faisait que l'écho de l'opinion publique. En effet, il traçait des parallèles entre Paris de son temps et Jérusalem des rois David et Salomon, d'Isaïe et des autres prophètes, en l'appelant une "Cariath-Sépher", une "cité des lettres" [10]; mais

[9] Quoique les maîtres et les étudiants des écoles parisiennes aient opté pour la vie ecclésiastique, il semble que le nombre de ceux qui furent ordonnés ait été très réduit: seuls les membres ou les affiliés de la communauté de Saint-Victor semblent avoir fait les voeux des réguliers. Pars ailleurs, la réforme monastique des XIe et XIIe siècles amena à des tendances opposées aux études; la méditation comme idéal n'était pas compatible avec le bruit de l'école. Telle fut l'attitude de Pierre Damien et surtout celle de saint Bernard; l'abbé de Clairvaux avait même prêché aux étudiants de Paris, en leur recommandant de quitter leurs écoles: "Fuyez du milieu de Babylone et sauvez vos âmes", tel était le slogan du moine le plus influent du siècle, qui finit par déclarer: "Tu trouveras bien plus dans les forêts que dans les livres; les bois et les pierres t'apprendront plus qu'un maître quelconque" ("Fugite de medio Babylonis, fugite, et salvate animas vestras. Convolate ad urbes refugii, ubi possitis et de praeteritis agere poenitentiam, et in praesenti obtinere gratiam, et futuram gloriam fiducialiter praestolari... Valde in foresta invenibas quam in litteras... Arbora et petra te magis docebant.. quam magistri...") (De conversione, ad clericos sermo seu liber, PL CLXXXII, 855). C'est ainsi que les gens qui cherchaient la vie monastique ne trouvaient leur place dans les écoles urbaines, dont la vocation séculière s'accentua successivement.
[10] Chartularium Universitatis Parisiensis (CUP), éd. H. Denifle – E. Châtelain (Paris 1899), t. I, p. 50:
"...Sicut multo venisse comitatu regina legitur Sabeorum, ut quorum famam de longe hauserat, certiora sibi visu redderet oculorum, sic et tu amore ductus scientie Parisius advenisti, et a multis expetitam optato compendio Jerusalem invenisti. Hic enim David decachordum psalterium manu tangit, hic tactu mystico psalmos pangit. Hic Isaie legitur, legendo detegitur prophetia; hic prophete ceteri diversos modulos concordi proferunt melodia. Hic sapiens Salomon erudiendos convenas operitur; hic ejus promptuarium studiosis pulsantibus aperitur; hic ad pulsandum tantus concursus, tanta frequentia clericorum, ut contendat supergredi numerosam multitudinem laicorum. Felix civitas, in qua sancti codices tanto studio revolvuntur, et eorum perplexa mysteria superfusi dono spiritus resolvuntur, in qua tanta lectorum diligentia, tanta denique scientia scripturarum, ut in modum Cariath Sepher merito dici possit, civitas litterarum."

aussi, trouvait-il des points de comparaison avec Athènes et Alexandrie [11]. Jérusalem, Athènes, Alexandrie (mais sans faire allusion à Rome, symbole de l'Empire et de l'autorité), les foyers de la civilisation classique, les legs du judaïsme s'agrégeant à ceux de l'hellénisme... telle était l'image évoquée par le centre scolaire de Paris, dont les savants étaient aussi considérés par certains maîtres en philosophie comme des chercheurs dans les mystères des Ecritures, lesquelles, afin d'être mieux comprises, devaient émaner de la "vérité hébraïque" [12].

Sans faire nôtre les exagérations de Philippe de Harvengt, qui prétendait qu'à Paris le nombre des clercs dépassait celui des habitants laïques, il ne fait pas de doute que la ville attirait des foules à ses écoles, d'autant plus que le fait est corroboré par d'autres textes [13]. En l'absence de tout élément statistique, on en est réduit aux conjectures en ce qui concerne le nombre de ces étudiants; évidemment, il ne faut pas les estimer à des dizaines de mille, comme le faisaient encore quelques érudits du siècle précédent; nous croyons être plus proche à la réalité en les estimant à quelques milliers. Néanmoins, même pareils nombres devaient nécessairement provoquer des bouleversements dans la vie de la ville, qui n'était pas préparée à accueillir une population flottante aussi considérable. Ceci, d'autant plus que même les plus grandes agglomérations urbaines du XIIe siècle, en dehors l'Italie, ne comptaient guère que quelques dizaines de milliers d'habitants, et Paris n'était point parmi les plus peuplées — au moins au XIIe siècle. Aussi fallait-il songer comment pourvoir à l'hébergement et à la nourriture de tous ces étudiants. A l'époque dont nous nous occupons, l'agglomération urbaine parisienne se concentrait dans l'Ile de la Cité, dont une bonne partie était occupée par des églises, ainsi que par le palais royal avec ses jardins; les petites habitations implantées sur la Rive droite de la Seine, étaient encore à l'état embryonnaire [14] et c'est seulement vers la

---

[11] *CUP* I, pp. 53–55.

[12] Le mouvement d'idées qui avait pris ce nom, se concentra dans les écoles parisiennes, semble-t-il depuis la seconde moitié du XIIe siècle. Le but de ses membres était d'apprendre l'hébreu afin de pouvoir mieux comprendre le sens de la Vulgate, en la comparant à la version originale; d'où la *hebraica veritas* du texte biblique. Cf. à cet égard B. Smalley, *The Study of the Bible in the Middle Ages* (Notre Dame, Indiana 1964), pp. 76 sq. et notre article (en hébreu in *Studies in Memory of Zvi Avneri* (Haifa 1970) pp. 97–116.

[13] Cf. Paré *et. al., La renaissance du XIIe siècle, passim.*

[14] La meilleure étude topographique de Paris au XIIe siècle reste celle de L. Halphen, *Paris sous les premiers Capétiens* (Paris 1909). On trouvera quelques renseignements complémentaires dans la thèse de Mlle G. Lehoux, *Le bourg Saint-Germain-des Près depuis les origines jusqu'à la fin de la Guerre de Cent Ans* (Paris 1951), pp. 1–21. Cf. aussi la thèse inédite de M.-L. Concasty, "Le bourg

fin du siècle qu'elles devinrent homogènes; même alors le territoire de ce quartier, tel qu'il fut encadré par l'enceinte de Philippe Auguste, ne dépassa point 1500 mètres environ de longeur sur 500 m. maximum de largeur. En revanche, les terres de la Rive gauche étaient, en majorité, des terrains agricoles, des enclos de vigne et jardins parmi lesquelles on trouvait les vestiges de la Lutèce gallo-romaine. Quelques églises, dont les trois grandes abbayes de Saint-Victor, Sainte-Geneviève et Saint-Germain-des-Prés, cette dernière avec son bourg qui s'étendait jusqu'au Petit-Châtelet, s'y partageaient les droits seigneuriaux [15].

Outre les écoles de la Cité, on trouvait aussi d'importants centres scolaires dans l'abbaye de Saint-Victor et sur la Montagne Sainte-Geneviève, qui étaient non moins célèbres. C'est ainsi qu'une bonne partie des étudiants arrivant à Paris au cours du premier quart du XIIe siècle, cherchaient non seulement l'école qui leur convenait au mieux, mais aussi celle qui pouvait mettre à leur disposition l'hébergement nécessaire. Il semble que seule une infime minorité s'intégrait aux écoles monastiques, et ceci malgré les facilités du séjour dans les abbayes, probablement afin de ne pas faire les voeux. Quant à la grande majorité-formée de ceux qui n'avaient pas encore reçu les ordres — elle cherchait l'hospitalité dans le cloître de la Cathédrale [16]. La poussée vers la Cathédrale avait, dès le début du XIIe siècle, remis en question l'adaptation de l'école de la cathédrale à ces nouveaux besoins qui sortaient du cadre traditionnel déjà depuis l'époque carolingienne, à savoir la formation des cadres du diocèse [17]. Les troubles qui marquèrent l'activité d'Abailard et de ses disciples avaient explicitement prouvé que l'église de Paris n'était pas en état d'accueillir tous ceux qui désiraient être admis à son école; en même temps, il était difficile de fonder de nouveaux établissements scolaires à ses côtés [18]. Certains maîtres, dont Abailard lui-même, avaient été obligés à chercher d'autres lieux pour l'enseignement, qui devraient remplacer les locaux du cloître; c'est ainsi que depuis 1125, ils commencèrent à employer des salles sur le Petit-Pont, sur la Rive gauche et vers la Montagne Sainte-Geneviève, lieu illustré par la nouvelle école d'Abailard.

Saint-Marcel à Paris", dans *Positions des thèses à l'Ecole des Chartes* (Paris 1937), pp. 25-37.

[15] Cf. Poëte, *Une vie de cité*, pp. 91–103.

[16] Cf. Paré *et al.*, *La renaissance du XIIe siècle*, p. 201; Delhaye, "L'organisation scolaire", pp. 253 sq.

[17] *MGH, Capitularia Regum Francorum*, éd. A. Boretius, I, pp. 59–60 (c. 72).

[18] Cf. Halphen, *Les origines de l'Université de Paris*, pp. 15–16.

152

En raison de ces troubles et des disputes entre maîtres, ainsi qu'entre étudiants (qui culminèrent avec l'exclusion d'Abailard et ses procès), l'autorité ecclésiastique se mit en devoir de réagir. Outre les dispositions d'ordre disciplinaire et théologique — du ressort des conciles, de la papauté ainsi que des autres importantes personnalités de l'Eglise — il fallait prendre des mesures à l'égard de la concentration scolaire à Paris; ceci était le domaine du chapitre de la Cathédrale. En 1127 les chanoines de Notre-Dame interdirent l'hébergement des écoliers étrangers dans les maisons du clôître, ainsi que la dispense des cours dans une partie du cloître appelée 'Tresantia' et abolirent l'admission à la bibliothèque de la Cathédrale [19].

Ce statut a une importance qui dépasse du loin sa portée immédiate; c'est en effet un des actes qui ont contribué à la formation de l'autonomie universitaire. Eloignées du cloître, les écoles parisiennes cessèrent de bénéficier de la protection épiscopale et, afin d'assurer leur existence, dûrent se fier à la qualité de leurs maîtres et à l'originalité de leur enseignement. Par cela même, ont été créés les cadres de la future "liberté universitaire", dont le fondement était dans la pratique de l'exemption monastique [20].

Cependant, comme conséquence immèdiate, le statut de 1127 posa

---

[19] *Cartulaire de l'église Notre-Dame de Paris,* éd. M. Guérard (Paris 1850), t. I, n⁰ 32, p. 339:
"... neque scolares extranei in domibus claustri ulterius hospitarentur, neque in illa parte claustri que vulgo Tresantie nominantur deinceps legerent neque scole haberentur..."
En ce qui concerne l'activité d'Abaillard et les troubles dans les milieu intellectuels de Paris, qui ne peuvent être traités ici, ou trouvera de détails dans l'ouvrage cité de Paré *et al.,* pp. 275-312. Cf. aussi E. Brehier, *La philosophie du Moyen Age* (L'évolution de l'humanité XLV, Paris 1937), pp. 148-162, avec la bibliographie, et J. Le Goff, *Les intellectuels au Moyen Age* (Paris 1960), pp. 40-52.

[20] Evidemment, les résultats n'ont pas été immédiatements ressentis. Le contrôle exercé par le chancelier épiscopal, qui accordait la licence d'enseigner à Paris, resta effectif. Cf. G. Post, "Alexander III, the *Licentia Docendi* and the Rise of Universities" dans *Haskins Anniversary Essays* (New York 1929), pp. 255-277. Les privilèges accordant la "liberté universitaire" ont suivi de loin la mesure de 1127, telle la charte de Philippe-Auguste de 1200 (*CUP* I, pp. 59-61) et la fameuse bulle de Grégoire IX de 1231, la *Parens scientiarum* (*CUP* I, pp. 136-139; cf. là-dessus P. McKeon, "The Status of the University of Paris as *Parens Scientiarum*", *Speculum* XXXIX (1964), pp. 651-675). Quant au rapprochement de l'exemption monastique, cf. J-Fr. Lemarignier, *Etude sur les privilèges d'exemption et de juridiction ecclésiastique des abbayes normandes depuis les origines jusqu'en 1140* (Paris 1937).

le problème de l'hébergement des enseignants et des étudiants étrangers à Paris. Tandis que les maîtres réussirent trouver une solution pour les locaux scolaires, qui furent établis sur le Petit-Pont et sur la Rive gauche vers la Montagne Sainte-Geneviève, la véritable difficulté était celle du logement des étudiants. Les plus aisés d'eux étaient à même de louer leur logement chez les bourgeois parisiens, mais l'offre semble avoir été très réduite en raison de l'exiguïté de la ville. Une solution provisoire fut celle que nous indique la "Vie de saint Goswin", à savoir l'établissement d'un "camp des tabernacles" sur la Rive gauche de la Seine [21]. Bon nombre d'étudiants, surtout ceux qui ne disposaient pas de l'argent nécessaire pour se loger, y trouvèrent un gîte. Evidemment, les conditions climatiques ne permettaient pas de faire de ce camp une solution permanente et il semble que son existence n'ait été que de courte durée; selon toutes probabilités, le camp devait déjà être abandonné vers la quatrième décennie du siècle; en effet, à cette époque, quand le mouvement de l'extirpation des vignes et de la construction dans la région "d'outre Petit-Pont" fut accentué, on ne trouve aucune allusion à son existence [22].

Ces nouvelles constructions contribuèrent à réduire la pénurie du logement de Paris. Pourtant, ces constructions nouvelles correspondaient à une affluence plus grande des étudiants étrangers; ceci provoqua une hausse très accentuée des loyers, phénomène unique dans toute l'Europe. Dans ces conditions, personne ne pouvait se fonder sur ses expériences passées en matière de loyer. Un exemple caractéristique est celui de Jean de Salisbury, qui avait été étudiant et jeune maître à Paris pendant douze ans, entre 1135 et 1147: vers 1165, il y retourna, en tant que compagnon d'exil de Thomas Becket. Or, cherchant un modeste logis, correspondant à un appartement d'étudiant, il fut surpris qu'on exigea de lui la somme énorme de 12 livres comme loyer annuel, ce qui l'obligea

---

[21] Tel est le témoignage de l'auteur anonyme de la *Vita sancti Goswini* qui décrit la vie de son héros dans les *tabernacula scholarium,* où il participa aux disputes que la condamnation d'Abailard par le concile de Sens (1141) souleva (*PL,* CLXXVIII, col. 122). La mention de ces disputes nous permet de repérer l'époque de l'existence de ce camp, sans toutefois pouvoir établir le temps de sa fondation et les circonstances dans lesquelles il fut érigé; réduits aux hypothèses, nous supposons qu'il fut fondé par les étudiants. De même, nous n'avons pas de données pour établir la date de son abandon.

[22] *Cartulaire général de Paris,* éd. R. de Lasteyrie (Paris 1887), t. I, n° 257, p. 256 (1134). Il s'agit de la vigne d'Etienne de Garlande, extirpée et cédée au chapitre de Notre-Dame; c'est le terrain de la future rue Gallande.

à dépenser tout l'argent qu'il avait apporté d'Angleterre [23]. La teneur de la lettre de Jean, qui expose le cas, prouve que même lui, qui avait naguère habité longtemps Paris, n'était pas préparé à une pareille hausse. Il ne faut pas non plus lier ce phénomène à la hausse générale des prix en Europe occidentale pendant la seconde moitié du XIIe siècle, puisque, dans ce cas, elle aurait dû avoir des répercussions sur le marché anglais. C'est donc un phénomène propre à la seule région parisienne.

Qui plus est, cette hausse se manifesta surtout dans le quartier de Paris qui était devenu le centre intellectuel de la ville. En revanche, on peut constater que dans le nouveau quartier de Saint-Martin-des-Champs, des maisons entières furent accensées pour sept sous (vers 1145) ou pour deux sous (vers 1170) [24]. Nul doute, la différence entre les deux genres d'accensement ne permet point comparer purement et simplement les diverses sommes. Dans le cas des maisons appartenant à la seigneurie

---

[23] Voir la lettre de Jean à Thomas Becket (*CUP* I, pp. 18–19):

"... Sic ergo discessi, instructus a vobis, ut Parisius sedem figerem, et me studerem omnino scolaribus conformare. ... Veniens ergo Parisius juxta instructionem vestram, pro tempore, ut videtur, commodum conduxi hospitium, et antequam illud ingrederer, duodecim fere libras expendi. Neque enim introitum potui obtinere, nisi in annum toto pretio prerogato."

Pour les périodes de séjour du futur évêque de Chartres à Paris, cf. R. L. Poole, 'The Masters of Schools of Paris and Chartes in John of Salisbury's Time' (*Studies in Chronology and History.* Oxford 1934), pp. 223–247. Jean ne fait pas allusion aux aspects matériels de son séjour d'études à Paris, décrit dans le *Metalogicon* (ed. C. I. I. Webb, Oxford 1929), I, 5, II, 10.

[24] *Cartulaire général de Paris*, no 370, p. 330 (1145–1148) et no 472, p. 397 (1168–1180). Dans le dernier cas, il s'agit d'une revalorisation du cens; la somme primitive était de quatre deniers et elle fut augmentée à deux sous. Afin de mettre en relief les tendances de hausse, nous avons choisi les données concernant deux quartiers parisiens en voie de développement, tout en tenant compte de la différence entre les deux systèmes de rente. Il nous semble cependant qu'il serait utile de comparer aussi le témoignage de Jean de Salisbury avec un acte de 1176, par lequel un certain Etienne de Meudon, bourgeois de Paris, donne le revenu de 50 sous qu'il percevait comme loyer sur une maison située dans la Cité, près du Petit-Pont aux Hospitaliers de Jérusalem (*Cartulaire général de Paris*, no 537, p. 442). Quoique nous ne disposions pas, dans les deux cas, des descriptions des biens loués, il est important d'en souligner la conséquence: une maison dans la Cité, louée à long terme, était beaucoup moins chère qu'un logement d'étudiant. Cependant, nous ne supposons pas que Jean de Salisbury ait payé le loyer moyen exigé des étudiants; ses affirmations à propos de son logement d'étudiant doivent être reçues avec une certaine réserve, puisque sa position lui imposait de meilleures conditions que celles du gros des étudiants. Néanmoins, ce montant peut indiquer que les loyers exigés des étudiants devraient être estimés à quelques livres au moins.

de Saint-Martin, la rente perçue sembait être plutôt un cens; les tenants devaient pourvoir au maintien des maisons, investissant tout l'argent qui était nécessaire. En revanche, dans le cas de Jean de Salisbury, ou de tout autre étudiant, il s'agissait d'un bail à courte durée, d'un logis garni et dont le maintien était assuré par les soins du propriétaire. Quoi qu'il en soit, les différences entre ces sommes étaient considérables et il est fort probable que les seigneurs auraient essayé d'augmenter le cens, dans le cas où la maison aurait pu rapporter de si grosses sommes. Nous pensons donc que les loyers dans les quartiers "scolaires" étaient plus élevés que ceux des autres régions de la ville. Cette tendance à la spéculation n'était que le résultat de l'accroissement de la demande par rapport à l'offre en matière de logement.

Une pareille tendance à la spéculation commence à être constatée dans la société urbaine au cours de la seconde moitié du XIIe siècle dans plusieures villes, mais elle arriva à son faîte à Paris. On se rapportera, à titre de comparaison, à la ville de Tours, où Alexandre III célébra en 1163 un concile général; l'arrivée des participants de toute l'Europe occidentale, accompagnés de leurs suites, provoqua un accroissement hors pair de la demande en logements; le montant des loyers subit, par conséquent, une hausse très sensible. Afin de mettre un terme à la spéculation, Louis VII fit taxer les maisons, ordonnant que le loyer le plus cher ne dépassât point la somme de six livres [25]. Aussi un logement convenable pour prélats, à Tours, valait la moitié d'un logis d'étudiant à Paris. Par ailleurs, cette hausse fut notamment ressentie dans les villes: le secteur rural ne la suivit que de très loin; en 1157, lorsque la seigneurie du Moulinet en Orléanais, fut vendue avec ses dépendances, le prix de la vente n'était que de 50 livres [26].

C'est ainsi que vers 1160, la hausse des loyers à Paris menaça de rendre possible le séjour à Paris aux seuls ressortissants des familles les

[25] *RHF* XVI, p. 47:
"Venit ad nostras aures, quod de conducendis hospitiis pro concilio non servantur mensura, et nostrum est corrigere hunc excessum. Unde mandamus vobis et praesipimus, ut carius hospitium sit sex librarum, et ab hac summa deinceps, secundum quod erunt alia hospitia, conducantur in sua valentia."
Cette ordonnance royale ne pouvait, évidemment, concerner que le bourg de Sait-Martin, qui faisait partie de la seigneurie royale. Nous ignorons si les autres seigneurs de Tours, Henri II Plantagenêt et l'archevêque Josce, avaient aussi, de leur côté, réglé les conditions de location dans leurs seigneuries.
[26] *Recueil des chartes de Saint-Benoît-sur-Loire*, éd. M. Prou, t. I, no 169 (1157), p. 386–387. Il est vrai que l'achat était à très bon marché parce que Pierre du Moulinet avait déjà engagé ses biens à l'abbaye de Fleury et il n'y jouissait plus des revenus.

plus aisées. Cette tendance devait empêcher le développement des écoles parisiennes ou même provoquer un étouffement.

Une certaine tentative pour remedier à cette situation fut faite par quelques maîtres exercant à Paris; habitant de maisons plus vastes, ils commencèrent à loger chez eux des étudiants provenant des familles nobles ou parents des prélats; l'argent payé à ces maîtres était en même temps une taxe scolaire et le prix de la pension. L'exemple de Pierre de Blois est édifiant à cet égard: l'érudit blésois avait commencé son activité à Paris après avoir servi pendant quelques années à la cour d'Henri II Plantagenêt, où il avait noué des liens d'amitié avec des prélats anglais. Lorsqu'il s'installa à Paris, il hébergea surtout chez lui des étudiants que ses protecteurs et amis du royaume anglo-angévin lui avaient recommandés et il en fit une source de revenus. Dans une lettre, envoyée vers 1160 à l'évêque de Salisbury, Pierre se plaint que son correspondant ne lui ait pas envoyé, comme promis, des étudiants pour l'année en cours, ainsi que le payement annuel de leurs dépenses, qui lui est devenu nécessaire pour "vivre" [27].

C'est ainsi que pendant le XIIe siècle on peut noter l'existence de pensions dans la maison du maître; sans posséder des données précises, nous pouvons avancer l'hypothèse que les dépenses pour logis et nourriture y étaient plus modestes que dans les logements loués chez les bourgeois. Cependant, ces pensions n'étaient pas capables d'alléger beaucaup les difficultés causées par la hausse de loyers, en raison du nombre très restreint des places qu'elles offraient aux étudiants. En effet, les maisons les plus vastes de l'époque, celles qui étaient bâties en pierre, n'avaient guère que deux étages, outre le parterre et le cellier [28]. On peut

---

[27] *PL* CCVII, ep. 51, coll. 154–155:

"Certissime mihi promiserat vestra benignitas, quod nepotes vestros infra Domini proximum erudiendos mihi mitteretis Parisios, et per eos debitum, quod mihi debetis, annuum solveretis. *Expectans expectavi Dominum meum, nec indendit mihi.* Adhuc etiam promissam especto gratiam, fortasse sicut Arturum Britannia, sicut Judaea Maessyam. ... Utinam nunquam fuisset haec pecunia, cujus exspectatio tandiu animum meum torsit; in cujus spe ego diffusiores expensas faciens me debitis usurariis oneravi."
Voir aussi ep. 101, col. 311.

[28] Nous ne disposons pas de textes concernant les maisons urbaines et leur description datant du XIIe siècle. Pour le XIIIe siècle, on pourrait se rapporter, par exemple, au Censier de l'Hôtel-Dieu (éd. L. Brièle, dans les *Archives de l'Hôtel-Dieu de Paris*, Paris 1894, p. 480). Le plan de la Tapisserie, dressé au XVIe siècle, est une source utile pour la topographie urbaine et l'étude des anciennes maisons, depuis l'époque qui nous préoccupe ici. Cf. A. Franklin, *Etude historique et topographique sur le Plan de Paris, dit "Plan de Tapiserie"* (Paris 1869), *passim*.

estimer que pareilles maisons contenaient de dix à quinze pièces. Comme les maisons occupées par les maîtres n'étaient pas parmi les plus vastes, et qu'il fallait d'abord réserver l'appartement occupé par le maîtres ainsi que la salle des cours, le nombre des étudiants qui pouvaient y être logés devait être compris entre six et dix. Ces étudiants appartenaient parfois à la famille du maître ou venaient de son pays d'origine. Certains payaient le loyer en nature, notamment en parchemin, dont le prix allait croissant à Paris [29].

Ces maisons des maîtres, ainsi que bon nombre d'autres, édifiées sur la Rive gauche, vers la Montagne Sainte-Geneviève, furent le noyau d'un nouveau quartier, appelé alors *castrum scholaribus* [30].

Malgré l'existence de ce *castrum*, les difficultés de logement à Paris ne furent pas résolues, de même que les pensions n'étaient pas ables à contribuer sérieusement à la baisse du coût du séjour des étudiants étrangers dans la ville. C'est ainsi qu'une nouvelle pratique se propagea dans les années postérieures à 1160, à savoir celle de solliciter l'aide d'un des grands seigneurs de Paris, soit du roi de France ou de son chancelier, de l'évêque, des grandes abbayes et des chapitres. Quand c'était le pape qui demandait cette aide en faveur d'un de ses proches

---

[29] Les difficultés pécuniaires des étudiants étrangers les ont obligé à s'adresser à leurs familles et solliciter de l'aide pour leur entretien. Avec la multiplication des demandes, ce genre epistolaire fut introduit dans les recueils de l'*ars dictaminis,* et c'est ainsi que bon nombre fut préservé. Une bonne étude, de portée européenne, de ce sujet est celle de C. H. Haskins, "The Life of Mediaeval Students as Illustrated by their Letters' " (*Studies in Mediaeval Culture,* New York 1929), pp. 1–34. En ce qui concerne Paris, un pareil recueil fut constitué à l'abbaye de Saint-Victor, sous l'abbatiat d'Ernis (1161–1182). Ce recueil est d'autant plus précieux que son auteur avait à sa disposition les documents d'Hugues de Champfleury, l'ancien chancelier du royaume, qui prit sa retraite dans l'abbaye. Le manuscrit, dont quelques pièces ont été publiées, se trouve à la Bibliothèque Nationale (Ms. lat. 14615). Parmi les exemples de lettres inédites, on trouve bon nombre de demandes de parchemin et de plusieurs effets. Pierre de Blois lui-aussi fait allusion au système de payement en nature (*PL* CCVII, ep. 71, col. 219).

[30] Pierre de Blois, ep. 51, *loc cit.* Cependant, il y avaient encore des écoles dans la Cité. Il ne semble pas que les études théologiques y étaient surtout dispensées, comme il ressort de l'étude de L. Halphen sur "Les origines de l'Université de Paris" (p. 19). Dans son éloge de Paris, Gui de Bazoches témoigne vers 1175, de l'existence dans la Cité d'écoles dispensant les arts libéraux et le droit: "In hac insula perpetuam sibi mansionem septem pepigere sorores, artes videlicet liberales, et intonante nobilioris eloquentie thuba decreta leguntur et leges" (*CUP* I, p. 56). Nous ne savons pas si les étudiants de ces écoles avaient trouvé un logement dans la Cité même, ou s'ils étaient logés dans le quartier de la Rive gauche.

ou protégés, on passait même outre la teneur du statut de 1127; Alexandre III n'hésita pas à employer les formes du mandement apostolique lorsqu'il s'adressa en 1161 au chapitre de Notre-Dame, lui demandant à loger dans le cloître trois de ses neveux, qui s'apprêtaient, accompagnés de leurs familles, à étudier à Paris [31]. Cependant, la plupart des demandes, particulièrement celles qui étaient adressées au roi, n'avait pas comme but de solliciter un logement; elles étaient plutôt des demandes d'aide pour les étudiants présentés, laissant au seigneur auquel la requête était soumise la discrétion d'agir comme bon lui semblait.

Ainsi, en 1164, le "Sénat" de Rome s'adressa à Louis VII, lui demandant de prendre sous sa protection un certain clerc, Jean Felici, qui était parent de la puissante famille Pietroleone [32]. Pareilles requêtes furent présentées, vers la même époque, par des princes allemands [33]. Dans toutes ces sollicitations, le roi était prié d'accorder son aide aux protégés des personnages qui lui écrivaient, afin que ceux-ci puissent vivre honorablement à Paris au cours de leurs études; il ne s'agissait donc pas de petites gens. Mais la plupart des requêtes, selon l'état actuel de notre documentation, furent adressées au chancelier du royaume, Hugues de Champfleuri, qui semble avoir été préposé à la dispense des libéralités royales envers les étudiants [34]. Notre documentation ne nous permet pas d'établir si cette aide se manifestait par l'octroi de bourses, tout en laissant les bénéficiaires en faire à leur gré, ou si la cour royale intervenait afin de leur procurer un logement, bon marché gratuit ou dans les abbayes. Il est fort probable qu'une partie au moins de ces bénéficiaires furent logés dans des immeubles appartenant aux abbayes de Saint-Victor et de Sainte-Geneviève, dont les seigneuries, soumises au roi, s'étendaient sur la plus grande partie de la Rive gauche. La concentration des étudiants dans cette région de la Rive gauche, comprise entre la Seine, la Bièvre, la Montagne Sainte-Geneviève et les limites du bourg Saint-Germain, amena les bourgeois de Paris à bâtir de nouvelles maisons; le mouvement de la construction s'intensifia vers 1180 [35], au point que les rues de ce nouveau quartier étaient déjà tracées autour de l'ancienne route des pèlerinages, devenue la Grand'rue Saint-Jacques.

[31] *Cartulaire général de Paris,* no 424, p. 368; voir aussi la note de l'éditeur.

[32] *RHF* XVI, pp. 77–78.

[33] *CUP* I, pp. 38–39.

[34] *Ibid.,* pp. 3–4, 41–42; voir aussi Ms. lat. 14615 (le recueil cité des lettres de Saint-Victor, surtout fol. 322v).

[35] Cf. Poëte, *Une vie de cité,* p. 91, ainsi que M. Giard, "Histoire de l'abbaye de Sainte-Geneviève", *Mémoires de la Société d'Histoire de Paris* XXX (1903), pp. 41–126.

Les étudiants logés dans ces maisons jouissaient de conditions de logement très diverses. Les fils de riches et surtout les clercs envoyés par les églises de leurs pays [36] étaient à même de louer des appartements avec dépendances, destinées aux serviteurs éventuels. Quant aux autres, la grande majorité, on peut les diviser en deux catégories; la première formée des étudiants les plus aisés, capables de louer une chambre individuelle; tandis que la seconde, plus nombreuse, était constituée de ceux qui étaient obligés de se loger à trois ou quatre dans une seule pièce [37].

Une chambre d'étudiant dans le quartier de la Rive gauche, telle que la décrit Alexandre Neckam vers 1180, était une petite pièce sans cheminée, dont les murs étaient couverts d'une sorte de tapis, en général de toile peinte, qui devait atténuer le froid et l'humidité. Un coin en était occupé par le lit, une petite commode et un tabouret. Dans un autre coin de la pièce on trouvait une petite table, qui servait aussi pour l'étude et le manger, une chaise et une ou deux banquettes. Sur le plancher il avait quelques peaux de bestiaux, en guise de tapis. Le locataire devait se procurer lui-même la literie nécessaire: matelas, oreiller, draps et couverture [38]. L'accroissement de la demande provoqua dans ce domaine aussi une hausse considérable des prix; en 1168 un pareil équipement valait la somme énorme de vingt sous [39]. Nul doute

[36] Sans atteindre l'ampleur des XIIIe et XIVe siècles, on trouve déjà un nombre important de bénéficiaires parmi les étudiants de Paris au cours de la seconde moitié du XIIe siècle; la plupart appartenaient effectivement aux chapitres de différentes églises. Il est à signaler que ces voyages d'études des prébendiers se multiplient justement quand les chapitres statuent presque partout l'obligation de résidence de leurs membres (cf. une esquisse générale, R. Foreville dans *Histoire de l'Eglise,* éd. A. Fliche –V. Martin, (Paris 1953), t. IX/2, p. 294 et G. Le Bras *et al.; Histoire du Droit et les Institutions de l'Eglise en Occident,* t. VII: *L'Age classique* (Paris 1965), p. 147. Néanmoins, dans plusieurs statuts on mentionne les études parmi les cas motivés d'absence des bénéficiaires; tel fut, par exemple, le cas du chapitre du Mans (*Chartularium insignis ecclesiae Cenomannensis quod dicitur Liber Albus capituli,* éd. R. J. F. Lottin, Le Mans 1868, no 208). Voir aussi *CUP* I. pp. 9–11.

[37] Cf. U. T. Holmes, *Daily Life in the Twelfth Century* (Madison 1964), pp. 74–78.

[38] Alexandre Neckam, frère de lait de Richard Coeur-de-Lion, formé à l'abbaye anglaise de Saint-Albans, acheva ses études à Paris; il y fut maître de 1180 à 1186. Dans ses oeuvres, il nous a laissé de bons aperçus sur Paris, surtout dans *De nominibus utensilium* et *De naturis rerum* (ed. Th. Wright, *Rolls Series,* London 1863). La description de la chambre en question provient de *De naturis rerum,* p. 100. Sur l'homme et son oeuvre, cf. *Dictionary of National Biography, s.v. "A.N."*

[39] Archives de l'Hôtel-Dieu, *éd. cit.,* pp. 2–3.

que seuls les riches pouvaient garnir ainsi leur lit, tandis que les autres étaient obligés de se contenter de couchettes plus humbles.

Quant à ceux qui habitaient une chambre commune, ils recevaient un lit, parfois isolé par un rideau de ceux de leurs camarades de dortoir; ils devaient tous se partager la seule table qui se trouvait dans la chambre [40]. Eux-aussi devaient se procurer eux mêmes leur literie.

L'étudiant, soit seul soit dans une chambre commune, pouvait recevoir ses repas chez lui. Selon le témoignage de Neckam, seul un petit nombre d'étudiants préparaient leur nourriture eux-mêmes; dans la plupart des cas c'était la propriétaire qui s'en chargeait pour tous ses locataires qui étaient aussi tenus d'apporter l'eau pour se laver.

Toute autre commodité devait être payée et cher, ce qui contribuait à élever le coût de la vie des étudiants à Paris. Les oeuvres littéraires de l'époque, surtout les satires, sont un acte d'accusation contre les bourgeois parisiens, peints comme des avares qui ne songent à autre chose qu'aux moyens de chicaner les étudiants et de leur rendre la vie amère. En raison de cette conduite, affirment les étudiants, Paris est devenue la ville la plus coûteuse du monde [41].

Au XIIe siècle, les locaux des écoles se trouvaient dans les maisons des maîtres [42]; ces maisons étaient aussi louées, mais il n'y avait point de comparaison entre les loyers exigés des maîtres et des étudiants; la raison de cette différence était la nature même de la location, le régime des maisons des maîtres étant celui du bail à long terme. Plusieurs de ces maîtres, qui n'avaient pas les moyens de louer une maison entière, devaient se contenter d'un seul étage; aussi trouvait-on dans le même immeuble des voisins dont les moeurs n'étaient pas précisément propices à créer une atmosphère d'étude [43]. Quelques-uns de ces voisins étaient

---

[40] *De naturis rerum,* pp. 100 sq.

[41] Un très intéressant texte à ce regard est la satire de Jean de Hauteville, *Architrenius* (Paris 1515), voir surtout pp. XXv–XXr et XLVIIr–Lr. L'auteur, clerc normand, écrivit son livre entre 1184 et 1189, année de la mort de Henri II, cf. J. Simler, *De Architrenio, duodecimo saeculi carmine* (Paris 1871). Outre les très fréquents références à ce sujet dans les ouvrages des Goliards (cf. O. Dobiache-Rodjesvensky, *Les poèsies des Goliards,* Paris 1931, *passim*), on trouvera l'indication d'autres sources littéraires dans l'ouvrage cité de Holmes, p. 82 et notes.

[42] Cf. Haskins, *The Rise of Universities,* p. 45 et en dernier lieu, Holmes, *Daily Life in the Twelfth Century,* pp. 86 sq.

[43] Jacques de Vitry, *Historia Occidentalis,* éd. Moschi (Douai 1597), p. 278, nous présente les étudiants parisiens vers 1180 dans un perpétuel va-et-vient entre la chair et la chaire: "In una et eadem domo scolae erant superius, prostibula inferius..."

des taverniers et c'est ainsi que les premières tavernes accompagnèrent l'Unversité dès sa naissance, jouant un rôle important dans la formation de l'esprit de solidarité corporative, comme lieu de rencontre public des maîtres et des étudiants [44].

Vers la fin du XIIe siècle, lorsque le processus d'institutionalisation de l'Université de Paris était avancé [45] et que le nombre des maîtres et des étudiants du dehors dépassait tous les précédents, eut lieu une nouvelle vague de constructions sur la Rive gauche; ces nouvelles maisons soudèrent le quartier dont le centre était la rue Saint-Jacques et le bourg Saint-Germain [46]. C'est là que fut implanté le centre commercial du marché de Saint-Germain que atteignit un grand développement. Des services liés au centre scolaire, surtout dans le domaine de la librairie et de la parcheminerie, s'y installèrent, ce qui fit croître la population stable du quartier. Enfin, l'achèvement de l'organisation paroissiale de la région, qui ne sera pas changée jusqu'à l'époque moderne, témoigne de son peuplement dès avant le XIIIe siècle [47].

L'érection de l'enceinte de Philippe Auguste est, à ce titre, une autre indication du développement de notre quartier; tandis que sur la Rive droite l'enceinte entoura les terrains déjà construits, ne prenant pas en considération (selon l'habitude des fortifications citadines au Moyen Age) les perspectives de croissance, une attitude entièrement différente fut adoptée en ce qui concerne la Rive gauche. Les travaux qui eurent lieu entre 1210–1212 aboutirent à l'érection d'une enceinte qui renfermait en forme de triangle un territoire d'environ 2 km. carrés, dont la

---

[44] Cf. E. Châtelain, "Notes sur quelques tavernes fréquentées par l'Université de Paris au XIVe et XVe siècle", *Bulletin de la Société de l'Histoire de Paris* XXV (1898), pp. 87–107.

[45] La "date de naissance" de l'Université de Paris ne fut jamais incontestablement établie. Pour la plupart des érudits, la charte de Philippe-Auguste de 1200, lui accordant des privilèges, signale la date officielle de fondation; cependant la charte ne crée pas ce corps, qui était déjà organisé. D'autres savants reculent la fondation aux temps d'Abailard. Puisque l'Université de Paris ne fut pas fondée selon un plan prémédité et par une initiative publique, il est impossible de préciser quant à la date de sa naissance. Evidemment, on ne peut écarter l'activité d'Abailard lorsqu'on traite de ses origines; pourtant autres indications sont requises pour parler de l'existence d'une institution. Il nous semble que la réglementation de l'octroi de la licence d'enseigner vers 1170, est le pas décisif dans ce processus et nous nous rallions à l'opinion de M. G. Post là-dessus. Cf. son étude citée ci-dessus, n. 20.

[46] *Recueil des Chartes de Saint-Germain-des-Prés*, éd. R. Poupardin (Paris 1909), t. I, 219; cf. M. Poëte, *Une vie de cité*, pp. 96 sq.

[47] Cf. A. Friedmann, *Paris, ses rues, ses paroisses, du Moyen Age à la Révolution* (Paris 1959), selon l'index des paroisses.

162

paroisse de Saint-André, qui appartenait au bourg de Saint-Germain. Seule une partie de ce territoire était bâtie, ce dont témoigne aussi Guillaume le Breton, le chroniqueur de Philippe Auguste. Il est également formel en ce qui concerne l'incorporation de terrains vides: c'est afin que leurs possesseurs, les bourgeois parisiens, 'puissent édifier des maisons à louer ainsi que pour leurs propres besoins" [48]. Quoique l'enceinte ait été érigée par l'ordre du roi, il n'y a pas lieu de douter que c'étaient les bourgeois qui couvraient les dépenses; et puisque les considérations de défense avaient perdu de leur importance depuis la conquête de la Normandie, nous croyons que les bourgeois eurent une influence marquée quant au tracé de l'enceinte. Leur consentement à l'accroissement des dépenses doit ainsi être considéré comme un investissement avantageux: les rentrées des loyers et les accroissements du cens qui caractérisaient les terrains urbains devraient rapidement rembourser ces investissements, jugés superflus quand il s'agissait de la Rive droite [49]. La mentalité de spéculation foncière, si caractéristique de l'époque moderne, se révèle ainsi en plein Moyen Age.

Devant la hausse des loyers les étudiants étaient impuissants. Ils durent subir les conséquences de la cherté dans la région parisienne et, afin d'atténuer l'exiguité de leurs bourse, ils durent avoir recours aux largesses seigneuriales ou aux bénéfices ecclésiastiques [50]. Ni l'étudiant, ni son maître, ne pouvaient tenter de changer la situation, en raison de leur faiblesse en tant que personnes isolées. Néanmoins, on discerne, à ce tournant du siècle, deux remèdes à cet état.

Le premier est la fondation de collèges, érigés afin d'accueillir un certain nombre d'étudiants réputés pauvres. A leur origine, les collèges

---

[48] Guillaume le Breton, *Gesta Philippi Augusti regis,* éd. F. Delaborde (Paris 1882), p. 241:
> "... maximam terre amplitudinem infra murorum ambitum concludens et possessorum agrorum et vinearum compellens ut terras illas et vineas ad edificandum in eis novas domos habitatoribus locarent, vel ipsimet novas ibidem domos constituerent, ut tota civitas usque ad muros plena domibus videretur".

Voir le plan de la ville joint au livre de Halphen, *Paris sous les premiers Capétiens.*

[49] Il faut noter la différence entre ces deux quartiers au cours du Moyen Age: l'enceinte de Philippe-Auguste resta telle qu'elle jusqu'à la fin du XVIe siècle, sur la Rive gauche; en revanche, on constate une croissance constante sur la Rive droite, croissance qui obligea à inclure les nouveaux faubourgs dans les cadres de la Ville, en ajoutant de nouvelles enceintes. Cf. F-L. Ganshof, *Etude sur le développement des villes entre Loire et Seine au Moyen Age* (Bruxelles – Paris 1943), surtout le chapitre dédié à Paris

[50] *CUP* I, pp. 10–11 (1180).

n'étaient que des hospices, pourvoyant au logis et à la nourriture de leurs pensionaires; ceux-ci devaient mener une vie commune, avec des obligations de confrérie religieuse que leur imposait le fondateur. Le modèle de cette organisation collègiale fut le premier établissement connu, le collège des "Dix-huit", fondé en 1180 par le chevalier Josce de Londres, dans l'Hôtel-Dieu; il est à souligner que le fondateur accorda au chancelier de Notre-Dame le droit d'agréer les candidats, mettant ainsi la fondation sous l'autorité de l'Université[51]. D'autres collèges, qui ne furent pas tous fondés dans le quartier de la Rive gauche, suivirent, et le mouvement continua au XIIIe siècle; dans certains collèges on établit aussi des salles de cours. Bon nombre de ces collèges furent fondés afin d'accueillir les ressortissants des pays ou des provinces des fondateurs. Afin de procurer l'argent nécessaire aux dépenses, les fondateurs achetaient des biens fonciers ou des revenus d'immeubles à Paris, dont la plupart étaient situés dans le quartier de la Rive gauche, dit "latin". Les collèges furent aussi dotés de bibliothèques, ce qui amena l'intégration des maîtres dans l'organisation collégiale[52]; la plus fameuse de ces fondations fut le collège de la Sorbonne.

Cependant, les collèges ne pouvaient accueillir qu'une partie des étudiants étrangers; il semble que la grande majorité devait trouver logement chez les bourgeois, comme auparavant, mais avec la distinction que depuis le XIIIe siècle, ils pouvraient également trouver des logis loués par les collèges[53].

Comme les loyers continuèrent de monter, l'Université dut chercher un moyen efficace pour parer à la spéculation sur les loyers, ainsi qu'au renchérissement de la part des étudiants. Le moyen qui fut trouvé fut de taxer les logements. Dans le premier statut de l'Université de Paris, promulgué par Robert de Courçon en 1215, l'Université reçut de droit de taxer les maisons de Paris, ainsi que celui d'interdire aux étudiants de louer des logements qui n'étaient pas agréés par l'Université et dont les propriétaires n'acceptaient pas les montants du loyer imposés par les autorités universitaires[54]. Ce droit d'intervention et de taxation, qui fut ultérieurement confirmé par les rois de France ainsi que par les papes, et l'établissement de commissions mixtes afin de l'exécuter[55], ne pouvait

---

[51] *Ibid.*, pp. 49–50.
[52] Cf. Rashdall, *op. cit.*, ci-dessus, n. 1), t. I, pp. 497–539, avec une brève histoire des principaux collèges et la liste des collèges de l'Université de Paris fondés avant 1500; Haskins, *The Rise of Universities*, pp. 18 sq.
[53] *Le Cartulaire de la Sorbonne*, éd. P. Glorieux (Paris 1965), p. 446.
[54] *CUP* I, pp. 78–79.

en-soi empêcher la hausse des loyers; c'était pourtant un moyen assez efficace pour contrôler les hausses de prix, surtout depuis le second tiers du XIIIe siècle, quand les maisons furent taxées annuellement et notamment lorsqu'une importante partie des immeubles de la Rive gauche entra dans le patrimoine des collèges et des gens dépendant de l'Université.

Par ce moyen des taxations, l'Université de Paris réussit à imposer son contrôle sur le quartier qui naquit sur la Rive gauche et qui est ainsi devenu le Quartier latin.

Le processus de la fondation de l'Université de Paris dura presque une centaine d'années, pendant lesquelles les écoles se concentrèrent et une nouvelle organisation scolaire fut mise sur pied. Du point de vue de notre enquête, il en résulta la formation et la croissance d'un nouveau centre urbain à Paris, dont le signe caractéristique fut et resta celui d'un quartier universitaire. Grâce à la croissance de ce quartier, on avait résolu les problèmes du logement d'une population flottante, dont le nombre était sans précédent dans les villes médiévales. Il est à remarquer que les bourgeois parisiens, les véritables constructeurs du Quartier latin, furent les premiers à s'adapter à la nouvelle réalité (celle de l'existence de grands nombres d'étrangers à loger) et investirent leur epargne dans le bâtiment; la hausse en flèche des loyers leur promettait la réalisation de profits importants, même au XIIIe siècle. Il est pourtant intéressant de noter qu'une pareille hausse ne se manifesta pas dans le domaine du prix des denrées; ce phénomène doit être expliqué par la fertilité des environs de Paris ainsi que par le développement des cultures dans l'Ile de France, qui assura, au cours des XIIe et XIIIe siècle, l'approvisionnement du marché parisien, tout en maintenant le niveau des prix [56]. Cete évolution était presque sans pair dans les villes universitaires au XIIIe siècle; dans la plupart de ces centres les prix des denrées augmentèrent au point que le problème de la nourriture était celui qui provoquait les soucis des autorités universitaires. A Oxford, par exemple, la hausse des prix des denrées opposa les étudiants et les autorités municipales; l'Université se fixa donc, comme but, d'obtenir le contrôle du marché alimentaire de la ville, ce qu'elle obtint en 1255 [57].

---

[55] Voir la documentation rassemblée par Ch. Jourdain, "La taxe des logements dans l'Université de Paris" (*Excursions historiques et philosophiques à travers le Moyen Age*, Paris 1888, pp. 249–263).

[56] Cf. G. Fourquin, *Les campagnes de la région parisienne*, pp. 59–76.

[57] Cf. *Rashdall*, t. III, pp. 79–86. Voir particulièrement la charte de Henri III pour la ville d'Oxford de 1255, publiée dans le recueil de Stubbs, *Select Charters ... of English Constitutional History* [9] (Oxford 1962), pp. 366–367.

VIII

L'IDÉAL DE LA ROYAUTÉ BIBLIQUE DANS LA PENSÉE DE THOMAS BECKET

Le conflit qui opposa l'archevêque de Canterbury à son roi, Henri II Plantagenêt, est sans doute un des plus importants événements de ce XIIᵉ siècle, si riche en transformations politiques et sociales, transformations dont les répercussions sont ressenties dans le développement de la civilisation de l'Occident européen. Sans qu'il soit nécessaire de revenir sur les différents aspects de ce conflit, ses conséquences et sa survie historique, qui ont fait l'objet d'une vaste et importante bibliographie, [1] il faut souligner que, autant que les autres querelles entre l'Église et les autorités laïques au moyen âge, il contribua au développement de la polémique au sein de la société occidentale; par ce fait même, il fut un facteur important dans l'évolution de la pensée politique, déjà à son époque.

Dans ce domaine de la pensée politique, cette querelle posa la question de la tyrannie, notion qui, évidemment, était familière aux écrivains de l'époque et qui fut largement employée dans la polémique surgie du conflit entre le Sacerdoce et l'Empire. Et encore, les éléments n'en étaient pas nouveaux : on peut les trouver dès l'époque carolingienne. Néanmoins, la véritable discussion théorique concernant la définition de la tyrannie, ne fut entreprise qu'autour du conflit entre Henri II et Becket et ce fut le fidèle compagnon et collaborateur de l'archevêque de Canterbury, Jean de Salisbury, qui en fut l'auteur. [2]

Thomas Becket n'avait pas pris part aux discussions théoriques sur la nature de la royauté et du pouvoir royal, ou, du moins, n'avait pas laissé d'écrits contenant les idées qu'il aurait pu exprimer dans ce domaine. Aussi, est-il difficile de dégager les fondements de sa pensée dans ce domaine qui le préoccupait entièrement depuis son élévation au siège primatial de l'Angleterre et jusqu'au meurtre qui a mis un terme à sa vie. C'est donc à travers sa correspondance, concentrée surtout sur les problèmes d'ordre pratique, tels que ses rapports avec le pape et la Curie, avec le monarque et son entourage, ainsi que les relations avec l'épiscopat anglais, qu'il faut discerner les traits directeurs de l'attitude adoptée par le primat à propos du caractère de la royauté.

La nature de la royauté sacrée, acquise par la vertu de l'onction du monarque [3] lui

---

1. On trouvera les références dans le dernier ouvrage de Miss B. SMALLEY, *The Becket Conflict and the Schools : a Study of Intellectuals in Politics in the Twelfth Century*, Oxford 1973. Nous n'avons pas eu la possibilité de bénéficier de son étude, « St Thomas and the Old Law », à paraître dans *Mediaeval Studies*.
2. JEAN DE SALISBURY, *Policraticus*, éd. C.C.J. WEBB, Oxford 1909. Cf. J. DICKINSON, « The medieval conception of Kingship in the Policraticus of John of Salisbury »,

dans *Speculum*, t. VII (1926), p. 308-337.
3. Pour l'époque de Henri II, la meilleure définition de la nature de la royauté sacrée est celle de PIERRE DE BLOIS (*P. L.* t. 207, col. 440) : « Fateor quidem quod sanctum est domino regi assistere; sanctus enim et christus Domini est; nec in vacuum accepit unctionis regiae sacramentum... » Sur le problème de la royauté sacrée, cf. toujours l'étude classique de M. BLOCH, *Les rois thaumaturges*, Strasbourg 1924, pp. 51-76.

était familière en tant que concept, étant donné que ce problème avait été longuement discuté et que l'on pouvait s'appuyer sur toute une série de précédents, provenant de l'époque carolingienne. Pourtant, le fond du conflit qui a surgi de son opposition aux Constitutions de Clarendon était la difficulté de concilier cette notion de royauté sacrée avec la réalité, déjà esquissée par Gélase Ier, de la nature laïque du roi; « les clercs », dit-il, « sont assujettis aux nouvelles lois et agissent selon la volonté du pouvoir laïque ». [4] Sans qu'il soit besoin d'entrer en ce domaine dans une discussion juridique — d'autant plus que sur le plan du droit canon la question avait été auparavant tranchée par Gratien [5] — Becket se posa au plan politique et social; la conséquence de la législation royale, exposait-il en 1164 au pape Alexandre III, était la dégradation du clergé, parce que, appelé à comparaître devant le pouvoir laïque, l'ecclésiastique faisait lui aussi figure de laïc. [6] Par cela même, l'équilibre entre les pouvoirs, tel qu'il avait été défini au cours des siècles par l'Église, se trouvait brisé et la supériorité de l'autorité laïque sur le clergé devait forcément amener, selon ce concept, la subordination du spirituel au temporel.

C'est ainsi que la dispute dépassait le cadre d'un conflit de juridictions et s'attaquait aux fondements de l'ordre social, dans cette « *societas christiana* » qu'était l'Europe occidentale et dans laquelle le mouvement réformateur avait déjà défini, depuis le XIe siècle, les structures organiques et la stratification hiérarchique des clercs et des laïcs. [7] Becket ne pouvait donc contester la nature sacrée de la royauté, continuer à réduire le roi au rang d'un simple podestat laïque, d'autant plus qu'il était acquis de considérer le roi chrétien comme une image vivante de Dieu, ayant par la nature de son autorité, un certain ascendant sur l'épiscopat. [8] Cet ascendant ne se situait pas seulement au plan moral, mais de surcroît lui accordait certaines prérogatives dans le domaine ecclésiastique, prérogatives qui étaient l'apanage des têtes ointes. [9] Il fallut en outre qu'il tînt compte des tendances qui se développaient sur le continent, notamment en France où le roi exerçait une autorité manifeste sur le clergé, reconnue sous Louis VII comme licite, et qui dérivait du sacre [10] sans aller pourtant aussi loin en ce domaine qu'en Angleterre. C'est ainsi que la seule voie qui restait ouverte dans le combat mené par l'archevêque exilé contre son souverain, était de tenter de réduire la portée de la notion de royauté sacrée, afin de souligner son caractère de « royauté terrestre ».

Déjà dans la lettre adressée en 1163 au cardinal Albert, Becket avait opposé l'obédience que le « roi terrestre » exigeait du clergé, à celle qui était due au Christ, [11] faisant ainsi état

---

4. «... novis legibus subjiciuntur clerici et pro voluntate laicae potestatis agitantur », *Materials for the History of Thomas Becket*, éd. J. C. ROBERTSON, *Epistolae*, vol. V, lettre 32, p. 52, (Rolls Series).
5. *Decretum magistri Gratiani*, éd. E. FRIEDBERG, *Corpus juris canonici*, T. I, Leipzig 1879, *Dist.* X, *c.* 1 (col. 19) et *Causa* XII, *Q. I, c.* 15 (col. 682). Ce dernier texte fut, par ailleurs, cité par l'archevêque dans sa lettre-pamphlet adressée à Henri II en 1166 (*Materials, Epp.*, vol. V, lettre 153, p. 271).
6. « Accessit etiam his malis, quod vocatus sum coram rege tanquam laicus ut satisfacerem », *Materials, Epp.*, vol. V, lettre 74, p. 139.
7. Cf. W. ULLMANN, *The Growth of Papal Government in the Middle Ages*, 2e éd., London 1962, p. 276-289. Ces concepts du mouvement grégorien ont été l'objet d'une nouvelle définition théologique par Hugues de Saint-Victor qui, comme le remarque M. Ullmann (*ibid.* p. 437-446), concentra son attention sur la notion d'*ecclesia*, afin de mieux souligner le principe de la subordination du temporel au spirituel.
8. « Verumptamen rex in regni sui corpore Patris

omnipotentis optinere videtur imaginem, et episcopus Christi », HUGUES DE FLEURY, *Tractatus de regia potestate et sacerdotali dignitate*, éd. E. SACKUR, *MGH, Libelli de Lite*, vol. II, L.I., c. 3. Cf. W. ULLMANN, *Principles of Government and Politics in the Middle Ages*, 2e éd., London 1966, p. 117 *sq.*
9. Cf. W. ULLMANN, *op. cit.*, p. 150-158.
10. Cf. G. LADNER, « The Concepts of 'Ecclesia' and 'Christianitas' and their relation to the idea of papal 'Plenitudo potestatis' from Gregory VII to Boniface VIII » dans *Miscellanea Historiae Pontificiae*, t. XVIII, Roma 1954, p. 49-77. V. aussi, d'un autre côté, L. BUISSON, *Couronne et serment du Sacre au Moyen Age*, dans « Année canonique », t. XVII (1973), p. 131-163, où le cadre du débat dépasse les limites imposées à cette communication.
11. « Paucos enim vel nullos apud nos reperimus, qui purae veritatis tramite non claudicantes incedant, qui non magis quae sua sunt quaerant vel current quam quae Jesu Christi, studentes potius terreno regi placere, quam caelesti displicere formidantes », *Materials, Epp.*, vol. V, lettre 32, p. 52.

de l'incompatibilité des deux devoirs. Cette contradiction fut le fondement de l'attitude qu'il prit dans le conflit depuis 1163 et devint l'argument fondamental de la polémique : toute opposition entre ce qui est dû au Roi céleste et les prétentions du roi terrestre met le clergé dans une situation sans équivoque qui, par ailleurs, était déjà tranchée dans le droit canon. [12] Quoiqu'il ne puisse être compté au nombre des canonistes, on constate une affinité entre leur pensée et la sienne, au moins en ce qui concerne la raison : un monarque digne de la qualification de roi chrétien ne peut aucunement s'opposer à la manifestation de la volonté divine, qui seule est la volonté souveraine; si, malgré tout, pareille opposition se manifeste, c'est le devoir du clergé, représentant la volonté divine, de réprimander le prince. Ce devoir est impératif chez Becket; l'exemple de saint Ambroise, qui avait employé la censure ecclésiastique contre Théodose, est un des arguments par lesquels il justifie sa prise de position et qui, tiré du *Décret* de Gratien, lui sert de précédent. [13] Cependant, malgré l'autorité du *Décret*, il ne semble pas qu'il ait eu un poids véritable sur l'opinion publique non savante au XIIᵉ siècle; familiarisée avec le nom et la réputation de l'archevêque de Milan, elle ignorait pratiquement les empereurs du dernier siècle de l'Empire romain, dominé par le souvenir de Constantin. Pour le Plantagenêt, toute analogie entre le cas de Thessalonique et son propre différend avec Becket, qui se situait en dehors de ce contexte, devait être considérée comme un affront à son égard et une injure envers le pape. Car, le roi d'Angleterre n'était pas comparable, et ne pouvait aucunement être flatté de se voir comparé au dernier empereur de l'Empire romain non encore divisé, comparaison qui rappelait la décadence; d'autant plus que, depuis le temps du Conquérant, l'opinion publique, déjà accoutumée au sentiment de supériorité des Francs sur les Romains, ajoutait les Normands aux éléments dont les vertus auraient pu éviter la dissolution de l'Empire. [14] En même temps, Henri II avait tout intérêt à souligner à quel point le précédent était un affront à l'adresse du pape, insinuant que l'archevêque de Canterbury se considérait par l'emploi de l'argument, le pair, non de l'archevêque de Milan, mais d'un Père de l'Église, dont l'autorité était mieux acceptée que celle des papes, ses contemporains. Or, le Plantagenêt trouvait opportun de s'appuyer sur le pouvoir pontifical, d'autant plus qu'Alexandre III s'était abstenu de prononcer une sentence d'excommunication contre le roi d'Angleterre, ce qui réduisait, momentanément, la portée du conflit. [15]

C'est ainsi que le véritable exemple de l'image idéale de la monarchie soumise à la volonté divine, qui devait inspirer au « roi terrestre » les règles de conduite, était celui de la royauté biblique. Exemple d'autant plus pertinent que cette royauté symbolisait à la

---

12. Cf. M. DAVID, *La souveraineté et les limites juridiques du pouvoir monarchique*, Paris 1954, p. 165-172, dont les conclusions sont basées sur les résultats des recherches de R. FOREVILLE, *L'Église et a Royauté en Angleterre sous Henri II Plantagenêt*, Paris 1943. Ce problème se pose dans le cadre plus large des rapports entre clercs et laïcs qui, sur le plan juridique, ont été réglés dans le *Décret* de Gratien, *Causa XII, Q, I, c. 7* (éd. E. FRIEDBERG, col. 678). Cf. là-dessus, L. PROSDOCIMI, « Chierici e laici nella società occidentale del secolo XII », dans *Proceedings of the Second International Congress of Medieval Canon Law* (Monumenta Iuris Canonici, Series C : Subsidia, vol. I, Vatican 1965, p. 105-122).

13. Et « si speciale aliquid de personis principum inquiratis, beatus Innocentius Arcadium imperatorem excommunicavit, quia consensit sanctum Joannem Chrysostomum a sua sede expelli. Sanctus etiam Ambrosius, pro culpa quae aliis sacerdotibus non adeo videbatur gravis, Theodosium magnum imperatorem excommunicavit et ab ecclesia exclusit ». *Materials, Epp.*, vol. V, lettre 153, p. 275. Le texte, que Thomas trouva dans le *Décret* de

Gratien (*Dist. XCVI, c. 10*, éd. FRIEDBERG, p. 340), est un fragment de la fameuse lettre de Gélase Iᵉʳ à l'empereur Anastase, connue comme la doctrine gélasienne des deux pouvoirs.

14. Ces idées, qui ont été ouvertement exprimées dans le prologue de la loi salique (éd. K. A. ECKHARDT, *Die Gesetze des Karolingerreiches, T. I. Lex Salica : Recensio Pippina*, Weimar 1953, p: 14), ont sans doute contribué à la naissance des légendes concernant les origines troyennes des Francs; quant à leur réception en Normandie, il semble que, pendant le règne de Guillaume le Conquérant, l'idée de l'excellence de la *natio* normande ait été généralement acceptée, au point que Guillaume de Poitiers put en exprimer le propos : « Horum ingeniis atque industria conservari posset incolumis : nec adeo senatoribus ducentis indigeret freta his Romana republica, si quanta apud veteres nunc polleret » (GUILLAUME DE POITIERS, *Histoire de Guillaume le Conquérant*, éd. R. FOREVILLE, Paris 1952, p. 148).

15. Cf. R. FOREVILLE, *L'Église et la Royauté en Angleterre sous Henri II Plantagenêt*, Paris 1943, p. 165-188.

fois le caractère humain et la nature sacrée du monarque. [16] L'étude de la Bible, surtout de l'Ancien Testament, avait propagé la connaissance des rois d'Israël et de Judée, tandis que l'ornementation des églises les popularisait parmi les diverses couches de la société laïque. [17] Cette remarque est particulièrement valable lorsqu'il s'agit de la dynastie du roi David, dont l'importance pour l'élaboration de la doctrine christologique n'a pas besoin d'être soulignée ici. [18] L'évocation du passé biblique et son actualisation était un fait constant au XIIe siècle et on en trouve des manifestations dans tous les genres de la création littéraire. Les maîtres des écoles parisiennes, par exemple, qu'il s'agisse des Victorins ou d'autres courants de pensée, tels les disciples de Pierre Lombard, n'hésitaient pas à recourir à des exemples contemporains afin de commenter les textes bibliques. C'est ainsi qu'Étienne Langton trouvera une analogie parfaite, dans son exégèse du livre des Macchabées, entre Thomas Becket et Jonathan le Hasmonaïte, qu'il qualifie aussi de « bon prélat » — ceci, parce que le prêtre hébreu n'avait pas cessé, malgré la crainte de la mort, de combattre les princes qui opprimaient « l'Église » [19] — et il en fera un prototype du martyr de Canterbury.

Becket, auquel les méthodes de l'exégèse biblique n'ont pas été étrangères, en raison de ses attaches, directes ou indirectes, avec l'école de Saint-Victor de Paris, se proposa, lui aussi, de chercher dans l'histoire des rois de l'Ancien Testament le visage idéal de la royauté sacrée. Procédant ainsi, il n'innovait pas quant à la méthode; la pratique en était courante depuis l'époque carolingienne. [20] Son originalité consiste dans l'emploi des textes en vue de soutenir ses arguments polémiques. Le roi biblique est, à travers les textes qu'il a choisis afin d'appuyer son propos, un être humain, dont les qualités sont accompagnées de défauts et dont les péchés font pendant aux vertus. C'est donc dans le modèle reconnu par sa génération comme le plus proche de la perfection, la royauté biblique, que le prélat exilé a trouvé appui pour son argument contre le Plantagenêt. Afin de simplifier le débat, Becket a choisi quelques exemples, concentrant l'attention particulièrement sur le roi David, sans doute le plus populaire des monarques de l'Ancien Testament. David avait eu ses mérites, qui sont le fondement de son exaltation, et de celle de sa dynastie, mais en même temps, il avait péché; ce péché terrible, qui se situe dans la vie privée du roi, à savoir l'adultère et l'homicide, dont Thomas souligne la gravité, [21] avait eu ses répercussions sur la royauté d'Israël et sur l'avenir de la dynastie, dont le sort fut marqué par l'amour de David et de Bethsabée et dont les conséquences, quant à l'histoire du christianisme, étaient présentes aux esprits de cette génération. Ce n'était donc pas un épisode parmi les autres, mais une question de premier ordre, qui pouvait justifier l'analogie avec « l'affaire du Plantagenêt » (dans son esprit il n'y avait évidemment pas d' « affaire Becket »).

Cette analogie lui permettait de souligner la différence entre les deux rois. L'un, à savoir son souverain, refuse toute soumission à la volonté divine, représentée par l'Église [22] et s'obstine dans son péché, tandis que l'autre — idéal de la royauté sacrée — reçoit le pro-

16. Cf. A. R. JOHNSON, « The Rôle of the King in Jerusalem Cultus », dans The Labyrinth, éd. S. H. HOOKE, London 1935, p. 73-111.

17. Cf. A HAUSER, The Social History of Art, London 1962, T. 1, p. 159-174, ainsi que la bibliographie.

18. On trouvera dans l'étude de A. WATSON, The Early Iconography of the Tree of Jesse, London 1934 les éléments pertinents. Cf. l'interprétation de J. R. JOHNSON, « The Tree of Jesse Window of Chartres : « Laudes Regiae », dans Speculum, t. XXXVI (1961), p. 1-22. Quant au développement du thème dans le royaume anglo-normand, Cf. C. R. DODWELL, The Great Lambeth Bible, London 1959.

19. « ... non cessat pro timore mortis principes degrassantes in ecclesiam corripere, nec formidat se discrimini obicere pro libertate ecclesiae... In munitionem ecclesie

postulat prelatus a principe ut possit debito privilegio gaudere » (Comm. in Mach., IX, 2). Le passage est copié d'un fragment du commentaire, édité par B. SMALLEY, The Study of the Bible in the Middle Ages. 2e éd., Notre Dame, 1964, p. 252.

20. Cf. E. EWIG, « Zum christlichen Königsgedanken im Frühmittelalter », dans Das Königtum (Konstanz Vortrage, t. III, p. 45 sq.).

21. « David etiam cum adulterium et homicidium commisisset, missus est a Deo ad eum propheta Nathan ut eum redargueret et corrigeret; correptus est et citissime correctus. Rex enim deposito diademate capitis sui abjectaque majestate imperiali, non erubuit humiliari ante faciem prophetae... », Materials, Epp., vol. V, lettre 153, p. 275.

22. Ibid., p. 267-277.

phète Nathan qui ne lui ménage pas ses réprimandes. Or, le texte en témoigne, le grand roi, ancêtre de la Mère du Christ, ne se laisse pas emporter par la colère contre son sujet; mais il s'humilie devant cet humble instrument de la volonté divine qu'est le prophète et, le cœur contrit, implore la miséricorde de Dieu. Par cette présentation de l'entretien entre David et Nathan, Becket a la possibilité de souligner aussi bien l'importance de la censure du comportement du roi que celle de la pénitence, qui est la condition préalable du pardon. Dès que le pénitent royal a obtenu la grâce du pardon divin, sa position, aussi bien sur le plan personnel que sur le plan de l'autorité publique, est renforcée et il peut jouir des fruits de la gloire royale. [23]

En revanche, le fils de David et de Bethsabée, le roi Salomon, fut choisi comme le prototype du monarque méchant. Salomon, qui avait bénéficié des dons de la grâce divine, à savoir la paix et la sagesse, s'attire la colère céleste parce qu'il refuse de s'humilier lorsque le prophète lui reproche ses péchés. [24] Ses mérites et ses bienfaits, dont l'édification du Temple de Jérusalem, [25] ne sont pas considérés comme circonstances jouant en sa faveur devant le jugement divin et son comportement lui valut une peine, très grave dans ses conséquences, la scission du royaume d'Israël après sa mort. Dans sa lettre à Henri II, dont le contenu indique le caractère de manifeste public, Becket insiste sur cette présentation des faits afin de préciser que les qualités intellectuelles, comme la fameuse sagesse salomonique, ne sont qu'accessoires des qualités morales, qu'il considère comme les véritables vertus. C'est ainsi qu'en dépit de son appartenance à la dynastie sacrée et de tous ses mérites, il relègue Salomon au rang des despotes, aux côtés du Pharaon, du roi Saül et de Nabuchodonosor. [26] Le jugement est, certes, une interprétation très sévère du texte de l'Ancien Testament, où la figure du roi Salomon n'est pas présentée de manière aussi négative; néanmoins, elle cadre parfaitement avec la pensée de l'archevêque comme un avertissement à l'adresse du Plantagenêt qui avait fait preuve de sagesse politique et de grandes capacités de gouvernement. Le roi Salomon est seulement un monarque que le primat estime comme opposé à son idéal de perfection royale; celle-ci est l'apanage des rois qui, « le cœur contrit, se sont humiliés devant le Seigneur, après avoir péché; la grâce divine leur fut alors octroyée en abondance et dans sa plénitude. [27] » Et de citer à titre d'exemple les rois David, Ezéchias et « beaucoup d'autres ».

Les idées de Becket, qui se sont cristallisées vers 1166, lorsque les exemples de l'Ancien Testament apparaissent fréquemment dans sa correspondance, ont été concentrées sur l'aspect moral, touchant au comportement du roi; là-dessus, il est fidèle à l'esprit biblique et suit, peut-être sans en avoir conscience, la méthode de travail des exégètes juifs, ses contemporains. [28] Car, à travers les textes qu'il avait choisis pour appuyer son propos, ce

23. *Materials, Epp.*, vol. V, lettre 183, p. 359.

24. « ... sicut nec de domo Salomonis, a quo, licet eum Dominus elegisset, et contulisset tantam sapientiam et pacem ut diceretur ab hominibus, ' Hic est filius sapientiae et pacis', quoniam tamen recessit a via Dei, et ambulavit in iniquitate super iniquitatem, scidit Deus regnum suum, et dedit illud servo suo, maxime quia non quaesivit subito post delictum placare Dominum, sicut et David pater suus, qui statim post offensam humiliavit se Domino, emendavit culpam, petivit misericordiam, et obtinuit veniam. » *Materials*, Epp., vol. V, lettre 152, p. 268.

25. Il est pourtant important de rappeler que, selon le texte (I, *Rois*, VIII, 19-21), l'édification du Temple était plutôt un bénéfice divin qui lui fut accordé qu'une bonne œuvre royale.

26. *Materials, Epp.*, vol. V, lettre 154, p. 280.

27. « Qui vero post delictum suum cordis contritione umiliaverunt se Domino, his gratia Dei accessit cum omnibus supradictis abundantius et perfectius... » *Materials, Epp.*, vol. V, lettre 154, p. 280.

28. Les commentaires des membres des écoles tossaphistes de Paris et de Troyes mettent aussi l'accent sur le comportement du roi et ses qualités morales, dont sa soumission au prophète. La même idée se trouve dans les commentaires des livres des Rois d'Abraham ibn Ezra, originaire de Tolède, dont le séjour à Chartres et à Paris, vers 1160, facilita la propagation de ses ouvrages parmi les juifs de la France septentrionale; c'est ainsi qu'ils furent connus par Herbert de Bosham, un des intimes compagnons d'exil de Becket. Sur les rapports entre les exégètes juifs et l'école victorine, cf. B. SMALLEY, *The Study of the Bible* (éd. citée, note 19) et A. GRABOÏS, « La version hébraïque de l'Ancien Testament et l'exégèse chrétienne : un chapitre des rapports intellectuels judéo-chrétiens au XIIᵉ siècle » (en hébreu, dans *Études de l'histoire d'Israël et de son pays*, t. I (Haifa 1970), p. 96-117).

n'est pas de la nature du pouvoir royal qu'il traite; son attention est fixée sur la personne du roi, personne qui n'a rien de transcendant. Être humain, le roi biblique est susceptible de pécher, comme tous les mortels; aussi est-il soumis à la censure des hommes de Dieu, en l'occurrence les prophètes. La réaction du roi aux réprimandes du prophète est ainsi le véritable critère de l'appréciation de ses qualités personnelles, mais en même temps, en raison de la primauté accordée au comportement, le fondement de son autorité politique qui, en principe, reste illimitée et cependant contrôlée par l'émanation humaine de la volonté divine. Toute opposition à ce schéma démantèle la légitimité du monarque et le transforme donc en tyran.

C'est ainsi que la soumission du roi à la volonté divine, qui est un des axiomes de la philosophie politique médiévale, [29] se matérialise dans la pensée de Becket par sa subordination à l'incarnation humaine de cette volonté. Qui représente cette incarnation humaine ? En ce qui concerne l'ancien royaume d'Israël, la réponse est simple et sans équivoque : c'est le prophète, l' « homme de Dieu » comme le désignent les textes. Aussi bien, le roi David, qui accepte la censure du prophète, qui le fait participer à son équipe de gouvernement, [30] est le roi juste, la préfiguration du roi « très chrétien ». Cette définition n'est cependant pas conçue dans les termes de l'exégèse pure et simple, ni en vue de servir de fondement à l'élaboration d'un traité théorique sur la royauté; elle est la pierre angulaire pour la concrétisation de la pensée à des fins précises. Il en résulte que le roi idéal, celui du passé aussi bien que celui du présent, est le monarque qui, toujours susceptible de pécher, accepte la direction spirituelle des hommes de Dieu. Il fallait cependant préciser la nature des « hommes de Dieu » au XIIe siècle, car l'Église, aussi bien que la Synagogue, ne reconnaissait plus de nouvelles apparitions de prophètes et, évidemment, refusait de conférer une telle authentification aux visionnaires, quand bien même ils étaient ainsi désignés dans les couches populaires. [31] C'est ainsi qu'un saint Bernard, dont le tempérament, l'activité publique et la position particulière dans la société occidentale de son temps avaient beaucoup de ressemblance avec le prophétisme de l'Ancien Testament, n'a jamais été consacré sous pareille épithète.

Becket n'avait aucun doute lorsqu'il exprimait l'idée que l'Église est l'héritière des prophètes. [32] Pourtant, le Sacerdoce chrétien était, en non moindre degré, l'héritier des prêtres bibliques. Or, cet héritage pourrait impliquer une conclusion entièrement opposée à la conception acceptée dans le monde catholique, quant à la position du clergé à l'égard du pouvoir politique. Les exemples de l'Ancien Testament insistent sur le fait que le roi n'était pas soumis à la direction du prêtre, dont le rôle principal était d'être un instrument du culte; il gouvernait, depuis sa nomination jusqu'à la déposition, le cas échéant. [33] Aussi bien, le véritable héritage valable à l'appui de la théorie de Becket était celui de l'autorité spirituelle, à savoir celle des prophètes. Cette conception est d'une importance capitale pour l'interprétation du terme « *ecclesia* » dans la pensée de l'archevêque de Canterbury et surtout

29. Telle est la signification de la « grâce divine » dans les serments du sacre et dans les intitulations des chartes royales. Cf. W. ULLMANN, *op. cit.*, p. 117-123.
30. C'est ainsi que le prophète Nathan fut un des membres du conseil du roi et qu'il avait agi comme conseiller royal lors de la crise qui avait accompagné l'élévation du prince Salomon au trône (I, *Rois*, ch. I).
31. Le problème de la « prophétie » au moyen âge, surtout en ce qui concerne son caractère hétérodoxe et ses liens avec la foi populaire, a été mis en évidence par P. ALPHANDÉRY, « Prophètes et ministère prophétique dans le Moyen Age latin », dans *Revue d'histoire et de philosophie religieuse*, t. XII (1932), p. 334-359.
32. L'analogie apparaît dans la lettre 153 (*Materials*,

Epp. vol. V, p. 276), où Becket passe à l'exhortation, après avoir traité de l'importance de la pénitence du roi David. Ayant dressé une comparaison entre le Plantagenêt et David, il laisse entendre le parallèle entre lui-même et le prophète Nathan. Néanmoins, la doctrine pétrine de la délégation de l'autorité divine l'oblige à tenir compte de la hiérarchie ecclésiastique. C'est ainsi qu'il considère l'autorité spirituelle qu'il doit exercer sur son monarque comme la délégation des pouvoirs de l'Église, héritière des prophètes : « ... certum est reges potestatem suam accipere ab ecclesia... », *Materials*, *Epp.* vol. V, lettre 154, p. 281
33. Cf. A. R. JOHNSON, « The Rôle of the King » (cité supra, note 16).

dans le contexte du sujet qui nous préoccupe. La manifestation de la volonté divine, le choix de l'homme de Dieu, sont institutionnalisés, depuis l'apparition du Christ, et en vertu de la doctrine pétrine, dans cet « *ordo* » hiérarchique qu'est l'Église. C'est ainsi que le roi « très chrétien » est, à l'exemple du roi David, celui qui se soumet à la direction spirituelle des prélats, qui accepte leur censure et rachète ses péchés par la pénitence qu'ils lui imposent. Grâce à ce comportement, l'Église promet au roi « très chrétien » la longévité pour soi-même et pour sa progéniture et ceci en vertu du cinquième commandement, l'assimilant ainsi au fils qui est tenu de respecter ses parents. En outre, et là on passe au domaine politique, elle lui accorde l'autorité sur les églises de son royaume, « afin qu'il puisse permettre [à l'Église] de jouir des fruits de la paix et de la liberté. » [34]

Cet idéal théocratique de la royauté biblique, en tant que royauté sacrée — à savoir le gouvernement de la société par délégation divine et la censure de l'autorité spirituelle — remonte évidemment à l'époque carolingienne et ne doit pas être imputé à Becket. Après l'éclipse des Xe-XIe siècles, on le retrouve, pendant la seconde moitié du XIIe siècle, incarné en la personne de Louis VII, roi de France [35] et protecteur de l'archevêque exilé. Le surnom du Capétien, « *christianissimus rex* », se trouve fréquemment dans les œuvres de Jean de Salisbury [36] et, on peut supposer que ce fut sous son influence que Thomas adopta cet éphitète en 1166 et en fit l'exemple de la royauté sacrée. [37] Néanmoins, la signification de cet emploi dépasse la pratique qui lui était propre en France. En effet, la tradition biblique « de la terre sainte, du peuple élu et de la monarchie promise aux descendants de Jessé » eut une influence importante sur la pensée médiévale, surtout dans le domaine de l'exaltation nationale. Qu'il s'agisse de l'élection du peuple dans la mentalité franque [38] ou de la formation d'un sentiment de la « nation élue » en France aux XIe-XIIe siècles, [39] l'élaboration de l'idée était accompagnée de l'attachement au concept de supériorité exclusive des souverains régnant sur le peuple élu. Le développement de la légende de Charlemagne avait apporté une importante contribution à la diffusion de ce concept et les Capétiens du XIIe siècle (particulièrement Louis VII) qui étaient considérés comme les successeurs du grand monarque de la « douce France », en furent les bénéficiaires. Or, Becket, par l'emploi de l'épithète « très chrétien », le fit sortir de cette conception exclusive, réservée au seul roi de France et lui donna une signification universelle, mais en même temps pluraliste : ce fut là l'originalité de sa pensée.. Tout monarque chrétien qui serait capable d'acquérir les qualités du roi David, de se comporter selon les normes prévues pour les rois bibliques, pourrait mériter cet épithète. Il semble même qu'au fond de sa pensée, l'archevêque de Canterbury aurait bien désiré que le surnom fût aussi attribué à son roi,

34. « Permittat ecclesiam frui pace et libertate sub ipso, tanquam sub rege christianissino ». *Materials, Epp.* vol. V, lettre 233, p. 510.
35. Louis VII fut surnommé, semble-t-il, « roi très chrétien » après son retour de la croisade. Le plus ancien témoignage que nous en ayons relevé est la mention dans la biographie de Suger par le moine GUILLAUME, *Vita Sugerii* (éd. A LECOY DE LA MARCHE, *Œuvres de Suger*, Paris 1867, p. 393). Dans la chronique de JEAN DE SALISBURY, *Historia Pontificalis* (éd. M. CHIBNALL, London 1956), Louis VII est le seul monarque mentionné qui soit qualifié par ce surnom (p. 2, 11, 52, 57, 64, 87). Quant à la consécration de l'épithète par Alexandre III et sa signification, cf. G. LADNER, *art. cit.*, p. 62. Le renouveau d'un titre tombé en désuétude depuis l'époque carolingienne fut accompagné du renouvellement de l'emploi du surnom « David », qualifiant le souverain.
36. Dans sa correspondance, Jean de Salisbury employa le titre de roi « très chrétien », soulignant le rôle du roi de

France comme défenseur de l'archevêque de Canterbury, (lettres 176, 203, 204, 222, 227; MIGNE, P. L., t. CIXC. col. 171, 226-227, 249-250, 255).
37. *Materials, Epp.* vol. V, lettre 223, p. 510.
38. « Gens Francorum inclita, auctorem Deo condita... » dit l'auteur du Prologue de la Loi salique et il continue, reprenant une formule des *Laudes*, « Vivat qui Francos diligit Christus »... (*Lex Salica*, éd. K. A. ECKHARDT, *op. cit.*, p. 12 et 14). Cf. aussi J. R.STRAYER, « France : The Holy Land, the Chosen People and the Most Christian King », dans *Action and Conviction in Early Modern Europe*, éd. Th. K. RABB et J. E. SEIGEL, Princeton 1969, p. 3-16.
39. Guibert de Nogent et Suger furent les protagonistes les plus importants de ce sentiment, sans en être les seuls. Cf. L. BOEHM, « Gedanken zum Frankreicht-Bewusstsein im frühen 12. Jahrhundert », dans *Historisches Jahrbuch des Görres-Gesellschaft*, t. LXXIV (1955), p. 681-687; aussi J. R. STRAYER, *art. cit. supra*.

à condition qu'il se repente et qu'il reconnaisse la suprématie des lois divines : [40] en ce cas, Thomas voudrait bien être « l'homme de Dieu », voire un « nouveau Nathan » à côté de son roi. L'idéal de la royauté biblique chez Thomas Becket a été élaboré comme un argument polémique dans sa querelle avec Henri II. Cette polémique est, sur le plan de l'actualisation du passé biblique, étroitement liée à la personnalité du roi David, dont la survie dans la mentalité médiévale avait déjà fait son chemin, au point qu'elle mérite une histoire propre. Le « David » médiéval est immortel : on le retrouve incarné, à travers les siècles, dans la personne des monarques qui ont porté ce surnom. Les différentes générations ont eu leurs propres « David », dont les qualités furent adaptées pour les besoins de chacune. Pépin le Bref, qualifié de David par le pape Paul Ier, [41] rappelait l'ascension d'une nouvelle dynastie et la promesse de sa perpétuité, ainsi que l'alliance entre le Sacerdoce et la Royauté. Quant au surnom « David » accordé à Charlemagne, qui est le plus fameux, sa signification est beaucoup plus large. La comparaison avec le vainqueur des Philistins, le conquérant de Jérusalem, l'organisateur du saint royaume, s'impose dans ce cas, mais en même temps, sous la plume d'Alcuin, on aperçoit la volonté de tracer un parallèle entre le Psalmiste et le « compositeur » des *Libri Carolini*, ce qui implique aussi une dimension spirituelle, celle du « roi-prêtre ». [42] En revanche, au XIIe siècle, « David » signifie surtout les qualités morales : la piété, l'humilité, la soumission à la volonté divine. [43] C'est dans ce sens que Louis VII fut qualifié de David. Suger, qui y fait allusion dans sa relation de la consécration de l'abbatiale de Saint-Denis, [44] lia ce surnom du Capétien à son idée directrice, à savoir la présentation de Saint-Denis comme le sanctuaire national, ce qui impliquait la tendance à en faire l'apanage exclusif du roi de France. [45]

C'est ainsi que, à l'époque de Becket, on aboutit au rapprochement entre le surnom « David » et le titre de roi « très chrétien », rapprochement qui sous-entend l'intention d'exalter la royauté française, en tant que monarchie du peuple élu. Becket eut l'occasion, lors de ses voyages en France et surtout pendant son exil, d'apprendre aussi bien l'emploi du surnom David et sa signification, que son rapport avec le concept de roi « très chrétien », défenseur-né de l'orthodoxie. Cependant, parce qu'il n'était pas lié au mouvement qui tendait à exalter la *natio* française, l'archevêque de Canterbury donna au surnom David une signification universelle. Le roi David, qui était l'expression de son idéal de la royauté sacrée, est, dans sa pensée, synonyme du concept de monarchie « très chrétienne », titre que l'on pourrait, en principe, conférer, à tout roi catholique, à la condition que, par son comportement et son consentement à la direction spirituelle de l'Église, il s'en rende digne.

40. « Istae sunt dignitates regiae, leges optimae, quas petere debet et observare rex Christianissimus; quibus gaudere debet et florere sub ipso ecclesia. Istae sunt leges obtemperantes legi Divinae, non derogantes... » *Materials, Epp.*, vol. V, lettre 223, p. 511.

41. JL. 2361 (MANSI, *Concilia*, t. XII, col. 627). Pour les autres lettres désignant Pépin le Bref sous l'appellation « David », cf. la note de E. DUEMMLER, dans son édition des lettres carolingiennes (MGH, *Epistolae*, vol. III, p. 505).

42. Cf. parmi les derniers ouvrages, E.H. KANTOROWICZ, *Laudes regiae*, Berkeley 1958, p. 53-54, R. FOLZ, *Le couronnement impérial de Charlemagne*, Paris 1964, p. 97-98 et 118-120, ainsi que W. ULLMANN, *The Carolingian Renaissance and the Idea of Kingship*, London 1969, p. 17-18.

43. Voir dans ce sens, ETIENNE DE PARIS, *Fragment de Chronique*, dans « Recueil des Historiens des Gaules et de la France », t. XII, p. 91. Cette esquisse n'est qu'une brève mention d'une recherche plus vaste concernant la survie du roi David dans la société occidentale au moyen âge.

44. SUGER, *De rebus in administratione sua gestis, éd. citée,*

p. 187. Il est intéressant de relever à ce propos que Suger considérait son monarque comme ayant plus de mérites que le roi David lui-même, étant donné que, à la différence du roi d'Israël, il bénéficia de la grâce de pouvoir assister à la consécration du nouveau Temple, l'abbatiale de Saint-Denis, bien que ses mains fussent tachées de sang.

45. Dans ce sens, on trouve ce surnom chez ETIENNE DE TOURNAI, *Epitaphium Ludovici VII Regis*, dans « RHF », t. XVI, p. 715, SERLO DE WILTON, *Poème* (éd. B. HAURÉAU, *Notices et extraits de quelques manuscrits latins de la Bibliothèque Nationale*, T. I, Paris 1890, p. 311) et surtout chez GAUTIER MAP, *De Nugis Curialium* (éd. J. MONTAGUS RHODES, Oxford 1912, p. 105). Cette interprétation du surnom est sans doute liée au développement de l'idéal épique de la monarchie, en vertu duquel le roi de France était considéré comme l'héritier de Charlemagne, ce qui lui conférait la qualité de monarque militaire et de chevalier mais aussi celle de chef idéal de gouvernement. Cf. K. H. BENDER, *König und Vasall. Untersuchungen zum Chansons de geste des XII. Jahrhundert*, Heidelberg 1967, p. 61.

IX

Le pèlerin occidental en Terre Sainte
à l'époque des croisades et ses réalités :
la relation de pèlerinage
de Jean de Wurtzbourg

Les croisades, en tant que phénomène religieux et politique, ont frappé l'imagination des Occidentaux et sont devenues un facteur de première importance pour la prise de conscience de l'Orient dans les différentes couches de la société. Il suffit de feuilleter les chroniques et les annales rédigées dans les pays de l'Europe occidentale, afin de se rendre parfaitement compte à quel point cette « présence » de la Terre Sainte fut considérée comme un élément fondamental pour le compte rendu des événements, par ce « colporteur » de l'information, qu'était le chroniqueur ou l'annaliste médiéval [1]. Cette vogue de l'Orient se manifeste également dans la littérature épique et dans les romans de l'époque [2]. Grâce à la diffusion de cette « connaissance » de l'Orient, pour emprunter une expression chère à Foucher de Chartres [3], les croisades sont devenues un important événement social, touchant, au XIIe siècle, bon nombre de familles de la noblesse occidentale, dont les membres prirent part à l'*Iter Hierosolymitanus*, la plupart pour une assez courte durée [4].

1. Ceci, évidemment, sans prendre en considération les travaux dédiés aux croisades même, comme la chronique de GUIBERT DE NOGENT, *Gesta Dei per Francos*, dans *Rec. hist. croisades — Historiens occidentaux* (sera abrégé *RHC, Occ.*), t. IV, p. 115-263.
2. *Le pèlerinage de Charlemagne à Jérusalem et Constantinople*, éd. P. AEBISCHER, Genève, 1965, est le meilleur exemple à ce propos. Cf. la mise au point de J. HORRENT, *La chanson du Pèlerinage de Charlemagne et la réalité historique contemporaine*, dans « Mélanges Jean FRAPPIER », Genève, 1970, t. I, p. 411-417, dont nous ne pouvons partager les conclusions quant à la date de composition. Pour l'ensemble du problème, cf. P. JONIN, *Le climat de croisade dans les chansons de geste*, dans « Cahiers civil. médiév. », t. VII, 1964, p. 279-288. Pour les mêmes raisons que les chroniques, les chansons du cycle de croisade ne sont pas prises en considération ici.
3. FOUCHER DE CHARTRES, *Historia Hierosolymitana*, dans *RHC, Occ.*, t. III, p. 485.
4. Un examen de la participation aux croisades des membres des familles princières, en France et dans l'Empire, pendant le XIIe siècle, prouve qu'au moins un membre de chaque famille avait effectué l'*Iter*. Quelques exemples : sur six empereurs, trois ont participé aux croisades et sur trois rois de France il y en eut deux ; de même, trois sur quatre

Il est inutile d'insister sur le fait que ce voyage à Jérusalem était considéré en premier lieu comme pèlerinage [5] ; pour nous limiter à une seule famille, celle des comtes de Flandre, choisie à titre d'exemple, le voyage en Orient, fût-il celui de Robert le Jérusalémitain, celui de Thierry d'Alsace ou celui de Philippe d'Alsace, n'avait pour eux aucun intérêt politique ou économique ; il n'est possible de l'expliquer que par la volonté patente d'accomplir un devoir de pèlerinage aux Lieux Saints, combiné avec l'occasion — qui, dans l'esprit de l'éducation chevaleresque d'une société de guerriers [6], apparaissait comme un devoir sacré — de combattre l'Infidèle et prêter ainsi main-forte à l'Eglise [7]. Cette conception se trouve confirmée par l'examen du privilège du croisé, copié sur celui du pèlerin [8]. Et pourtant, ces « pèlerinages armés » qu'étaient les croisades, avaient un caractère entièrement différent de celui qui était, dès les débuts du christianisme, propre aux pèlerinages purs. Le croisé n'était pas le *peregrinus*, cet étranger au monde et à ses réalités [9] ; en tant que combattant, il devait avoir le sens précis, aussi bien des réalités de l'itinéraire, que de la situation du pays où il allait participer au *bellum sacrum*, qu'il eût l'intention de s'y établir, ou celle de retourner dans son foyer. En revanche, le pèlerin proprement dit, qui prenait la même route, parfois dans la suite même du croisé, cessait, dès son départ, d'être l'homme de la société dans laquelle il vivait et d'avoir le souci de ce qui se passait autour de lui [10]. Il « plongeait », si l'on peut employer cette expression, dans le passé : soit celui, un peu plus récent, des légendes hagiographiques, soit celui de la présence du Christ, soit enfin celui, plus reculé, de l'Ancien Testament ; c'est avec ce passé qu'il s'identifiait spirituellement et, par l'adoption de cette mentalité, il se détachait, pendant la période de son pèlerinage, des couches sociales auxquelles il appartenait ou s'apparentait. Ce qu'il cherchait, au terme de son pèlerinage, n'était pas le royaume latin, avec ses réalités, fussent-elles séduisantes, car il pouvait voir des royaumes chrétiens dans son propre pays, mais la Terre de la Bible et les sanctuaires de l'Evangile [11]. Son itinéraire n'était donc pas celui des seigneuries de l'Orient latin, mais celui de l'*Onomasticon* d'Eusèbe de Césarée.

Les relations de pèlerinages ont été conçues selon cette mentalité des pèlerins

des comtes de Toulouse et trois sur cinq des comtes de Flandre. Notre calcul prouve qu'environ 50 % des chefs de principautés féodales de ces deux pays ont pris part aux croisades pendant la période mentionnée, en excluant de celui-ci les cadets et les branches collatérales.

5. Cf. R. FOREVILLE, *Pèlerinage, croisade et jubilé au moyen âge*, dans « Amis de Saint-François », t. VII, 1966, p. 48-61.

6. Cf. G. DUBY, *Dans la France du Nord-Ouest au XIIᵉ siècle : les « jeunes » dans la société aristocratique*, dans « Annales E.S.C. », t. XIX, 1964, p. 835-846.

7. Cf. A. DUPRONT, *La spiritualité des croisés et des pèlerins d'après les sources de la première croisade*, dans « Pellegrinaggi e culto dei santi in Europa fino alla prima crociata », Todi, 1963, p. 449-483.

8. Cf. F. GARRISON, *A propos des pèlerins et de leur condition juridique*, dans « Mélanges Gabriel LE BRAS », Paris 1965, t. II, p. 1165-1189.

9. Cf. DUPRONT, *op. cit.*, p. 458 ss.

10. B. DE GAIFFIER, *Pellegrinaggi e culto dei Santi : reflexions sur le thème du congrès*, dans « Pellegrinaggi e culto dei santi... », p. 3-35, ainsi que les travaux de M. E.-R. LABANDE, dont : « *Ad limina* » : *le pèlerin médiéval au terme de sa démarche*, dans « Mélanges René CROZET », Poitiers 1966, t. I, p. 283-291, duquel la présente enquête est largement tributaire. Je le prie de bien vouloir recevoir le résultat en hommage.

11. Cf. DE GAIFFIER, *op. cit.*

LA RELATION DE PELERINAGE DE JEAN DE WURTZBOURG

et se distinguent par la pauvreté, voire l'absence, des allusions au présent et aux réalités que leurs auteurs ont vues ou entendues. Leur identification avec le passé, les a maintes fois amenés à décrire au présent les renseignements tirés des autorités sacrées, donnant ainsi lieu, soit à des confusions, soit à une image mythologique des lieux qu'ils avaient visités et qui ne correspondait pas à leur situation contemporaine. Il faut cependant préciser que ces pèlerins ne doivent pas être accusés de faux témoignage ; « leur » réalité était un reflet sincère de leurs préoccupations votives.

*
* *

Parmi les relations des pèlerins occidentaux du XIIe siècle, une place de choix doit être réservée à celle de Jean, prêtre de Wurtzbourg, aussi bien en raison de son importance qu'à cause de sa motivation : *ego in Hierosolymitana manens peregrinatione pro domini nostri Jesu Christi amore*, dit-il à son servant et compagnon Dietrich, auquel il consacra son récit [12]. L'examen de cette *Descriptio Terrae Sanctae* peut permettre de donner un aperçu de cette mentalité de pèlerin et de tenter de faire une distinction entre le mythe, ou la réalité du passé, et celle de son propre temps.

Jean de Wurtzbourg visita la Terre Sainte vers 1165 [13], c'est-à-dire à l'époque de l'apogée du royaume latin de Jérusalem, mais aussi à une période où de premières fissures donnaient déjà lieu à des inquiétudes sérieuses quant à son avenir [14]. Prêtre de l'Eglise de Wurtzbourg, donc au centre des préoccupations politiques sous Frédéric Barberousse, il était mêlé aux affaires courantes ; son pèlerinage était une sorte de congé dans la carrière d'une personnalité ecclésiastique, déjà mûre et dotée d'un sens critique des affaires. Il semble qu'il n'ait pas perdu ce sens pendant son voyage en Terre Sainte ; sa relation fait preuve d'une intelligence qui ne lui permettait pas toujours de se contenter des récits, fournis par ses guides [15]. Son esprit critique l'amena à faire parfois des digressions, pleines d'intérêt pour ce qui concerne ses sentiments à l'égard de la société des croisés. Mais ces digressions sont, sauf une, courtes, comme si leur auteur craignait de se laisser entraîner par le témoignage de la réalité et de lui sacrifier le but principal de son discours [16].

En effet, on peut se poser la question suivante : dans quelle mesure la *Descriptio Terrae Sanctae* est-elle une description du royaume latin de Jérusa-

12. JOANNIS WIRZBURGENSIS, *Descriptio Terrae Sanctae*, éd. T. TOBLER, dans « Descriptiones Terrae Sanctae », Leipzig, 1874, p. 108-192, avec introduction (p. 415-425) et notes (p. 426-448). V. le passage cité, p. 109.

13. TOBLER (*Op. cit.* p. 417) a établi le temps du pèlerinage entre 1160 et 1170. Un examen des allusions aux *actualia* permet de diminuer un peu cet écart. Le pèlerinage fut effectué après les campagnes d'Amaury Ier en Égypte (p. 156) et avant l'avènement de Saladin, qui mit un terme à la tranquillité qui régnait dans la Tranjordanie méridionale (p. 180). Il semble aussi que les travaux des artistes byzantins n'aient pas encore été achevés dans la basilique de la Nativité à Bethléem, dont il ne fait pas la description dans sa relation (p. 172-173). D'où la possibilité de dater le pèlerinage vers 1165.

14. Cf. les lettres adressées vers la même époque par le roi, le patriarche et les grands maîtres des ordres militaires à Louis VII, demandant l'aide de l'Occident pour le royaume latin (MIGNE, *P.L.*, t. CLV, col. 1263-1282).

15. *Descriptio*, p. 119.

16. *Sed his impraesentiarum omissis, ad propositam materiam revertamur* (p. 156).

lem ? la réponse est négative. Ceci apparaît surtout quand on en fait la comparaison avec les descriptions du pays, que certains chroniqueurs, tels que Guillaume de Tyr [17] ou Jacques de Vitry [18], ont faites au début de leurs chroniques respectives. Pour Jean de Wurtzbourg les régions « profanes » du pays, dont le littoral méditerranéen, où l'élément européen était le plus implanté et où la société des croisés déployait une activité plus dynamique, n'ont pas le caractère de « terre sainte », malgré leur appartenance au royaume latin. C'est ainsi que la ville d'Acre, qui était à tous égards le centre le plus important de ce royaume, est omise de sa relation ; omission volontaire, qui témoigne du souci d'établir une distinction entre le sacré et le profane, d'autant plus qu'à Acre l'aspect de ce profane était très peu séduisant [19].

Dans sa description, Jean de Wurtzbourg suit le plan géographique, déjà classique, commun aux relations des pèlerins : il commence par la Galilée et la ville de Nazareth ; suivent la Samarie, Jérusalem, la Judée et la vallée du Jourdain, le Sinaï et la Transjordanie, la Syrie et la Galilée supérieure ; cependant, c'est Jérusalem qui occupe la place la plus importante de son récit et, de loin, la plus vivante. Nazareth est pour lui *caput Galilaeae* [20], comme elle l'était pour tous les pèlerins ; ceci, en contradiction avec la réalité. Le chef-lieu de la principauté de la Galilée fut établi à Tibériade, tandis qu'il faut émettre des doutes sur le caractère urbain de la nouvelle métropole ecclésiastique, transférée par les croisés de Beth San à Nazareth [21].

A partir de cette constatation, un examen de la terminologie des lieux d'habitat s'impose ; l'auteur connaissait très bien l'emploi des notions *civitas* [22], *oppidum* et *vicus* ; ses fonctions ecclésiastiques l'y avaient préparé. Cependant, dans sa description, il est tributaire de la terminologie biblique et la qualification des localités est déterminée suivant leur mention par des autorités sacrées, sans aucun rapport avec leur situation au temps du pèlerinage. Outre Jérusalem, il qualifia comme *civitates* les localités suivantes : Nazareth, Scythopolis ou Bethsan, Samarie, Bethléem, Césarée, Hébron, Tyr, Sidon, Beyrouth, Panéas et Tibériade, ainsi que Séphorie, Naïm, Jezrael, Luza, Rama, Cédar, Capharnaüm et Bethulia [23]. L'influence biblique apparaît nettement dans cette énumération ; quelques bourgades, comme Beth San, ancien siège de l'archevêché, Jezrael, ancienne résidence des rois d'Israël, ou Séphorie et des hameaux comme Naïm, Luza, Rama, Capharnaüm et Bethulia, ou un lieudit, comme Cédar [24], ont le droit à la même appellation que les cités épiscopales et métropolitaines de Jérusalem, Césarée, Tyr, Nazareth, Samarie, Beth-

---

17. GUILLELMUS TYRENSIS, *Historia rerum in partibus transmarinis gestarum*, dans *RHC*, Occ., t. I, livre 1er, chap. 1.
18. JACORUS DE VITRIACO, *Historia Orientalis sive Hierosolymitana*, éd. J. BONGARS, *Gesta Dei per Francos*, vol. I, Hanovre, 1611, ch. I.
19. La description que le pèlerin byzantin Jean Phocas a laissée de la ville d'Acre, n'est point séduisante (MIGNE, *P.G.*, t. CXXXIII, col. 933).
20. *Descriptio*, p. 110.
21. Cf. R. RÖHRICHT, *Syria Sacra*, dans « Zeitschr. d. Deutsches-Palästina Ver. » (« ZDPV »), t. X, 1887, p. 30.
22. L'auteur mentionne que l'empereur Adrien donna à Jérusalem le statut de *civitas*, en érigeant l'*Aelia Capitolina* (p. 117).
23. *Ibid.* p. 110, 114, 171, 181, 176, 182-183, 185, 189, 111, 113, 116, 187, 189.
24. On trouvera l'identification de toutes ces localités dans les notes de TOBLER, *op. cit.*, p. 426 ss.

léem, Hébron, Sidon, Beyrouth [25], Panéas ou Tibériade. D'autre part, d'importants centres urbains mentionnés dans la *Descriptio*, comme Naplouse et Ramla, n'ont pas été qualifiés, le dernier peut-être en raison du problème que posait le cloître de Lydda [26], résidence de l'évêque de Ramla. Quant aux *oppida*, on en relève six : Genuinum ou Génin, Ségor, Naamon, Magdal, Tecua, Emmaüs [27]. Cette énumération est, elle aussi, tirée des textes bibliques, sans tenir compte qu'Emmaüs était *polis* à l'époque byzantine et que Génin, ou le *Grant Gerin*, était chef-lieu de seigneurie sous les croisés ; d'autre part, Tecua n'était qu'un lieu-dit, tandis que Ségor et Magdal étaient de pauvres hameaux. En revanche, les quelques *vici* mentionnés sont restés de petits villages, dont la différenciation d'autres *casalia* du royaume latin réside dans les traditions évangéliques, qui ont amené l'auteur à les décrire.

Quant à l'onomastique [28], notre auteur se situe dans le groupe des pèlerins qui, nourris par les textes bibliques, font abstraction des changements des noms des lieux et mentionnent les localités par leurs noms hébraïques et hellénistico-latins. Il est cependant intéressant de remarquer que, parfois, voulant expliquer des synonymes, il attribue des noms hébraïques à la langue arabe. C'est ainsi que, parlant de la ville d'Hébron, il attribue son second nom à l'arabe, disant que *Kariatharbe* est *sarracenice* la cité des quatre Patriarches [29]. C'est un exemple, non pas seulement d'ignorance, mais aussi d'absence de tout contact avec la population du pays, qui appelait déjà la ville *Al-Khalil*. En revanche, il subit l'influence des croisés, quand il ajoute aux noms de Panéas ou Césarée de Philippe le nom de Bellinas, ce qui n'est qu'une transformation franque du nom arabe Baniyas [30].

En ce qui concerne les renseignements que l'auteur apporte sur les lieux visités, ils sont en grande partie un résumé des traditions, soit de l'Ancien Testament, soit des Evangiles, qui se réfèrent à la localité visitée, sans qu'il ajoute, abstraction faite de Jérusalem, des indications concernant le site même. Quelques exemples permettront de présenter la nature de ces renseignements :

1°) *Séphorie*. Située à deux milles de Nazareth, sur la route d'Acre. C'est la ville natale de sainte Anne. A la tradition soutenant que la Vierge en était originaire, il oppose l'autorité de saint Jérôme, qui soutient la tradition de Nazareth [31].

---

25. Beyrouth fit probablement une impression frappante sur l'auteur, qui la qualifie d'*opulentissima civitas* (p. 183).

26. Cf. p. 181.

27. Cf. p. 114, 179, 184, 188, 181, 147.

28. Cf. P. Deschamps, *La toponomastique de la Terre Sainte au temps des croisades*, dans « Mélanges Clovis Brunel », Paris, 1955, t. I, p. 352-356.

29. *Descriptio*, p. 176.

30. Cf. p. 185.

31. « Secundo milliario a Nazareth, Sephoris civitas est, via quae ducit Accon. Ex Sephori Anna, mater Mariae, Matris Domini Nostri. In Sephori etiam dicitur fuisse nata beata Virgo Maria. Sed teste Hieronymo, ut ait in prologo sermonis illius ab Heliodoro : De nativitate sanctae Mariae, in ipsa civitate Nazareth nata esse dicitur » (p. 112).

2°) *Rama.* Située à vingt milles de Naplouse et à quatre milles de Jérusalem, sur la route qui mène à Lydda. C'est la ville du Tabernacle jusqu'aux temps du roi David [32].

3°) *Cédar :* « A six milles de Corozaïm se trouve la plus excellente cité Cédar, à propos de laquelle le psaume dit : « J'ai habité avec les habitants de Cédar ». Par d'autres, le nom de Cédar est interprété comme « ténèbres » [33] ».

Ces trois exemples sont significatifs. Ils témoignent de la méthode du pèlerin de renseigner son public sur les lieux saints. Dans le premier cas, celui de Séphorie, il apprit une tradition locale sur la naissance de la Vierge que, honnêtement, il se doit de transmettre ; mais, comme un sermon de saint Jérôme affirme le contraire, il confronte la tradition avec l'autorité du texte, qui a gain de cause. En revanche à Rama, l'autorité de l'Ancien Testament est claire ; aussi résume-t-il en une phrase l'essentiel. Quant au cas de Cédar, nous nous trouvons en face d'une expression de la mentalité particulière des pèlerins ayant visité la Terre Sainte ; sur la foi du Psalmiste, le pèlerin doit qualifier le lieu d'*excellentissima civitas,* tandis que d'autres localités, aussi désertées à peu près à la même époque, comme Bethsaida et Corozaïm, sont presque maudites, sur la foi de l'Evangile [34].

La même constatation, mais avec des descriptions beaucoup plus détaillées, concerne la ville de Jérusalem et ses environs. L'histoire de l'Ancien et du Nouveau Testament y est racontée à travers les monuments et les sanctuaires [35]. Mais ce qui est particulier à Jérusalem est que les sanctuaires de la Ville Sainte ont droit à leur histoire et à leur description, même après les temps évangéliques. C'est seulement à Jérusalem que ce pèlerin éprouve un vif intérêt pour les édifices, leur construction et ornementation, et leurs inscriptions, qu'il relève avec beaucoup de soin [36]. Il est intéressant, à cet égard, d'examiner son récit concernant l'édifice du Temple, précisément du fait qu'il savait que le bâtiment lié à la vie du Christ avait été détruit par les Romains en 70. Jean de Wurtzbourg est embarrassé d'avouer que le monument qui doit être décrit n'est qu'une mosquée. Il préfère donc avouer son ignorance en ce qui concerne la période de la restauration du sanctuaire et se contente, en dissimulant sa critique par l'arrangement presque chronologique des récits, de répéter quatre versions qu'il venait d'apprendre : 1) réédification par Hélène, la mère de Constantin ; 2) construction par Héraclius, après la guerre contre les Perses ; 3) ouvrage de Justinien ; 4) mosquée, érigée en l'honneur d'*Allah Kébir* [37]. Sans dire davantage, il semble qu'il ait préféré accréditer

---

32. « Vigesimo milliario a Sychem, quarto a Hierusalem, via est quae ducit Diospolim ubi mons Silo, et civitas quae et Rama. Hic arca testamenti et tabernaculum Domini ab adventu filiorum Israel usque ad tempora Samuelis prophetae et David regis remanserunt » (p. 116).

33. « Sexto milliario a Corozaim est Cedar excellentissima civitas, de qua in psal. "Habitavi cum habitantibus Cedar "». Alias Cedar interpretatur in tenebris » (p. 187).

34. *Ibid., loc. cit.*

35. Le meilleur exemple est son récit concernant le Temple, depuis l'acquisition du terrain par le roi David, jusqu'à l'époque du Christ (p. 117-129).

36. *Epigrammata, sive prosaice, sive metrice styli, officio colligere laboravi* (p. 109). Il copia 46 inscriptions qu'il avait trouvées sur les édifices, dont une à Bethléem et les autres à Jérusalem.

37. « De Bethel vero sub quo et a quo principe restitutum sit, fere ignoramur. Quoniam enim sub Constantino imperatore ab Helena matre sua reaedificatum perhibent pro reverentia sanctae crucis ab ea receptae. Alii ab Heraclio imperatore pro reverentia ligni

une des deux dernières versions. Et pourtant, après avoir débattu cet épineux problème, il décrit le Temple en assurant que tout a été reconstruit sur le même emplacement et dans les mêmes dispositions que l'ancien sanctuaire. Dans cet état d'esprit, il commence la description détaillée des monuments religieux de Jérusalem, parmi lesquels le Temple lui-même [38] et l'église du Saint-Sépulcre [39] occupent une place de choix, parce qu'il les considère comme les plus saints monuments de la chrétienté. *Infra muros* il décrit aussi l'église Sainte-Anne, avec son couvent des *sanctimoniales* [40] ; le complexe adjacent du Saint-Sépulcre, dont l'église Saint-Jean de l'Hôpital (il fait, en passant, grand éloge de l'ordre à laquelle elle appartient), Sainte-Marie Majeure et Sainte-Marie Latine [41], ensuite Sainte-Marie Teutonique avec son nouvel hôpital [42], Saint-Pierre *ad vincula*, petite église où il témoigne avoir célébré la messe [43], ainsi qu'un certain nombre d'églises non catholiques, dont Saint-Sabbas et Saint-Jacques Majeur, qui étaient couvents arméniens [44], Saint-Chariton des Syriens, situé entre la porte Saint-Etienne et le Saint-Sépulcre [45], Sainte Marie-Madeleine des Jacobites, sise entre Sainte-Anne et les murs [46]. *Extra muros* : les églises du Mont Sion [47], l'abbaye (Notre-Dame) de Josaphat [48], l'Ascension sur le Mont des Oliviers [49], ainsi qu'une église grecque située sur la route entre le Mont Sion et la vallée de Josaphat [50]. En dehors de Jérusalem, il se contente seulement de la mention de quelques sanctuaires, sans description : à Sichar, près de Naplouse [51], à Bethléem, l'église de la Nativité et, dans ses environs, l'abbaye de Saint-Chariton [52].

Cette description des sanctuaires amena le pèlerin de la réalité du passé à la réalité de son temps. En effet, le séjour des pèlerins en Terre Sainte coïncidait toujours avec certaines fêtes et processions ; ceux qui venaient y passer seulement l'été étaient à même de participer aux cérémonies du 15 juillet, la commémoration de la conquête de Jérusalem et de la reconsécration de l'église patriarchale du Saint-Sépulcre [53]. Prenant part aux processions et aux actes liturgiques, le pèlerin retrouvait le contact avec la

Domini, quod de Perside triumphans, retulerat ; alii a Justiniano Augusto ; alii a quodam imperatore Memphis Aegypti pro reverentia Allakebir, id est Summi Dei » (p. 119). Il est intéressant de remarquer qu'il ne fait pas mention de l'œuvre d'Omar. Serait-ce par ignorance ou par volonté de ne pas dévoiler la vérité ?
38. Cf. p. 123-128.
39. Cf. p. 144-152.
40. Cf. p. 163.
41. Cf. p. 159-160.
42. Cf. p. 161.
43. Cf. p. 162.
44. Cf. p. 160-161 ; l'emplacement du quartier arménien est décrit avec précision.
45. Cf. p. 165.
46. Cf. p. 132-133 et 164.
47. Cf. p. 138-141.
48. Cf. p. 167-168.
49. Cf. p. 156.
50. Cf. p. 140.
51. Cf. p. 116.
52. Cf. p. 172.
53. « Ad cujus (civitatis) liberationis commemorationem eamdem· diem post consecrationis renovationem... celebravunt » (p. 153).

société des croisés et avec ses réalités. Dans la plupart des relations de pèlerinages, on trouve le témoignage de pareils contacts sous la forme de très brèves allusions. Jean de Wurtzbourg, dans sa *Descriptio*, fait une exception à cet égard. La cérémonie qui eut lieu en sa présence, du 15 au 17 juillet, lui donna l'occasion de méditer sur l'histoire du royaume latin et sur ses destinées. Les prières pour le salut des âmes des morts pendant la conquête de la ville et l'anniversaire de Godefroid de Bouillon, l'ont incité à rappeler que le duc était d'origine allemande, et à déplorer que la part des Allemands dans la conquête, qu'il considérait non moins importante que celle des Français, soit volontairement passée sous silence, au point que « l'on efface même des inscriptions qui les concernent et on les remplace par des inscriptions des noms des Français ». Vexé dans ses sentiments nationaux, il exprime le désir de rendre à ses compatriotes l'honneur dont il considère qu'ils avaient été spoliés. Aussi rectifie-t-il *non franci, sed francones*, attribuant aux gens de sa propre province la gloire de la conquête. Cependant, il n'hésite pas à reprocher aux Allemands leur retour en Europe, ce qui les a mis en dehors du processus de la colonisation et du repeuplement de la Ville Sainte, où aucune place ne leur fut attribuée [54].

Les conséquences, remarque-t-il, ont été graves. Il formule l'opinion qu'il ne s'agit pas seulement du silence concernant ses compatriotes, silence qu'il déplore amèrement ; mais, dit-il, l'absence de cet élément germanique avait affaibli le royaume latin lui-même. Si les guerriers allemands y étaient demeurés, les Francs n'auraient pas subi des échecs sur le Nil et du côté de Damas [55].

---

54. « In tertio die anniversarium ducis felicis memoriae Gotefridi, illius sanctae expeditionis princeps et magister, stirpe alemanorum oriundi, tota civitas solemniter observat ... Verumtamen, quamvis sic ibidem de suo honoretur, tamen expugnatio civitatis non ei cum alemannis, non minime in ea expeditione laborantibus et exercitatis, sed solis adscribitur francis. Unde etiam detractores nostrae gentis epitaphium illius famosi Wiggeri, per multa fortia facta approbati, quia non poterant eum denegare esse alemannum, deleverunt et cujusdam militis de Francia superposuerunt, sicut adhuc a praesentibus videri potest ; nam ejus sarcophagus extra in angulo quodam inter majorem ecclesiam et sancti Johannis Baptistae capellam adhuc hodie exstans apparet, delecto apparet, deleto inde nomine suo et apposito alieno. Ad comprobationem et indicium despectus virorum nostrorum et ad commendationem francorum tale epigramma ad monumentum in latere extra legitur appositum : Anno centeno milleno quo minus uno / virginis a partu, Domini, qui claruit, ortu, / quindecies julio jam phoebi lumine tacto, / Jerusalem franci capiunt virtute potenti. Contra quod ego : Non franci, sed francones, gladio potiores / Jerusalem sanctam longo sub tempore captam / a paganorum solvere jugo variorum. / Franco, non francus, Wigger, Guntram, Gotefridus / dux, argumento sunt haec fore cognita vero. Quamvis autem dux Gotefridus et frater ejus Balduinus, qui post ipsum in Jerusalem rex est constitutus, quod ante eum dux humilitatis causa de se fieri recusavit, de nostris essent partibus, tamen quia, nostratum paucis cum eis remanentibus et aliis quampluribus magno desiderio et festinatione ad natale solum redeuntibus, tota civitas occupata est ab aliis nationibus, scilicet, francis, lotharingis, normannis, provincialibus, alvernis, italis et hispanis et burgundionibus simul in expeditione convenientibus, sicut nulla pars civitatis etiam in minima platea esset alemannis distributa. Ipsis non curantibus, nec animum ibidem remanendi habentibus, tacito eorum nomine, solis francis liberatio sanctae urbis adscribitur, qui et hodie cum aliis praenominatis gentibus urbi praefatae adjacenti provinciae dominantur » (p. 153-156). Une variante, provenant de l'édition de Krinner, faite sur un manuscrit de Munich, attire l'attention dans le dernier fragment : « atque hinc Germanis animum ibidem remanendi non habentibus, nec urbis incolatum affectantibus, tacito Germanorum nomine a partialibus historiographis liberatio sanctae urbis solis adscribitur Francis » (Migne, *P.L.*, t. CLVI, col. 1082). Ce défi, lancé contre la partialité des historiens, mérite d'être relevé et étudié dans le cadre de l'historiographie du xiiᵉ siècle. Sur la colonisation latine de Jérusalem, cf. J. Prawer, *The Settlement of the Latins in Jerusalem*, dans « Speculum », t. XXVII, 1952, p. 490-503.

55. « Quae utique Christianitatis provincia jamdudum suos terminos ultra Nilum versus meridiem, et ultra Damascum versus orientem extendisset, si tanta copia Alemannorum, quanta ei istorum est, adesset » (p. 156).

C'était une allusion, la seule que l'on trouve dans son récit, aux campagnes d'Amaury Ier en Egypte et à la perte de Baniyas.

Il est, évidemment, superflu de discuter l'authenticité de ses affirmations ; prince de l'Empire, Godefroid de Bouillon était pour Jean de Wurtzbourg un allemand, quelles que fussent ses origines familiales et la langue qu'il avait parlée. C'est donc avec une certaine compréhension qu'il faut noter ses accusations à l'égard des Français d'avoir falsifié l'histoire. Mais en même temps, il est important de retenir les termes de son discours, qui dévoilent l'existence d'un sentiment national, formulé presque en termes modernes. En exprimant cette profession de foi germanique, Jean de Wurtzbourg prouve que, sous son manteau de pèlerin, il reste toujours un fidèle de l'Empire, ce qui a son importance à cette époque de la lutte entre le Sacerdoce et l'Empire. Les reproches qu'il fait aux Templiers, responsables « à ce que l'on dit » de la défaite de Conrad à Damas [56], s'ajoutent à cette diatribe contre les Francs et le mettent en position de défenseur de l'honneur de l'Empire.

Mais, dans ses propos, on trouve aussi l'écho d'une préoccupation plus profonde, celle de la recherche des raisons des échecs des croisés. C'était surtout la perte de Baniyas, qui l'avait amené à ces préoccupations. Comme Guillaume de Tyr, notre pèlerin y voit des raisons d'ordre moral, mais son argumentation est autrement fondée : ayant spolié les Allemands de leur part, ayant effacé, dans le sanctuaire même du Saint-Sépulcre, leur mémoire, les Francs ont fait preuve de l'impureté de leurs mœurs ; alors quoi d'étonnant qu'ils aient permis, pour des raisons mercantiles, aux Turcs et aux Arabes de pénétrer avec leurs troupeaux dans la plaine de Medan, aux sources même du Jourdain [57]. Ou, ce qu'il trouve pire, la permission qui fut accordée aux musulmans, de faire leurs prières, *etiam hodie*, dans l'enceinte du Temple [58]. Et il lance une flèche ironique contre ces Francs, racontant que les Sarrasins sont prêts à payer beaucoup d'or, afin que la croix apposée sur l'édifice du Temple soit déplacée [59].

D'autres allusions à l'actualité, sans aboutir à des polémiques, sont des témoignages sur l'implantation des Vénitiens à Tyr [60], ainsi que le court récit de la construction, par Baudouin Ier, du château de Montréal, en Transjordanie [61]. Dans le domaine de l'exploitation du sol, Jean de Wurtzbourg mentionne, outre le pâturage aux sources du Jourdain, les vignes d'Engaddi, sur la mer Morte [62], l'extraction du bitume à Ségor, dans la partie méridionale de la mer Morte [63] et l'agriculture fondée sur l'irrigation du sol au Val-Moïse, dans la Transjordanie méridionale [64].

*
* *

56. Cf. p. 130.
57: Cf. p. 186.
58. Cf. p. 127.
59. Cf. p. 130.
60. Cf. p. 182.
61. Cf. p. 180.
62. Cf. p. 176.
63. Cf. p. 179.
64. Cf. p. 180.

Quelle image de la Terre Sainte nous apporte la *Descriptio* de Jean de Wurtz-bourg ? D'abord, il semble qu'il n'ait vu qu'une partie du pays, même de celle qu'il décrit dans son récit. On peut affirmer, avec assurance, qu'il avait visité, outre Jérusalem et sa région, la région de Nazareth, Acre, Tyr et jusqu'à Beyrouth. D'autre part, il est certain que son récit sur le Sinaï, la Trans-jordanie et la Syrie est fondée sur l'ouï-dire. Ses affirmations sont très vagues, et manquent des précisions qui abondent dans la partie qu'il mentionne avoir vue personnellement 65.

Le visage du passé, ou le mythe de la Terre Sainte, est fondé sur l'image du monde biblique, aussi bien celui de l'Ancien Testament que celui des Evan-giles. Par contre, les réminiscences de l'antiquité classique sont très flottan-tes ; l'essentiel de son savoir, les noms hellénistiques des localités, est tiré de l'*Onomasticon* d'Eusèbe et de la littérature hiéronymienne, qu'il connais-sait assez bien. Ce qui est frappant dans la relation de Jean de Wurtzbourg est l'absence de toute remarque concernant le paysage du pays visité. Comme s'il n'avait pas recueilli d'impressions sur la nature, la configuration du sol, la flore et la faune. La Terre Sainte était pour lui la terre des sanctuaires et de leurs traditions, qu'il s'employait à décrire aussi fidèlement que possible, et même avec un certain esprit critique. Evidemment, cet esprit critique était limité par le crédit qu'il pouvait accorder à ses guides, à la condition, toute-fois, que leurs explications ne soient pas opposées aux autorités, à savoir aux textes écrits. Et dans ce sens, il faut souligner que sa relation n'est pas imprégnée de récits du surnaturel ; elle ne dévoile pas ce sens du merveilleux, commun aux auteurs de la période féodale 66. Même les récits de translation de reliques 67, où la crédulité était considérée comme une vertu, sont sobres, sans la moindre trace de l'enthousiasme ou des sentiments de l'auteur.

La réalité de son propre temps, telle qu'elle se dévoile dans la *Descriptio*, est surtout celle des monuments. La description faite par Jean de Wurtzbourg des églises de Jérusalem et de leur affectation aux différents cultes est précise et exacte 68 ; son texte pouvait servir de guide précieux aux lecteurs qui auraient décidé d'effectuer le pèlerinage, tant par son orientation que par la description de ce qui pourrait intéresser le pèlerin. En revanche, son attitude à l'égard du royaume latin de Jérusalem est réservée, du fait qu'il le trouve trop français à son goût. Sa conviction que l'histoire de ce royaume avait été refait, afin d'amoindrir, voire même d'effacer l'élément germanique et sa contribution à la conquête de la Terre Sainte, l'empêche d'éprouver des sentiments de solidarité à son égard. C'est son attachement à l'Empire ger-manique, qui le détache de ce royaume, trop imparfait pour ses espoirs. L'amour de la Terre Sainte est donc, dans son esprit, l'amour de son passé et des réalités de celui-ci.

---

65. A propos de Nazareth, il mentionne : *praesens vidi et notavi* (p. 112).

66. Cf. P. ROUSSET, *Le sens du merveilleux à l'époque féodale*, dans « Moyen âge », t. LXII, 1956, p. 25-37.

67. Ainsi par exemple : « Praeputium ejus (i.e. Christi) in Hierusalem in templo de coelis ab angelo Carolo Magni regi praesentatum fuit, et ab eo Aquisgranum in Gallia delatum ; postea vero a Carolo Calvo in Aquitaniam translatum, in pago Pictaviensi apud Carusium ... » (p. 119). L'allusion à la légende du pèlerinage de Charlemagne, dans sa version française, est frappante.

68. Cf. RÖHRICHT, *Syria Sacra*, dans « ZDPV », vol. cit. p. 3-20.

CHRÉTIENTÉ, JUDAÏSME ET LA CIVILISATION OCCIDENTALE

X

Le souvenir et la légende de Charlemagne dans les textes hébraïques médiévaux [1]

L'époque carolingienne est considérée comme une des plus importantes périodes de l'évolution du Judaïsme européen. L'œuvre de consolidation politique et sociale des souverains carolingiens avait eu ses répercussions dans le domaine juif ; qu'il s'agisse de la formation d'un nouveau centre, jusque là périphérique dans la carte de la diaspora, de l'organisation des communautés et de leurs institutions et, enfin, de la fondation de nouvelles écoles, les événements des VIIIe et IXe siècles ont été le cadre de la génèse de la civilisation juive en Europe, civilisation qui poursuit ses propres destinées (2). En même temps, l'établissement de rapports entre le pouvoir impérial et royal et les Juifs, fondés sur des intérêts mutuels, et qui se sont traduits dans la protection accordée par les souverains aux collectivités juives comme aux individus, ont été également profitables aux deux parties comme le prouve,

---

(1) Notre étude est inspirée des travaux consacrés à la figure légendaire de Charlemagne, telle qu'elle se dégage des poèmes épiques, des sources narratives et documentaires des peuples de l'Occident. La légende de Charlemagne ne pouvait pas rester étrangère aux communautés juives qui vivaient parmi les peuples sur lesquels rayonnait le souvenir de l'empereur ; en essayant de rechercher comment il gagna les Juifs occidentaux nous abordons le domaine de l'interdépendance des Juifs et chrétiens dans la formation de la civilisation occidentale. Nous prions notre maître, M. le professeur R. Folz, de bien vouloir trouver dans cette étude, inspirée de son ouvrage, *Le Souvenir et la Légende de Charlemagne dans l'Empire Germanique médiéval,* l'expression de notre gratitude pour ses conseils et son aide, qu'il nous a prodigués au cours de notre séjour en France.

(2) Cf S.W. Baron, *A Social and Religious History of the Jews,* t. IV (2e éd. Philadelphia, 1957), pp. 44-53.

par exemple, l'activité du juif Isaac à la cour de Charle-magne (3). Cette attitude favorable de la dynastie, dont on trouve l'écho dans les capitulaires (4), ainsi que dans les diplômes concédés à des particuliers (5), est particulièrement sensible sous Louis le Pieux (814-840) ; son règne est consi-déré à juste titre comme étant la période la plus favorable pour les Juifs dans les pays de l'empire carolingien ; les sources contemporaines en font foi et les critiques acerbes de l'archevêque de Lyon, Agobard (6), en témoignent.

Il était naturel que cette période de tranquillité et de prospérité ait été enregistrée dans le souvenir des générations postérieures, en particulier depuis la fin du XI⁰ siècle ; à cette époque des croisades, quand la situation des Juifs en Europe occidentale alla se détériorant, lorsque les persécutions et même les expulsions furent le sort des particuliers et des communautés, le souvenir de « l'âge d'or » des temps caro-lingiens devait forcément faire naître des légendes, soit pour expliquer l'origine des privilèges, et donc de la tranquillité dont les ancêtres des persécutés jouissaient naguère, soit pour fournir des exemples aux discours apologétiques. Mais si cette tendance à glorifier le passé carolingien fut contemporaine de la résurrection de la légende de Charlemagne en France et dans

(3) *Annales Regni Francorum,* aᵒ 801-802 (éd. F. KURZE, *Scriptores Rerum Germanicarum in usum scholarum,* Hannover 1895), pp. 116-117.

(4) La législation carolingienne concernant les Juifs a été analysée par BARON (*op. cit.,* pp. 48-53) et par M. B. BLUMENKRANZ, qui a fait la distinction entre les capitulaires authentiques et entre les faux textes, attribués à Charlemagne sous le règne de Charles le Chauve. Cf son ouvrage, *Juifs et Chrétiens dans le monde occidental* (395-1096), Paris 1960, pp. 301-303 ; 319-320 ; 344-360. Les textes des capitulaires concernant les juifs ont été recueillis par J. ARONIUS et publiés dans son recueil, *Regesten zur Geschichte der Juden im fränkischen und deutschen Reiche bis zum Jahre 1273,* Berlin 1887.

(5) Cf par exemple le diplôme de Louis le Pieux du 22 février 839 (DEVIC et VAISSETE, *Histoire du Languedoc,* Preuves, éd. MOLINIER, T. II, col. 211).

(6) Voir *Ep.* IV, VI, VII, VIII, IX d'Agobard, éd. E. DUEMMLER, dans *MGH, Epistolae Karolini Aevi,* T. III, Berlin 1899, pp. 164-166 et 179-201.

l'Empire (7), les causes de la naissance de la légende carolingienne chez les Juifs ainsi que ses manifestations ont été différentes de celles qui se sont manifestées dans le monde chrétien. La raison fondamentale de cette différence doit être cherchée dans la condition même des Juifs européens ; ils ont toujours été un élément distinct auquel la pratique religieuse imposait une conscience nationale différente de celle des peuples parmi lesquels ils vivaient. C'est ainsi que le souvenir de l'époque carolingienne n'entra jamais dans l'épopée nationale juive ; aussi bien n'inspira-t-il point de légendes épiques.

On sait d'autre part qu'un instrument important de la tradition de Charlemagne a été l'ensemble des chartes et des diplômes forgés à son nom. Or l'établissement et l'usage de ce genre de documents, courants dans la société chrétienne, sont demeurés étrangers aux écrivains hébraïsants, soit qu'ils n'aient pas été versés dans les pratiques des chancelleries chrétiennes, soit qu'en raison de leur sentiment religieux ils aient répugné à faire emploi d'expressions et de signes propres aux chancelleries chrétiennes.

C'est ainsi que les seules sources hébraïques qui ont traité de la légende carolingienne ont été les chroniques et les ouvrages de caractère apologétique. Pourtant ces textes sont infiniment moins riches que les textes chrétiens analogues, tant en quantité qu'en qualité (8). Le chroniqueur juif, étranger aux peuples occidentaux, ne pouvait raconter les exploits d'une cour ou d'un règne (9) ; il ne jouissait pas de la paix

---

(7) Cf J. BÉDIER, *Les Légendes épiques,* T. I (3ᵉ éd. Paris 1926), p. 9 seq. et R. FOLZ, *Le Souvenir et la Légende de Charlemagne dans l'Empire Germanique Médiéval,* Paris 1950, pp. 15 et 161 seq.

(8) On trouvera une esquisse d'ensemble sur la littérature juive au moyen âge dans le tome VI de l'ouvrage cité de BARON, pp. 152-234 (ch. XXVIII. Homilies and Histories).

(9) Les tendances de la chronographie juive médiévale, en particulier celles des chroniqueurs du XIIᵉ siècle, ont été mises en relief par M. Ch.H. Ben-Sasson, dans son mémoire (en hébreu) présenté au Congrès de la Société Historique Israélienne en 1961 et publié dans ses actes, pp. 29-49 (Jérusalem 1962). L'auteur s'est borné à l'étude des tendances concernant l'histoire intérieure des juifs.

d'un cloître ou de la tranquillité quotidienne qui pouvait lui permettre de rédiger de grands ouvrages tels que l'*Histoire Ecclésiastique* d'Orderic Vital, pour ne citer que cet exemple. Il n'était pas tenté non plus d'écrire l'histoire générale de son temps, les événements généraux ne l'intéressant que dans la mesure où ils pouvaient être rapportés en connexion avec les faits concernant l'histoire interne de son peuple. Ainsi ces chroniques ressemblent-elles, dans bon nombre de cas, aux ouvrages contemporains de portée locale, tandis que les renseignements du chroniqueur sur la « grande histoire », manquent de cohérence, sont fondés sur l'ouï-dire et sont tirés, dans la plupart des cas, de récits populaires qui eux même n'étaient pas véridiques (10).

En même temps il est à souligner que la chronographie juive médiévale ne forme pas une unité et n'a pas un caractère de continuité ; en raison des conditions de l'évolution historique juive en Occident, il était impossible de concevoir des ouvrages comparables aux annales monastiques, ou même des groupements de chroniques pareils aux « Grandes Chroniques de France » de Saint-Denis. A la pauvreté quantitative de la chronographie juive s'ajoute ainsi la fragmentation.

Les ouvrages qui ont été conservés appartiennent surtout à trois périodes :

a) Le Xe siècle : textes provenant de l'Italie méridionale et de l'Espagne.

b) Les XIIe et XIIIe siècles : textes provenant de l'Allemagne, de la France méridionale et de l'Espagne chrétienne.

---

(10) Il faut d'ailleurs rendre justice aux chroniqueurs juifs pour cette insouciance ; tout leur intérêt s'orientait vers les événements concernant la société juive et ils étaient particulièrement préoccupés de raconter les exploits des dirigeants des communautés et des rabbins célèbres. Comme leurs contemporains, les chroniqueurs chrétiens, ils ne s'occupaient ni de la recherche systématique de l'histoire, ni de la critique de leurs sources. L'inexactitude, parfois fantaisiste, et les affirmations appuyées sur l'ouï-dire, surtout quand il s'agissait d'événements en dehors de la sphère des préoccupations du chroniqueur, sont caractéristiques de la chronographie médiévale en général et les juifs n'y font pas exception.

c) Le XVIe siècle : période où les centres de la chronographie juive étaient en Italie, en Afrique du Nord et dans l'empire ottoman.

D'autre part, les chroniques isolées, rédigées entre ces périodes, ne présentent ni une chaîne de transmission des traditions historiques, ni une continuité qui pourrait servir aux auteurs postérieurs (11).

Ces considérations nous interdisent de chercher dans nos textes une transmission des témoignages historiques concernant l'époque carolingienne. Même quand ils reflètent des traditions établies dont les fondements historiques peuvent être dégagés, les récits sur la période carolingienne n'apparaissent que tardivement dans les textes que nous connaissons, c'est-à-dire à partir de la seconde moitié du XIIe siècle ; les chroniques du Xe siècle n'en font aucune mention (12).

C'est ainsi que tous les renseignements tirés des textes hébraïques sur la seconde dynastie franque ont un caractère légendaire et qu'ils reflètent surtout l'image que la génération de leurs auteurs s'en fait, en confrontant le passé évoqué avec les conditions réelles de leur époque respective.

*
* *

Comme tous les textes ayant un caractère légendaire, les sources hébraïques concentrent aussi leur attention sur un seul personnage royal, le grand héros et monarque, auquel ils attribuent tous les gestes et les bienfaits ; ce héros réunit en sa personne toutes les actions accomplies par d'autres souve-

---

(11) Cf. BEN-SASSON, *art. cit.*, p. 30. Nous excluons de cette classification les ouvrages composés en Mésopotamie et en Egypte, dont les auteurs ne se sont point occupés du sujet que nous étudions.

(12) Il faut souligner que ces chroniques sont périphériques ; l'intérêt des auteurs, vivant en Pouille ou en Andalousie, était tourné surtout vers leurs pays respectifs. Cependant les chroniqueurs de l'Italie méridionale ont fait souvent mention des événements et des personnages de l'empire byzantin, ce qui n'est pas surprenant lorsque l'on considère qu'à cette époque l'Italie méridionale se trouvait dans l'orbite de l'influence byzantine.

rains de l'époque ; ces derniers, sans égard à leurs bienfaits, tombent donc forcément dans l'oubli. Contrairement à ce que l'on pourrait attendre, les textes hébraïques ne font point état des actes, pourtant bien connus, de Louis le Pieux en faveur des Juifs ; le fils de Charlemagne est ignoré par la chronographie juive médiévale, de même que ses ancêtres, Charles Martel et Pépin le Bref. Le personnage qui accapare tous les souvenirs, dont le règne symbolise toute la dynastie, est Charlemagne ; son choix s'imposa de lui-même aux chroniqueurs juifs du XIIᵉ siècle, tant à cause de son importance dans l'histoire générale de l'Occident, qu'en raison de l'ampleur de sa légende dans les pays de l'ancien empire carolingien (13). En effet, s'il était difficile aux Juifs de pénétrer dans les bibliothèques monastiques et d'y étudier les manuscrits et les chroniques qui y étaient conservés, ils étaient à même d'apprendre sans aucune difficulté, par l'intermédiaire des chansons épiques et des récits populaires qui répandaient les légendes de l'empereur et de ses compagnons, comment son souvenir s'imposa partout. En outre, ils pouvaient se rendre compte, au cours de leurs contacts quotidiens avec les chrétiens dans les villes et les cours féodales, dans quelle mesure on exploitait ce souvenir pour fonder des titres de propriété et pour expliquer la jouissance de privilèges divers en les faisant remonter à des concessions impériales. Sans avoir besoin de prendre connaissance du texte d'un faux diplôme, ils pouvaient, grâce à la rumeur populaire, apprendre l'existence d'une pareille charte, conservée dans une maison religieuse (14).

C'est ainsi qu'à la légende déjà développée de Charlemagne dans le monde occidental, les chroniqueurs juifs ont ajouté

---

(13) Cf J. Bédier, *op. cit.*, T. IV (Paris, 1929), pp. 402 et 438-446 et les remarques de F. Lot, *Etudes sur les Légendes épiques*, Paris 1958, passim. Pour l'Empire, cf R. Folz, *op. cit.*, pp. 11, 22, 137 et passim.

(14) Ainsi Méïr ben Simon (originaire de Narbonne et auteur d'un traité polémique, *La Guerre Sainte* — vers 1240) appuie ses affirmations sur une charte, conservée dans « la maison d'obédience » (église ou monastère) à Narbonne. Voir *infra*, pp. 25-26.

un nouvel aspect, celui des rapports de l'empereur avec les Juifs et des bienfaits dont il les a comblé. Et puisque le côté juif de cette légende tire ses sources de l'épopée populaire occidentale, nous sommes à même de nous expliquer le mutisme des textes du Xe siècle à propos de la dynastie carolingienne ; la glorification de Charlemagne par les auteurs juifs ne pouvait commencer qu'après la résurrection de sa légende en France et dans l'Empire au XIIe siècle (15).

*
**

Quels ont été les thèmes de la légende juive de Charlemagne ? On pourrait penser que son point de départ eût été l'épisode du juif Isaac, ce marchand qui avait joué un rôle important à la cour impériale et qui avait établi des relations entre Charlemagne et le calife Harun ar-Rashid (16). Cet épisode s'imposait de lui-même comme noyau de la légende, d'autant plus que la position des Juifs à la cour du roi ou du prince et, par conséquent, leur rôle dans le développement des rapports entre les pouvoirs et les communautés juives était un sujet important dans la littérature historique juive médiévale, en particulier en Espagne (17). Et pourtant, l'histoire d'Isaac n'est pas mentionnée dans les textes hébraïques, dont les auteurs n'avaient pas connu les Annales Royales.

Néanmoins, les relations existant entre Charlemagne et le califat abbasside n'ont pas été ignorées des chroniqueurs juifs

---

(15) Cf J. BÉDIER, *l. cit. supra* et R. FOLZ, *op. cit.,* p. 15.

(16) *Annales Regni Francorum,* éd. citée p. 116-117. Sur le rôle d'Isaac dans le développement des rapports entre l'empereur franc et le calife abbasside, cf F.W. BUCKLER, *Harunu'l Rashid and Charlemagne,* Cambridge (Mass.) 1931. Il est intéressant de mentionner en passant que cet Isaac n'est pas mentionné par les sources juives orientales.

(17) Cf par exemple la glorification des conseillers juifs des califes ommayades en Espagne, dont traite Abraham ben David dans son *Livre de la Tradition* (vers 1160), éd. A. NEUBAUER, *Medieval Jewish Chronicles,* T. I (Oxford 1887), pp. 71-72. Nous nous rapportons au même chroniqueur qui fait état des relations entre Charlemagne et les Juifs de Narbonne. V. *infra.*

et le fait leur a servi à développer la légende de l'empereur. Un chroniqueur juif originaire de Tolède, Abraham ben David (connu aussi sous la version arabisée de son nom, Ibn Daoud) en fait mention dans sa chronique, composée vers 1160 et appelée *Sefer Ha-kabalah* (*Livre de la Tradition*). Le fragment concernant l'histoire des Juifs de France est surtout centré sur la vie de la communauté juive de Narbonne, dont le dirigeant, le « Nassi », jouissait d'une position privilégiée. Notre auteur qui était bien renseigné sur les affaires de Narbonne attribue l'origine de ces privilèges à Charlemagne (18):

« ... Il nous est parvenu qu'à Narbonne ils ont une importante tradition sur l'histoire de l'enseignement, des « nassis » et des rabbins célèbres. Le roi Charles avait mandé au roi de Babylone de lui envoyer un de ses Juifs, descendant de la souche royale, la maison de David. Et il avait accueilli favorablement cette demande et lui envoya un de ses Juifs, très célèbre et savant, nommé Rabbi Makhir. Le roi lui choisit la ville de Narbonne comme résidence et l'y établit, en lui donnant un grand domaine qu'il venait de conquérir sur les Sarrasins (19) ; Makhir y épousa la fille d'un des grands de la cité. Et lorsque la ville fut conquise, le roi la divisa en trois parts : il en donna la première au gouverneur qu'il préposa à la cité, et dont le nom était Don Aymeric ; et la seconde partie fut donnée à l'évêque de la ville. Quant à la

---

(18) Le *Sefer Ha-kabalah,* en français *Le Livre de la Tradition* est une compilation d'Abraham ben David de Tolède, dont l'intérêt porte surtout sur l'histoire des Juifs en Espagne. Le passage concernant les Juifs de France est détaché du récit principal, formant un appendice de cette chronique. La compilation est fondée sur des sources légendaires, en particulier quand l'auteur se réfère aux temps plus reculés. D'un autre côté, les récits concernant l'époque de l'auteur sont authentiques et ont la valeur de témoignages. Tel est notamment le cas de la description des troubles qui avaient eu lieu à Narbonne pendant la minorité de la vicomtesse Ermengarde (1134-1148), que le texte attribue à la rivalité des maisons de Toulouse et de Barcelone. Le fragment que nous traduisons ici est cité d'après l'édition de Neubauer (*op. cit. supra*), p. 82.

(19) Le texte hébraïque emploie le terme « Ismaélites », dont le synonyme est Sarrasin.

troisième, il en fit don à Rabbi Makhir, qu'il affranchit, et, par amour pour lui, il octroya de bons privilèges à tous les Juifs habitant la ville, ainsi qu'il est écrit et scellé dans un diplôme chrétien (20) revêtu du sceau du roi Charles, qu'ils conservent encore aujourd'hui. Et ce « nassi », Rabbi Makhir, qui fut le chef de la communauté, et ses descendants, qui lui succédèrent, avaient accès auprès du roi et de ses successeurs. Quiconque les persécutait à cause de leurs domaines et de leur privilège (21), était puni par le pouvoir du roi de France; aussitôt on le faisait le dénoncer au roi et le roi donnait sur le champ l'ordre de restituer la spoliation ; et cet ordre était immédiatement exécuté sans appel. Car Narbonne appartient au roi de France ... ».

Nous trouvons donc dans ce fragment un essai d'explication de la formation de la grande fortune allodiale des chefs de la communauté juive de Narbonne, connus au XIIᵉ siècle dans le langage populaire comme les « Rois juifs de Narbonne » (22). Notre auteur fait état d'une tradition locale, qui était répandue aussi parmi les chrétiens de la province Narbonnaise (23), selon laquelle le « roi juif » était issu de la race royale davidique ; il passait pour descendre des exilarques de Babylone ; son arrivée en Occident, vers la fin du VIIIᵉ siècle, était

---

(20) C'est-à-dire « latine ».

(21) L'auteur emploie le mot « honneur », que nous préférons traduire par prérogative, étant donné que le terme « honneur » a une signification précise dans le langage féodal.

(22) *Gesta Karoli Magni ad Carcassonam et Narbonam* (éd. F E. Schneegans, *Romanische Bibliothek*, T. XV, Halle 1898), p. 179 (version provençale, publiée en regard de la version latine, p. 178). Ce nom était connu aussi de Pierre le Vénérable, abbé de Cluny (PL, CLXXXIX, 560). L'histoire des Juifs de Narbonne a été étudiée par J. Régné, *Etude sur la condition des Juifs de Narbonne, Vᵉ-XIVᵉ siècles,* Narbonne, 1910. Le chapitre concernant l'époque carolingienne a été publié dans la *Revue des Etudes Juives,* LV (1908), pp. 1-36 ; l'auteur se préoccupe notamment de réfuter la véracité de nos sources. Pour une nouvelle interprétation des fondements authentiques des textes mentionnés, cf Baron, *op. cit.,* pp. 46-47 et note et S. Schwarzfuchs, *Etudes sur l'origine et le développement du Rabbinat au Moyen Age,* Paris, 1957, pp. 7-16.

(23) *Gesta Karoli Magni ad Carcassonam et Narbonam,* pp. 178-181.

14

attribuée à l'initiative de Charlemagne et placée dans le cadre de ses relations avec les souverains abbassides de Bagdad. Cette tradition est aussi fondée sur un mélange d'événements historiques concernant les guerres des Francs contre les musulmans et la conquête de la Septimanie, qui eurent lieu sous Charles Martel et Pépin le Bref (ce dernier avait conquis Narbonne en 759 (24), et que l'on attribua également à Charlemagne, présenté comme le donateur des possessions territoriales du « nassi » juif de Narbonne.

Il est évident que la légende attribuant à Charlemagne la conquête de Narbonne et la division de la ville, n'était point une invention des habitants juifs de Narbonne au XIIᵉ siècle. La tradition de tous ces faits était répandue dans le monde occidental à cette époque. La présence de l'empereur et de sa suite en Septimanie a été consignée encore au IXᵉ siècle dans les *Gesta Karoli Magni* de Notger, le moine de Saint-Gall (25), ouvrage redécouvert au XIIᵉ siècle. La chanson d'«Aymeri de Narbonne » du XIIᵉ siècle est entièrement fondée sur la tradition de la conquête de Narbonne par Charlemagne et de l'investiture de son comté à Aymeri (26). Le texte d'Abraham ben David use de ce thème et nous pouvons supposer que s'il ne connaissait pas le poème lui-même, le récit était suffisamment répandu dans la population du Languedoc pour que les Juifs aient pu l'apprendre.

D'un autre côté, il est évident que la tradition de la division de la ville entre le comte, l'archevêque et le « roi juif » n'avait pas été tirée de la même source. En effet, le récit d'Abraham ben David est fondé sur deux traditions différentes, employées conjointement. L'étude de notre texte nous permet de distinguer les deux sources : la première, provenant de la tradition du poème *Aymeri de Narbonne,* se reflète dans le passage

---

(24) Cf RÉGNÉ, *art. cit.,* p. 13.

(25) *Gesta Karoli Magni,* MGH, *SS,* II, p. 757. Sur la valeur de cette compilation de Saint-Gall et sur le sort du manuscrit, cf R. FOLZ, *op. cit.,* pp. 13-15.

(26) *Aymeri de Narbonne,* éd. L. DEMAISON (*Société des Anciens Textes Français,* 1887), T. II, v. 690 et suiv. Cf là-dessus J. BÉDIER, *op. cit.,* pp. 29-35 et 176.

suivant : « Le roi lui choisit la ville de Narbonne comme résidence … en lui donnant un grand domaine, qu'il venait de conquérir sur les Sarrasins », ainsi que dans le titre d'Aymeri « gouverneur de la ville », donc seigneur. La seconde, reprenant le récit de la conquête de la cité, qui, selon le passage mentionné, devait être déjà conquise lors de l'arrivée de Makhir, dit : « Et lorsque la ville fut conquise, il la divisa en trois parts … ».

Afin de chercher la source de cette seconde tradition nous devons nous rapporter à un texte provenant de l'abbaye de La Grasse, dans le diocèse de Narbonne, qui était un des principaux foyers de la propagation de la légende de Charlemagne dans le Midi. Ce texte, dit *Gesta Karoli Magni ad Carcassonam et Narbonam* et sa version provençale, connue sous le nom de *Philomena* ou *Pseudo-Philomena* (27), doit

---

(27) Cette composition, n'ayant aucun fondement historique, semble avoir été compilée d'après de fausses chroniques, telles que le Pseudo-Turpin (cf G. PARIS, *Histoire poétique de Charlemagne*, Paris, 1863, pp. 90-91). Gaston Paris l'avait datée du XIIᵉ siècle. Cependant, l'introduction du texte latin de la chronique indique qu'elle avait été composée sous l'abbatiat de l'abbé Bernard ; la vérification de la liste des abbés du monastère amena l'éditeur du texte, Schneegans, à la dater du début du XIIIᵉ siècle (Introduction, p. 39). Néanmoins, l'auteur de la version latine, Paduanus, mentionne lui-même (texte, p. 6) que sa composition était fondée sur un texte antérieur, attribué à un certain Philomena. Aussi, nous pouvons adopter la conclusion de BÉDIER, *op. cit.*, T. IV, p. 420 que le récit a été composé au cours du XIIᵉ siècle. Plus encore, l'examen des noms des cités concédées par Charlemagne à Aymeri de Narbonne et des titres qui lui ont été décernés, nous amène à conclure qu'ils correspondent aux fiefs possédés ou revendiqués par Raimond V de Toulouse vers 1160 :

« Ayssi com noble avetz respost e per amor d'aisso recebetz ne ades guasardo : per la una de las partz davant ditas vos doni Besers ciutat e per l'autra Acde e·l port de la mar. Encara vos doni mais Magalona, Usest, Nemze, Arlhe, Avinho, Aurenca, Vivaretz ; Valentia es de vostre oncle, per que no la·us puesc donar e Viana ; e doni vos may Leon, qu'es sobre·l fluvi de Roser, Rodes, Lodeva, Caortz, Tholosa, Albi, Carcassona, Regnas, Heuna, Empurias, Cogliure, Girona, Barssalona, Terragona, et ayssi auretz XXIII . regnes de Sarrasis e per Narbona seretz dux, per Tholosa comtes e per las autras ciutatz marquis ; … (éd. citée, p. 191). Sur la position des comtes de Toulouse et leurs prétentions, cf Ch. HIGOUNET, *Un grand chapitre de l'histoire du*

retenir notre attention. En effet, le récit de *Philomena* devait être déjà répandu dans la province à l'époque où Abraham ben David compilait sa chronique et nous supposons qu'il était bien connu des Juifs narbonnais. Il décrit la conquête de Narbonne par Charlemagne, et reflète les exploits chantés dans *Aymeri de Narbonne* (28), mais son texte est indépendant de la chanson. Roland y joue le rôle principal, car c'est lui qui commande les assaillants et conquiert la ville (29). Pourtant, l'élément le plus important pour notre étude, c'est la tradition dont fait état le *Philomena* sur la situation de la communauté juive pendant le siège de Narbonne. Le récit qui transpose des événements qui eurent lieu au cours du siège de la ville et de sa conquête par Pépin le Bref, en particulier sa reddition aux Francs par les Goths (30), reflète sans doute une tradition locale implantée parmi les chrétiens comme parmi les Juifs.

Le *Philomena* raconte en effet que, pendant le siège de la ville par Charlemagne, les Juifs se rendent compte qu'il n'y a point d'espoir dans la résistance. N'ayant pas réussi à persuader le roi sarrasin, Matran, de se rendre, ils envoient une ambassade à Charlemagne, conduite par un certain Isaac et composée de dix notables. Ils proposent à l'empereur la reddition de la ville : ses armées y pénétreront par la portion des murailles dont ils assurent la garde ; comme récompense, ils le prient de confirmer les privilèges de la communauté, entre autres, celui de conserver son « roi » du lignage de David et originaire de Bagdad. Afin d'obtenir ce privilège, ils lui offrent 70.000 marcs d'argent :

XIIe siècle : La rivalité des maisons de Toulouse et de Barcelone pour la prépondérance méridionale, *Mélanges Halphen,* Paris, 1951, pp. 313-322 ; v. particulièrement p. 318 seq. Nous devons aussi rappeler que Raimond V de Toulouse s'intitulait : *dux Narbonae, comes Tolosae, marchio Provinciae* (RHF, XVI, 55). Cf là-dessus l'étude d'E. Léonard précédant son *Catalogue des actes de Raimond V, comte de Toulouse,* Nîmes, 1932.

(28) Schneegans, *op. cit.,* Introduction, p. 9.

(29) *Gesta...,* p. 186.

(30) Cf là-dessus I. Lévi, Le roi juif de Narbonne et le Philomène, *Revue des Etudes Juives,* XLVIII (1904), 197-203.

« E vengron devant Karles e saluderon lo et Ysaac parlec primiers e disx : Senher rey, be conoysshem et atrobam en nostres sortz que Narbona no·s pot tenir d'aissi avant ni no pot rendre contrast a vos. E nos em Jusieus e per nos e per totz cels de la vila demandam misericordia e farem so que·us plasera. Et elh disx lor : Qui merce quier, merce deu atrobar, et yeu prenc vos en ma guarda et en ma defenssio. Et Ysaac respondec li : Senher, no cresatz pas que nos ja fassam trascio, car de Matram res no tinem per elh, si no tan solament que li davam certa quantitat d'aver per amparanssa. Per estiers preguam vos que tostems aya rey a Narbona de nostra gent, car aissi deu esser. E de part de luy em nos vengutz et es del linhage de David et de Baldachi e tramet vos per nos LXX. m. marcx d'argent e, si pus ne voletz, pus n'auretz e tot cant avem es vostre. Mais empero aisso vos acosselhan que devais la part nostra combatatz la villa e penretz la ; car nos tenem C. brassas de mur e, pus que nuls homs no·us ditara peyra ni·us ausara far nulh mal. E Karles autrejec tot so, que·s volgron, e pres l'aver e ad elh renderon la ciutat (31) ».

---

(31) *Gesta...*, pp. 179-181. Nous ajoutons ici la version latine : Qui coram Karolo venientes salutaverunt eum et Ysaac primo locutus fuit dicens ei : Domine rex, bene cognoscimus quod Narbona non potest vobis ulterius resistare et nos sumus Judei et petimus misericordiam tam pro nobis quam pro omnibus de villa et, quicquid vobis placuerit, faciemus. Et ille respondit ei : Qui misericordiam petit, misericordia consequi debet ; et ego vos recipio in mei juridictione et custodia. Et Ysaac dixit : Domine, non credatis quod nos aliquam proditionem faciamus. Nam Matrandus nichil habet in nobis nec aliquid tenemus ab ipso, nisi quia pro amparancia dabamus ei certam pecuniam annuatim. Preterea rogamus vos ut semper sit in Narbona rex de gente nostra, quoniam ita debet esse et est hodie. Et ex parte ipsius nos ad vos venimus et est de genere Davidis et Baldachi et mittit vobis per nos LXX. milia marchas argenti et, si plus vultis, plus habebitis et quicquid habemus vestrum erit. Preterea ex parte ville nostre impugnetis Narbonam et capietis eam ; nam C. brachias de muro tenebimus et plus et, quod nullus vobis erit ausus lapidem prohicere nec inferre aliquod nocumentum. Et Karolus concessit eis omnia, que peterant, et recepit pecuniam. Et ipsi in civitatem redierunt et aliis Judeis omnia, que Karolus eis dixerat, retulerunt, de quorum responsione fuerunt omnes quamplurimum gratulati (*Id.*, pp. 178 et 180).

Après avoir rendu la ville à Roland (32), les Juifs de Narbonne devaient recevoir les privilèges qui leur étaient promis ; en effet, le lendemain l'empereur fit son entrée solennelle dans la cité et, y tenant sa cour, institua Thomas de Normandie archevêque et divisa la ville en trois parties, entre l'archevêque, les Juifs, auxquels il donna un roi à leur gré, et Aymeri :

E Karles … tenc gran cort e general e partic la ciutat e fe aqui arcevesque, so es a ssaber Thomas de Normandia, e sotzmes li X avesques e donec li la terssa part de la ciutat. E bastic glieysa de madona Santa Maria e donec li possetios tropas. Donec atressi als Jusieus l'autra terssa part, car els la li avian renduda. E donec lor rey a tota lor voluntat. Pueys … apelec nAymeric de Narbona e fe·l se venir denant si e disz li : nAymeric, la terssa part de la ciutat ey donada a l'arcevesque e l'autra als Jusieus ; l'autra sera vostra (33).

Dans la tradition de l'abbaye de La Grasse nous trouvons ainsi une explication différente de l'origine des propriétés

---

(32) E Rotlan e tota la ost vengron vays los Sarrasis e defora Porta Reg auciron mais de VII. m. Pueys vengron a Porta Reg los crestias e·ls Jusieus laisxeron los intrar. Et Aymeric venc al palaytz del rey e·ls Jusieus rendero:l li e pauseron la senhieyra de Karles desus (*Id.* p. 187).

(33) *Ibid.,* p .189. La version latine avait été confondue par Du Mège avec le préambule d'une charte dont il avait appris l'existence à l'abbaye de La Grasse avant la Révolution (cf son article, *Mémoire sur quelques inscriptions hébraïques à Narbonne* dans les *Mémoires de la Société royale des Antiquaires de France,* VIII (1829), p. 340). Ce texte, qui n'est qu'un fragment des *Gesta,* dit :

« In capite vero octo dierum captionis Karolus tenuit curiam suam generalem et divisit civitatem. Constituit namque archiepiscopum nomine Thomam de Normandia et X. episcopos ei submisit. Dedit pretera ei terciam partem civitatis et construxit ecclesiam Beate Marie et possessiones alias et redditus quam plurimos ei dedit. Similiter aliam terciam partem civitatis dedit Judeis, qui eam reddiderant, et dedit eis regem ad voluntatem eorum. Postea sedens in palatio in sede regali ceptrum eciam tenens circumdatus infinita multitudine virorum nobilium Aymericum de Narbona fecit coram se venire dicens ei : Aymerice, terciam partem civitatis dedi archiepiscopo, aliam terciam Judeis ; reliqua pars erit vestra » (*Id.,* p. 188).

juives à Narbonne et de la position privilégiée du « nassi » juif. L'auteur de cette légende avait connu, comme probablement toute la population chrétienne des environs, la tradition généalogique du chef de la communauté juive de Narbonne, originaire de Bagdad et issu de la dynastie de David. Mais contrairement à la tradition hébraïque rapportée par Abraham ben David qui semble avoir été fondée sur l'événement historique de l'arrivée en Espagne vers 771 d'un des membres de la famille des exilarques juifs de Mésopotamie — Natronaï ben Zabinaï (34) et qui fait de l'arrivée de Makhir en Occident le résultat d'une démarche de Charlemagne (35), le *Philomena* rapporte son existence à Narbonne encore avant la conquête de la ville par les Francs. Il est intéressant de saisir dans ce texte une seconde affirmation, selon laquelle ce « roi juif » possédait des biens en pleine propriété dans la ville, pour lesquels il ne devait acquitter que le cens ; ceci était bien le cas des juifs de Narbonne qui possédaient jusqu'au début du XIVe siècle d'importants bien allodiaux dans le comté (36).

La comparaison entre le récit de *Philomena* et le texte d'Abraham ben David nous amène à conclure que la tradition juive de la partition de Narbonne provient de la même source que celle du monastère occitan ; son origine, pensons-nous, devait remonter à l'entourage des archevêques de Narbonne

---

(34) L'exilarque Natronaï ben Zabinaï, déposé en Mésopotamie, dut quitter Bagdad en 771. Il trouva asile en Espagne, où, jouissant du prestige de son lignage, il fonda le centre d'enseignement juif-espagnol (*Igereth Sherira Gaon* c'est-à-dire *L'épître de Chérira*, éd. B.N. LÉVIN, Haïfa, 1926, p. 104). Le texte est une consultation rabbinique, rédigée à l'usage des communautés occidentales. Chérira (936-1004) était un des derniers Gaonim (grands docteurs) en Mésopotamie avant la décadence du centre juif-babylonien qui commença vers 1050. L'épître est un document de première importance pour l'histoire juive, en raison des renseignements qu'elle fournit sur le développement de ce centre depuis l'époque talmudique jusqu'à ses jours.

(35) ABRAHAM BEN DAVID, *op. cit.*, p. 82.

(36) Cf RÉGNÉ, *op. cit.*, pp. 60-63 et 172. D'après l'inventaire des propriétés juives à Narbonne, Régné constata que les juifs de la ville étaient repartis, en vertu de leurs obligations fiscales, entre la seigneurie vicomtale et la seigneurie archiepiscopale.

pendant la première moitié du XIIe siècle (37). En effet, les archevêques de Narbonne avaient à cette époque tout intérêt à prouver que les vicomtes locaux n'étaient pas les seuls seigneurs de la ville et du comté et, comme ils l'ont fait en 1157 devant Louis VII, à appuyer leurs prétentions sur des donations d'origine carolingienne. Ils durent aussi accréditer une tradition populaire de la conquête par Charlemagne et de la partition de la ville en plusieures seigneuries, plaçant les trois principaux personnages locaux, l'archevêque, le vicomte et le « roi juif » sur le même plan. Quant à la présentation des droits fonciers des Juifs comme anciens (ce qui correspondait à la vérité), il nous semble qu'elle a dû être insérée dans le texte contre les objections qu'avait formulées le pape Etienne III vers 768 (38) ; les milieux de l'archevêché de Narbonne avaient à tenir compte de la bulle ponti-

---

(37) On constate, au XIIe siècle, une rivalité ouverte entre les archevêques et les vicomtes de Narbonne, qui dégénéra au début du siècle en une lutte sanglante. L'archevêque, qui jouissait des droits seigneuriaux dans ses quartiers, ne possédait à cette époque que la basse justice, étant ainsi moins puissant que le vicomte, vassal des comtes de Toulouse (*Histoire du Languedoc*, V, preuves 445, col. 831-833, 1112) ; voir particulièrement la plainte de l'archevêque Richard de Millau vers 1119, *op. cit.*, col. 860-865, où il fait l'historique de ses démêlés avec le pouvoir vicomtal. Cf A. DUPONT, *Les Cités de la Narbonnaise première depuis les invasions germaniques jusqu'à la fin du XIIIe siècle*, Nîmes 1942, pp. 553-556. Mais pendant les troubles qui ont suivi la minorité de la vicomtesse Ermengarde, l'archevêque Arnaud de Lévezon (1121-1149), protégé par le vicomte de Toulouse, Alphonse-Jourdain, eut la possibilité de jeter les assises de sa seigneurie, après avoir reçu l'hommage des vicomtes (Cf *Dictionnaire d'histoire et de géographie ecclésiastiques*, IV, 430-432, *sub verbo* Arnaud de Lévezon). Cette évolution en faveur du pouvoir archiépiscopal alla croissant sous l'archevêque Bérenger (1156-1162), cadet de la famille vicomtale et auparavant abbé de La Grasse ; après son installation sur le siège archiépiscopal, il s'adressa à Louis VII et en obtint une charte (1157), qui lui accordait la reconnaissance royale pour tous ses biens, privilèges et prétentions, à savoir la moitié du « comitatus » (*H.L.*, V, preuves 618 ; A. LUCHAIRE, *Catalogue des actes de Louis VII*, N° 387).

(38) JL. 2389 (*PL*, CXXXIX, 857). RÉGNÉ, *op. cit.*, p. 172 conclut que l'origine de la propriété foncière juive à Narbonne remontait à l'époque gallo-romaine.

ficale, adressée à l'archevêque Aribert, accusant en particulier les Juifs d'avoir acheté la protection royale.

Dans sa chronique, Abraham ben David fait état de trois thèmes de la légende de Charlemagne, qui étaient répandus à Narbonne et, nous pouvons le supposer, dans le Languedoc et en Provence (39). Ces trois thèmes, fondés sur le développement des traditions, française et provençale, de la conquête de Narbonne par Charlemagne, se rapportent particulièrement à l'histoire juive quoiqu'ils aient des traits communs avec la légende de Charlemagne dans la société chrétienne.

a) *Les rapports de Charlemagne avec les califes de Bagdad.* Grâce à ses relations amicales avec le calife, l'empereur peut lui demander de lui envoyer non seulement des présents mais aussi certains de ses sujets les plus distingués, tel Makhir qui appartenait au lignage royal juif, à la maison de David. Il est inutile de souligner ici le prestige dont jouissait la descendance de David dans toutes les religions monothéistes. Cette tradition généalogique avait eu son influence même en dehors des cadres intérieurs des communautés juives et, retenue par les textes locaux, contribua à l'augmentation du prestige des dirigeants de la communauté narbonnaise parmi les habitants chrétiens de la ville, dont les lettrés pouvaient connaître le lien établi entre Charlemagne et David, encore du vivant de l'empereur (40).

b) *L'aspect juif de la renaissance carolingienne.* Si la participation des Juifs à la renaissance carolingienne ainsi que les rapports d'Alcuin avec des Juifs d'Italie (41) et les relations entre les Juifs et Raban Maur (42), ne laissèrent pas de trace

---

(39) Du point de vue de l'évolution historique, les communautés juives du Languedoc et de la Provence étaient à cette époque unies intimement et formaient une entité culturelle.

(40) Pour d'autres comparaisons de Charlemagne avec le roi David, cf R. Folz, *op. cit.,* pp. 2, 32, 104 et 210-211.

(41) Cf E.S. Ducket, *Alcuin, Friend of Charlemagne,* New-York, 1951, p. 260 seq.

(42) V. les lettres de Raban Maur à Louis le Pieux, *MGH, Epistolae Karolini Aevi,* V, 403. Cf là-dessus, Baron, *op. cit.,* pp. 44-45.

dans la tradition de la communauté juive de Narbonne, on peut cependant constater que le souvenir de la fondation des écoles par l'empereur est resté vivant dans la région, et qu'il passa dans la tradition juive. Comme la renaissance carolingienne avait coïncidé avec la fondation des écoles talmudiques en Espagne, à la suite de l'arrivée d'un des membres de la famille des exilarques babyloniens (43), les deux mouvements ont été rapprochés au cours des siècles. Etant donné que l'école rabbinique de Narbonne jouissait d'un grand prestige dans le monde juif occidental au XIIe siècle (44), il était facile à ses maîtres d'en souligner l'ancienneté en liant ses origines aux mouvements culturels de la fin du VIIIe siècle. C'est ainsi que les deux événements furent confondus à Narbonne où leur souvenir donna lieu à la naissance d'une légende, celle de la fondation de l'école talmudique locale par Charlemagne. Mais cette légende ne se contente point de présenter la fondation du nouveau centre juif en Occident comme une création de la communauté, accomplie avec le consentement royal et ratifiée par un privilège du souverain ; elle en attribue l'initiative à Charlemagne en personne qui aurait été chercher un maître célèbre en Mésopotamie. C'est l'empereur qui, lui-même, installe ce maître, Makhir, à Narbonne et devient ainsi le fondateur des écoles rabbiniques en Occident. Ainsi la légende rapportée par Abraham ben David reprend le motif de la renaissance carolingienne en lui ajoutant l'aspect juif. Nous ne pouvons que souligner l'importance de la naissance de cette légende, précisément au XIIe siècle, époque de la naissance des universités, placées de bonne heure sous le patronage de saint Charlemagne.

c) *Charlemagne et l'origine des privilèges territoriaux.* La coutume répandue dans la société médiévale d'attribuer à Charlemagne la donation de biens et l'octroi de privilèges, utilisée entre autres par l'abbaye de La Grasse soit dans le texte

---

(43) Cf note 34 *supra* et SCHWARZFUCHS, *op. cit.*, p. 9.
(44) Cf SCHWARZFUCHS, *op. cit.*, pp. 12-13.

narratif des *Gesta,* soit par le moyen d'une charte (45), eut ses répercussions aussi dans la société juive. Le texte d'Abrahem David fait allusion à un diplôme latin concernant les donations de Charlemagne à Makhir et aux Juifs de Narbonne et qui devait être conservé par la communauté à son époque. Nous ne connaissons pas un pareil document, mais l'insistance des textes sur ce point nous autorise à conjecturer son existence. Etant donné que l'affirmation de la chronique hébraïque est corroborée par le texte de *Philomena,* nous devrions songer à un faux diplôme carolingien, composé soit à l'archevêché de Narbonne, soit à l'abbaye de La Grasse, soit encore à l'école des « nassi » narbonnais. Et pourtant, il est difficile d'admettre qu'un lettré juif aurait forgé un document octroyant au « nassi » des droits seigneuriaux à Narbonne ; l'intérêt des Juifs se bornait à posséder un titre de propriété des biens qu'ils avaient dans la région. Aussi devons nous chercher un autre témoignage indirect pour nous éclairer là-dessus. Une bulle du pape Etienne III délivrée à l'archevêque Aribert de Narbonne vers l'année 768 (46) attaque précisément le droit des Juifs de posséder des biens immobiliers en Septimanie, droit que, selon la bulle, ils auraient acheté à prix d'argent au roi. Le pape, qui avait besoin de la protection du roi des Francs, est prudent et ne précise pas le nom du roi qui avait accordé ce privilège ; aussi, il est impossible de savoir s'il s'agit d'un diplôme de Charlemagne, de Carloman ou de Pépin le Bref, quoique la dernière hypothèse nous semble la plus vraisemblable. Il est en effet difficile de croire que les deux fils de Pépin aient eu le temps dès la première année de leur règne d'intervenir dans les affaires de la Septimanie, alors que leur père s'était occupé activement de la région qu'il avait conquise : n'aurait-il

---

(45) On trouvera une étude sur cette question dans l'introduction de Schneegans à son édition des *Gesta,* p. 2 et seq.

(46) *JL.* 2389. Il est possible que la charte dont fait mention Abraham ben David dans son texte ait été le privilège royal reconnaissant aux Juifs de Septimanie le droit de possession de leurs biens fonciers, privilège qui fut l'objet des contestations d'Etienne III. Cf là-dessus BARON, *op. cit.,* p. 46 et note 59 (p. 259).

pas, à ce moment-là réglé le sort des biens des Juifs ? Nous supposons donc qu'Abraham ben David fait allusion à une charte de Pépin le Bref. D'ailleurs cette mention ne figure dans le texte que pour expliquer le passage suivant, celui du droit d'accès à la cour royale des descendants de Makhir, placés sous la protection du roi de France.

C'est ainsi que s'explique son affirmation, formulée au XIIe siècle, donc à son époque, que « Narbonne appartient au roi de France ». Nul doute que cette expression ait représenté pour les Juifs de Narbonne la renaissance de l'autorité royale dans le Midi sous Louis VII. Les privilèges du Capétien pour les églises méridionales, accordés depuis 1155, son séjour en Languedoc après avoir accompli le pèlèrinage de Saint-Jacques de Compostelle, enfin son intervention à Toulouse en 1158 pour repousser les attaques de Henri II Plantegenêt, avaient eu une répercussion importante sur la mentalité méridionale, y compris celle des Juifs. Nous ne savons rien des rapports qui auraient été établis à cette époque entre Louis VII et la communauté juive de Narbonne ; aussi nous interprétons le texte concernant « l'ordre du roi de restituer la spoliation » plutôt comme l'expression du sentiment des Juifs du Midi à l'égard de la présence et de l'intervention royales et cela d'autant plus que les relations entre la communauté juive et les vicomtes de Narbonne au cours des siècles ne laissaient pas à désirer (47). En tout cas, les troubles qui ont accompagné la minorité de la vicomtesse Ermengarde avaient mis en relief la fragilité du pouvoir vicomtal ; la pénétration de l'autorité royale semblait pouvoir remédier à tous les maux. Cette croyance populaire, qui commençait à s'implanter dans le Midi, fut aussi accueillie avec espoir par les Juifs, d'autant plus que l'attitude du roi à leur égard dans le royaume était favorable (48) ; selon Rigord, le

---

(47) Régné avait consacré à ces rapports une étude approfondie dans le chapitre IV de son ouvrage.

(48) On trouvera une courte esquisse d'ensemble dans l'ouvrage de R. ANCEL, *Les Juifs de France,* Paris, 1946, p. 101. Néanmoins, le sujet n'a pas encore été étudié à fond.

Capétien aurait même favorisé l'accroisement de la propriété juive à Paris, jusqu'à ce que la moitié de la ville eut été acquise par eux (49).

* *
*

Les croisades contre les Albigeois ont amené un bouleversement complet des structures politiques, sociales et religieuses du Languedoc. L'introduction des coutumes féodales septentrionales eut ses répercussions sur les conditions des Juifs de la province. Tandis que la royauté exigeait leur exclusion des fonctions publiques (50), ils étaient gênés dans la possession de leurs propriétés foncières par la révolution féodale qui changea les structures sociales du pays (51). Cette détérioration du statut des Juifs méridionaux fut ressentie à Narbonne, où la position privilégiée des membres de la communauté, qui étaient assujettis à l'archevêque, semble avoir empiré (52). La nouvelle situation amena une vague de recherches sur l'origine de ces privilèges. Nous supposons que la tradition rapportée par Abraham ben David n'était pas tombée dans l'oubli au cours du XIIIᵉ siècle. Mais cette légende n'était plus suffisante pour les besoins de la défense. Le texte qui pouvait rendre les meilleurs services était le récit de *Philomena,* qui avait été compilé définitivement en latin sous le titre *Gesta Karoli Magni ad Carcassonam et Narbonam* et qui contenait l'épisode de la reddition de la ville par les Juifs, ainsi que le privilège qui leur aurait été octroyé par Charlemagne.

C'est ainsi qu'inspirée par le récit de l'abbaye de La Grasse, la légende de Charlemagne resurgit dans les milieux juifs de Narbonne vers 1240. La tradition fut reprise, avec des remaniements, par un « apologiste » local, Méïr ben Simon, dans

---

(49) Rigord, *Gesta Philippi Augusti Regis,* éd. F. Delaborde (*Société d'Histoire de France,* 1882), I, pp. 24-25.

(50) Nous nous contentons ici de nous référer à l'article 3 du traité de paix de Paris de 1229 (*H.L.,* VIII, col. 883-884).

(51) Cf P. Belperron, *La Croisade contre les Albigeois,* Paris, 1945, p. 382 seq.

(52) Cf Régné, *op. cit.,* pp. 186, 190, 199-200.

une composition hébraïque, nommée *La guerre sainte* (*Milk-hémeth Mitsva*) (53) :

« Nous dirons d'abord qu'il est du devoir de chacun de maintenir son alliance et sa fidélité, même quand (il s'agit à l'égard de celui qui) n'est pas de la religion du roi. Et ceux qui lui obéissent doivent observer envers nous l'alliance et la fidélité qu'ont tenues ses ancêtres aux nôtres ; car nos ancêtres, les fils d'Israël, sont venus dans son royaume en raison de l'assurance qu'il a contractée de protéger nos corps, nos biens et nos domaines. Et nous avons joui de cette promesse pendant longtemps, depuis le règne du roi Charles jusqu'à ces jours, parce qu'il avait conquis de nombreux pays, comme ses successeurs, grâce au secours des fils d'Israël, qui étaient leurs alliés fidèles et les aidaient, avec leurs corps et leur argent ; ils entraient dans la mêlée du combat et sacrifiaient leur vie afin de sauver les rois et les magnats qui entouraient les rois. Et c'est un fait connu et consigné dans (des textes que nous possédons dans) plusieurs lieux et aussi dans la maison d'obédience (54) que pendant la guerre qui eut lieu entre le roi Charles et les Sarrasins, lors de la conquête de Narbonne, ces

---

(53) Le texte a été publié par A. Neubauer, Documents sur Narbonne, *Revue des Etudes Juives,* X ,1885, pp. 98-99, qui l'a analysé dans l'*Histoire Littéraire de France,* T. XXVII, p. 561 (où on trouvera des renseignements concernant son auteur). Il a été rédigé pour servir d'aide mémoire aux dirigeants de la communauté juive de Narbonne dans leurs démarches. Comme on le verra, notre auteur ne suit pas la tradition rapportée par les *Gesta Karoli Magni ad Carcassonam et Narbonam.*

(54) Dans le texte : *obediencia.* Nous supposons que l'auteur fait allusion aux *Gesta* du monastère de La Grasse. Les recherches d'un texte diplomatique carolingien n'ont pas amené de résultats. Du Mège croyait pouvoir affirmer qu'un pareil texte existait dans les archives de La Grasse avant la Révolution (*Mémoires de la Société Royale des Antiquaires de France,* VIII, 1829, p. 340). Mais il a été établi que ce texte n'était qu'un exemplaire des *Gesta* (cf I. Lévi, Le roi juif de Narbonne et le Philomène, *Revue des Etudes Juives,* XLVIII, 1904, 201). L'hypothèse de M. Baron (*op. cit.,* p. 46), selon laquelle Méïr ben Simon aurait fait allusion au privilège critiqué par Etienne III, pourrait mieux s'appliquer au fragment d'Abraham ben David. V. aussi note 33 *supra.*

derniers ont tué le cheval qu'il montait devant la porte de la ville et, renversé à terre, il allait tomber en leurs mains et être tué ; et aucun de ses guerriers qu'il avait amenés avec lui, ne voulut descendre de son cheval pour l'y faire monter, car ils craignaient tous qu'ils allaient mourir s'ils descendaient de leurs chevaux. Alors un vaillant Juif, qui était présent descendit de son cheval et y fit monter le roi. Quant à lui, il resta à pied et fut tué par les Sarrasins.

Après avoir conquis la ville, le roi Charles, en reconnaissance de cette grande fidélité, accorda sa protection à ses descendants. Et il leur donna une part importante et honorable dans la ville de Narbonne et dans ses environs. Et selon une ancienne tradition, il leur accorda le tiers de la ville et de ses environs ; et il octroya aux Juifs de bons et honorables privilèges, avec le consentement des évêques et des prêtres qui l'accompagnaient. Après sa mort, les rois qui lui ont succédé observèrent cette alliance jusqu'aujourd'hui. Et pendant tout le temps qu'ils observèrent l'alliance et la fidélité contractées, ils ont réussi dans leurs guerres et ont vaincu leurs ennemis. Et ne serait-ce que pour cette seule raison dont nous avons fait état, à savoir que le roi Charles fut sauvé des mains des Sarrasins par le Juif qui avait sacrifié sa vie pour son salut, le roi et tous ses successeurs devraient toujours faire le bien à tous les Juifs de leur royaume et protéger leurs corps et leurs biens ».

Ce texte nous présente ainsi de nouveaux éléments de la légende de Charlemagne. Sur le thème bien connu de la tradition de la conquête de la ville par l'empereur et de sa division, emprunté aux *Gesta* de La Grasse, notre auteur composa un nouveau récit, jusque-là inconnu à Narbonne. Il abandonna la préoccupation habituelle des chroniqueurs juifs, qui s'était refletée dans l'ouvrage d'Abraham ben David, celle de l'histoire et de l'illustration des lignages rabbiniques et des écoles talmudiques. Ainsi nous n'y trouvons plus la légende de Makhir de Bagdad, descendant du roi David, amené par Charlemagne à Narbonne pour y fonder une école. Les dirigeants de la communauté de Narbonne sont devenus, selon la tradition du XIIIe siècle, les descendants d'un guerrier juif ; leur position privilégiée était due à la reconnaissance par l'empereur du dévouement de leur ancêtre, son sauveur, tombé au siège de Narbonne.

Quelle est la source de cette légende ? Evidemment, notre auteur n'en trouva pas de traces dans les traditions locales lorsqu'il composa son récit. Aurait-il imaginé la légende de toutes pièces ? Nous ne le pensons pas ; le récit a des traits communs avec l'épisode raconté par Thietmar de Mersebourg, selon lequel Otton II, vaincu par les Sarrasins en 982 à Cortone, fut sauvé en montant le cheval que lui avait donné le juif Calonymos (55). Le souvenir de cet épisode, qui fut probablement raconté aux habitants de Narbonne par les Juifs de l'Empire, devint le fondement d'une tradition dont la base historique s'effaça pendant les siècles pour céder la place à la légende ; la personne de l'empereur saxon, qui ne disait rien aux Juifs de la France méridionale, fut confondue avec Charlemagne, puis remplacée par ce dernier et le fait fut transféré de Calabre à Narbonne. Mais en raison de l'emploi de ce nouveau thème, Méïr ben Simon fut obligé d'abandonner la légende de *Philomena,* à savoir le thème de la reddition de Narbonne par les Juifs et de l'acquisition du privilège impérial.

Nous constatons ainsi une innovation intéressante dans notre texte : c'est l'exaltation des qualités militaires des Juifs,

---

(55) *Thietmari Merseburgensis episcopi Chronicon* (éd. F. KURZE, *Scriptores Rerum Germanicarum in usum scholarum,* 1889, p. 61) : Imperator autem cum Ottone prefato caeterisque effugiens ad mare venit, vidensque a longe navim Salandriam nomine, Calonimi equo Iudei ad eam properavit. Sed ea preteriens suscipere hunc recusavit. Ille autem littoris presidia petens invenit adhuc Iudeum stantem seniorisque dilecti eventum sollicite expectantem.
Nous supposons que Méïr ben Simon a eu connaissance de ce récit par l'intermédiaire d'une tradition orale qui était née dans l'Empire, tout en oubliant le nom du souverain, et qui a été apportée à Narbonne par les marchands juifs qui voyageaient entre la Provence et la Rhénanie. Sur les liens existant entre ces communautés, cf SCHWARZFUCHS, *op. cit.,* p. 15. Voir aussi J. ARONIUS, Karl der Grosse und Kalonymos aus Lucca, *Zeitschrift für die Geschichte der Juden in Deutschland,* II, 1888, 82-87.

X

mettant à la disposition des rois non seulement leur argent mais aussi leur participation au combat ; par conséquent, l'établissement des rapports entre le pouvoir royal et la communauté de Narbonne est ainsi fondé sur la tradition de l'alliance et de la fidélité réciproques. C'est sans doute l'influence des conceptions féodales qui amena notre auteur à créer cette image des devoirs mutuels, fondement des rapports entre le suzerain et le vassal ; le récit montre en outre dans quelle mesure la mentalité méridionale assimila les coutumes septentrionales : à l'époque de la dernière grande campagne contre les Albigeois, celles-ci étaient déjà devenues familières aux Juifs de Narbonne. Afin de mieux présenter les qualités militaires de ses coréligionnaires, Méïr ben Simon avait à les montrer guerroyant d'une façon active et participant aux conquêtes ; l'image des Juifs défendant une ville assiégée, dont fait état le *Philomena*, et que les récits de la conquête de Haïfa en 1100 par les croisés, avaient fait connaître au monde occidental (56) n'était plus satisfaisante pour les besoins de la légende.

Plus encore : empruntant le vocabulaire féodal des engagements réciproques, Méïr ben Simon en tira des conclusions sur le plan moral. L'alliance traditionnelle entre la royauté française et les Juifs, telle que son récit la conçoit, était pour lui la raison des succès de la monarchie capétienne. Ainsi, la fin de son texte est un avertissement à l'adresse de saint Louis et de ses prélats de ne pas s'écarter de la fidélité que Charlemagne avait naguère contractée avec les descendants du guerrier juif qui lui avait sauvé la vie.

Enfin, une dernière innovation importante touche à la présentation de l'empereur. Les légendes épiques avaient créé un « Charlemagne en majesté », faisant toujours agir les gens de son entourage, tandis que lui-même demeurait comme figé dans une certaine immobilité qui correspondait à la définition de son personnage (57). Cette déférence pour la per-

---

(56) ALBERT D'AIX, *Recueil des Historiens des Croisades. Historiens Occidentaux,* T. III, pp. 520-521.
(57) Cf J. BÉDIER, *op. cit.,* T. IV, pp. 466-467.

sonne de Charlemagne ne se trouve pas dans l'ouvrage de
Méïr ben Simon, qui nous le dépeint comme n'importe quel
combattant, courant les risques de la guerre. Certes, cette figure
d'un roi du XIIIe siècle ne correspond point à l'image d'un
« Charlemagne à la barbe fleurie », que l'opinion médiévale
avait créée et qu'elle aimait. Même dans *Aymeri de Narbonne,*
lorsque l'empereur renvoie ses barons et promet de ne pas
abandonner le siège tant qu'il resterait des païens dans la cité,
le poète le montre emporté par la colère parce qu'il ne trouve
point un baron prêt à diriger les combats ; aussi regrette-t-il
ses vaillants compagnons, Roland et Olivier, tandis qu'il
accuse ses autres vassaux de lâcheté (58). Nous supposons
que l'auteur juif tira de cet épisode le thème de la peur qui
immobilisa tous les combattants chrétiens et les empêcha
de prêter secours au roi. Mais afin de mieux souligner l'importance du dévouement du chevalier juif anonyme, notre
auteur décrit Charlemagne conduisant lui-même l'assaut ;
ainsi, réduit à l'image d'un roi féodal, qui participait en personne au combat, vulnérable comme tout autre chevalier,
prince dont le royaume dépendait d'un cheval, le monarque
devait le salut de sa vie, voire tout son royaume, au combattant juif. Ce dévouement exigeait une récompense : ce fut
la position privilégiée des descendants de ce héros.

*
* *

Mais Charlemagne ne fut pas seulement roi de France. En
tant qu'empereur d'Occident, son souvenir était resté vivant
dans les pays germaniques de l'Empire. Quelles furent les
répercussions de la légende carolingienne sur la littérature
historique des juifs de Germanie ? Comment fut lié le souve-

---

(58) *Aymeri de Narbonne,* v. 581 et sv. et en particuliers vv. 617-621:

> *Quant vos venrez en France, en Orlenois,*
> *En douce France tot droit en Loonois,*
> *S'on vos demande ou est Charles li rois,*
> *Si respondez, por Deu, seignor François,*
> *Que le laissastes a siege en Narbonois.*

nir de l'empereur avec la tradition historique du Judaïsme continental ?

Avant d'essayer de trouver les réponses aux questions que nous avons formulées, nous devons d'abord rappeler le caractère particulier des problèmes de l'évolution historique juive dans l'Empire. Contrairement à la condition des Juifs en Languedoc, où il existait une propriété foncière juive implantée et où on trouvait une famille privilégiée, comme celle des « nassis » de Narbonne, les communautés allemandes menaient une vie plus rapprochée de celle des collectivités urbaines ; leur évolution fut en quelque sorte semblable à celle des villes : ils avaient à acheter des privilèges, soit pour la communauté entière, soit pour les particuliers (59). Etant donné le développement tardif de la tradition urbaine dans l'Empire (en comparaison avec les régions riveraines de la Méditerrannée), et aussi parce que les villes allemandes (abstraction faite d'Aix-la-Chapelle) (60), s'ouvrirent relativement tard à la légende carolingienne, la littérature juive ne pouvait pas se fonder comme à Narbonne, sur des récits répandus dans la population et traitant de Charlemagne et de sa dynastie. Les ouvrages relatifs aux persécutions qui avaient frappé les Juifs pendant le siècle des croisades (61), ont mis en relief la protection qu'Henri IV accorda aux Juifs (62), et, par conséquent, rappellaient surtout les bienfaits récents (et réels) des empereurs saliens.

On constate néanmoins, l'existence d'une certaine tradition carolingienne parmi les Juifs de l'Empire, avec quelques

---

(59) Pour l'esquisse d'ensemble de l'évolution historique des Juifs en Allemagne médiévale et pour la bibliographie, cf G. Kisch, *The Jews in Medieval Germany,* Chicago, 1949.

(60) Cf R. Folz, *op. cit.,* pp. 341-342, 357 et *passim.* Evidemment, le cas d'Aix (*ibid.,* pp. 229-231) est une exception, les raisons de la naissance et de l'évolution de la légende de Charlemagne y étant particulières.

(61) Toutes ces chroniques et autres sources littéraires ont été éditées par A.M. Habermann dans son Recueil des persécutions en Allemagne et en France (*Sefer g'zeiroth Ashkénaz ve-Tsarfath*), Jérusalem, 1945.

(62) *MGH, Diplomata,* VI, 2, N° 411, pp. 548-549.

ramifications en France. Elle se rapporte à l'origine de l'organisation communautaire et surtout de l'enseignement. Le problème qui se posait pour les enseignants juifs des pays continentaux de l'ancien empire carolingien était en effet, celui d'expliquer les origines des écoles rabbiniques de l'Occident et d'établir ainsi la filiation de leur enseignement et de la jurisprudence des rabbins de l'ancien empire franc aux Etats successeurs.

La littérature rabbinique continentale attribue de bonne heure la fondation des écoles rabbiniques en Occident (précisement dans les pays du Rhin) à un certain Rabbi Calonymos, originaire de l'Italie. Ce Calonymos, que nous trouvons mentionné dans les textes depuis le onzième siècle, était, semble-t-il, né à Lucques, mais il avait enseigné à Rome. En tout cas, c'est son activité à Rome qui fut le point culminant de sa carrière en Italie et qui selon le Rachi (Salomon Itshacki) fit sa célébrité, avant son établissement à Mayence :

« Rabbi Calonymos le Vieux, de Rome, vint à Mayence et y fonda une école (63) ».

Evidemment ce texte, fragment d'une consultation qui devait établir la filiation de la tradition de l'enseignement du Talmud en vertu duquel le Rachi rendait ses réponses (64), n'a pas la valeur d'un témoignage historique complet. En effet, l'éminent docteur de Troyes qui écrivait dans la seconde moitié du XIe siècle, ne précise pas l'époque de l'arrivée de Calonymos à Mayence (ou à Worms, comme on le rapporte aussi) ni les circonstances qui ont causé son départ de Rome. Et pourtant, cette école de Mayence existait déjà au Xe siècle et jouissait d'une grande notoriété parmi les Juifs de l'Occident (65). Ainsi, l'arrivée de Calonymos le Vieux à Mayence

---

(63) *Responsa du Rachi* (éd. I. ELFENBEIN, New-York, 1943), Consultation, N° 41.

(64) *Ibid.*, id. :

... et moi indigne, j'ai trouvé appui à cette affirmation dans les réponses du Rabbi Eliézer ben Yehoudah et de notre Rabbi, Calonymos le Vieux, de Rome, qu'il avait faites lorsqu'il arriva à Worms...

(65) Cf SCHWARZFUCHS, *op. cit.*, p. 31.

ou à Worms doit être située à la fin du IXe siècle ou vers le début du siècle suivant. En tout cas, l'événement était important et devint le fondement d'une tradition légendaire dont fit état un des descendants du docteur lucquois. Dans son livre *Pureté de la Sagesse* (*Mitsraph Le-khokhmah*), Eléazar de Worms, dit le « Rokéakh » (1140-1225), mentionne le fait et attribue l'arrivée de son aïeul à l'initiative du roi Charles :

« Le roi Charles amena le Rabbi Moïse, fils du Rabbi Calonymos le Vieux à Worms du pays de Lucques (66) ».

Eléazar ne précise point à quel Charles il fait allusion dans ce passage. Au XVIe siècle le rabbin polonais Salomon Luria, qui avait inséré dans une de ses consultations le texte que nous venons de citer, crut pouvoir situer le fait en 917 (67) ; cependant cette année-là ne règnait point d'empereur ou de roi Charles. Nous supposons que la tradition familiale d'Eléazar de Worms était bien fondée et que le fait a dû se produire pendant le règne de Charles le Gros, couronné empereur à Rome en 881 (68). Il est fort possible que parmi les Italiens qui ont accompagné au nord des Alpes le nouvel empereur après son sacre se soit trouvé aussi un rabbin juif, invité probablement par les communautés rhénanes afin de les éclairer sur l'observation de la Loi. Cette hypothèse est d'autant plus séduisante que, selon le même texte d'Eléazar, Calonymos le Vieux aurait été l'élève d'un célèbre docteur babylonien, Abou Aharon, qui, après avoir quitté la Mésopotamie, était arrivé en Lombardie, où il enseigna le Talmud à Calonymos.

---

(66) *Mitsraph le-Khokhmah,* éd. 1870 (Varsovie), p. 42. Eléazar de Worms, qui était un des moralistes juifs les plus importants en Allemagne, est connu surtout sous le surnom « Ha-Rokéakh », le titre de son plus fameux livre.

(67) *Responsa de Rabbi Salomon Louria* (le « Maharchal »), éd. 1768, N° 29. Louria, descendant d'une célèbre famille juive originaire d'Allemagne, est considéré comme un des grands maîtres qui ont fondé le centre religieux juif en Pologne au XVIe siècle.

(68) Sur les circonstances du couronnement impérial de Charles le Gros, cf L. HALPHEN, *Charlemagne et l'Empire carolingien,* Paris, 1949, pp. 449-450 et 458.

Le récit d'Eléazar de Worms, répandu parmi les Juifs de l'Empire depuis la fin du XIIᵉ siècle et corroboré par la citation du Rachi, devint la source d'une légende qui expliquait l'origine des écoles talmudiques de Rhénanie par l'arrivée de Calonymos de Lucques à Worms. Cependant la mention du nom du roi Charles en tant que protecteur de ce Calonymos le Vieux, devait nécessairement produire une confusion avec son aïeul, Charlemagne, et attribuer en outre à celui-ci le patronage de la renaissance des écoles juives en Occident. La confusion n'est pas surprenante ; elle s'était manifestée aussi dans le secteur chrétien (69). Malheureusement, cette tradition demeura probablement orale, et ne fit pas naître en Allemagne, pour autant que nous le sachions, des légendes écrites, qui auraient développé le sujet. Cette lacune ne nous permet pas d'étudier l'enchaînement des traditions qui ont abouti à la naissance de la légende de Charlemagne parmi les Juifs de l'Empire. Cependant, nous disposons d'un texte du XVIᵉ siècle, compilé en Italie, qui avait tiré ses renseignements de la légende, déjà cristalisée. Il s'agit d'un ouvrage de Joseph Ha-Cohen (1496-1575), qui était un des membres de la pléiade des chroniqueurs juifs de la Renaissance ; l'ouvrage est une histoire du peuple juif depuis la destruction du second Temple en 70 jusqu'au XVIᵉ siècle. Le titre de la chronique, *Emek Ha-bakha* (*La Vallée des Lamentations*) (70), explique bien son interprétation de l'histoire de la diaspora juive. Néanmoins, parmi les récits des persécutions caractérisant l'histoire juive, il avait trouvé et inséré quelques épisodes positifs qui sont comme des points de lumière dans un âge de lamentations. Un de ces épisodes est attribué au règne de Charlemagne :

« En l'an quatre mille cinq cent et soixante-quinze (de la

---

(69) En procédant ainsi, les Juifs d'Allemagne ont imité la coutume générale de l'Empire, où le souvenir et la tradition de Charles le Gros avaient été confondus au cours des siècles avec ceux de Charlemagne. Cf là-dessus, R. Folz, *op. cit.* passim et notamment p. 446.

(70) *Emek Ha-Bakha*, éd. Vienne, 1852, pp. 12-13.

L'auteur est un des chroniqueurs qui ont contribué à la renaissance de la chronographie hébraïque en Italie au XVIᵉ siècle.

Création), à savoir l'an huit cent dix, les chrétiens et les Sarrazins ont mené entre eux une grande guerre ; des géants y sont tombés et ce temps fut une mauvaise période pour Jacob (71). De nombreux Juifs durent alors fuir du pays d'Ashkénaz (72), et ils se sont réfugiés en Espagne et en Angleterre. Et de nombreuses communautés qui durent retarder cette fuite, ont subi le martyre d'Israël, se réfusant d'abandonner leur religion ; et personne n'est plus resté alors dans le pays d'Ashkénaz ...

Pourtant le Seigneur eut miséricorde des restes qui ont survécu et Il y envoya Carlo Magno, l'empereur, roi de France, et toutes les nations lui obéirent. Et il amena avec lui le Rabbi Calonymos de Lucques, docteur de Rome. Celui-ci ramena les Juifs survivants au pays d'Ashkénaz et réunit les dispersés de Yéhaudah, et Charlemagne leur accorda son alliance. C'est alors qu'ont été créées les écoles pour enseigner la loi divine en Ashkénaz, comme il en existait avant, et ce même Rabbi Calonymos, que Dieu bénisse son souvenir, en fut le maître principal.

Les Juifs furent persécutés en Italie aussi à cette même époque et Charlemagne, que Dieu bénisse son souvenir, y arriva, afin de les aider et de les protéger. »

Le texte de Joseph Ha-Cohen est fondé, comme nous pouvons facilement nous rendre compte, sur la tradition rapportée par le Rachi et par Eléazar de Worms. Il contient ainsi la tradition qui avait lié l'arrivée de Calonymos en Rhénanie aux expéditions italiennes de Charles le Gros et qui présentait le docteur lucquois comme un des membres de la suite de l'empereur. Nous avons remarqué que ces traditions étaient déjà bien connues aux XIIe et XIIIe siècles. Le problème que nous devons résoudre est celui de l'époque et du lieu où ces

---

(71) Synonyme d'Israël ; dans la littérature hébraïque signifie le peuple juif.

(72) « Ashkénaz » — au terme stricte du mot, la Germanie; employé parfois pour mentionner l'ensemble des pays qui ont fait partie de l'empire carolingien transalpin, tandis que le nom « Tsarfath » signifie toujours la France considérée comme État.

événements furent attribués à Charlemagne ou, pour poser autrement la question, de quelles sources s'inspira Joseph Ha-Cohen. Faut-il supposer qu'il inventa lui-même le récit et qu'il fut ainsi l'auteur de la légende ? Ou aurait-il interprété le texte d'Eléazar de Worms en confondant le nom du roi Charles avec Charlemagne ? Dans ce cas, où avait-il trouvé le récit des persécutions qui avaient provoqué la dispersion et la mort des juifs allemands ?

Nous ne croyons pas que Joseph Ha-Cohen ait inventé de toutes pièces la légende qu'il raconte. S'il avait voulu consacrer dans sa chronique un passage relatif aux bienfaits accordés par Charlemagne à ses coréligionnaires, il aurait pu trouver des renseignements à ce sujet dans les sources. On doit donc hasarder l'hypothèse qu'il connut soit une tradition orale développée depuis le XIIIe siècle, soit des manuscrits perdus postérieurement ; il puisa dans une de ces sources, sans essayer de discerner son authenticité ; ainsi fut sauvée cette légende médiévale qui fit de Charlemagne non seulement le contemporain de Calonymos, mais aussi le restaurateur des communautés juives dans son Empire et l'allié des juifs (73).

---

(73) Il est intéressant de constater que l'épisode raconté par Thietmar (cf note 55 *supra*) à propos des rapports entre Othon II et le juif Calonymos, n'a pas été retenu par la tradition historique juive dans l'Empire. Nous ne pouvons accepter les conclusions de J. ARONIUS, Karl der Grosse und Kalonymos aus Lucca, *ZGJD,* II, 1888, 82-87, selon lesquelles il a dû se produire une confusion entre le fait authentique qui avait eu lieu sous Otton II et la tradition juive sur la fondation des écoles rhénanes par Calonymos Le Vieux, ce qui aurait servi à la naissance de la légende racontée par Joseph Ha-Cohen. Le Calonymos (qui était un patronyme répandu parmi les Juifs européens au moyen âge) de Thietmar était un guerrier, tandis que le personnage portant le même nom et mentionné dans la littérature rabbinique comme fondateur de l'école de Rhénanie, était un rabbin, renommé par son enseignement et arrivé en Allemagne avec une brillante réputation. Son descendant, Eléazar de Worms, le décrit comme l'élève du célèbre docteur babylonien Abou Aharon, fils du « nassi » Shmuël, qui, étant exilé de Mésopotamie, s'établit à Lucques. Le récit de Thietmar, après l'adaptation et les remaniements nécessaires, convenait aux Juifs de Narbonne pour expliquer l'origine de leurs propriétés foncières, mais il ne pouvait être retenu par le souvenir historique des Juifs allemands, vivant dans d'autres conditions.

La tradition des Juifs dans l'Empire aboutit ainsi à créer une légende sur les origines de la population juive dans l'Empire des Francs. Ce récit, dont le caractère imaginaire n'a point besoin d'être souligné, présente Charlemagne dans un rôle différent de celui que nous avons rencontré dans les légendes des Juifs de Narbonne. En Allemagne il n'est plus le roi sauvé, mais le sauveur. On le confond avec son aïeul Charles Martel ; sa montée à l'Empire d'Occident est décrite comme le résultat d'une guerre très dure entre la Chrétienté et l'Islam, guerre dont les répercussions auraient été désastreuses pour la population juive dans les pays occupés par les Francs. L'avènement de Charlemagne au pouvoir suprême, celui d'empereur et de roi de France, amena le rétablissement de l'ordre, et fut profitable aux Juifs : l'empereur en personne, accompagné et aidé par Calonymos, qu'il amena de Rome en Rhénanie, nous est présenté comme le restaurateur de la vie communautaire juive dans son empire, aussi bien en « Ashkénaz » qu'en Italie. En même temps, il devient le patron de l'activité scolaire juive ; le passage consacré à la renaissance des écoles juives peut très bien caractériser la renaissance carolingienne et dans le personnage et l'activité de Calonymos nous n'avons point de difficultés à trouver une sorte d'Alcuin juif.

Cette cristallisation de la légende de Charlemagne par les Juifs de l'Empire avait eu ses raisons : elle se proposait de souligner l'intérêt qu'avaient les Juifs au maintien d'un régime fort et organisé, ceci afin d'obtenir leur sécurité personnelle et d'assurer la prospérité de l'enseignement, qui était liée à la sécurité et à la stabilité collectives. Et puisque le souvenir de Charlemagne en Allemagne avait abouti à créer l'image de l'Empire universel et donc de la paix impériale, les Juifs s'en sont servis, en transférant l'image de cet « âge d'or » dans leur propre histoire.

*
* *

Etudiant les thèmes de la légende de Charlemagne dans les textes hébraïques médiévaux, nous avons remarqué que cette tradition n'était pas fondée sur des faits authentiques de Charlemagne. La littérature hébraïque s'est fait l'écho de la légende de l'empereur, telle qu'elle s'était manifestée dans les ouvrages littéraires des peuples européens. C'est seulement après la création de la figure légendaire de Charlemagne dans les pays chrétiens que cette image put être transférée sur le plan juif. Le développement de la légende carolingienne, en particulier au XIIᵉ siècle, contribua à la naissance d'une forte tradition qui, sans négliger le côté épique, accentuait « l'âge d'or » de son règne, avec sa tranquillité intérieure, son régime stable et fort, et soulignait en même temps le rôle de l'empereur comme protecteur des lettres et des écoles. Cette tradition avait servi aux auteurs juifs pour développer leurs propres thèmes de la légende de l'empereur, qui correspondaient à l'évolution particulière des Juifs dans les pays de l'ancien empire carolingien.

Les textes dont nous disposons nous permettent de distinguer deux foyers de la propagation de la légende de Charlemagne parmi les Juifs : *a*) Narbonne et le Languedoc ; *b*) la Rhénanie. Dans chaque région, les motifs de la légende étaient particuliers aux besoins des communautés locales et répondaient aux questions que soulevaient les conditions spécifiques de la vie juive. C'est ainsi qu'à Narbonne la légende, qui avait puisé dans les sources épiques des guerres contre les musulmans et de la conquête de la ville, rattacha à Charlemagne l'origine des privilèges fonciers dont jouissaient les habitants juifs de la métropole du Languedoc. En même temps, elle attribua à l'empereur l'origine des prérogatives des « nassis » (ou des « rois juifs ») locaux. Néanmoins, l'explication de l'action de l'empereur en faveur du « nassi » évolua en s'adaptant aux conditions qui se transformaient : selon la légende du XIIᵉ siècle la position du « nassi » était due à l'initiative de Charlemagne qui fit venir de Bagdad un docteur, descendant de David, et fut ainsi liée à la renaissance de l'enseignement ; au XIIIᵉ siècle, l'explication des prérogatives du « nassi » fut liée à la pénétration du régime féodal dans le Midi et les chefs de la communauté narbonnaise furent présentés comme les descendants d'un chevalier juif qui avait sauvé la vie de Charlemagne. En revanche, dans l'Empire, la légende, plus tardive qu'à Narbonne, naquit du thème de la renaissance carolingienne ; le souvenir des persécutions, en particulier des pogroms sanglants qui ont accompagné les croisades dans la vallée du Rhin, y fut mêlé ; ces persécutions, attribuées à une guerre générale entre la Chrétienté et l'Islam, contribuèrent à présenter Charlemagne comme le sauveur des Juifs, leur protecteur et le restaurateur des écoles talmudiques.

Malgré l'existence de liens entre les communautés du Midi et celles de la Rhénanie nous pouvons affirmer que les deux traditions, celle de Narbonne et celle de l'Empire, ont été indépendantes. Cette indépendance ne s'explique que par les différences de condition des Juifs dans les deux pays et donc par l'exploitation des motifs propres à chaque communauté. Cette indépendance est d'autant plus sensible que le récit de Thietmar, provenant de l'Empire et exploité par Méïr ben Simon à Narbonne, n'eut pas d'influence sur le développement de la légende juive en Rhénanie ; il n'en existe aucune trace dans la chronique de Joseph Ha-Cohen.

Il faut encore nous demander quelle fut la raison de l'absence des légendes narbonnaises dans la tradition allemande qui était postérieure à celles-ci et dans l'œuvre de Joseph Ha-Cohen. Supposer qu'après l'expulsion des juifs de Narbonne, en 1306, les ouvrages aient été perdus et oubliés, serait la solution la plus facile. Cependant nous ne pouvons envisager cette hypothèse que pour l'ouvrage de Méïr ben Simon, encore que la découverte de son manuscrit à Parme (74) indique au moins sa diffusion en Italie à la fin du moyen âge. D'autre part, la chronique d'Abraham ben David était bien connue en Espagne et le récit est cité par Abraham Zaccutto, dans sa chronique *Les Généalogies* (*Yokhassin*), au début du XVIᵉ siècle (75). Nous croyons que la raison de l'absence des

---

(74) Cf A. NEUBAUER, Documents sur Narbonne, *Revue des Etudes Juives*, X, 1885, p. 98.

(75) *Yokhassin*, éd. FILIPOWSKI, Londres 1857, p. 84. Abraham Zaccuto (1452-1515), était professeur d'astronomie à l'université de Salamanque, après y avoir étudié. Il fut ensuite astronome de Juan II,

traditions narbonnaises dans la légende rhénane peut être expliquée seulement en raison des différences dans l'évolution historique des deux centres juifs. La formation et la diffusion d'une légende est toujours une réponse aux désirs du public auquel elle s'adresse ; les Juifs de l'Empire et de la France septentrionale n'avaient pas à expliquer l'origine des propriétés foncières et à défendre leur droit à les maintenir, de même qu'ils n'avaient pas à illustrer les privilèges d'un lignage. En revanche, ils ne pouvaient pas employer le récit d'Abraham ben David pour expliquer la renaissance des écoles en Occident, sans nuire à la tradition de l'ancienneté et de l'originalité de leur centre intellectuel ; la tradition de la fondation des écoles rhénanes par Calonymos de Lucques était déjà établie et répandue, tandis que la tradition narbonnaise puisait à une source différente.

*
* *

Charlemagne, vu à travers la légende juive médiévale, nous apparaît sous un aspect très favorable. L'empereur des Francs est considéré par les textes que nous venons d'analyser comme le restaurateur de la fortune des juifs dans le monde chrétien occidental et comme le véritable fondateur du milieu juif européen. Il est évident que cette image de « l'âge d'or » que symbolisait le règne de Charlemagne, correspondait à la nostalgie des Juifs pour un régime idéal, régime dont le caractère principal était la stabilité, la tranquillité et la prospérité, dues à une protection impériale qui ne se limitait point aux déclarations et aux bonnes intentions ; Charlemagne qui accordait son alliance et sa protection aux juifs, personnifiait un régime où l'ordre régnait et où le pouvoir impérial

---

roi du Portugal. Son activité fut importante dans la préparation des expéditions qui ont abouti aux découvertes géographiques ; il perfectionna l'astrolabe en substituant le cuivre au bois (cf R. Lévy, Zacuto's Astronomical Activity, *Jewish Quarterly Review,* 1935-1936, p. 385 seq.). En même temps, il était versé aussi dans les disciplines juives. Après l'expulsion des juifs du Portugal (1497), il s'établit à Tunis, où il composa *les Généalogies.*

était efficace. Par conséquent la naissance et la diffusion de sa légende répondaient aux besoins immédiats de la mentalité des Juifs de la diaspora. Cette légende ne put pas s'intégrer à l'épopée nationale parce qu'elle se limitait à des fins immédiates. Disons en un mot qu'elle est orientée vers le présent alors que l'idéal messianique, du salut national et de la renaissance dans la Terre Sainte tend vers un avenir indéfini, celui de la « fin des âges ».

Puisque la personnalité de Charlemagne représentait dans tous les pays occidentaux le régime de l'ordre et du pouvoir efficace du souverain, la mentalité juive était prête à l'accepter comme l'image du « bon monarque » et à grouper autour de sa personne légendaire ses propres aspirations. D'autre part, la personnalité de l'empereur qui, en fait, avait été le plus favorable aux Juifs, en l'occurrence Louis le Pieux, symbolisait le personnage faible, le régime anarchique et les révoltes des magnats. Aussi le fils de Charlemagne ne put pas devenir le héros légendaire d'un peuple dispersé et qui se trouvait à la merci des pouvoirs.

Même si ce raisonnement n'exerça pas une influence directe sur les propagateurs des récits légendaires dans les centres juifs en France et en Allemagne, il agit sans doute inconsciemment et influença les esprits. Cela d'autant plus que les légendes juives de Charlemagne ont surgi depuis le XIIe siècle, donc après les persécutions de 1096, quand la protection du pouvoir impérial et royal s'avéra inéfficace.

La légende juive de Charlemagne ne suit pas la « grande histoire ». Elle ne contribua ni au développement de l'idée de l'Empire ou de la pensée politique, ni à l'organisation des institutions ou des structures sociales, comme l'ont fait les légendes françaises ou allemandes. Son intérêt réside surtout dans l'adaptation des légendes régionales aux conditions spécifiques des Juifs vivant dans les pays européens.

Jérusalem
(*Université Hébraïque*)

XI

ÉCOLES ET STRUCTURES SOCIALES
DES COMMUNAUTÉS JUIVES DANS L'OCCIDENT
AUX IXe-XIIe SIÈCLES

Dans son ouvrage classique, *The Jewish Community* [1], Salo Baron a souligné la dispension de l'enseigement comme un des buts les plus importants de l'organisation communautaire juive, depuis ses origines palestiniennes jusqu'à l'époque moderne. Ce fut, en effet, comme l'affirme le grand maître de l'historiographie juive, un des caractères fondamentaux de la collectivité juive établie dans une localité, d'autant plus que l'enseignement s'était confondu de bonne heure avec la liturgie et avec l'administration de la justice talmudique. Si l'on faisait, jusqu'au XIVe siècle en Occident, la distinction entre le *Rav* (le « Rabbin ») et le *Dayan* (le « juge »), ce fut parceque le dernier avait été investi de l'autorité judiciaire, tandis que le titre *Rav* est toujours resté attaché aux gens, dont la fonction principale fut celle de l'enseignement de la Loi. Le terme *Rav* est ainsi la synonime de la notion « maître » (*Magister*). S. Schwarzfuchs a déjà insité sur cette fonction dans son ouvrage sur *Les Origines du Rabbinat* [2] afin que l'on ne doive pas rentrer dans les détails.

---

(1) S. W. BARON, *The Jewish Community*, 3 vols., Philadelphia 1943. En ce qui concerne l'identification de notions et termes hébraïques, ainsi que les personnes mentionnées, on consultera l'*Encyclopaedia Judaica*, éd. C. Roth et G. Wigoder, Jerusalem 1972.

(2) S. SCHWARZFUCHS, *Etudes sur l'origine et le développement du Rabbinat au Moyen Age*, Paris 1957.

938

Les études détaillées sur les différentes communautés confirment entièrement la thèse de S. Baron, au moins en ce qui concerne l'enseignement élémentaire. En effet, à l'époque étudiée ici, la communauté occidentale a pris la responsabilité de l'éducation de ses fils et, malgré la diversité des structures et des éléments socio-culturels entre les groupes communautaires de l'Italie, de l'Espagne, de Languedoc-Provence et de France-Allemagne, ce trait est commun au niveau des « écoles aux jeunes » [3], que nous proposons à traduire « enseignement primaire », qui fut destiné à l'alphabétisation des enfants.

A cet égard, il est important à souligner la généralité de l'éducation élémentaire dans les communautés juives. A prendre à l'appui un témoignage extérieur qui correspond à la fin de notre époque, celui de l'élève anonyme d'Abélard, qui avait composé au milieu du XIIe siècle le Commentaire, dit de Canterbury, des épîtres de St. Paul, on remarque ses constatations sur l'éducation juive:

« . . . quia christiani, si filios suos erudiunt, non faciunt propter Deum, sed proper‑ lucrum, ut videlicet frater, si clericus fuerit, juvet patrem et matrem et alios fratres. Dicunt enim, quia clericus sine herede erit, et, quicquid habebit, nostrum erit et aliorum fratrum. Ei autem satis erit et nigra capa, in qua eat ad ecclesiam et suum superpellicium. Judei vero, zelo Dei et amore legi, quotquot habent filios, at litteras ponunt, ut legem Dei unusquisque intelligat. De quibus, cum dicat apostolus: obsecratio mea pro illis ad Deum in salutem supponit: perhibeo enim illis testimonium, qui magnam fervorem habent in Deum, etsi non secundum scientiam. Judeus

---

(3) Pour les termes « école aux jeunes » et « école aux vieux » et leur distinction, cfr. B.Z. BENEDIKT (en hébreu), « Rabbi Moshe ben Joseph (ben Marwan Halévi) de Narbonne », *Tarbitz*, 19 (1948) 19-34.

enim, quantumcumque pauper, etiamsi decem haberet filios, omnes ad litteras mitteret non, propter lucrum sicut christiani, sed propter legem Dei intelligendam, et non solum filios, sed et filias »[4].

Ce témoignage, dont le but a été sans doute la critique de l'enseignement ecclésiastique à son époque et qu'à ces fins doit être lié aux critiques de Jean de Salisbury à l'égard de Cornificiens, ne peut être compris dans la partie dédiée aux juifs que par rapport à l'éducation primaire. En effet, l'alphabétisation dans la société juive médiévale en Occident n'avait pas été une étape dans le processus de l'ascension sociale, ou un début de carrière dont les revenus pourraient accorder à celui qui venait d'achever ses études une situation plus aisée.

Sa portée fut plus modeste, même par rapport à ce que l'élève l'Abélard voulait lui accorder, à savoir éduquer les enfants afin qu'ils aient la possibilité de participer aux services religieux, en lisant eux-mêmes les prières et leur apprendre quelques notions fondamentales concernant la Loi mosaïque et ses préceptes pratiques. A cet égard, les premiers manuels liturgiques, le *Siddur*, pour les prières quotidiennes et le *Mahzor*, pour le cycle annuel des fêtes, dont on constate l'apparition et la diffusion en Occident aux Xe-XIe siècles [5], servent de témoignages importants quant aux exigences de l'enseignement élémentaire dans la communauté juive. Avec quelques différences mineures, on peut donc conclure que les « écoles aux jeunes » formaient les enfants dans la connaissance de la langue hébraïque et dans la lecture des textes bibli-

---

(4) « Commentarius Cantabrigiensis in Epistolam ad Ephesios » in *Commentarius Cantabrigiensis in Epistolas Pauli e Schola Petri Abaelardi*, ed. A. Landgraf, Notre Dame 1937, vol. II, p. 434.

(5) Cfr. S. W. BARON, *A Social and Religious History of the Jews*, vol. VII, ch. XXX, Philadelphie 1958, pp. 121 ff.

ques, ainsi qu'une certaine initiation aux commentaires, surtout de la *Mishnah* [6]. C'est ainsi que cet enseignement fut intimement lié à la synagogue, au point que, dans le groupe communautaire rhénan ou *ashkénaze*, le nom germanique *Schul* est devenu le terme qui fut choisi pour désigner la synagogue, à la fois en tant que local de prière et local de l'enseignement élémentaire.

Cette relation mutuelle entre la liturgie et l'enseignement nous explique son caractère purement religieux, qui en principe devait exclure l'étude de tout texte profane du programme adopté pour le système scolaire communautaire. Or, à cet égard, il faut souligner que l'Italie et l'Espagne ont connues une évolution différente par rapport à celle des communautés transpyrénéennes. Cette différence consiste dans l'enseignement privé dispensé aux enfants dans les familles aisées [7], où le père engageait des maîtres pour enseigner des matières profanes, aussi bien dans les langues parlées (l'arabe, le castillan et le catalan) que dans la langue hébraïque, dans la pure continuation des pratiques de l'éducation dans l'antiquité classique. Or, il est devenu une coutume, pratiquée pendant des générations que le père d'une famille aisée ajoutât à cet enseignement privé de son fils un ou deux enfants du même âge, issus des familles pauvres et qui étaient ainsi à même de recevoir une formation plus diversifiée, quoiqu' encore eu niveau élémentaire; le cas d'Abraham Ibn Ezra est à cet égard édifiant [8]. Issu d'une famille pauvre, il a pu jouir à la fin du XIe siècle de ce véritable mécénat à

---

(6) Cfr. L. RABINOWITZ, *The Social Life of the Jews in Northern France* (*11th-13th* centuries), London 1936, p. 171.

(7) V. par exemple le cas du lexicographe Nathan ben Ihiel de Rome (c. 1035-1106); cfr. H. Z. TAUBES, « The *Arukh* de Nathan de Rome », Scritti in Memoria di Sally Mayer (1875-1953), 1955 (Section hébraïque).

(8) Cfr. M. FRIEDLÄNDER, *Essays on the Writings of Abraham Ibn Ezra*, London 1877, introductory biography.

XI

son âge de formation, qui lui avait ouvert la voie des études; sa véritable soif intellectuelle ne fut cependant jamais épuisée à l'âge mûr et l'avait conduite à une vie quasi-nomade de voyages.

Pourtant, même au sein des communautés *sepharades* cet enseignement privé fut plutôt une exception, quoique très notoire et dont les conséquences furent très importantes, non pas seulement sur le plan intellectuel, mais aussi sur le plan social. Dans sa grande majorité, l'enseignement élémentaire est resté une oeuvre communautaire par excellence, ce qui devait garantir l'exclusion de non-juifs de cet enseignement, selon les préceptes des *Gaonim* babylonéens, qui ont formellement interdit la dispense de l'enseignement aux gentiles [9].

A cet égard, l'organisation scolaire de judaïsme nord-africain, *sepharade* et européen se rapproche aux prototypes des écoles et de l'enseignement à Rome et en Italie, dont la tradition pourtant rattachait ses origines, à l'époque du Bas Empire, au centre palestinien [10]. Quoique ressemblant par ses structures aux écoles urbaines du Bas Empire [11], cette filiation palestinienne fut à l'origine d'une tradition d'originalité du judaïsme italien dont les manifestations se sont perpétualisées à travers le moyen âge et ont pris le caractère du rite « Romain » ou Italien, qui n'est pas *Sepharade*, ni *Ashkénaze*.

Nos connaissances quant aux fonctionnement des « écoles aux jeunes » sont assez vagues. L'intérêt porté par les documents et par la recherche moderne à l'enseigne-

(9) « Iguereth Sherita Gaon » (l'Epître du Gaon Sherira), éd. B. Lewin, *Otzar Hagaonim* (Le Trésor des Gaonim), Haifa 1921, p. 101.

(10) Cfr. les travaux de C. ROTH, *A History of the Jews in Italy*, Philadelphia 1946 et A. MILANO, *Storia degli Ebrei in Italia*, Torino 1963, où l'on trouvera la bibliographie détaillée du sujet.

(11) Cfr. P. RICHÉ, *Education et Culture dans l'Occident barbare*, Paris 1962.

942

ment que l'on pourrait qualifier de supérieur a eu comme
résultat la négligeance de l'étude de l'enseignement élémentaire à l'époque étudiée; l'existence des ces écoles dans
les communautés est devenue en quelque sorte de postulat axiomatique, au point qu'en général il fut jugé inutile d'entrer en détails. Cependant, la communauté de
Narbonne nous offre, aux XIᵉ-XIIᵉ siècles une exception
notoire, grâce à l'attention donnée aux « écoles aux jeunes » dans les travaux des sages narbonnais [12]. Il faut
pourtant remarquer que jusqu'au début du XIIIᵉ siècle,
le centre scolaire narbonnais avait occupé une place à
part dans le système de l'éducation juive en Occident,
ayant calqué des traditions de l'organisation scolaire babylonéenne, entièrement différentes de ce qui s'était développé en Occident à cette époque. Les « écoles aux jeunes » à Narbonne ont été soumises à l'autorité du *Nassi*
(le Prince), qui en pourvoyait l'existence et qui nommait
leurs maîtres, dans la plupart des cas des gens, appartenant à « l'école aux vieux », soit les élèves de l'école supérieure. Nous connaissons aussi mieux le programme de
l'enseignement à ce niveau élémentaire: outre l'alphabeth
et la lecture de textes bibliques, on y apprenait de textes
liturgiques ainsi que la *Mishnnah*. L'adolescent y ayant
fini ses études pouvait, s'il avait été estimé capable, continuer à étudier à « l'école des vieux », tandis que la grande
majorité des élèves commençait à se préparer pour gagner sa vie, dans le commerce et dans l'artisanat. Les revenus du *Nassi*, provenant de l'exploitation des terres
dans la province, ont été le fondement matériel pour

(12) Cfr. B. Z. BENEDIKT (hébreu): « Sur l'histoire du Centre de la Thorah
en Provence », *Tarbitz*, 22 (1951) 86-109; A. GRABOÏS, « Les écoles de Narbonne
au XIIIᵉ siècle », *Juifs et Judaisme du Languedoc* (Cahiers de Fanjeaux, XII),
1977, 141-157.

l'entretien des « écoles aux jeunes », quoique les parents
des élèves aient contribué leur part au budget de l'enseignement.

* * *

Si dans le domaine de l'éducation élémentaire nous
restions dans le cadre des généralités et des questions qui
n'ont pas encore reçu de réponses convenables, l'état de
la question est entièrement différent quant à l'éducation
dite supérieure, ou les « écoles aux vieux ». Dans ce domaine, nous pouvons suivre la genèse et l'expansion des
écoles et d'un système d'éducation dans le judaïsme occidental, qui avait été structuré sur le développement
des communautés et s'accordait à leur évolution sociale.
Il est important à cet égard de souligner que, malgré la
diversité et le pluralisme des formes communautaires et
de tendences culturelles multiples, le fondement de l'unité
du texte du Talmud, avait été un facteur commun de
l'enseignement juif[13].

Pendant presqu'un millénaire, ce fut le centre mésopotaménéen (ou de Babylone), avec ses deux Académies,
Sura et Pumpadita, où le Talmud fut compilé, qui avait
monopolisé l'enseignement supérieur juif et l'interprétation de la Loi. C'est ainsi qus l'étude et le commentaire
du Talmud, y est devenue le fondement du *curriculum*.
La méthode de l'enseignement, fondée sur la mémorisation du texte sacré, amenait les Sages et leurs élèves à se
dispenser de recourir à un exemplaire manuscrit; par ailleurs, jusqu'au VIIIᵉ siècle on n'avait pas diffusé de
copies du Talmud en debors du centre babylonéeen.
Même si la raison de cette non diffusion ne fut pas
liée à aucune interdiction formelle et on doit la lier à

(13) S. W. BARON, *The Jewish Community*, vol. I, *passim*.

944

la pratique de la mémorisation du texte, son effet fut de raffermir le monopole scolaire babylonéen pendant le Haut Moyen Age. Les grandes conquêtes de l'Islam au VIIe et début du VIIIe siècle, qui ont réuni la majorité du people juif sous un seul régime politique, ont sans doute favorisé la fortune de ce centre, qui jouissait aussi de la reconnaissance officielle du pouvoir politique, au point que les petites communautés de l'Europe chrétienne, dépourvues d'une direction commune, en ont été très rigidement dépendantes. Le va et vient des émissaires des communautés occidentales (les *Shadarim*, contraction de *Sh'likhei de'Rabbanan*, les « envoyés des Maîtres »), qui ont apporté des questions et diffusé les *Responsa* de Sages des Académies aux communautés occidentales, prouve cette dépendance. C'est ainsi que le fameux juif Isaac, mentionné dans les *Annales Regni Francorum*, comme l'émissaire de Charlemagne auprès de Harun Al-Rashid [14], fut en même temps l'émissaire de sa communauté auprès des Sages des Académies babylonéennes, rapportant de ces voyages des *Responsa* des *Gaonim* babylonéens aux communautés du royaume franc.

La révolution abbasside, dont il ne faudra pas s'en occuper ici, est par ses répercussions un facteur de première importance du développement de l'enseignement juif et de la création de ses nouveaux centres en Occident. Le déclin du Caliphat Abbasside aux IX-^e-Xe siècles a été suivi par le déclin des Académies mésopotamiennes, mais on ne faudra pas voir une interdépendance entre le sort du Caliphat et celui des Académies; elles existaient et leur monopole de l'enseignement avait été déjá bien établi avant l'avénement du l'Islam. Du même, la fondation de cen-

---

(14) *Annales Regni Francorum*, éd. W. KURZE (*Scriptores Rerum Germanicarum in usum Scholarum*), Hannover 1895, p. 116. Cfr. G. MUSCA, *Carlo Magno ed Harun al Rashid*, Bari 1963.

tres autonomes de l'enseignement juif en Espagne au cours de la seconde moitié du VIIIe siècle, ne doit être rapprochée à aucune « grande visée politique » ommayde, destinée à priver les Abbassides de ce monopole. Il semble bien que la crise des VIIIe-IXe siècles, qui a mis fin au monopole des Académies babylonéennes et a contribué à la genèse des écoles de l'Occident, fut liée à la rupture de l'équilibre politique-économique en Méditerranée, qui a créé des difficultés à la navigation et a rouvert la question de la sécurité des transports. Ce facteur a sans doute gêné, et peut-être beaucoup, le contact entre les communautés occidentales et les Académies. Mais en même temps, il semble bien que l'évolution interne de certaines communautés occidentales, surtout en Italie, en Espagne et en Afrique du Nord, s'apprêtait à cette autonomie scolaire.

La genèse des écoles supérieures en Occident devrait être établie vers la fin du VIIIe siècle. La légende des « Quatre Captifs », qui a été étudiée de façon magistrale par Gershon Cohen [15], selon laquelle quatre sages de Babylone, ayant navigué dans la Méditerranée ont été faits prisonniers par les pirates et après avoir été rachettés par les communautés, aient créé des écoles en Espagne, en Afrique du Nord, en Italie méridionale et en France, en est un indice. Un autre indice de ces traditions sur la genèse de l'enseignement supérieur en Occident, est la légende des origines babylonéennes de *Nessiim* de Narbonne, dont l'ancêtre, Makir, aurait été envoyé par le Caliphe Harun A-Rashid à Charlemagne, qui l'aurait installé avec son école à Narbonne [16]. Ces légendes, ayant

(15) G. D. COHEN, « The Story of the Four Captives », *Proceedings of American Academy for Jewish Research*, 29 (1960/61) 55-131.

(16) A. GRABOÏS, « Le souvenir et la légende de Charlemagne dans les textes hébraïques médiévaux », *Le Moyen Age*, 72 (1966) 5-41.

946

créé des filières de tradition, n'ont pas évidemment la valeur d'un témoignage historique et, à l'époque de leur rédaction au XIIe siècle, ont sans doute servi à répondre aux questions de la continuité des écoles juives en Occident.

Cependant, l'accent mis sur cette fin de VIIIe siècle comme époque de la génèse des écoles occidentales, doit donner une importance plus grande à l'évèvement historique de l'arrivée de Natronaï Ben Habibaï, membre de la famille des *Elarques*, en Espagne, après ses demêlés avec les *Geonim* de Sura et de Pumpadita en 771 [17]. Or, selon, le témoignage de Yéhudah Bar Barzillaï, Natronaï commença à enseigner le Talmud en Espagne, où il n'en existait pas de copie, en dictant son texte à ses élèves qui l'ont appris par ce qu'il mémorisait. Ainsi fut rompu le monopole des Académies babylonéennes par la diffusion du texte, quoiqu'il faut souligner la continuation du recours aux Académies pour établir son interprétation. Le champ est encore ouvert aux débats quant à la véritable portée de l'enseignement de Natronaï et à la fondation des différentes écoles par ses élèves dans les autres pays occidentaux. Certes, selon le propre témoignage d'Alcuin, il y eut en Italie vers la fin du VIIIe siècle des savants juifs qu'ils avait l'habitude de consulter au cours de ses travaux destinés à préparer un texte revu de la Vulgate [18], mais il serait difficile de se prononcer où avaient-ils été formés. Personnellement, je suis enclin à penser qu'il s'agissait des gens qui ont été formés en Mésopotamie et qui, en raison de difficultés de contact, aient commencé à enseigner dans les places de leurs séjours respectifs.

(17) Cfr. G. D. COHEN, *art. cit.* (note 15).
(18) *M.V.H.*, *Epp.* 4, p. 172.

En tout cas, le IXe siècle fut l'époque de la prolifération de l'enseignement juif en Occident et de la formation des « écoles aux vieux », dont le nom hébraïque *Iyshivah*, qui avait servi à désigner les écoles en Mésopotamie, fut généralement accepté. On peut maintenant établir, en nous aidant de témoignages extérieurs, provenant de cercles chrétiens de l'époque, que le centre scolaire juif en Rhénanie, dont la fondation fut postérieure à ceux de l'Espagne, de la France et de l'Italie, de laquelle sont arrivés ses fondateurs, jouissait déjà d'une certaine réputation auprès les exégètes catholiques, qui cerchaient dans les textes hébraïques de l'Ancient Testament le sens de certains passages obscurs de la Vulgate. Tel fut le cas de Rabanus Maurus, archevêque de Mayence et abbé de Fulda, dont l'attitude anti-juive est bien connue, mais qui attesta lui-même dans sa correspondance qu'il avait pris l'avis de Sages juifs pour ses travaux exégétiques [19]. Ceci nous donne un *terminus a quo* pour établir l'époque du fonctionnement de la célèbre école de Mayence *grosso modo* vers 850. Les travaux d'Abraham Saltman sur les textes bibliques pseudo-isidoriens [20], font état de contacts étroits avec les sages de l'école rhénane au cours de la seconde moitié du IXe siècle, ce qui témoigne qu'elle n'eut pas à cette époque un caractère éphémérique, encore que sa réputation était loin d'être celle que ses grands maîtres lui ont acquise au XIe siècle.

Il est évident que cette prolifération, compte tenu que l'« école aux vieux » fut exclusivement un centre de l'enseignement de la Loi, n'avait pas pu être effectuée sans une large diffusion de copies du Talmud. Or, en l'ab-

---

(19) *M.G.H.*, *Epp.*, 5, p. 403.
(20) Cfr. A. SALTMAN, « Rabanus Maurus and the Pseudo-Hieronymian *Quaestiones Hebraicae in Libros Regum et Paralipomenon* », *Harvard Theological Review*, 66 (1973), 43-75.

948

sence dans le secteur juif des *Scriptoria* monastiques, tels qu'ils sont connus à l'époque carolingienne, la confection des exemplaires du Talmud fut le travail personnel et individuel des maîtres et leurs éléves. Malgré leur assiduité, l'entreprise fut très chère et donc au dessus des moyens des individuels. A cet égard, on connaît l'œuvre effectuée en Espagne par les soins d'une grande personnalité comme Samuel Ibn Nagrela, qui avait dédié une partie de son immense fortune personnelle pour engager des scribes afin de copier l'exemplaire du Talmud qu'il possédiat et en faire distribuer des exemplaires à un grand nombre de communautés, surtout en Espagne, mais aussi en Afrique du Nord et en Sicile [21]. Dans son ouvrage, *l'Introduction au Talmud*, il fit était de l'établissement de ce *scriptorium* privé et témoigna de diffusions préalables des exemplaires, faisant allusion à ce que « cette distribution fut destinée aux communautés qui n'ont pas eu les moyens de se faire procurer des exemplaires pour leurs écoles ». Ce passage est intéressant aussi en ce qui concerne le statut des écoles à son temps: elles ont été de fondations communautaires et ont appartenu aux communautés.

Pourtant, cette prolifération de l'enseignement n'avait pas, aux IXe-Xe siècles, amoindri sérieusement la dépendance des communautés occidentales du centre mésopotaménéen, dont les Académies continuaient à imposer leur interprétation de textes. Pendant la seconde moitié du Xe siècle la grande figure de Saadiyah Gaon qui, combinant l'enseignement traditionnel du Talmud avec l'héritage de la philosophie hellénistique-arabe, créait de nouvelles dimensions de la pensée juive. Il avait imposé une domination intellectuelle à toute les communautés

(21) **Ibn** Daoud, *Chronicle* (The Sefer Hakabbalah) éd. G. D. Cohen, New-York, 1969.

« de l'Est et de l'Ouest », acquierant une position sans pair dans le monde juif. Après la mort de Saadiyah le déclin de la prépondérance babylonéenne fut rapidement ressenti. La conquête fatimide de l'Egypte et de la Palestine a créé à la même époque une barrière plus importante qu'auparavant pour les communications entre Baghdad, où les Académies de Sura et Pumpadita se sont installées, et les communautés occidentales.

Salo Baron a déjà souligné le rapprochement des évolutions scolastiques de l'Islam et du judaïsme[22], pour que l'on ne doive pas revenir ici sur ce phénomène. Ce qui est intéressant est que l'essor de la nouvelle école musulmane du Caire, indépendante de celle de la cour de Caliphes de Baghdad, a eu des repercussions sur le développement des écoles juives en Egypte et en Palestine, où l'Académie de Tibériade-Jerusalem a ouvertement contesté la primauté du centre babylonéen. cependant, en raison de la diffusion du Talmud « babylonéen », qui a été accepté universellement comme autorité, la tentative de l'Académie de Jérusalem de remplacer en Occident la prépondérance mésopotaménienne, se solda avec un échec, dont les conséquences furent le développement autonome et l'essor des écoles en Occident. Par ailleurs, les tentatives du centre de Jérusalem, qui fut éphémère, ont été trop tardives, parce qu'à la fin du, xe siècle, les écoles occidentales ont déjà acquis un degré d'indépendance et ont créé de nouveaux centres dont le niveau fut supérieur à celui de l'Académie palestinienne.

C'est ainsi que la prolifération des écoles et de centres scolaires juifs en Occident, fut une conséquence de la rupture de l'unité musulmane et l'on peut distinguer deux étapes dans le processus: aux VIIIe-IXe siècles fondations

(22) S. W. BARON, *A Social and Religious History of the Jews*, vol. VI, Philadelphia 1958, pp. 6-16.

950

des écoles et établissement de l'autonomie de l'enseignement et au xe siècle la formation des centres indépen-
dants dans les communautés occidentales.

* * *

Le terme « école aux vieux » n'entend pas seulement
l'enseignement, quoique celui-ci fut le fondement de toutes les activités de l'école. Selon une tradition déjà millénaire et qui fut établie dans ses moindres détails aux Académies babylonéennes, l'enseignement fut fondé sur des
débats concernant questions d'ordre pratique que certaine communauté, ou parfois certain individu, venait
de poser, afin de recevoir dans la réponse (le fameux *Responsum* rabbinique) une interprétation autoritative de
la législation talmudique, par son adaptation au cas concret, où le requérant voulait obtenir des règles de conduite. C'est ainsi que la *Iyshivah* fut en premier lieu une
place de l'élaboration de la connaissance et, ensuite,
le lieu de sa diffusion. Le maître formait ses étudiants
à la recherche des textes juridiques-sacrés et à leur interprétation aux besoins pratiques. Aussi bien, l'enseignement fut fondé sur la diffusion des conclusions acqui-
ses au cours des débats et dont une partie fut consignée
dans les textes des *Responsa* envoyés aux demandeurs,
tandis que l'autre partie avait été soigneusement notée
dans les cahiers des étudiants, qui remplaçaient au Moyen Age les manuels scolaires. L'existence de ces cahiers [23]

(23) Sur l'usage de cahiers des étudiants comme manuels d'enseignement on
trouvera les références bibliographiques dans l'ouvrage cité de L. Rabinowitz,
passim. Quoique limité à la France septentrionale, ou plutôt à la région entre
le Rhin et la Loire, l'auteur a ajouté des notes comparatives aux autres régions.
Le nom hébreu de ces cahiers. *Kuntres*, a une signification particulière; il provient du mot latin *commentarius*, mentionnant ainsi les notes prises de l'interprétation de textes sacrés par les maîtres, ce qui indique que les leçons n'ont
pas été de cours magistraux, mais de commentaires des sources.

fut un trait commun à tous les groupes communautaires de l'Occident, depuis le xie siècle, ce qui avait largement permis la diffusion de l'enseignement des maîtres les plus célèbres. Mais ce système ne pouvait pas être répandu dans toutes les communautés de l'Occident médiéval et donc le nombre des « écoles aux vieux » fut assez restreint. L'étudiant, qui n'était plus un adolescent, et dans la plupart des cas, était déjà marié, devait voyager, parfois pour arriver à une ville assez éloignée, où se trouvait l'école établie au lieu de la résidence d'un maître célèbre, dont l'autorité avait généralement été reconnue. Ces voyages pour effectuer des études ont été par ailleurs légitimés par les règlementations communautaires, surtout dans le groupe franco-rhénan, où un membre de la communauté voulant fréquenter une école avait le droit de s'absenter, à la condition toutefois que son épouse consente préalablement à son absence [24].

A travers ces traits communs, le système de l'enseignement supérieur juif en Occident accusa aux xe-xiie siècles une diversité assez large et qui, en général, s'accordait à la variété des structures sociales des communautés, en Italie, en Espagne, en Languedoc-Provence et en France septentrionale-Rhénanie. Cette diversité ne s'arrête pas pourtant aux grandes groupes communautaires. On trouve partout des sous-groupements, quoique dans la plupart des cas, les différences à ce niveau ont été minimes. Cependant, en Italie, la division fut plus organique, suivant encore ici l'évolution politique et so-

---

(24) La disposition figure dans les « ordonnances » des Rabbins rhénans et champenois aux xie et xiie siècles et entra dans les statuts communauraitres. On trouvera quelques textes parmi les plus importants, en traduction anglaise dans l'ouvrage de I. A. Agus, *Urban Civilization in pre-Crusade Europe*, Leiden 1965 (2 vols.) Cfr. L. Finckelstein, *Jewish Self-Government in the Middle Uges*, New York 1924.

952

ciale de la péninsule. C'est ainsi que l'école de Rome est rapidement arrivée à un prestige important, fondé sur la tradition de ses origines anciennes, qui ont été à la base de l'établissement de la tradition italienne de l'enseignement. Les écoles de l'Italie du Nord, comme celle de Lucques, ont soutenu pendant des siècles la thèse de l'héritage mésopotaménien avec la légende de l'arrivée en Lombardie du babylonais Manassé ben Sabetaï, de son établissement à Lucques où il avait fondé un lignage de maîtres, dont l'un, Calonymus, fut le fondateur à la fin du IXe siècle, de l'école de Worms [25]. En revanche, les écoles de la Sicile et de l'Italie du Sud ont subi l'influence de l'école de Kairouan, où l'enseignement plutôt juridique de Nissim Bar Jacob a été complété par le piétisme qu'avait enseigné au début du XIe siècle Hananel ben Hushiel [26]. A cette influence nord-africaine il faut ajouter celles de Byzance et de l'Egypte, qui ont été fortes surtout dans l'école de Bari au XIe siècle, telles que nous laissent entrevoir les chroniqueurs juifs de la Pouille [27]. Ce complexe de méthodes et des influences en Italie, converge avec l'évolution de differentes provinces italiennes et explique l'importance du centre italien comme chaînon principal de la transition des influences sur les axes est-ouest et sud-nord de l'organisation scolaire-juive.

Les écoles juives de l'Espagne ont en général été constituées dans la partie méridionale de la peninsule ibérique et ibérique et surtout en Andalousie, près des centres du pouvoir musulman. La topographie des anciennes

---

(25) Eléazar « Harokeakh » de Worms, Mitzraf Le-Khokhmah (« Pureté de la Sagesse »), éd. Varsovie 1870, p. 42.

(26) Cfr. S. W. Baron, op. cit., vol. VI, pp. 45-48.

(27) Megillath Ahimaaz, éd. Z. Abneri, 1929, p. 124. Le rayonnement de l'école de Bari fut répandu, aux XIe-XIIe siècles jusqu'en France et l'enseignement qui y fut dispensé fut considéré par Rashi et son petit fils, Jacob Tam, comme faisant autorité.

parties des villes des vallées du Tage et du Guadalquébir, accuse encore de traits originaux, où la rue des juifs (la *judairia*) était en proximité des *Alcazars* des autorités et au centre même de la partie musulmane de la ville. Par sa configuration même, le quartier juif s'ouvrait sur la ville musulmane, arrivant à une certaine cohabitation et échanges, qui ne pourraient point concevoir la segrégation. C'est ainsi, par exemple, le cas de la *Judairia* de Cordoue, située entre la grande mosquée et l'*Alcazar* des Caliphes. Les conditions socio-économiques ont créé le type de la communauté ouverte, dont les chefs occupaient d'ailleurs des places importantes dans le gouvernement, surtout dans l'administration des finances; des personnages comme *Hasdai Ibn Shaprut* ou *Samuel Ibn Nagrela* ont été à la fois de hauts dignitaires de l'Etat et de maîtres réputés dans l'enseignement aux écoles communautaires, sans que personne puisse trouver dans ce cumul de fonctions quelque chose d'étonnant. Il en résulta une familiarité intime de la couche dirigeante et intellectuelle des communautés juives avec la langue arabe et sa culture, surout avec la science et la philosophie, dont le fondement avait été grec. L'influence de la culture arabe, de ses méthodes philologiques et philosophiques d'enseignement, fut rapidement ressentie dans les écoles juives en Espagne. C'est ainsi que la méthode philosophique du persan Ibn Sinna (connu dans l'Occident latin comme *Avicena*), dont l'enseignement fut largement diffusé en Espagne entre le xe-xiie siècles, fut connue par les maîtres des écoles juives, qui l'ont adaptée et appliquée dans leur enseignement, visant à une compréhension rationaliste de la foi et de la Loi[28]. Si l'on devait essayer à trou-

---

(28) Cfr. C. ROTH, ed. *The World History of the Jewish People : The Golden Age in Spain*, Tel-Aviv 1967; *The Sephardi Heritage*, New York, 1971.

954

ver un titre pour caractériser la nature de l'enseignement
des écoles supérieures en Espagne, on pourrait employer
les mots *Intellige ut fideres* en tant que l'essence de l'enseignement. Or, ceci impliquait une formation philosophique ainsi que scientifique, où les mathématiques et
l'astronomie ont joué un rôle prépondérant dans l'éducation. En même temps, l'influence arabe a eu ses répercussions sur les études linguistiques; de grammairiens, tels
Menakhem Ibn Saruk et Donash Ben Labrat, ont contribué à la renaissance de la langue hébraïque [29]. Il en
résulta, en Espagne, un enseignement bilingue; les ouvrages philosophiques et scientifiques furent composés et
enseignés en arabe, selon le modèle de travaux de Saadiyah Gaon, tandis que les commentaires et la littérature
(poésie et prose) sont restés l'apanage de l'hébreu. Ce bi-
linguisme, qui caractérise les écoles de l'Espagne, fut répandu aussi bien dans les centres scolaires de l'Espagne
chrétienne et en particulier celui de Barcelone. Un personnage comme Salomon Ibn Gabirol (connu en Europe
latine sous le nom d'*Avicebrol*) a été au XIᵉ siècle un des
grands maîtres de l'école espagnole, combinant à la fois
le philosophe de la Loi sacrée et le poète, dont les oeuvres
sont entrées dans la liturgie, ayant été diffusées, grâce à
leur composition en langue hébraïque, dans les manuels de prière transpyrénéens. Ce système d'enseignement arriva à son apogée au XIIᵉ siècle, lorsque l'on peut
juger de sa qualité dans les personnalités de ses produits,
tels un Abraham Bar Hiyya à Barcelone, Yéhudah Halévi à Tolède, Abraham Ibn Ezra de Tolède et enfin
Moses Maïmonides de Cordoue. Sauf Maïmonides, qui
doit sortir du cadre de cet exposé en raison de son
activité en Egypte, on peut caractériser les person-

(29) Cfr. S. W. Baron, *op. cit.*, vol. VII, ch. XXX.

nages cités comme ayant été les disciples des écoles de l'Espagne musulmane, tout en créant leur oeuvre
dans les royaumes chrétiens ibériques. On en remarque
comme leur trait commun, malgré la grande différence
des caractères et des personnalités, la formation humaniste aristotellienne et leur parfait maniement bilingue.
Si Bar Haya, l'astronome et l'historien faissait le bilan
du passé et cherchait à calculer le salut (au point d'en
trouver les signes dans les croisades, qu'il voyait un pré-
lude du salut d'Israël, par ceci que les croisés ont détruit
le pouvoir de l'Islam en Terre Sainte et seront annéantis
à leur tour), Yéhudah Halévi combinait l'amour de Sion
dans son œuvre poètique écrite en hébreu, avec l' apologie
de la foi juive dans son fameux dialogue en arabe, le *Kuzari*. Tout en brochant autour de la conversion des Kazares au VIIIe siècle, un dialogue imaginaire entre le philosophe payen (une sorte de panthéiste), le théologue
chrétien, le musulman et le sage juif, il arriva à nous présenter une vision philosophique du judaïsme, qui certes,
n'aurait pas été particulièrement appréciée par le *Kha-
gan* d'Itil si jamais un pareil dialogue pouvait avoir lieu
à sa cour. En revanche, Ibn Ezra représente le type de
l'intellectuel vagabond; linguiste, astronome, médecin et
commentateur de la Bible, il avait poursuivi ses voyages
en dehors de l'Espagne, pour arriver à Chartres et à Paris, où autour de 1160, il apporta les influences des écoles
espagnoles aux *Tossaphistes* français.

Un trait particulier de l'organisation du centre scolaire
espagnol fut le mécénat. En effet, depuis l'époque de Samuel Ibn Nagrela on constate que les « grands » des communautés juives, tout comme les princes musulmans qu'ils
servaient, ont fait un effort considérable pour entrete-
nir des écoles chez eux. Plutôt qu'une institution communautaire, l'école espagnole fut une sorte d'institution

privée, où le mécène lui-même prenait part à l'enseignement. Il en résulta que des gens doués sans fortune, trouvaient gîte et moyens de formation aux écoles, s'agrégeant
à cette sorte de cour qui caractérisait la vie des grands.
Abraham Ibn Ezra, issu d'une famille pauvre de Tolède, témoigne lui-même de la dette de reconnaissance
contractée à l'égard de ses bienfaiteurs sans le concours
desquels, les années de son vagabondage de formation
en Andalousie n'auraient pas eu la possibilité d'être effectuées.

En Languedoc-Provence, le centre scolaire fut constitué à Narbonne. En raison de la tradition légendaire de
la famille des *Nessiim* locaux, qui se considéraient descendants des Exilarques babylonéens, et par cela rejetons de
la dynastie du roi David, l'implantation du système mésopotaménien fut plus accentuée [30]. La dynastie juive locale, qui possédait de vastes domaines dans la province,
ainsi qu'une importante fortune immobilière dans la cité,
s'était créée une position sans pair dans la cité; même pour
la population chrétienne ses chefs étaient « rois des Juifs »
et le terme *curtada Regis Judaeorum* s'est implanté dans
la topographie urbaine, jusqu'à l'ère moderne. « L'école
aux vieux » de Narbonne fut constituée selon le modèle
des Académies de la Mésopotamie par le *Nassi*, qui en
était à la fois le patron et le grand maître. C'était par
ailleurs un cumul étrange des fonctions de l'*Exilarque* et
du *Gaon*, qui allait à l'encontre des pratiques de son modèle oriental, où la séparation fut rigoureusement observée. Le modèle oriental, sauf le cumul des fonctions, a
prévalu aussi dans ce qui avait concerné la méthode des
débats sur les questions posées et de l'enseignement, en
maintenant une hiérarchie de maîtres, copiée sur le mo-

(30) A. Grabois, « Les écoles de Narbonne au xiii⁰ siècle », *art. cit.* (note
12).

dèle mésopotaménien, par laquelle en les cooptait selon les mérites, tandis que la promotion fut assurée selon l'ancienneté, sauf la première place, qui avait toujours été réservée au *Nassi*.

Le rayonnement de l'école narbonnaise, située dans un grand local qui occupait un des ilots de la Cité et qui contenait aussi des logements destinés aux étudiants étrangers de la ville, avait atteint son apogée aux XIᵉ-XIIᵉ siècles, lorsqu'elle servit de métropole scolaire pour l'Espagne septentrionale, pour les communautés de Languedoc-Provence, mais aussi pour la France du Nord et la Rhénanie; Josèph Bon-Fils (*Tov-Elem*) qui y avait reçu sa formation, fut un des grands animateurs du centre scolaire rhénan au XIᵉ siècle [31]; en 1160, Jacob Tam de Troyes citait parmi les sources de l'autorité juridique qui ont servi à l'élaboration des statuts des communautés champenoises, les décrets de *Nessiim* de Narbonne qui sanctionnaient les conclusions des débats dans « l'école aux vieux » [32]. A l'encontre des foyers cultures de l'Espagne et de l'Europe franco-germanique, l'école de Narbornne a en outre servi d'intermediaire pour la transmission de l'enseignement philosophique et philologique espagnol aux centres transpyrénéens. Des traducteurs de l'arabe en hébreu ont assuré le passage des oeuvres composés en arabe, comme ce fut le cas de la traduction du *Kuzari* de Jéhudah Halévi en hébreu, ou des œuvres de Maïmonides. Des familles de traducteurs ont assuré cette oeuvre, depuis la fin du XIIᵉ siècle, à Narbonne et puis à Montpelliers, comme les Tibbonides. Son importance pour l'unité spirituelle et doctrinaire du judaïsme médiéval ne peut trop être soulignée.

(31) Cfr. J. A. AGUS, *op. cit.*, p. 20-22.
(32) Jacob Tam (Jacob Ben Meir de Ramerupt), *Sefer Hayashar*, éd. E. Rosenthal. Berlin 1898, p. 90.

A la différence des autres écoles occidentales, l'Académie de Narbonne a eu l'avantage de la continuité; sa liaison avec la famille des *Nessiim* lui avait assuré une existence sans pair dans le judaïsme occidental, depuis le IXe au XIIIe siècle; même le changement de structure et sa prise en charge, au début du XIIIe siècle par la communauté, due aux changements économiques et sociaux, qui ont porté atteinte à la fortune foncière de la dynastie de Calonymus le Grand, n'ont pas eu de conséquences sur son existence, quoiqu'après le XIIe siècle, l'époque de son grand essor fut dépassée.

Le groupe communautaire franco-rhénan a eu un caractère fort différent. Le développement des communautés dans les villes, qui avait devancé l'essor urbain transalpin des XIe-XIIe siècles, avait fait de la communauté juive une organisation plus structurée, la dotant, selon la expression de L. Finckelstein, de son *Self-Government*, qui exerçait une autorité institutionnelle plus forte que celle des autres collectivités juives en Occident [33]. Qui plus plus est, l'influence de l'environnement, que nous avons remarquée dans les pays de l'Islam et en Italie méridionale n'existait pas dans ce cas et, en revanche, se manifestait dans une autre direction [34]. Aussi bien, le centre scolaire établi à Mayence, à mon sens au milieu du IXe siècle, ainsi que ses ramifications de Worms et Metz, fut un organe communautaire, ayant servi ses besoins. La conception juridique, organe de l'interprétation de la Loi et de son adaptation aux besoins des temps et des lieux, fut beaucoup plus accentuée, au détriment de

---

(33) L. FINCKELSTEIN, *op. cit.*, p. 127.

(34) Cfr. A. GRABOÏS, « Remarques sur l'influence mutuelle de l'organisation de la communauté juive et de la paroisse urbaine dans les villes entre le Rhin et la Loire à la veille des Croisades », *Le istituzioni ecclesiastiche della « societas christiana » dei secoli XI-XII: Diocesi, pievi e parrocchie* (Atti della Sesta Settimana internazionale di Studio, Milano 1974), 1976.

l'élément philosophique de l'enseignement, qui a prévalu en Espagne. La préoccupation des écoles dans ce groupe communautaire fut portée sur l'exégèse et sur le soin d'assurer le fonctionnement des institutions communautaires, tout en sufgardant les droits de l'individu devant les abus des pouvoirs constitués. Si d'une part on trouve l'élaboration des institutions, telles le *Herem Hayyshub* [35], qui permettait à la communauté d'expulser l'individu qui ne se conformait pas aux statuts, créant en quelque sorte une forme de seigneurie communautaire, ou le *Herem Beth Hadin*, qui assurait la primauté aux tribunaux communautaires, on constate de l'autre part, l'élaboration des statuts destinés à saufgarder les droits de l'individu, comme, par exemple, celui d'interrompre la prière, afin de permettre au requérant d'obtenir justice [36]. L'attention portée à la cohésion familiale, qui accordait à l'épouse des droits inconnus dans l'Orient, à partir de la monogamie et de l'obligation explicite à obtenir le consentement de la femme dans les activités principales de la famille, est aussi un des traits caractéristiques de l'activité de ces écoles, dont le rayonnement s'étendait aux XIe-XIIIe siècles à la France septentrionale, au royaume germanique et à l'Angleterre, mais aussi à l'Europe orientale.

Le maître le plus important de l'école rhénane fut incontestablement Gershom de Metz, qui avait étudié à Mayence à la fin du Xe siècle, s'y est établi et y avait enseigné; son surnom, *Maor Hagolah* (la «Lumière de la Diasporah») explique la place de choix qu'avait occupée le maître dans le monde juif depuis le XIe siècle [37]. Son

(35) Cfr. L. RABINOWITZ, *The Herem Hayshub*, London 1945.

(36) A.N.C. ROTH (hébreu): «*Herem* de ne pas interrompre la prière et une nouvelle version des Ordonnances de Rabbenu Gershom», *Zion*, 19 (1954) 57-63.

(37) *Responsa of R. Gershom, Light of the Exile*, éd. S. Eidelberg, New-York 1956.

enseignement fut fondé sur la recherche du sens légal des textes talmudiques et de leur interprétation juridique. Sa réputation sans pair a fait que l'on avait attribué à son crédit toute une série de statuts de portée millénaire, connus comme le *Herem de-Rabbenu Gershon* (« l'Edit de Notre Maître Gershom ») qu'l'on ne pouvait changer que par un verdit d'un tribunal composé de « cent Rabbins, provenant de Quatre Pays ». Les expressions de termes forgés dans les générations postérieures en font une figure légendaire, considérée dans le secteur juif, comme le pendant de la renaissance ottonienne. C'est ainsi que la date de son « Edit » fut rapportée à 962, sur l'importance de laquelle on n'a guère besoin d'insister si l'on se rappelait la *Renovatio Imperii* d'Otton I, du même que le concept de *Quatre Royaumes* se trouve en toutes lettre dans l'idéologie impériale d'Otton III.

L'école de Worms, où avaient enseigné les successeurs et les élèves de Calonymus de Lucques, fut le cadre de la formation, au milieu du XIᵉ siècle, d'une des plus importantes personnalités du judaïsme, Salomon Itshaki, ou *Rashi*, de Troyes [38]. A l'école de Worms, où la tradition de l'enseignement talmudique ne tombait pas de celle de Mayence, on enseignait aussi les œuvres mystiques de Hananel Bar Hushiel de Kairouan. De ses années d'études, Rashi avait amené à son foyer de Troyes, une énorme masse de notes, consignées dans des cahiers, dont le nom hébraïque, *Kuntres*, exprimait la classification des matières. Tout ce matériel lui avait servi aussi bien pour son enseignement, que pour ses *Responsa* soigneusement documentées par les citations des textes et des interprétations des autorités post-talmudiques, ainsi que pour l'élaboration de ses fameux commentaires. A Troyes, Ra-

(38) S. W. BARON, « *Rashi and the Community of Troyes* », *Rashi Anniversary Volume*, New-York 1941, 47-71.

shi fonda le fameux centre scolaire champenois, dont le grand essor se situe entre 1060-1160, l'époque de son propre enseignement et de celui de ses grands fils, Samuel Ben Meir (*Rashbam*) et Jacob (*Rabbenu Tam*). Le centre champenois fut surtout réputé pour les travaux d'exégèse biblique et talmudique de ses maîtres et de leurs élèves, qui ont connu bien les méthodes de commenter les « quatre sens de l'Ecriture », quoique leur contribution fut surtout importante dans les domaines philologique et historique, tandis que la mystique fut surtout développée au xiie siècle en Languedoc et à Gérone, en Catalogne, où naquit l'école Kabbalistique [39].

Le centre champenois a eu un rayonnement très vaste. L'école de *Tossaphistes* en France et en Allemagne qui avait appliqué ses méthodes de travail aux xiie-xiiie siècles, représente l'apogée du grand centre scolaire francorhénan. Outre Paris, les écoles furent établies dans de petites localités, suivant le lieu de la résidence des maîtres et ainsi, elles furent éphémères, le décès d'un maître, ayant transféré le centre scolaire aux lieux de résidence des autres rabbins, qui ont entre temps acquis le prestige qui attirait les étudiants à leur école. Ce phénomène, qui fut comparable à celui du secteur chrétien avant l'établissement des universités, fut plus durable dans la société juive qui, vers la fin du xiie siècle, avec l'avénement de Philippe Auguste en 1180, avait subi des conséquences d'une politique repressive, qui avait provoqué aux expulsions et, par conséquent, à l'instabilité du séjour.

* * *

Le mouvement scolaire juif en Occident, aux ixe-xiie siècles, a été fondé sur le postulat de l'alphabétisation de

---

(39) Cfr. G. SCHOLEM, *Ursprung und Anfange der Kabbalah*, Frankfurt 1962.

962

l'ensemble de la population d'un côté, et sur la diversité
des formes et des méthodes dans la partie supérieure du
système scolaire de l'autre. A partir de méthodes philosophiques et scientifiques en Espagne, qui ont amené à une
classification de la matière et jusqu'à l'autre extrémité juridique et exégétique dans le groupe franco-rhénan, on trouve cette diversité, dont les fondements on été ancrés dans
les contacts avec les civilisations environnantes, et qui
pourraient amener *in extremis* à de conflits. Cependant,
grâce aux contacts qui ont été établis entre ces poles, et
surtout au chaînes de transmission en Languedoc et en
en Italie, ainsi qu'à l'unité de la foi et du dogme, la diversité de ces centres et leur prolifération n'a pas eu des ef-
fects nuisibles à l'unité religieuse, que les écoles juives occidentales ont réussies à imposer comme un phénomène
sui generis de l'histoire humaine. Même les grands débats
qui ont agité les esprits, comme la controverse maïmonidienne au xiiie siècle, ont été terminés par de solutions
qui ont conservé cette unité.

XII

UN CHAPITRE DE TOLÉRANCE INTELLECTUELLE DANS LA SOCIÉTÉ OCCIDENTALE AU XIIᵉ SIÈCLE : LE « DIALOGUS » DE PIERRE ABÉLARD ET LE « KUZARI » D'YEHUDAH HALÉVI

Parmi les membres de la pléïade des intellectuels du XIIᵉ siècle, les figures de Pierre Abélard (1079-1142) et de Rabbi Yéhūdah Halévi (1075-1141)[1] attirent l'attention à plusieurs raisons. Tout devait a priori séparer entre le fils du chevalier breton et le jeune juif, né à Tudela, en Aragon, dans une famille de riches citadins. La différence de religion, de couche sociale, enfin du milieu politique était si grande qu'il semble impossible de dresser quelque parallèle entre les deux personnages. Et pourtant, on trouve beaucoup d'affinités entre les deux personnes qui, certes, n'ont pas entendu parler l'un de l'autre et qui, cependant, ont suivi une carrière presque analogue et dont le caractère ainsi que les préoccupations se ressemblent. Mûs tous les deux par une soif irrésistible du savoir, ils ont passé leur vie en mouvement presque continuel, l'un à la recherche de son Jérusalem, l'autre de son Paraclet, mais en réalité chacun à la recherche de la vérité.

Halévi, encore enfant, quitta sa ville natale pour étudier dans les écoles de Grenade, exactement comme le fils du chevalier du Pallet qui, dès son adolescence, étudia à Vannes ou à Loches chez Roscelin. C'était pour les deux le début d'une vie errante, qui a amenée Yéhūdah Halévi à Tolède, la nouvelle capitale de la Castille (il y séjourna entre 1090 et 1109) et, ensuite, toujours en quête de la vérité, en Espagne musulmane ; il y resta jusqu'en 1139, quand sa décision d'aller s'établir en Terre sainte, dans cette Sion qu'il avait si nostalgiquement chantée et vantée[2], fut irrévo-

---

1. Pour la bibliographie d'Abélard, cf. J.G. SIKES, *Peter Abailard* (Cambridge 1932) et M.M. McLAUGHLIN, *Abelard as an Autobiographer, the Motives and Meaning of his « Story of Calamities »* (Speculum, XLII, 1967, 463-488). Pour celle d'Yéhūdah Halévi, cf. S.D. GOITEIN, *The Biography of Rabbi Judah Halewi in the Light of the Cairo Geniza Documents* (Proceedings of the American Academy for Jewish Research, XXVIII, 1959, 41-56).

2. Son œuvre poétique contient 35 poèmes sur le thème « Sion ».

cablement prise. Le plus grand poète du judaïsme espagnol prit donc la route de l'Orient et, après un bref passage en Egypte, mourut sur le chemin de Jérusalem, renversé, semble-t-il, par un chevalier musulman. L'analogie avec Abélard, lui aussi en quête de la liberté d'exprimer la vérité qu'il recherchait, errant de Paris à Melun, à Corbeil, à Laon, encore à Paris, à Saint-Denis, au Paraclet, en Bretagne, sur la montagne Sainte-Geneviève et, enfin, retiré à Cluny, s'impose. De même, le goût raffiné des deux personnages pour la philosophie et pour la poésie est frappant, quoique, dans son cas, Abélard était surtout un philosophe et un enseignant, tandis que Halévi s'imposa surtout comme poète, aussi bien de la nature et de l'humanisme profane, que de la morale, de la liturgie et du sentiment national. Véritables intellectuels, les deux hommes se sentaient comme renfermés dans une cage par la société de leur temps et cherchaient la liberté dans un âge qui n'était pas encore mûr pour leurs idéaux et qui entendait la tolérance par les privilèges dans le domaine politique, économique et social. L'un en paya de sa vie, le second de sa situation et de sa quiétude.

Fils d'un peuple opprimé et dispersé, Halévi avait, dès sa jeunesse, ressenti la fausse position du judaïsme dans l'Espagne de son temps ; le contraste entre l'aisance matérielle et la mentalité d'une Diaspora, qu'il comprenait en termes d'exil, donc d'un prisonnier dans une cage dorée, se trouvant à l'extrémité de l'Occident[3], l'a amené à se poser le problème d'une religion qui, en même temps qu'elle se caractérisait par la foi monothéiste, avait un caractère national, si l'on pouvait employer une expression choisie dans la terminologie moderne, mais qui, néanmoins, trouve déjà une expression dans la pensée d'Yéhūdah Halévi. Tandis qu'il exprimait cet état d'esprit dans ses poèmes, dont sur Jérusalem et sur « Sion qui demande de nouvelles de ses prisonniers », le problème de l'existentialisme juif méritait, il en était persuadé, une véritable méditation, que les circonstances du début du XIIe siècle exigeaient dans toute son ampleur.

En effet, les progrès de la reconquête ont créé, vers l'an 1100, un nouvel équilibre dans la péninsule ibérique : la moitié Nord, contenant un nombre important de communautés juives, parmi lesquelles des centres, tels que Tolède, Tarragone, Sarragosse, Tudela, passa sous la domination chrétienne, tandis que dans les régions soumises aux musulmans se produisaient aussi d'importants changements, du fait des invasions et de l'occupation almo-

---

3. Il en témoigne lui-même dans ses poèmes, qui sont aussi une précieuse source autobiographique : « Sion, demande donc des nouvelles de tes prisonniers/ …de l'Occident, du Levant, du Nord et du Sud » (*Sion, demande donc*, éd. I. ZAMORAH, *Les œuvres poétiques d'Yéhūdah Halévi*, en hébreu, Tel-Aviv 1964, T. III, p. 57).

ravide et almohade[4]. Ce nouvel équilibre facilita le développement des transformations profondes sur le plan intellectuel, dont le passage de l'héritage philosophique et scientifique arabe, qui par ailleurs était en train de freiner son activité créatrice au cours du XIIe siècle, à l'Europe chrétienne, où le réveil intellectuel qui avait accompagné la réforme grégorienne, créa les conditions propices à son accueil[5]. C'est dans ces perspectives que l'on peut affirmer que l'âge d'or de la renaissance judéo-arabe en Espagne dépassait à cette époque son apogée.

D'autre part, les juifs qui avaient passé sous la domination chrétienne n'y trouvaient plus seulement de vaillants chevaliers, mais aussi d'hommes cultivés, de véritables partenaires des discussions philosophiques et théologiques, voire même des disputes, alimentées par la ferveur de la foi des conquérants[6]. Or, la discussion, qu'elle fût confinée à l'intérieur du monde musulman, chrétien ou juif, ou qu'elle fût au cœur du contact entre les religions, exigeait un niveau intellectuel plus élevé, ainsi qu'un certain degré de raisonnement de la foi. *Fides quaerens intellectum* ne devait pas rester une formule du seul saint Anselme. Elle pouvait s'appliquer aussi bien à tous les protagonistes de ces joutes philosophiques, qu'il s'appellassent Abélard ou Halévi. Et qui dit raisonnement doit reconnaître l'importance de l'héritage de la philosophie grecque, diffusée dans la société médiévale par des penseurs écrivant en arabe, et que nous retrouvons au cœur du débat, soit dans le *Kuzari*, soit dans le *Dialogue*, personnifiée par un aristotélien.

*
* *

C'est dans ce contexte qu'Yéhūdah Halévi rédigea en arabe, probablement vers 1130, son traité d'apologie religieuse, qu'il intitula « Kitab

---

4. Cf. P. GUINARD, dans Ch. PETIT-DUTAILLIS et P. GUINARD, *l'Essor des États d'Occident* (Coll. G. Glotz, Moyen Age, T. IV 2, Paris 1944) p. 304-330, ainsi que I. BAER (en hébreu), *La situation politique des Juifs de l'Espagne à l'époque d'Yéhūdah Halévi*, Sion, I, 1936, 6-23, dont les thèmes fondamentaux se retrouvent dans son ouvrage, *A History of Jews* in *Christian Spain*, Philadelphia 1961, T. I.

5. Le problème de la transmission de la science arabe a été traité par un grand nombre d'érudits et le sujet est loin d'être épuisé. Cf. la mise au point de R. LEMAY, *Dans l'Espagne du XIIe siècle, les traductions de l'arabe au latin*, Annales, E.S.C., XVIII, 1963, 639-665. Il convient de souligner pour notre propos qu'une partie de ces œuvres en arabe ont été composées par des juifs qui, surtout en Espagne, ont pris l'habitude d'écrire leurs ouvrages philosophiques et scientifiques en arabe. Cf. là-dessus les remarques de G. VAJDA, *La contribution de quelques textes judéo-arabes à la connaissance d'idées dans l'Islam du III-IXe siècle*, dans *L'élaboration de l'Islam*, Paris 1961, p. 87-97.

6. Parmi eux, surtout dans le domaine de la polémique, d'anciens juifs, convertis au christianisme, tels que Pedro Alonzo dans le royaume d'Aragon, dont le cas n'entre pas dans notre propos ici. Il est important, cependant, de remarquer que ce foyer intellectuel dans les pays chrétiens de la péninsule ibérique existait déjà depuis le Xe siècle, comme en témoigne le cas de Gerbert (RICHER, *Hist.*, éd. R. LATOUCHE, Classiques de l'hist. de France, T. II, p. 50).

al-khogue v'al-dalil fi nasr al-din al dhalil » (Le livre de la preuve et de la défense d'une religion humiliée), connu surtout par le titre de sa traduction hébraïque, le *Kuzari*[7]. Prenant pour thème un événement historique du VIIIe siècle, la conversion au judaïsme de Bulun, le kagan (roi) des kazares[8], il imagina un dialogue entre ce monarque et les représentants de la philosophie, du christianisme, de l'Islam, et du judaïsme, dialogue qui précéda la conversion du kazare. Celui-ci fait dans l'ouvrage figure d'un véritable intellectuel, qui se consacre à la recherche de la vraie foi et de ses normes. A cet égard, il est intéressant de souligner l'importance de la forme de dialogue que l'ouvrage revêt et qui suit la méthode platonienne d'argumentation. C'est ainsi que l'on ne se trouve pas devant une table ronde ; le dialogue est toujours un entretien entre deux participants, le roi et l'un des quatre protagonistes, qui y apparaissent dans l'ordre cité et ne reviennent plus après avoir exposé leur thème[9]. C'est ainsi qu'on ne trouve pas dans cet ouvrage une véritable confrontation d'idées ; même si elle pouvait avoir eu lieu, il est certain que l'issue du débat était liée à la propre croyance de l'auteur ; et cette remarque s'applique à n'importe quel auteur médiéval, quelle que fût sa foi. Il semble néanmoins que ce choix de la forme du dialogue reflète surtout la propre expérience de son auteur et donc une certaine réalité tirée de la vie intellectuelle en Espagne au XIIe siècle. En

---

7. La composition du *Kuzari* en arabe indique que l'auteur destina cet ouvrage surtout à l'usage des juifs dont la formation philosophique était pareille à la sienne et qu'il restait fidèle à la coutume des juifs espagnols de rédiger en arabe leurs travaux philosophiques (son œuvre poétique fut en revanche rédigée en hébreu). Néanmoins, l'intérêt soulevé par le traité exigea sa diffusion parmi les communautés juives dans le monde chrétien, où la langue arabe n'était pas connue. C'est ainsi que l'ouvrage fut traduit en hébreu à Lunel, après 1160, par Yéhūdah ibn Tibon (1120-1190). Cette traduction, fidèle à l'original, est devenue le texte qui fut diffusé dans le monde juif, servit aux kabbalistes et ensuite fut employé et commenté par les exégètes, au point que son titre fut adopté communément. Ce texte fut imprimé en 1506 et servit aux nombreuses éditions. Nous avons employé l'édition d'E. Tsifroni (Jérusalem 1967). Le *Kuzari* a été traduit en français (par M. Ventura, Paris 1932) et en anglais (New York 1964).

8. Le problème de la conversion des Kazares, qui eut lieu vers 740, et le débat des historiens à ce propos ne peut nous préoccuper ici ; on en trouvera les renseignements et la bibliographie dans l'ouvrage de D.M. Dunlop, *The History of Jewish Khazars*, New York 1954, et dans les mises au point de S. Szyszman, *Les Kazares : problèmes et controverses*, Revue de l'histoire des Religions, CLII, 1957 et *Découverte de la Kazarie*, Annales, E.S.C. XXV, 1970, 818-824. Yéhūdah Halévi avait tiré ses renseignements sur l'événement aussi bien des textes arabes (dont Abd al-Jabar, vers l'an mil) que des sources juives (surtout de l'échange des lettres entre Khisdaï ibn-Shapruth, poète et homme politique juif en Espagne au Xe siècle et le roi kazare Joseph, et dont le texte actuel, édité avec le *Kuzari*, est une version remaniée, datant du début du XIIIe siècle ; cependant les textes de la fin du XIe siècle y font allusion). Tous ces textes font état d'un débat entre sages musulman, chrétien et juif, qui aurait eu lieu à la cour kazare avant la conversion du roi.

9. Le *Kuzari* est divisé en 5 traités, dont le premier précède la décision du roi de se convertir, tandis que les autres sont consacrés à l'enseignement de la foi au royal catéchumène. Des 117 sections du 1er traité, 111 sont le dialogue avec le juif.

effet, à Tolède, il discuta avec des chrétiens ; à Grenade et dans d'autres villes de l'Espagne musulmane, avec des musulmans ; ici et là, il rencontra des spécialistes dans la pensée aristotélicienne et apprit leurs méthodes et arguments dans la matière de la foi. Il en résulte que la mentalité d'un homme du XIIe siècle ne concevait pas, même après un fort processus d'abstraction, un débat mené sur plusieurs fronts.

Néanmoins, le véritable dialogue du *Kuzari* est celui entre le roi et le sage juif, auquel la majeure partie du traité est consacrée. Les monothéistes, chrétien et musulman, n'y jouent qu'un rôle accessoire et leurs arguments amènent le kazare, qui était d'abord décidé de ne pas embrasser une religion humiliée, vers la source commune de leur foi respective, la loi mosaïque[10]. C'est ainsi que par leur apparition, ils préparent le terrain à l'apologie de l'exégète juif, par la bouche duquel l'auteur exprime un hymne à la gloire du judaïsme.

Le traité commence par le récit du songe du kazare, auquel un ange révèle que ses intentions sont bonnes, mais les moyens (à savoir le paganisme) sont mauvais, affirmation qui l'amène à chercher la vraie foi. Le philosophe lui explique les principes d'une croyance rationnelle, qui n'implique aucun besoin liturgique, ni législation par l'autorité des Livres sacrés. Le croyant doit chercher lui-même Dieu, une déité impersonnelle, synonyme de la raison. En revanche, le chrétien et le musulman font profession de foi, une foi fondée sur la révélation divine, qui s'est manifestée depuis la Création du monde et surtout sur le mont Sinaï, lorsque la Loi divine fut révélée par la personne de Moïse aux fils d'Israël et rendue publique par son intermédiaire[11] ; cette révélation fut ensuite périodiquement renouvelée, grâce à l'apparition des prophètes et, respectivement, du Christ et de Mohammed[12]. Pour ce qui concerne l'Ancien Testament, les deux exégètes font chemin commun avec le sage juif et c'est donc une attitude commune, fondée sur l'unité de Dieu, sa révélation et l'autorité des Ecritures, qu'ils adoptent pour rejeter les arguments du philosophe.

Mais cette communauté de foi cesse d'être exprimée lorsque Halévi commence le grand débat, aussi bien sur la nature divine que sur le judaïsme. Ce judaïsme tire sa tige d'un processus historique d'élection divine parmi les descendants d'Adam, à travers les générations, jusqu'à l'époque de Jacob ; ses douze fils sont tous les élus de Dieu, et par eux, leurs descendants.

---

10. *Kuzari*, I, 10 (p. 17) : « Le kazare dit : Il faut que je demande aux juifs, qui sont les débris des fils d'Israël, de s'expliquer, parce que je vois (des arguments du chrétien et du musulman) que l'évidence de l'existence d'une loi divine sur la terre, provient d'eux ».

11. *Kuzari*, I, 4 (le chrétien) et I, 9 (le musulman), p. 12 et 16.

12. *Ibid.*, p. 13 et 15.

La race de Jacob est ainsi la nation élue, élection qui depuis Abraham est à la fois contractuelle et perpétuelle[13]. Cette nation élue, qui jouit du privilège de la Révélation sur le mont Sinaï, est, continue-t-il, la meilleure, en raison même du processus sélectif de l'élection[14]. Du fait de ce privilège, Israël a une lourde responsabilité collective et doit subir la punition qui lui fut infligée pour ses péchés. A cette nation fut accordé le meilleur des pays du monde, aussi bien par les dons de son sol que par son climat tempéré, et la plus belle langue, celle qui fut jugée digne d'exprimer les termes de la loi divine et les paroles des prophètes, lui fut octroyée[15].

La raison de la condition humiliante des juifs est l'exil de leur patrie. Afin de mieux exprimer son raisonnement, Halévi dresse une comparaison avec la flore : une plante transplantée dans un autre climat dégénère ; pareillement, la nation élue ne peut manifester la grandeur de ses qualités que dans son pays natal. C'est donc la renaissance nationale, vue comme la réalisation des prophéties messianiques, qui assurera au peuple élu sa liberté et sa dignité[16]. Mais afin de pouvoir y aboutir, il faut que les fidèles observent strictement les lois divines, dont une partie, tels que les préceptes de comportement moral, l'amour de la justice et de l'équité, peuvent aussi être acquis par la raison et sont communs à tous les gens ; les autres, comme la circoncision, les prières, l'observation des pratiques, sont le don divin transmis par la révélation et il n'y a donc pas d'importance si la raison humaine les accepte. Néanmoins, Halévi s'emploie à prouver leur concordance avec la raison, tout en les comparant avec la nécessité d'imposer des règles pour le gouvernement d'une société humaine qui, par leur nature collective, ne peuvent pas être soumis à l'approbation de la raison de chaque individu[17]. Enfin, argue-t-il, le judaïsme, en tant que conception religieuse, ne s'oppose point à la philosophie et à la science ; par contre, il les complète et, grâce à la révélation divine, leur donne le lustre nécessaire[18].

Il résulte, de cette brève analyse, que l'auteur, en présentant ainsi le judaïsme, n'ait pas songé au prosélytisme. En effet, une religion nationale,

---

13. *Ibid.* I, 47, p. 24-25.

14. *Ibid.* I, 95, p. 46.

15. *Ibid.* II, 12-22, p. 75-90 : « ...celui qui habite la terre d'Israël a son Dieu, tandis que celui qui habite en dehors de ce pays est comme s'il n'avait pas de Dieu »; II, 68, p. 122-124 : « ...l'hébreu est la langue de la révélation divine, celle d'Adam et d'Eve, la langue des Livres sacrés ».

16. *Ibid.* II, 23-24, p. 92-94 et épilogue, p. 328-334.

17. Cf. surtout le troisième traité du *Kuzari*, consacré au problème de la nécessité et l'importance de la loi divine et de la conception normative du judaïsme.

18. *Ibid.* I, 87, p. 40-42.

fondée non pas seulement sur l'unité de la foi, de la loi et de la langue, mais aussi sur l'élection d'une race et d'un pays, ne pouvait point tenter de persuader des gens qui n'appartenaient pas à la gent sacrée à se convertir. Qui donc était le véritable partenaire du Dialogue ? On n'y trouve pas une discussion poussée au fond entre les monothéistes. A partir du principe, acquis, de la primauté de la révélation divine au peuple de l'Ancien Testament, l'auteur a voulu souligner qu'il s'agit de la même foi originale, dont la tradition est interprétée de façon différente par chaque religion monothéiste, quoique les représentants réclament, chacun à son tour, l'exclusivité pour la sienne ; là-dessus, le judaïsme a l'avantage de la primauté de la révélation divine à la nation élue et de l'acharnement dans sa préservation, même dans les malheurs, ce qui n'est en somme que le martyre de vraie foi[19].

C'est ainsi que le véritable débat était mené avec le philosophe, dont la doctrine du libre arbitre était fondalement opposée à la conception monothéiste[20]. Cela s'explique d'autant plus que l'expression « religion », en latin (religio), en arabe (din) et en hébreu (dath), a surtout une signification juridique, ajoutant à l'élément de la croyance le système normatif de la pratique. Le moment de la révélation est suivi dans chacune de ces religions des « nomoi » qui, soit par des commandements positifs, soit par la création d'un appareil normatif, devait assurer la discipline de la foi. En revanche, le philosophe leur oppose la conception d'une croyance, exprimée elle-aussi dans une divinité unique, mais acquise par la raison humaine. Certes, le philosophe accepte certaines normes de conduite, la loi naturelle, que chaque personne peut comprendre par la raison, mais il nie la valabilité du commandement divin. La réplique d'Yéhūdah Halévi à cette conception est claire ; la primauté de la foi, fondée sur la révélation divine et sur la stricte observation de la loi divine, qui est la condition pour le salut, est d'autant plus évidente que cette foi est logique et peut être expliquée raisonnablement. En effet, il souhaite et trouve utile que cette croyance soit renforcée par la raison, et tel était par ailleurs son but lorsqu'il composa le *Kuzari*, mais cela n'est pas indispensable, la vérité étant prouvée par la révélation divine même et par le sens prophétique de la foi[21].

*
* *

---

19. *Ibid*. I, 115, p. 53-54.

20. Cf. L. STRAUSS, *The Law of Reason in the Kuzari*, dans *Persecution and the Art of Writing*, Glencoe 1952, p. 95-141.

21. Cf. S. PINÈS, *Note sur la doctrine de la prophétie et la réhabilitation de la matière dans le Kuzari*, dans *Mélanges de philosophie et de littérature juives*, Paris 1957, et STRAUSS, art. cit. p. 103.

648

Le *Dialogue* d'Abélard[22] a beaucoup d'analogies avec le *Kuzari*. Composé quelques années plus tard et resté inachevé, il résume en quelque sorte une vie troublée, celle des calamités que son auteur eut à subir. Loin des disputes qu'il avait menées au cours de sa carrière, dans la tranquillité de sa retraite au prieuré clunisien de Saint-Marcel, le vieux philosophe écrivait dans un état d'esprit qu'il venait de confier à Héloïse : « Je refuse d'être un philosophe si je devais être infidèle à saint Paul »[23]. Cette phrase qui pourrait bien servir de motto à son *Dialogue*, est intéressante surtout en raison du conditionnel : Abélard était persuadé que la foi et la philosophie ne s'opposaient pas.

A la différence du *Kuzari*, le rôle du meneur de jeu ou de l'arbitre n'est pas assumé par un païen en quête de religion, mais par Abélard lui-même. Mais cet arbitre n'arrive pas encore à prononcer sa sentence qui, sans doute, devrait être le point culminant de l'ouvrage ; la mort de l'auteur fit interrompre le dialogue, le priva d'une conclusion. L'absence du musulman doit aussi être remarquée ; on a déjà tenté de l'expliquer en suggérant une certaine possibilité de voir dans la personne du philosophe un adepte de l'Islam et cela en raison du développement de l'aristotélisme parmi les musulmans[24]. Une pareille hypothèse, malgré son argument séduisant, ne peut être retenue ; le texte même du *Dialogue*, où il est maintes fois souligné que le philosophe n'a pas de Loi, étant entendu que l'expression fait allusion à la loi divine et qu'il appartient au peuple qui, malgré ses philosophes, s'était converti au christianisme, lui donne un démenti formel. Il semble que cette absence s'explique par l'influence de l'environnement ; le *Dialogue* représente une réalité sociale et intellectuelle, qui doit être replacée dans son temps et place, à savoir la réalité de la société urbaine au nord de la Loire, aux XIe et XIIe siècles. Dans ce cadre urbain, il n'y avait point de musulmans, tandis que des colloques entre exégètes chrétiens et juifs étaient assez fréquents[25]. Une autre différence de forme entre le *Dialogue* et le *Kuzari* réside dans le prologue du traité d'Abélard, qui donne aux trois protagonistes l'initiative du débat ; on pouvait donc s'attendre à l'apparition d'une discussion générale. Et pourtant, on se

---

22. Petri Abaelardi, *Dialogus inter Philosophum, Judaeum et Christianum*, éd. R. Thomas, Stuttgart 1970.

23. Petri Abelardi, *Opera*, éd. V. Cousin, Paris 1849, I, p. 680.

24. Cf. par exemple J. Jolivet, *Abélard et le philosophe*, dans *Occident et Islam au XIIe siècle*, Revue de l'histoire des religions, CLXIV, 1963, 181-189.

25. Parmi les exemples les plus notoires, les consultations d'Alcuin lors de sa révision de la Vulgate, l'établissement du texte de la Bible de Cîteaux (PL. CLXVI, 1373-1376) et celui de l'école de Saint-Victor de Paris (cf. B. Smalley, *The Study of the Bible in the Middle Ages*, Notre-Dame 1964, passim) et du côté juif, les témoignages même de Rashi (cf. I. Baer (en hébreu), *Rashi et la réalité historique de son âge*, Tarbitz, XX, 1950, 320-332). Nous aurons à revenir ailleurs, avec plus de détails, à ce problème.

retrouve, comme dans le *Kuzari,* devant deux dialogues distincts : l'un
entre le philosophe et le juif, le second entre le philosophe et le chrétien.

Dans ce traité c'est le philosophe qui est à la recherche de la vérité,
à savoir d'une religion rationnelle. Il reproche à ses interlocuteurs de ne
pas se fier à la raison et à la loi naturelle, mais aussi reproche-t-il plus
généralement à la foi monothéiste d'ignorer le progrès humain. Son
argument, surtout à l'égard du judaïsme, est fondé sur la pureté des mœurs
des personnages, tels que les patriarches Abraham et Job, qui prouvent
l'inutilité de la loi, étant donné qu'ils avaient vécu avant sa révélation.
Il reproche aux juifs de s'acharner à la stricte observation de cette loi
inutile, afin d'obtenir des récompenses matérielles qu'elle promet à ses
fidèles[26]. Contrairement à ce qui se passe dans le *Kuzari,* le juif du *Dialogue*
adopte une position défensive. Son argument principal réside dans la
nécessité pour une société d'avoir des lois, afin d'être mieux gouvernée et
là-dessus, les normes imposées par la révélation divine sont les meilleures[27].
Il explique la circoncision comme une mesure ayant pour but d'assainir
les corps. Par la bouche du juif, Abélard fait l'éloge de l'acharnement
des juifs dans la préservation de leur foi ; victimes des persécutions,
subjugués par les peuples parmi lesquels ils vivent, ils témoignent, par le
maintien même de leur religion, de sa vérité ; cette foi, qui est mécanique
chez les enfants, est réfléchie chez les adultes[28].

Dans la partie consacrée au dialogue entre le philosophe et le chrétien,
c'est au chrétien qu'est réservé le plus beau rôle. Mis en position de
répondre pourquoi l'Église s'oppose à la discussion rationnelle dans le
domaine de la foi, ce qui pouvait bien être le miroir des propres épreuves
d'Abélard, le chrétien ne se contente pas de présenter son apologie ; il
mène le débat sur le terrain même de la philosophie, qui n'a pas de réponse
au problème de la révélation du mystère divin, auquel, par ailleurs, dit-il,
il ne convient pas d'appliquer les catégories de la logique ; comme le juif,
il soutient la thèse que si la sagesse instruit les philosophes, elle se révèle
aux fidèles[29]. Certes, comme le juif de Halévi, le chrétien d'Abélard admet
que la démonstration de la foi par la raison a plus de poids que l'étalage
pur et simple des autorités, mais il souligne que cette démonstration n'est
qu'une preuve additionnelle de la foi et non pas une condition. Si le

---

26. *Dialogus,* p. 55-62.
27. *Ibid.,* p. 49-52.
28. *Ibid.* p. 47 (la différence dans la perception de la foi chez les enfants et les adultes) ;
p. 50 (l'acharnement des juifs à préserver leur foi malgré les persécutions). Sur ce dernier
point, on trouve dans le *Kuzari* (I, 115, p. 53-54) la même argumentation ; Halévi souligne
que cette obstination, qui est le témoignage de la vérité de la foi, est aussi une condition
du salut, ayant ainsi un caractère messianique.
29. *Dialogus,* p. 92 : La sagesse ou « Sophia » est appelée aussi « sapientia Dei ».

650

christianisme avait été capable de triompher sur la philosophie, argue-t-il, c'est parce qu'il put proposer aux grecs une croyance qui leur manquait et qui, avec le Christ, s'est révélée à l'Univers[30]. Le succès de la propagation du christianisme est en somme la meilleure preuve de sa vérité, vérité qui est fondée sur l'esprit du salut. Abélard reproche au philosophe de lire les Écritures à la façon littérale des « juifs », sans savoir comment en discerner l'esprit prophétique et en découvrir l'allégorie mystique, sur laquelle la religion chrétienne, celle des élus, est fondée[31].

Il est intéressant de constater que dans le *Dialogue* il n'y a pas de discussion entre le juif et le chrétien ; cela, évidemment sans préjudice quant à la continuation d'un texte inachevé. Comme dans le *Kuzari*, les représentants des religions monothéistes, de la foi révélée, s'opposent au philosophe, dont le paganisme n'est pas, certes, l'idolâtrie. Les deux protagonistes sont des frères par leur foi dans l'unité divine[32] ; et cela, malgré les divergences qui les opposent lorsqu'ils interprètent les Livres sacrés. Cependant, à l'égard du philosophe, ils ont plusieurs points de convergence, dont la primauté de la foi révélée sur la croyance par la seule raison, ainsi que l'autorité des Écritures, qui contiennent aussi la loi naturelle. Pour eux, en effet, le « jus divinum » ne supplante pas le « jus naturale » ; elle la contient et la complète. Contre l'argument de la croyance par la raison et dans la raison, ils soulignent l'importance de la grâce divine. Abélard, comme Halévi, ne cache pas ses sympathies dans une foi rationnelle qui devrait compléter et couronner les autorités concernant la révélation divine et l'autorité des Livres sacrés. Mais cela, à la condition que l'élément fondamental de la foi ne soit pas atteint[33].

Le miroir du judaïsme qui se révèle dans le *Dialogue* est différent de celui du *Kuzari*. Sans doute, Yéhūdah Halévi avait sur Pierre Abélard le grand avantage d'être le défenseur de sa propre religion, qu'il connaissait très bien ; son apologie n'est pas un traité composé dans une atmosphère de quiétude académique, mais reflète la volonté tenace de faire triompher la croyance avec laquelle il s'identifiait entièrement. Malgré cette différence, le visage du judaïsme, tel que l'on découvre dans le *Dialogue*, est assez correct et correspond aux notions qu'Abélard avait pu apprendre à Paris. En effet, en dépit de l'unité de la foi, de la liturgie et de la jurisprudence, une certaine différence dans la conception du judaïsme entre les exégètes juifs de l'Espagne et ceux de la France et de la Rhénanie subsistait au cours

---

30. *Ibid.* p. 85-86.
31. *Ibid.*, p. 146; le même argument à l'égard du philosophe se trouve dans le *Kuzari* (cf. S. Pinès, art. cit. supra).
32. *Dialogus*, p. 46.
33. *Ibid.*, p. 97.

de la première moitié du XIIe siècle. Tandis qu'en Espagne, les maîtres juifs, sous l'influence de l'école philosophique arabe (à laquelle ils avaient, comme les Iraniens, pris part active), manifestaient leur goût pour la philosophie religieuse et pour un élément littéraire, voire poétique du judaïsme, les écoles talmudiques au nord des Pyrénées, ont mis surtout l'accent sur l'aspect juridique et sur les commentaires philologiques, par lesquels on essaie de comprendre et interpréter l'esprit des textes[34]. C'est ainsi qu'en mettant le juif du *Dialogue* sur le plan juridique du débat, celui de l'observation de la loi et des rites, Abélard était le tributaire d'un savoir qui lui était familier dans la région parisienne.

A cet égard, le *Dialogue* est un témoignage important des liens intellectuels qui ont été noués entre les savants chrétiens et juifs à l'intérieur de la nouvelle société urbaine en France. Certes, et le témoignage d'Étienne Harding sur la composition de la Bible de Cîteaux le confirme[35], des contacts ont eu lieu de temps en temps lorsqu'il s'agissait de consultations sur le sens du texte hébraïque de la Bible, à l'aide duquel on corrigeait les exemplaires de la Vulgate. Mais, par leur nature même, ainsi que par la qualité de leurs participants, qui devaient se déplacer de leurs abbayes à ces fins, ces contacts étaient sporadiques. Dans la même catégorie de contacts sporadiques, mais semble-t-il déjà plus fréquents, il faut considérer le témoignage de Rashi, à propos des questions des maîtres chrétiens qui lui ont été posées et de leur rôle dans l'élaboration de ses commentaires[36]. En revanche, les travaux des victorins[37], ainsi que le *Dialogue* lui-même, prouvent l'existence de contacts plus approfondis et permanents, qui ne pouvaient avoir lieu que dans le cadre de la société urbaine.

Pendant l'époque de son enseignement à Paris, surtout celle où il enseignait à l'école de Notre-Dame, Abélard habitait et enseignait à proximité de la Juiverie de Paris et de la synagogue de la Cité, qui abritait au XIIe siècle une importante école talmudique[38]. Sur la foi des arguments du juif du *Dialogue*, qui est corroborée par le témoignage des commentaires bibliques les victorins, il semble que l'on peut supposer l'existence de certains

34. Cf. là-dessus H. HAILPERIN, *Rashi and the Christian scholars*, New York 1963, assim.

35. PL. CLXVI, col. 1373-1376.

36. Outre l'art. cit. de BAER (n. 25 supra), cf. les remarques de H. HAILPERIN, *he Hebrew Heritage of Christian Biblical Scholarship*, Historia Judaica, V, 1943, 133-134.

37. La mention « hebraeus meus », si fréquente dans les œuvres d'Hugues et 'André de Saint-Victor (cf. B. SMALLEY, *op. cit.*, p. 104, 155-156) prouve l'existence : ces contacts, d'autant plus qu'il est possible d'identifier les juifs en question; ils at été les membres des deux premières générations des disciples de Rashi et maîtres : l'école talmudique parisienne au XIIe siècle.

38. Cf. E.E. URBACH (en hébreu), *Ba'ale Hatossaphoth* (Les tossaphistes), Jéru- lem 1956, index s.v. Paris.

« cercles » intellectuels à Paris, où chrétiens et juifs discutaient, dans l'esprit du *Dialogue*, des fondements de la foi, des commentaires des textes sacrés et de leurs méthodes d'interprétation. C'était, peut-être, cet esprit de tolérance et de respect mutuel, qui fut le germe de l'idée du *Dialogue*, semé dans un de ces cercles, dont le climat était fondé sur la volonté de s'instruire.

*
* *

Le *Kuzari* et le *Dialogue* sont des apologies de la religion, dont chacun de ses auteurs avait mis l'accent sur la défense de sa propre foi. Leur originalité consiste dans la défense de la foi contre la philosophie, considérée dans les deux cas comme un danger, quoique souhaitée par les deux auteurs afin de mieux asseoir les fondements de la foi à l'aide de la raison. Quant aux religions monothéistes, on remarque l'absence de la polémique entre leurs représentants respectifs. En effet, dans les deux traités, la chrétienté et le judaïsme ne se confrontent qu'indirectement et leurs protagonistes font figure d'humanistes, quand chacun était évidemment conscient de sa propre foi, mais en même temps ayant un esprit large pour la discuter. Dans les deux cas, les points de contact entre les exégètes se trouvent dans les villes ; dans ces villes, la nouvelle société urbaine entre la Loire et le Rhin, ou la plus ancienne dans la péninsule ibérique, où par ailleurs elle était plus cosmopolite, était plus ouverte[39].

De prime abord, elle était plus ouverte à l'accueil des hommes, mais aussi aux échanges. Ces échanges, que l'on considère généralement comme activités économiques, ont eu, comme un de leurs résultats, les rencontres entre les hommes et donc l'établissement de contacts sur le plan social, institutionnel, mais aussi intellectuel et spirituel. Les ressemblances entre les institutions urbaines de l'Europe occidentale et celles des communautés juives, que l'on découvre surtout en France et dans l'Empire germanique, ne sont pas des coïncidences accidentelles, mais le résultat des influences mutuelles, dues aux contacts permanents. Sur le plan intellectuel, ces contacts du XIIe siècle, entre gens dont la croyance et la pratique religieuse étaient différentes, traduisent une mentalité de compréhension et une conscience nette d'appartenir à un héritage spirituel commun, celui de la Bible et de la révélation divine, quoiqu'il fût exprimé de façon différente.

---

39. Ce problème a été débattu contradictoirement par N.A. SIDOROVA, *Abélard et son époque*, Cahiers d'Histoire mondiale, IV, 1958, 541-552 et M. DE GANDILLAC *Sur quelques interprétations récentes d'Abélard*, Cahiers de Civilisation médiévale, IV 1961, 293-301. Cf. la présentation de l'état de la question dans l'historiographie par F. VERCAUTEREN, *Conceptions et méthodes de l'histoire des villes médiévales au cours du dernier demi-siècle*, au XIIe Congrès international des Sciences historiques, Wien 1965, T. V, Actes, p. 649-673. V. aussi la synthèse de Ph. WOLFF, *The Awakening o Europe* (tr. A. Carter), Pelican Books, 1968, p. 197-285.

XIII

THE *HEBRAICA VERITAS* AND JEWISH-CHRISTIAN INTELLECTUAL RELATIONS IN THE TWELFTH CENTURY

MANY scholars in the last generation have studied the role of the Bible in the intellectual history of medieval Western Europe and the development of particular scholarly activities based on the study of the Bible in this period.[1] It is now a commonplace that the Bible, a legacy of Judaism, was an important factor in the emergence of Western civilization, having an influence no less than that of the classical legacy.[2] Moreover, the diversity of topics included in the Bible was a source of inspiration in many fields of medieval activity, not only for theologians, canonists and political thinkers, but also for teachers, artists, historians and men of letters. This inspiration may be observed throughout the Middle Ages and may permit us to speak of the existence of a "biblical mind" in the medieval world, manifested both in the ecclesiastical realm and in secular society.

The spiritual and ideological awakening which was at once both the inspiration and creation of the Gregorian reform originated in the interpretation of biblical precepts.[3] To take another example, the propaganda for the Crusades was entirely inspired by the Bible. "Frankish" knighthood was invited to deliver the country of Christ from the infidel, and the Holy Land was presented to the Western public as the land of Israel, attacked not by contemporary Seljuk Turks, but by "a new advent of the biblical Medes and Persians," as expressed by Urban II in his famous speech at Clermont.[4]

If the Bible was the legacy of Judaism, the text of the Bible familiar to the

---

[1] See particularly Beryl Smalley, *The Study of the Bible in the Middle Ages*, 2nd ed. (Notre-Dame, 1964), and the works collected in *La Bibbia nell'Alto Medioevo*, Settimane di Studio del Centro Italiano sull'Alto Medioevo, 10 (Spoleto, 1963). The problem of spiritual and intellectual relations between Jews and Christians in medieval western Europe has preoccupied the writer for many years. Partial results were published in Hebrew, "The Hebrew Text of the Old Testament and Christian Scholarship. A Chapter in XIIth Century Jewish-Christian Relations," *Studies in the History of Jewish People and the Land of Israel (Mem Z. Avneri)*, 1 (1970), 97–116. The present paper is the outcome of further research. I wish to express my gratitude to my colleague, Dr. T. Fenton, who helped me with his advice on the English text.

[2] Among the scholars who have dealt with that subject, cf. W. G. de Burgh, *The Legacy of the Ancient World*, 2 vols. (London, 1947), as well as the general survey by F. B. Artz, *The Mind of the Middle Ages*, 3rd ed. (New York, 1965).

[3] J. Leclercq, "The Bible and the Gregorian Reform," *Concilium* 7 (1966), 34–41. For the emergence of the political theory of Gregorianism under the influence of the Bible, W. Ullmann, "The Bible and Principles of Government in the Middle Ages" in *La Bibbia nell'Alto Medioevo*, pp. 206–226.

[4] Fulcher of Chartres, *Historia Hierosolymitana* 1.3, *Recueil des Historiens des Croisades, Occ.*, 3:314–315. Cf. D. C. Munro, "The Speech of Pope Urban II at Clermont 1095," *American Hist. Review* 11 (1906), 231–242. On the large number of biblical quotations by the historians of the Crusades, see P. Alphandéry, "Les Citations bibliques chez les historiens de la première croisade," *Revue de l'Histoire des Religions* 99 (1929), 139–157.

614   *Jewish-Christian Intellectual Relations*

Catholic world was marked by Jewish influence of a more specific sort — the Latin Vulgate was translated by Jerome with the benefit of access to contemporary Jewish thought. The situation is complicated by the fact that only parts of the Vulgate remained Jerome's work, and even there alterations of the text were abundant. Further, a certain number of versions, also attributed to Jerome, were copied and circulated, so that mistakes and textual corruptions proliferated.[5] Nevertheless, Jerome's letters clearly explain his contacts with his Jewish teachers,[6] and Jewish-Christian relations were active at this crucial juncture, as they were once again in the time of the fifteenth-century humanists.

But what of the intervening period? Some scholars, like R. R. Bolgar,[7] have maintained that Jewish-Christian relations ceased throughout this long period, arguing that the impact of St. Augustine's thought had the effect of placing Christian exegesis under the shadow of classical philosophy to the exclusion of Rabbinic theology. Such a theory, already rejected by the French Protestant scholar Samuel Berger,[8] implies that Jews and Christians remained segregated throughout the Middle Ages.

The scholars who have accepted this general view of the medieval intellectual world agree, however, that the picture changes before the fifteenth century. After the disputes on the Talmud in the thirteenth century and the foundation of the department of Oriental languages at the University of Paris, and under the influence of Nicholas of Lyra, who used Rashi's commentaries on the Bible,[9] a return to the study of the original Hebrew text of the Bible was facilitated, and there are works which appear to be the product of Jewish-Christian contacts. On the face of it these developments

---

[5] The synthesis of S. Berger, *Histoire de la Vulgate pendant les premiers siècles du Moyen Age* (Nancy, 1893), still remains a basic work for the study of that phenomenon. Among the new contributions to the problem, see H. Glunz, *The Vulgate in England from Alcuin to Roger Bacon* (Cambridge, 1933), and R. E. McNally, *The Bible in the Early Middle Ages* (Westminster, Md., 1959). On the attitude of the church to Judaism and its influence on the contacts, see E. J. Jonkers, "Einige Bemerkungen über das Verhältnis der christlichen Kirche zum Judentum, vom 4. bis auf den 7. Jahrhundert," *Mnemosyne* 11 (1943), 304–320.

[6] PL 26:558, 32:502.

[7] R. R. Bolgar, *The Classical Heritage and its Beneficiaries from the Carolingian age to the end of the Renaissance* (Cambridge, 1954). See also the important contributions to the studies of the influences of classical antiquity in R. R. Bolgar, ed., *Classical Influences on European Culture, A.D. 500–1500* (Cambridge, 1970). The same ideas, against their political and social background, are expressed by J. W. Baldwin, *The Scholastic Culture of the Middle Ages, 1000–1300* (Lexington, Mass., 1971), which is not only a summary, but also an excellent synthesis of the subject, with an up-to-date account of research work.

[8] S. Berger, *Quam notitiam linguae hebraicae habuerint Christiani medii aevi temporibus in Gallia* (Nancy, 1893).

[9] The *Postilla Litteraris* of the famous Franciscan master of the University of Paris (ca. 1328), were studied by H. Hailperin, "Intellectual Relations between Jews and Christians in Europe before 1500," *University of Pittsburgh Bulletin, The Graduate School (Abstracts of Theses)* 9 (1933), 128–145, which is concerned exclusively with Rashi's impact on de Lyra. Under the influence of Miss Smalley's publications, Rabbi Hailperin has modified his ideas since then, but even in his synthesis, *Rashi and the Christian Scholars* (Pittsburgh, 1963), de Lyra is the center of the work.

provide a serious objection to the "isolation" theory, since the Jewish influence they represent could hardly have been of very recent vintage. The Jews were expelled from England in 1291 and from France in 1307. Moreover, the Jewish intellectual center in France was in its declining stage for at least the half century before the expulsion. In the absence of Jewish teachers, where could Christian scholars like Nicholas of Lyra and his followers have found men who were able to explain to them the sense of the Hebrew texts and introduce them to the commentaries? Without a tradition based on personal contacts, the Hebrew books which Philip the Fair had distributed among the libraries of the religious houses could not have been used for scholarly purposes.[10]

Fortunately many of the documents important to the question of Jewish-Christian relations in the Middle Ages were already known to scholars in the nineteenth century, and the texts have been studied for several generations, principally by those interested in theology and philosophy. On the basis of evidence from the manuscripts and from printed sources it was possible to establish the existence of relations between Jewish and Christian masters even before Nicholas of Lyra, and these relations were evident quite early. Without entering into the discussion of whether Bede knew Hebrew and used the Hebrew text of the Bible,[11] one may safely begin with the considerable evidence for intellectual contacts between Jews and Christians in the Carolingian period.

The revision of the text of the Vulgate created certain difficulties for Alcuin, whose biblical works are characteristic of the Carolingian Renaissance. He had to choose from different available versions of Jerome's translation in order to establish the correct text, and his method of using the best Latin texts could not always help him. In certain cases the results led to a sense opposite to what he understood of the Scriptures. Consequently Alcuin was compelled to seek help, and the abbot of St. Martin of Tours asked his friends, when they were sent by Charlemagne to Rome and Italy, to consult Jewish masters there on the signification of the Hebrew text of the Old Testament.[12] We have no details on the precise inquiries he made and therefore it is impossible to evaluate the influence of Jewish scholarship on Alcuin's work. But, as in other fields, Alcuin showed the way and during the next generation, when the Bible became the basis of political thought

---

[10] See A. Franklin, *Les anciennes bibliothèques de Paris,* 3 vols. (Paris, 1867), and the remarks of J. de Ghellinck, "Les bibliotheques medievales," *Nouvelle Revue Theologique* 65 (1938), 36–55.
[11] E. F. Sutcliffe, "The Venerable Bede's Knowledge of Hebrew," *Biblica* 16 (1935), 300–306.
[12] MGH Epp 4:172. Cf. E. S. Duckett, *Alcuin, Friend of Charlemagne* (New York, 1951), pp. 269 ff., and B. Blumenkranz, *Les Auteurs chrétiens latins du moyen-âge sur les juifs et le judaïsme* (Paris, 1963), pp. 144–146. On Alcuin's work on the text of the Vulgate, see F. L. Ganshof, "La révision de la Bible par Alcuin," *Bibliothèque de l'Humanisme et de la Renaissance* 9 (1947), 7–20, as well as M. L. W. Laistner, "Some Early Medieval Commentaries on the Old Testament," *Harvard Theological Review* 46 (1953), 27–46.

616   *Jewish-Christian Intellectual Relations*

concerning the idea of the Holy Frankish Empire,[13] such consultations were frequent, whether for the establishment of the text itself, or for its interpretation. Hrabanus Maurus, abbot of Fulda and archbishop of Mainz, mentions colloquia with the "Hebrew" from his city,[14] who probably was one of the founders of Jewish scholarship in Germany.[15] This particular case is of interest also in a different context, because the information obtained in this way was used by Hrabanus for his antisemitic polemics.[16]

It seems that even after the end of the Carolingian Renaissance such contacts were continued, but formal evidence is lacking. Nevertheless, the examination of the polemical literature shows that Christian polemicists had a fair knowledge of the arguments of the Jews[17]; and, as their works are not merely repetitions of older treatises, one could consider such literature to be an indirect testimony to continuing contacts, albeit with a different purpose. Even so the phenomenon concerned a very small goup of learned men during the ninth to eleventh centuries.

The situation changed in the last quarter of the eleventh century, when a greater number of Catholic exegetes began to take a deeper interest in the Hebrew text of the Old Testament, so as to have a better understanding of the manuscripts they had to copy and to amend. The reform of abbeys and episcopal chapters, the foundation of new ecclesiastical establishments with their libraries, the development of centers of study, and the advancement of school masters to episcopal and abbatial positions[18] form the background to

---

[13] In his suggestive article, L. Halphen, "L'idée de l'Etat sous les Carolingiens" *Revue Historique* 185 (1939), 59–70, stressed the impact of biblical ideas of the state on the Carolingian thought. Cf. also W. Ullmann, "The Bible," and R. Folz, *Le Couronnement Impérial de Charlemagne* (Paris, 1964), pp. 91 ff.

[14] MGH Epp 5:403. Cf. J. B. Hablitzel, "Hrabanus Maurus," *Biblische Studien* 11 (1906), 14 ff.; B. Blumenkranz, *Les Auteurs*, pp. 174–178; M. L. W. Laistner, "Some Early Medieval Commentaries"; and A. Saltman, "Rabanus Maurus and the Pseudo-Hieronymian Questiones Hebraicae in Libros Regum et Paralipomenon," *Harvard Theological Review* 66 (1973), 43–75.

[15] For a survey of the emergence and development of the Jewish center in Germany, see G. Kisch, *The Jews in Medieval Germany* (Chicago, 1949).

[16] E.g., his commentaries on Genesis 3.28 (PL 107:630) and especially on Kings (PL 109:1 ff.).

[17] See B. Blumenkranz, *Les Auteurs chrétiens latins*, esp. pp. 195–287. The material collected by Prof. Blumenkranz gives us a complete list of the writers until the end of the 11th century. It is important to emphasize Professor Blumenkranz's conclusion that part of the polemics are the result of the exegesis of biblical texts and thus, the allusions to Jews or to Judaism reflect actual discussions with Jewish scholars and are a reaction to their arguments (e.g., Agobard, whose case was treated at length by the author in his "Deux Compilations canoniques de Florus de Lyon et l'action antijuive d'Agobard," *Revue historique de droit français et étranger* 33 [1955], 227–254 and 560–582, and Paschasius Radbertus, *De corpore et sanguine Domini*, PL 120:1255–1350, both of them in the ninth century; and Gilbert Grispin, *Disputatio Judei et Christiani*, ed. B. Blumenkranz [Utrecht 1956], in the late eleventh century).

[18] A good work on the impact of the Gregorian reform on the development of the studies, considered from the historical point of view is still lacking. The classical book of M. Grabmann, *Die Geschichte der scholastischen Methode*, 2 vols. (Freiburg-im-Breisgau, 1909), is still the basic study of the theme, but it was not conceived as discussion of scholastic teaching and literature against its social background. E. Lesne's *Histoire de la propriété ecclésiastique en France*, 6: *Les Ecoles* (Lille, 1943), is merely a very important inventory concerning the schools and the libraries. Ph.

this change, influenced by schools such as those of Chartres, Bec, Laon and Poitiers.

In this respect the necrology of Abbot Sigo (1055–1070) of the Saint-Florent's Abbey at Saumur (Anjou) is of a great interest. Sigo is presented as a man knowing both Hebrew and Greek, and thus able to read the authorities himself in order to correct the Latin Bible of Saint-Florent's library,[19] which was considered one of the most important deeds of his abbatial career. We have no details about the formative years of the Angevin abbot and therefore it is not known where and under what circumstances Sigo studied these languages. The influence of the schools of Poitiers, whose fame during the second half of the eleventh century is well known, can doubtless be proved for Sigo's methods, but even if the future abbot did receive his training at Poitiers, he could not have studied Hebrew there. Moreover, it must be asked whether Peter Abelard, who probably had a fair knowledge of Hebrew,[20] learned that language in the early period of his formation in Brittany. If a positive answer could be given to his hypothesis, and there is no evidence to go on, it would be possible to establish a connection between the western French method of comparative linguistic study of the biblical text such as Sigo is attested to have used and the critical method which prevailed in the Parisian schools during the twelfth century.

However this may be, an event of greater importance for our discussion was the compilation of the Cistercian Bible at the very beginning of the twelfth century. Stephen Harding, abbot of Cîteaux, relates in a circular letter how his monks have begun to copy, from borrowed exemplars, the books of the Old Testament, and how after examination he has found that there are different versions of the text. About three hundred years after Alcuin's revision of the Vulgate, the Cistercians were meeting the same

---

Delhaye, "L'organisation scolaire au XIIᵉ siècle," *Traditio* 5 (1947), 211–268, deals with the process of the transfer of monastic centers of education to urban schools from Peter Damiani's times to the beginning of the twelfth century. The new contribution of J. W. Baldwin, *The Scholastic Culture of the Middle Ages*, where scholasticism is replaced in its historical background, focuses on the twelfth and thirteenth centuries.

[19] ". . . et insuper litteras hebraicas et graecas peritissimus legendi et scribendi. Hic bibliothecam nostram, psalterium, missales, textus, epistolas Pauli, actus Apostolorum ad unguem correxit et emendavit. . . ." *Historia Sancti Florentii Salmurensis*, ed. P. Marchegay and E. Mabille, *Chroniques des églises d'Anjou* (Paris, 1869), p. 296.

[20] It is difficult to affirm with certainty that Abelard knew Hebrew. His recommendation to Heloise that she and the nuns of Paraclet should learn Hebrew and Greek in order to understand the original text of the Scriptures (letter IX, PL 178:325), might assist the hypothesis, but only if the correspondence between Abelard and Heloise is authentic (cf. J. T. Muckle, "The Personal Letters between Abelard and Heloise: Introduction, Authenticity and Text," *Medieval Studies* 15 (1953), 47–94, and J. F. Benton, "Philology's Search for Abelard in the *Metamorphosis Goliae*," SPECULUM 50 [1975], 199–217). Nevertheless, it seems that Abelard did have a certain knowledge of Hebrew, even if it cannot be affirmed so categorically as by J. G. Sikes, *Peter Abailard* (Cambridge, 1932), pp. 29–30 and 43. The arguments of the Jews in his *Dialogus inter Philosophum, Judaeum et Christianum*, ed. R. Thomas (Stuttgart, 1970), may indicate the probability, and his personal contacts with Jews at Paris, as attested by his pupil, the author of the *Commentarius Cantabrigiensis*, ed. A. Landgraf (Notre Dame, 1937), 1:65, may be pertinent.

difficulties and, like Sigo, the abbot of the new order had to correct the text. But now the circumstances were different from those of Alcuin's time. From the Jewish schools of western Europe important intellectual centers emerged in the valley of the Rhine, in Lorraine and in Champagne, very near the new abbey. Stephen Harding went to one of the most renowned Jewish masters of the region, with his parchments and scribes. He asked his consultant to explain to him in French the "Hebraica veritas," as well as the sense of the Aramaic translation. From this French oral version the abbot dictated the Latin text, thus producing the official Bible of Cîteaux, based on the authority of the genuine meaning of the Hebrew originals.[21] It seems that his collaborator was one of the members of Rashi's School at Troyes, whose fame was well established not only among Jews, but even in certain Christian circles. The spreading fame of a Jewish master in surrounding Christian society was probably connected with commercial contacts, which seemed to create the opportunity for cultural and even spiritual exchanges. The fairs and the markets were after all not only the places where people exchanged merchandise, but at the same time the meetingplaces of medieval society.[22] Discussion at the fairs, where the Jews were always present, became a channel for the diffusion of information, the names of famous scholars might be mentioned and come eventually to the attention of learned circles. In such a way Harding was able to obtain the appropriate information about the Rabbinical authority that he sought for his purposes.

Stephen Harding's method of work had an important influence on students of the Bible in the twelfth century. That influence was evident in two different approaches to the study of the Bible, that of the Cistercians who under the direct impact of the creation of the Bible of Cîteaux showed an open interest in the study of Hebrew, and that of the urban schools, especially those which emerged at Paris. Both approaches to biblical studies during the twelfth century included an awareness of the method of four-fold exegesis,[23] and both made the Bible the object of important scholarly works. The traditional approach emphasizing allegorical and mystical interpretation of the "Divine Page" was undoubtly the most common one; its popularity was connected with the use of the Scriptures in preaching. The new Cistercian Bible was compiled for that purpose and the new order was entirely devoted to this type of study, which was brought to perfection by Bernard of Clairvaux.[24] Opposed to this traditional way of studying the Holy Scriptures,

---

[21] PL 166:1373–1376, where Stephen himself relates the case. For the different possibilities of identifying Stephen's consultant, see D. Kaufmann, "Les Juifs et la Bible de l'abbé Etienne de Cîteaux," *Revue des Etudes Juives* 18 (1889), 131–133.

[22] See Ch. Verlinden, "Markets and Fairs," in *Cambridge Economic History*, 3:119–130, and the bibliography, p. 612. A general study of the civilization of the markets and fairs is still lacking. Particular studies are especially concerned with the late Middle Ages.

[23] See H. de Lubac, *Exégèse médiévale; les quatre sens de l'Ecriture* (Paris, 1964), which represents the conclusion of the life-work of the author, from the early Christian exegetes until the Mendicants.

[24] See P. Dumontier, *Saint Bernard et la Bible* (Bruges, 1953), especially pp. 83–105, which

a new school of thought arose at the beginning of the twelfth century. Its proponents were commonly associated with the Parisian masters[25] and were primarily concerned with the philological and historical explanation of the text. If the abbot of Clairvaux and his followers, who were not exclusively Cistercians, did not have problems with the text (the authorized translation, i.e., the Bible of Cîteaux, or any version of the Vulgate at their disposal, entirely satisfied them), the Parisian scholars and the followers of their methods had first of all to assure themselves of the correct reading. They borrowed Harding's expression, "Hebraica veritas,"[26] making it a symbol of collaboration with the Jewish masters, who used the same methods in their work.

The development of biblical studies in the twelfth century was correlated with the progress of urban society and was one of its results. The schools located in the cities grew, and unlike the monastic type of learning they were open to a larger number of students. But these open schools, by their own definition, had to be competitive, and the masters had to pay much more attention to stimulating and original teaching. Concerning the study of the Bible, Abelard explained that the traditional training of a good and well-equipped preacher was no longer sufficient and that the masters had to attract their students by displaying a deeper understanding of the text.[27]

But if competition between schools and masters was a natural development, another consequence of the emergence of the urban schools was the exposure of scholars to the influence of the various components of the city population.[28] The residence of Jews and Christians in the same town promoted daily contacts and continuous relations between Christian masters and Jewish scholars. The Catholic scholar no longer had to search, like Alcuin and Stephen Harding, for famous Jewish Rabbis to explain, sporadically, the sense of the text or to wonder whether the journey to such a master would be worth the effort. The synagogue where a Jewish master taught was located nearby, and he was normally able to meet his consultant after a short walk in the limited area of his own town.

The most important school of the Bible, in Paris as well as in the whole of western Europe, that of the collegiate abbey of Saint-Victor, has been the object of an important study by Beryl Smalley.[29] Founded in 1108 by William of Champeaux and richly endowed by King Louis VI,[30] the abbey immediately

---

should be consulted together with the classical works of Dom J. Leclercq, such as "Saint Bernard et la tradition biblique d'après les Sermons sur les Cantiques," *Sacris Erudiri* 11 (1960), 225–248.

[25] Smalley, *The Study of the Bible*, ch. II, esp. pp. 81–82.

[26] "Quapropter Hebraicae atque Chaldaicae veritatis . . . credentes . . ." (PL 166:1375). See above, note 21.

[27] *Historia Calamitatum*, ed. J. Monfrin (Paris, 1962), pp. 68–69.

[28] J. Le Goff, *Les intellectuels au Moyen Age* (Paris, 1960), pp. 9–40.

[29] The bulk of Miss Smalley's *The Study of the Bible* is consecrated to the school of Saint-Victor pp. 83–195).

[30] R. de Lasteyrie, ed., *Cartulaire général de Paris* (Paris, 1887), No. 163, pp. 187–189.

became a center of learning. The Victorine school shortly achieved such fame throughout all western Europe as to attract students and fellows from different countries, creating an ethnic amalgam in the community. By historical coincidence, the schools of the Jewish community of Paris became one of the most important centers of the Tossaphist scholarship.[31] There is no reason to see in this coincidence some affinity between the two schools; their respective growth at Paris has to be explained by the demographic development of the city and of its immediate surroundings, an outcome of its political character (as the main residence of the Capetian kings) and its economic prosperity.[32] Because of the position of Paris, its inhabitants, Christians and Jews, were able to absorb and entertain an increasing number of students and masters.

The Victorines' method of verifying the Old Testament texts by recourse to the Hebrew original would not necessarily require close contacts with their Jewish colleagues. Having had the opportunity to learn Hebrew, they could have worked on the amendment of biblical texts in the manner of Sigo of Saint Florent in the preceding century. But as they were interested in the interpretation of the texts, their knowledge of Hebrew led them to study Jewish commentaries, and for that purpose they had to keep in touch with Jewish masters who could, first of all, supply them with accurate bibliographies, and secondly, furnish them with explanations as the need arose. Such a way of contact was entirely different from the polemical discussions which were another consequence of personal relations.[33] Comparison of the works of the Victorine exegetes and those of the Jewish commentators proves not only the existence of the relations openly mentioned by the Victorines, but also reveals a certain dependence on the school of Rashi.

The first of the Victorines who mentions his contacts with Jewish scholars is Hugh of Saint-Victor, the author of the *Adnotationes elucidatoriae*.[34] Even in the form of his *notulae*, Hugh followed Rashi's method of annotating the text, and the contents of the notes attest still more to Hugh's knowledge of Rashi's work and his dependence on it. For example, the *notula* to Genesis 49.12 is an

---

[31] Cf. E. E. Urbach, *Ba'ale Hatossaphoth* (in Hebrew) (Jerusalem, 1955), s.v. Paris.

[32] Cf. A. Grabois, "La genèse du quartier latin," *Scripta Hierosolymitana* 23 (Jerusalem, 1972), 146–164. It is interesting to remark a correlation between the general growth of Paris and the concentration of Jews in their quarter in the Ile de la Cité during the twelfth century. The Jewish migration to Paris, including *majores et sapientiores*, seems to be important. The biographer of Philip Augustus, Rigord, who imputes the phenomenon to the liberality of Louis VII, even asserts that the Jewish community amounted to half of the city (*Gesta Philippi Augusti*, ed. H. F. Delaborde [Paris, 1882], p. 24). If "half of the city" cannot be regarded as serious evidence, Rigord was well aware of the establishment at Paris of wealthy and scholarly Jews.

[33] Cf. A. Funkenstein, "Changes in the patterns of Christian anti-Jewish Polemics in the twelfth century" (in Hebrew), *Zion* 38 (1968), 124–125, who believes that the distinction between polemics and mutual influence is artificial and relative. His conclusion is that if there existed a common cultural language, it served contradictory assertions.

[34] PL 175:29–114. On Hugh's life and career, cf. F. E. Croydon, "Notes on the life of Hugh of Saint Victor," *Journal of Theological Studies* 40 (1939), 232–253. Quotation is from Migne' publication of the *Adnotationes*, but the edition of B. Hauréau, *Les Oeuvres de Hugues de Saint Victor* (Paris, 1886), was also examined.

exact translation of Rashi's commentary.[35] Besides Rashi, Hugh of Saint-
Victor also used the commentaries of Joseph Karo and of Samuel ben Meir
(Rashbam),[36] who was a grandson of Rashi; both of them were pupils of the
great scholar of Troyes and Hugh's contemporaries. Hugh frequently mentions the arguments of Jewish scholars, even when he does not agree with their
opinions. A comparison of the commentaries leads to the conclusion that Hugh
generally used the term *opinio antiqua* when he referred to Rashi, while *quidam
Hebraeus* has to be identified with Karo; the other Jewish masters which he
consulted, or with whose works he was acquainted, are called *Hebraei*, and they
were probably his Parisian contemporaries.[37]

The *notula* on Genesis 49.10 is a good illustration of Hugh's method of
interpretation, which is based on his respect for the Catholic tradition, but at
the same time influenced by Jewish commentaries. The Vulgate version of
the verse, an important Christological text, is: "Non auferetur sceptrum de
Juda et dux de femore ejus, donec veniat qui mittendus est, et ipse erit
expectatio gentium." While in the first part of the sentence there is no
difference between the Hebrew text and the Vulgate, there is a sharp
divergence between them in its second part, where in Hebrew we find
"until Shiloh will come and to him all peoples will accede." (The translation
is uncertain, and the verse is a *crux interpretum*. The version given here is the
traditional one, current in Jewish exegesis.) In the first part of the verse
Hugh was able to accept without difficulty the arguments of Rashi's
commentary on the primacy of the tribe of Judah.[38] But the real problem is
in the second part of the sentence, where a Christian exegete could not
agree with the *Hebraica veritas* of its text. Therefore Hugh, whose work
reveals intellectual honesty, prefers to set before his readers the Jewish
argumentation in a neutral form: "The Hebrew reads *until Shiloh will come*
instead of *until He who will be sent will come* and the meaning is until King
Saul, who was crowned at Shiloh and after him will have the rulership."[39]

[35] PL 175:59. For the identification, see H. Hailperin, *Rashi and the Christian Scholars*, pp.
107–108, where the commentaries of Rashi and Hugh are quoted. For the purposes of the present
article, notes concerning the Books of Kings are excluded, since the important materials found in
the texts are concerned with the political thought of the twelfth century and would be the subject of
another, distinct, study.

[36] E.g., Genesis 4.23 (PL 175:44), where the interpretation is related to the commentary of
Karo (*The Book of the Five Great Lights: Karo's Commentaries on the Pentateuch*, in Hebrew, ed. C. I.
I. Gad [Johannesburgh, 1953], Gen. IV). Hugh's interpretation of Exodus 1:15 (PL 175:61) is
based on the work of Rashbam (Samuel ben Meir, *The Commentary on the Pentateuch*, in Hebrew,
ed. D. Razin [Tel Aviv, 1965], p. 77).

[37] See Smalley, *The Study of the Bible*, pp. 103–104, where the identifications are made. A check
of the material led me to the same conclusion. Concerning the dependence of other texts
interpreted by Hugh on Jewish commentaries, see pp. 97 ff.

[38] "'Non auferetur sceptrum' id est, dominium quoddam, sicut quod primus intravit mare
Rubrum; vel quod primus obtulit oblationem in deserto constructo tabernaculo" (PL 175:59).
Rashi's commentary on that verse is influenced by the Talmudic literature, where the foundations
of the primacy of Judah were explained by the priority of that tribe in the passage over the Red Sea
(cf. *Mekhilta*, ed. J. Lauterbach, 1:236).

[39] "'Donec veniat qui mittendus est.' In Hebraeo est, donec veniat Silo, ubi Saul a Samuele

Richard of Saint-Victor, one of Hugh's students, was also in frequent
contact with Jewish scholars, acquiring very good knowledge of biblical
Hebrew as well as of post-biblical Jewish works. His method, as Miss Smalley
has shown, consisted of a penetrating criticism of his sources, whether of
Christian or of Jewish origin, in order to obtain an improved chronological
coordination of the history of the Old Testament.[40] His position was less
ambiguous than that of his master's when he dealt with the Jewish tradition,
namely, the "oral law" which is considered in Judaism as being also of divine
origin.[41] Richard did not accept as divine any source of the law which was
not biblical, and therefore he considered "oral law" a tradition which could
be criticized and challenged. He even rejected such an authority as Josephus.
For example, the description of the tabernacle in the *Antiquities* could not be
accepted if it did not correspond with the text of the Old Testament.
Josephus's testimony, Richard concluded, was relevant so long as he dealt
with the facts he produced either from his own knowledge, or for which he
quoted authentic references.[42]

The most important personality of the biblical school of Saint-Victor and
at the same time the most original of its members was undoubtely Andrew of
Saint-Victor, the future abbot of Wigmore. Andrew, a pupil of Hugh, persisted in his master's way to a greater extent than his colleague Richard and
was therefore his real continuator. As Miss Smalley remarked,[43] his
Explanatiunculae were short dissertations, very acute in their conception of
the contemporary scientific method, and therefore their reading was by no
means difficult for a great number of his contemporaries. His abstention
from the theological discussions of his generation allowed him to express his

---

inunctus est in regem. Et est sensus usque ad Saulem, et post eum habebit Judas principatum;
quia eripuit scilicet Joseph a manibus fratrum suorum. Quod sequitur 'Et ipse expectatio
gentium,' Hebraei hoc totum ad ipsum referunt, de qua Dominus respondit: Judas ascendet pro
vobis in proelium" (PL 175:59). But, while Hugh presented the Jewish historical method of
commentary, it is interesting to remark that, in this particular point, Rashi reflected a tradition
of Messianism, manifested from the Mishnaic times. His interpretation of the text is: " 'Until
Shiloh will come.' The King Messiah to Whom the Realm belongs. And so has Onkelos
translated it" (into Aramaic); *Genesis with the translation of Onkelos, the commentaries of Rashi . . .*
(Jerusalem, 1925), p. 231.

[40] *De concordia temporum* (PL 196:241): "Unde et antequam de his juxta petitionem tuam
aliquid adscriberem, per Judaeos scripta consului, et tam eorum scripta quam nostra in unam
sententiam concurrere didici." On Richard's life and works, see J. Châtillon and W. J. Tulloch,
Richard de Saint-Victor. Sermons et opuscules spirituels inédits (Paris, 1951); J. de Ghellinck, *Le
mouvement théologique du XIIe siècle* (Bruges, 1948), p. 187; and B. Smalley, *The Study of the Bible*,
pp. 106–111.

[41] "Moses received the Law from Sinai and transmitted It to Joshua; and Joshua to the Elders;
and the Elders to the Prophets; and the Prophets transmitted the Law to the men of the Great
Assembly" (Aboth 11). Cf. "Pirque Aboth," *Oxford Dictionary of the Christian Church*, 2nd ed., p.
1093, with further bibliography.

[42] *De Tabernaculo*, PL 196:214.

[43] Cf. B. Smalley, "Andrew of Saint Victor, Abbot of Wigmore; a Twelfth Century Hebraist,"
Recherches de Théologie Ancienne et Médiévale 10 (1938), 358–373, and "The School of Andrew of
Saint Victor," ibid., 11 (1939), 145–167. The articles reviewed form the bulk of the chapter on
Andrew in *The Study of the Bible*, pp. 112–178.

views without risking Abelard's fate. Andrew's wish to make the Bible more intelligible by commenting on its text was the common goal of all the twelfth-century exegetes. His historical method of commentary, based on the *sequentia temporum*, was already used by the Victorines, but without the same consistency and coherence that he introduced, and therefore this can be considered one of the original features of his work. As he explained in his apologetic introduction to the commentaries on the Prophets, Andrew knew that with the exception of St. Jerome's there were no Latin works available. He had therefore to exploit the Greek tradition, especially the works of Origen, and the Hebrew commentaries. Nevertheless, and in this lies his original contribution (a contribution mainly the result of Jewish influence), he added to the customary quotations from normative authorities the conclusions of his own judgment or, as he expressed it, divine revelation to him, a term that must be understood as the medieval notion of the modern *ratio*.[44]

Such an apology, very close to the spirit of Bernard of Chartres, who characterized his generation as standing on the shoulders of giants,[45] proves that the roots of Andrew's rationalism are to be found in the Jewish school of commentators. The *Hebraei* whose works he quotes are not mentioned by name, but by the frequency of his quotations[46] it is possible to affirm that his contacts with the Jews were at least as intense as those of his master, Hugh. The activity at Paris of Joseph Bekhor Shor of Orleans, a pupil of Rashbam and an important scholar in his own right, made relations easier. When Andrew recorded the opinion of "his Hebrew," comparison with Shor's commentaries[47] reveals such great similarity that it is impossible to attribute it to simple coincidence; it can only suggest close personal contacts.

A good illustration of Andrew's method of explanation is his interpretation of the famous verse of Isaiah 7.14, which is one of the most important foundations of Christological doctrines.[48] Dealing with that prophecy, An-

---

[44] "Postremo si quid vel in prophetis quibus praecipuam ob nimiam eorum obscuritatem curam impendere decrevi, vel in ceteris veteris instrumentis libris, vel Hebreis sive quibus libet aliis pandentibus, et proprio labore vel divina revelatione, quia etiam in huiusmondi desiderium sibi servientium nonnunquam Dominus exaudit, investigare potui, ne quod utiliter apprehendit dampnose mentem fugiat, interserere visum fuit" (Paris, Bibliothèque Mazarine MS 175, fol. 93v). The manuscript, containing Andrew's commentaries on Isaiah and his general prologue on the Prophets, is an early copy of the last decades of the twelfth century. The prologue was transcribed by Miss Smalley, *The Study of the Bible*, pp. 375–377. I have not found an older copy of the text.

[45] John of Salisbury, *Metalogicon* 3.4, ed. C. C. J. Webb (Oxford, 1929). Cf. R. Klibansky, "Standing on the Shoulders of Giants," *Isis* 26 (1936), 147 ff., and from another point of view, R. W. Southern, "Humanism and the School of Chartres," in *Medieval Humanism and Other Studies* (Oxford, 1970), pp. 61–85.

[46] See Smalley, *The Study of the Bible*, pp. 151–156.

[47] See S. R. Driver and Ad. Neubauer, *The Fifty-Third Chapter of Isaiah according to Jewish Interpreters* (Oxford, 1877), s.v. J. Bekhor Shor. Miss Smalley (*The Study of the Bible*, pp. 155–156) relies on materials supplied to her by L. Rabinowicz, who already stressed the point in his *Social Life of the Jews in Northern France in the XII-XIV Centuries* (London, 1938).

[48] "Ecce Virgo concipiet et pariet filium, et vocabitur nomen ejus Emmanuel."

drew related the discussions he had had on the topic with the *Hebraei*. His partners, characterized as the "foes of the truth," rejected Jerome's interpretation of the verse and refused to accept the postulate that the person of "Emmanuel" had any connection with a prophecy on the advent of the Christ. Andrew's consultants explained to him the Jewish exegesis of the topic, which is that of Rashi.[49] The prophecy, he was told, has to be related to Isaiah's own times and cannot logically be separated from the context of the events narrated there. They insisted on the relation between the verse and the attacks of Rezin, King of Aram, and of his ally Pekah ben Ramaliah, king of Israel, against the kingdom of Judah and the city of Jerusalem. Moreover, they argued, if the prophet had intended to make pronouncements about a more distant future, he would not have inserted these words into a narration concerning an actual event. Despite his reservations with respect to such arguments, Andrew confesses that he does not wish to contest them openly. Previous Christian exegetes have done so, but their arguments seem not to be satisfactory and, as far as he is concerned, he fears to be inferior in the debate.[50] Therefore, he prefers not to formulate his own interpretation of verse 14 and to continue his philological commentary on the sentences following. It is an indirect admission of the validity of the Jewish interpretation of the text, based as it is on an historical approach.

This attitude contrasts sharply with the character of the dialogues and controversies between Christians and Jews found in Catholic works.[51] It was therefore challenged, probably in discussions at Saint-Victor, which were the occasion for the writing of a treatise entitled *De Emmanuele*. Its author, Richard of Saint-Victor, criticized his colleague for his methods of interpretation and accused him of "Judaism."[52]

Andrew's commentaries were diffused throughout various countries of western Europe, but they were difficult for the majority of the learned men of the twelfth century, who lacked the preparation required for their understanding. It was the work of the famous chancellor of the church of Paris, Peter Comestor, considered to be one of the founders of the University of Paris,[53] which really served to spread the Victorine scholar's method.

---

[49] Rashi interprets: "The young woman my wife [i.e., Isaiah's] shall conceive this year, in the fourth year of Ahaz. And as she will call his name, the Holy Spirit will rest upon her; and she will call his name Immanuel, as it is said, God will be with us. For behold she is a maiden and she has not prophesied all her days, and in this, the Holy Spirit rest upon her" (*Isaiah with the commentaries* . . . , ed. J. Maarsen [Jerusalem, 1936], ad c. VII 14).

[50] Quoted by Smalley, *The Study of the Bible*, p. 163, from Cambridge University Library, MS Pembroke 45, fol. 9v.

[51] In his *Dialogus adversus Judaeos*, Bartholomew of Exeter, who was the contemporary of Andrew, does not hesitate to enter into the heart of the debate; see A. Morey, *Bartholomew of Exeter* (Cambridge, 1937), pp. 109 ff. But it must be admitted, the bishop of Exeter did not have a real debate with Jews and his dialogue is not a confrontation.

[52] Richard of Saint-Victor, *De Emmanuele*, PL 196:601–666.

[53] Cf. G. Post, "Alexander III, the *Licentia docendi* and the Rise of Universities," *Miscellany Ch. H. Haskins* (New York, 1931), pp. 255–277.

Peter Comestor, originally from Champagne, was educated at Troyes, where he became a member of the episcopal chapter. It seems that during the years of his sojourn at Troyes (before 1165) he could have had contacts among the masters of Rashi's school,[54] learned Hebrew and acquired some knowledge of Jewish commentaries on the Bible.[55] This might have influenced him when he wrote later, at Paris, his *Historia Scholastica*.[56] Peter's career in Paris began under the influence of the Victorines, especially that of Andrew, but he was also the pupil of Peter Lombard.[57] Did he also have personal contacts with the members of the Jewish school? Examination of his writings does not produce the same evidence as those of the three Victorines; he did not mention any relations with Jews, despite the very good knowledge of Jewish commentaries which may be discerned in the *Historia Scholastica*.[58] No doubt that part of his knowledge was the result of his use of the works of Hugh and Andrew of Saint-Victor; he also used previous works of Carolingian exegetes, but on his own relations with Jewish scholars only presumptions can be advanced, without any real possibility of a definite judgment.

Even if the polemics between Richard and Andrew of Saint-Victor about Isaiah 7.14 were not the subject of a general discussion in learned Parisian society, the relations with Jews created bad feelings in some Christian circles. The correction of the text of the Old Testament by recourse to the *Hebraica*

---

[54] For the activity of the School of Rashi at Troyes and the possibility of contact with Christian circles within the city, see S. W. Baron, "Rashi and the Community of Troyes," in *Rashi Anniversary Volume* (New York, 1941), pp. 47–71.

[55] See S. R. Daly, "Peter Comestor: Master of Histories," SPECULUM 32 (1957), 62–73. While the texts do not mention any relations between the canon and the Jewish scholars of Troyes, it is possible to follow Hailperin and to suppose, or at least not reject the probability, of some acquaintance between them. "I am surprised," Hailperin remarks, "that none of the writers speaks to Comestor's probable acquaintance with Rashi's distinquished successors, though all of them seem to sense his possible stimulus from the Jewish exegetical milieu of Troyes. None of the scholars has noted that the Comestor was dean of St. Peter's Cathedral in Troyes from 1147 to 1165 — the very years in which R. Tam and Rashbam were at their greatest height! The city of Troyes was small enough for Jewish and Christian leaders to meet on the street daily!" (*Rashi and the Christian Scholars*, p. 274, n. 26). The same belief is also expressed by E. Shereshevsky, "Hebrew Traditions in Peter Comestor's *Historia Scholastica*," *Jewish Quarterly Review* 59 (1968/69), 268–289, who, after comparing the commentaries on Genesis, concluded in favor of close relations between the Comestor and Jewish scholars of Troyes. But, it has to be remarked, there is no evidence for a positive statement on this topic. The Comestor could have obtained his information at Paris, either from the Victorines or from Parisian Jewish scholars. On Peter's sources of biblical knowledge, see also F. Stegmüller, *Repertorium Biblicum Medii Aevi*, 4 (Madrid, 1954), 280–300, to whom Professor Shereshevsky did not refer in his article.

[56] *Historia Scholastica*, PL 198:1052–1844. Cf. R. Martin, "Notes sur l'oeuvre littéraire de Pierre le Mangeur," *Recherches de Théologie Ancienne et Médiévale* 3 (1931), 54–66, and A. Landgraf, "Recherches sur les écrits de Pierre le Mangeur," ibid., 3 (1931), 292–306 and 341–372.

[57] Smalley, *The Study of the Bible*, pp. 178–180.

[58] His statement in the Prologue (PL 198:1052) is very general ("Narrant Hebraei") and might also be the result of reading the Victorines' works.

veritas and the use of Jewish commentaries were interpreted, and not only by mystics, as a breach in the system of faith. The canonists could surely be alarmed at the general trends of the exegetes, because they based their legal system on the authority of divine and human law.[59] Their conception of law, as expressed by all the masters of the generation between Ivo of Chartres and Gratian and finally summed up by the author of the *Concordantia discordantium canonum*,[60] created a hierarchical system of authorities as sources of law; any attempt to propose a different text, or another meaning of it, could not remain an academic matter, but might have repercussions on the interpretation of the canons, thus undermining the bases of church legislation.

The canonists' attitude to the Victorine method was expressed by Rufinus, whose *Summa* is dated ca. 1160.[61] Rufinus did not mention the Parisian school by name, but based his criticism on the authority of St. Augustine and St. Jerome. His argument is mainly concentrated on the presumption that the Hebrew text of the Old Testament had been corrupted between the time of Jerome's translation and his own day.[62] Such a presumption leads to the conclusion that the Latin Vulgate, whatever version might be available, is the best text, while the Greek Septuagint and in particular the Hebrew text are useless for the understanding of the Scriptures. Rufinus, who was not an exegete, was not concerned with the difficulty arising from the diffusion of different versions of the Vulgate, which has so much interested the scholars of the Bible, and therefore the problem of an authorized text did not trouble him. This way of thought led to renewed segregation; according to Rufinus, the

[59] See O. Lottin, *Le droit naturel chez Saint Thomas et ses prédécesseurs* (Bruges, 1926), pp. 7–19, and the remarks of E. Lewis, *Medieval Political Ideas* (New York, 1954), 1:8–10.

[60] Ed. E. Friedberg, *Corpus juris canonici, pars prior* (Leipzig, 1879), Dist. I, can. I.

[61] *Die "Summa Decretorum" des Magister Rufinus*, ed. H. Singer (Padeborn, 1902). On its dating and MS tradition, see S. Kuttner, *Repertorium der Kanonistik*, 1 (Rome, 1937), s.v. Rufinus. Cf. also S. Kuttner, "Methodological Problems concerning the History of Canon Law," SPECULUM 30 (1955), 539–549. On Rufinus's place in the evolution of Canon Law, see G. Le Bras, Ch. Lefebvre, J. Rambaud, *Histoire du Droit et des Institutions de l'Eglise en Occident*, 8: *L'Age Classique* (Paris, 1965), pp. 169–170 and 370–372. On his conception of an hierarchy of authorities, ibid., pp. 397–402. It is generally accepted that Rufinus's influence on Parisian scholars was the result of the activity of his pupil, Stephen of Tournai.

[62] Dist. IX, cap. 6: "Sed quoniam ius naturale in libris Novi et Veteris Testamenti continentur adscriptum, ipsa autem divinorum librorum exemplaria inter se contraria videntur in tantum etiam, ut quedam eorum rationi derogare videantur: unde etiam ipsum ius naturale a se ipso videtur dissidere. Et ideo supponit modo auctoritatem Augustini quod, si aliqua exemplaria divinarum legum veritate adversa videantur, ad antiquiora volumina et exemplaria recurrendum est: ut, si in aliqua latinorum librorum dubium inveniatur, ad graeca exemplaria; aut si in graecibus voluminibus aliquod suspectum reperiatur, ad hebraea exemplaria reccurratur. Porro Ieronimus in secundo prologo Bibliothecae huic adversarius videtur; ait enim: emendatiora sane sunt exemplaria latina quam graeca, graeca quam hebraea; propter quod apparet magis de hebraicis ad graeca, et de graeca ad latina exemplaria recurrendum. Sed sciendum quod in tempore primitivo, antequam ecclesia per omnes partes orbis propagaretur, incorrupta erant et integra volumina Hebraeorum atque Graecorum, procedente vero tempore, cum admodum christianus populus cresceret et multorum haereses in ecclesia germinarent, tam ab ipsis Judeis ecclesie invidentibus quam ab hereticis hebraica et graeca exemplaria corrupta sunt, sed magis hebraica quam graeca, magis graeca quam latina" (ed. Singer, p. 23).

Christian scholar has no need to consult his Jewish colleague, who works on an altered, that is to say, a heretical text. The conclusion is, accordingly, that relations between the two learned groups are no longer necessary.

The concepts of Rufinus were not universally accepted,[63] but it seems that they represented an important current of opinion among intellectuals in western Europe who found themselves perplexed by the situation.[64] To such masters and scholars, whether they came from the urban schools or from the monastic ones, the creation of a new equilibrium seemed necessary. The *Didascalion* and the *Historia Scholastica* were the bases for new works in the field of exegesis, as Gratian's *Decretum* became the foundation of canonical activity in the second half of the twelfth century. The result was not, as Rufinus intended, a withdrawal from the Hebrew text of the Old Testament, but the achievement of a larger degree of independence from Jewish consultants, which in the long run must curtail regular relations with Jews. In this respect the work of Stephen Langton had considerable importance for the development of methods of study.

Langton, who was one of Peter Comestor's students and later a master at Paris,[65] and whose career as a cardinal and archbishop of Canterbury is well known, began his own biblical studies as a glossator.[66] His glosses on the twelve minor prophets indicate that he had contacts with Jewish masters and was kept up-to-date with contemporary commentaries by Jews.[67] It seems that his relations with Jewish intellectuals in Paris were merely connected with the study of Hebrew. He well understood that it would be quite impossible to comment on the Old Testament, using philological methods, without serious preparation in Hebrew, which necessarily led to the dependence of Christian exegetes on their Jewish consultants. In order to avoid such a dependence he composed a Hebrew-Latin vocabulary of biblical terms.[68] This work, where his knowledge of medieval Jewish commentaries

---

[63] Even his pupil, Stephen of Tournai, had adopted in a neutral form the attitude generally accepted by the exegetes: ". . . quia totum Vetum Testamentum hebraice scriptum est, Graecis quia Novum Testamentum graece scriptum est, excepto evangelio Matthaei et epistola Pauli ad Hebraeos, quae sunt hebraice scripta" (*Summa Stephani Tornacensis*, ed. J. F. von Schulte [Giessen, 1891], Dist. IX, can. 6, p. 18).

[64] See now J. W. Baldwin, *The Scholastic Culture of the Middle Ages*, pp. 90–91, and his bibliography.

[65] On Langton's life, career and work, see F. M. Powicke, *Stephen Langton*, 2nd ed. (London, 1965).

[66] He glossed the works of Hugh of Saint-Victor and those of Peter Comestor (see B. Smalley, *The Study of the Bible*, pp. 197–198). A. Bezuel d'Esneval, who wrote at the University of Lille a master's "mémoire" on Langton (unpublished), is working on a doctoral thesis dealing with the exegesis of Stephen Langton.

[67] Smalley, *The Study of the Bible*, pp. 220–242.

[68] Langton's vocabulary was preserved in the library of the abbey of Clairvaux, which possessed at least two copies. They are now preserved in the Library of the *Ecole de Médicine* at Montpellier, MS 341, fols. 1–81, and at the *Bibliothèque Municipale* of Troyes, MS 1385, fols. 1–43. The Montpellier copy, from the beginning of the 13th century, is more complete and better arranged than that of Troyes. The *explicit* of Montpellier 341, fol. 81, states precisely that the glossary was composed by Master Stephen at the request of his fellows and pupils:

XIII

is revealed, points to the fact that his Jewish contacts led him to the methods
of the Spanish-Jewish exegesis, the philological products of which began to
be known by Parisian Jews in the sixties.[69]
   The study of the Psalter took a particular course during the twelfth
century, because of the place of the Psalms in the liturgy and in hymnology
on one hand, and in preaching and pietist exegesis on the other. The Psalter
benefited from a wider diffusion, and monastic orders like Cluny, and
especially the Cistercians, made great use of it.[70] Further, the Psalms were
commented on particularly by mystics, while scholars who studied the other
books of the Bible generally refrained from interpreting the Psalter. Thus,
with the exception of the Abbot Sigo of Saint-Florent, no effort was made at
the beginning of the twelfth century to correct the text; the three principal
versions which circulated in the Catholic world, the Roman, the Monte-
Cassino (also called *Hieronymi-Hebraicum*) and the Gallican, commonly called
the Vulgate Psalter and generally accepted north of the Alps, continued to be
used and quoted.
   An important change in the study of the Psalter was manifested in the
forties, closely linked with the intellectual work in the Cistercian order. One
of the monks of the Italian abbey of Trois-Fontaines, Nicholas Manjacoria,[71]
began to correct its text in order to obtain one authoritative version. He
reports that during a visit paid to one of the abbeys of his order he was
surprised to see that in its *scriptorium* a monk copied the text from an ancient
exemplar, to which he added all the variants he could find, being persuaded
that the fullest version might be the best one. Whether, shocked by that
view, he decided to continue Stephen Harding's work, or whether during his
studies of the Bible at Rome he found the different versions of the Psalms
and decided to produce an authoritative version of them, Manjacoria was
the first Catholic scholar of the twelfth century to concentrate his efforts on
the Psalms. In the introduction to his work Manjacoria relates that, inspired
by Jerome's example, he learned Hebrew from a Jewish master and often
consulted him, as well as other Jews.[72]

"Expliciunt interpretationes magistri Stephani de Longotona qua ipse composivit et de archivis
transtulit Hebreorum ad petitionem sotiorum suorum scolarum. . . ." While the vocabulary was
composed during Langton's teaching period, thus before 1205, it is difficult to pronounce on
the number of copies and their area of distribution.
   [69] The sojourn at Chartres and Paris of the Jewish scholar from Spain, Abraham Ibn-Ezra,
who also wrote commentaries on the Old Testament, is generally considered as the beginning of
the acquaintance of the Jewish sages in France and the Empire with the works of the scholarly
center of Spanish Jewry. See M. Friedlander, *Essays on the Writings of Abraham Ibn-Ezra* (London,
1877), 4:199.
   [70] W. Branbach, *Psalterium. Bibliographischer Versuch über die liturgischen Bücher des christlichen
Abenlandes* (Berlin, 1877), is the most complete repertory of the Psalter and was used in Dom
F. Cabrol's essay, *Les livres de la liturgie latine* (Paris, 1930). Cf. "Psautier," *Dictionnaire de Théologie
Catholique* 13, and also the suggestive article of Dom D. Knowles, "Cistercians and Cluniacs," in
The Historian and Character (Cambridge, 1963), pp. 50–75.
   [71] On Nicholas Manjacoria's life and work, see A. Wilmart, "Nicolas Manjacoria, Cistercien à
Trois-Fontaines," *Revue Bénédictine* 33 (1931), 136–146.
   [72] Nicholas Manjacoria, *Suffraganeus Bibliothecae*, ed. H. Deniflle, *Archiv für Literatur und Kir-*

After an examination of the texts and of versions available to him, the learned Cistercian concluded that the Monte-Cassino version was the closest to the *Hebraica veritas*. He mentions that this was his own conclusion, in the formulation of which he had not been influenced by suspect "Hebrew commentators."[73] Manjacoria did not mention who his Jewish authorities were, but it is reasonable to suppose that his contacts were limited to scholars of the Italian Jewish school.[74] They had some knowledge of Rashi's commentaries and on the other hand, through southern Italy, were acquainted with the works of Jewish grammarians and commentators in Spain and North Africa.

Sustained by his former abbot, Pope Eugene III, Manjacoria was persuaded that he was working according to the Cistercian statutes of 1134, where the use of uniform texts of the sacred books for the whole order was decreed.[75] His researches on the Hebrew truth, which were continued in a scholarly manner by those of Stephen Harding, stimulated other Cistercians to study Hebrew with Jewish teachers. Nevertheless, the impact of the personality of Bernard of Clairvaux seems to have created a serious barrier to such tendencies; Bernard's biblical treaties were based on the traditional Vulgate and, for the Psalms, on the Gallican Psalter.[76] This explains perhaps why Manjacoria's studies were not continued in other abbeys of the order and why there are no other Cistercian scholarly works on the Old Testament. But a certain time after the death of St. Bernard the study of Hebrew became more common. Such a way of studying the language of the Bible and becoming acquainted with the Jewish way of understanding the meaning of the holy texts might undoubtedly discredit the authority of the Vulgate version on which the Bernardine heritage, sacred for the whole Order of Cîteaux, was based. Therefore the general chapter of 1198 decreed that the study of Hebrew with Jewish teachers must be prohibited. A monk of the Catalan abbey of Le Poblet whose case was brought to the attention of the chapter was committed to the jurisdiction of the abbot of

---

chengeschichte des Mittelalters 4 (1888), 270–276. Cf. R. Weber, "Deux préfaces du Psautier dues à Nicolas Manjacoria," *Revue Bénédictine* 63 (1953), 3–17, and still the old work of J. van den Gheyn, "Nicolas Maniacoria, correcteur de la Bible," *Revue Biblique* 8 (1899), 289–295.

[73] ". . . dissertores habraicos suspectos nequaquam habui," *Suffraganeus Bibliothecae*, p. 272, ". . . sed et alie quasumque vidisse me recolo multum dissideant ab hebraica veritate," *Libellus de corruptione et correptione psalmorum et aliarum quarundam scripturarum*, Montpellier, *Ecole de Médicine*, MS 294, fol. 145v; quoted, after verification, from Wilmart's transcription, "Nicolas Manjacoria," note 69, p. 139.

[74] A. Berliner, *Geschichte der Juden in Rom*, 2 (Berlin, 1893).

[75] Cap. III: "Missale, Epistolare, Textus, Collectaneum . . . Hymnarium, Psalterium ubique uniformiter habeantur" (PL 180:1725–1726). The problem was treated from a broader point of view by Dom A. Dimier, "Les premiers cisterciens étaient-ils ennemis des études?" *Los Monjes y los Estudios: IV Semana Est. Monasticos* (Poblet, 1961, published in 1963), pp. 119–146. Dom J. Leclercq presented a comparative view in his paper, "Les études dans les monastères du Xe au XIIe siècle," ibid., pp. 105–117.

[76] J. Leclercq, "Les Sermons sur le Psaume *qui habitat*," in *Bernard de Clairvaux (Commission historique de l'Ordre de Cîteaux)* (Paris, 1953), pp. 435–446, reprinted in *Recueil d'Etudes sur Saint Bernard et ses écrits*, 2 (Rome, 1966), 3–18.

Clairvaux for correction.[77] The abbey of Clairvaux, glorified by Bernard himself, became the symbol of the orthodox learning in the order.[78]

The Clairvaux library already at that time disposed of a copy of the Hebrew vocabulary composed by Langton,[79] the linguistic authority for all further studies. Moreover, the Cistercians possessed at that very time another commentary on the Psalter, that of Herbert of Bosham, who completed Manjacoria's work and applied the Victorine tradition of the philological method. Herbert, who was one of the intimate followers of Thomas Becket in his exile in France, studied at Paris. It seems that he attended lectures by Victorine masters, and perhaps those of Andrew, but he was not a member of the School of Saint-Victor and was merely influenced by Peter Comestor and Peter the Cantor. Retiring to the Cistercian Abbey of Ourscamp in Picardy, he devoted himself to writing and finished there his commentaries on the Psalter, dedicated to Bishop Peter of Arras, a former Cistercian, whom he has considered as his spiritual director.[80]

In the preface of his commentaries, Herbert tells that he had studied Hebrew in his youth with Jewish masters,[81] but he fails to tell us where he studied and who his masters were. It is possible that he studied Hebrew in the sixties at Paris. From his commentaries it is evident that his Hebrew studies were more intensive than those of the Victorines. Herbert was one of the best Hebraists of his times.[82] Having acquired a very good knowledge of both Hebrew and Aramaic, he was able to handle the texts himself. Besides his linguistic skills, he also demonstrates a thorough acquaintance with the Rabbinic literature of France and Spain; through his Spanish references he even used Arabic notions, but in that sphere he was dependent on his Hebrew sources.

Herbert's sources were more diverse than those of the Victorines, who were entirely dependent on the Jewish school of Paris and of the Ile-de-France. His commentary, based on the *Hieronymi Hebraicum*, which he chose

---

[77] "De monacho Populeti qui a quodam judeo litteras hebraicas didicisse dicitur, abbate Claraevallis committitur ut inquirat et corrigat," *Statuta capitulorum generalium Ordinis Cisterciensis*, cap. 27, ed. J. Canivez (Louvain, 1933), 1:227.

[78] It is interesting to note that in certain sources of the twelfth century the Cistercians are called *Claraevallenses* (e.g., the Annals of Pölden, A.D. 1162: "precipue abbatibus de ordine Clarevallis," (MGH SS 16:92), which reflects the impact of its late abbot, the most famous Cistercian of the century.

[79] See note 68 above.

[80] B. Smalley, "A Commentary on the *Hebraica* by Herbert of Bosham" *Recherches de Théologie Ancienne et Médiévale* 17 (1951), 29–65. Herbert did not become a monk, but his connections with the Cistercians and particularly the spiritual ties which bound him to Bishop Peter of Arras (1184–1203), might have facilitated acquaintance with his commentary within the order.

[81] ". . . a primis adolescentie annis, aliis pandentibus latinorum, grecorum, seu hebreorum magistris, accepi . . . ," from the dedicatory letter to the bishop of Arras, transcribed by Miss Smalley, "A Commentary," p. 32).

[82] See R. Loewe, "Herbert of Bosham's Commentary on Jerome's Hebrew Psalter," *Biblica* 34 (1953), 44–77, 159–192 and 275–298. The text published by Mr. Loewe backs his statement concerning Herbert's knowledge of Hebrew.

as the correct version of the Psalter,[83] proves that he used especially Rashi's work,[84] but also, from the philological point of view, the interpretations of Dunash ben Labrat and of Menakhem ben Saruk,[85] both leading grammarians of the Jewish school in Spain in the tenth century. It also seems that he was acquainted with the commentary on the Psalms of Abraham ibn Ezra, whose second recension was completed during the sojourn of the author at Paris or at Chartres about 1160,[86] thus coinciding with Herbert's arrival and installation at Paris. As distinct from those of the Victorines, Herbert's contacts with Jewish masters, which were regular and very intensive, were concentrated in the years of his formative period. While preparing and composing his own commentary at Ourscamp he did not pursue his relations, being thus attached to the Cistercian method of work, as it is revealed in Harding's and Manjacoria's works. Nevertheless, an important question remains to be solved. Did he have at his disposal at Ourscamp a library of Jewish works or was he using notes already taken at Paris during the years of his studies? Whatever the answer, the conclusion is that after the formative period he worked independently of his Jewish consultants.

The intellectual movements of the twelfth century in western Europe were closely linked with urban development and particularly with the appearance of self-consciousness in urban society.[87] The Jewish community was part of the town, not merely topographically, but also socially. While differing in the faith of its members from the other groups in the city, it shared many features with their organization, which was structured as a corporation.[88] Therefore it is impossible to posit a Jewish community isolated from the other components of urban society. The very site of Jewish community of Paris, whose importance for contacts between Christian scholars and Jewish masters was paramount, imposed such relations. Situated in the center of the Ile de la Cité the Jewish quarter arose on the main road between the Pont-au-Change and the Petit-Pont, which connected northern France, Germany and the Netherlands with the South. This was first of all the main commercial road, but also the route of the famous St. James pilgrimage.[89] The people who passed through the quarter were not only merchants, but also pilgrims, monks, hermits and students.

---

[83] Loewe, "Herbert of Bosham's Commentary," pp. 45–46.

[84] Herbert mentions Rashi by name in his commentaries on Ps. 24.1 and 72.18 (Loewe, "Herbert of Bosham's Commentary," p. 60).

[85] On Ps. 87 (Loewe, "Herbert of Bosham's Commentary," p. 61).

[86] M. Friedländer, *Essays on Ibn-Ezra*, 4:199.

[87] Ch. Petit-Dutaillis, *Les Communes françaises* (Paris, 1947), pp. 82–92.

[88] S. W. Baron *The Jewish Community: Its History and Structure to the American Revolution*, 1 (Philadelphia, 1945). See also *Jewish Encyclopedia*, s.v. Paris and Troyes.

[89] R. Anchel, "The Ancient Jewish Quarters in Paris," *Jewish Social Studies* 2 (1940), 45–60, has clearly explained the relationship between the commercial routes and the Jewish settlement in the Ile de la Cité, from the Merovingian times to the reign of Philip Augustus, and thus clarified the central position of the Jewish quarter in the life of the future capital of the Capetians.

632   *Jewish-Christian Intellectual Relations*

Like all other corporations in the city, the social and religious life of the Jews was manifested within the community, which had a character similar to both the parish and the ward; on the other hand, economic activities brought Jews into regular contact with the town as a whole.[90] The social function of the medieval urban market requires broader treatment[91] to bring out its impact on Western civilization. For the purpose of the present study, we have to emphasize its role in the creation and development of everyday relations between Christians and Jews. Coming to the market, the Jews had to acquire a knowledge of the vernacular language and of the popular culture; they adopted the language and even used it daily at home,[92] although the popular culture was modified and assimilated to Jewish tradition.[93] The influence of the neighborhood was also manifested in the domain of onomastics: Jews adopted Latin and vernacular names, either by translating their Hebrew names or by choosing a second name, entirely independent of the original one, in order to facilitate contacts with Gentile society.[94] Moreover, comparative studies of municipal institutions[95] might prove a mutual influence not only in their organization, but also in the manifestation of a common mentality among the new urban population groups. Even in the domain of learning, which after all could only hope for initial contacts in the markets and fairs, there was a regular exchange of ideas. Rashi attested that he studied Christian biblical exegesis, considering its results before he wrote his commentaries and if necessary producing arguments against the thesis brought to his knowledge.[96] This statement is confirmed two generations later by Andrew of Saint-Victor, who mentions that Jewish scholars had to work under the challenge of Christian in-

---

[90] U. T. Holmes, Jr., *Daily Living in the Twelfth Century* (Madison, 1964), pp. 65–66. Basing his conclusions on the contemporary observations of Alexander Neckam, Professor Holmes mentions that Christian students were lodged in houses owned by Jews and probably bought their bread and cakes in the Jewish bakeries situated in the Ile de la Cité.

[91] Estienne Boileau, *Règlements sur les arts et métiers* (Paris, 1837), p. xxvi, is a good source for the study of the activities in the markets of medieval Paris.

[92] J. Baer, "The Religious-Social Trends of the Book of Pietists" (in Hebrew), *Zion* 3 (1938), 1–50. Professor Baer's conclusions are corroborated by those of L. Rabinowicz, *The Social Life of the Jews of Northern France in the XIIth-XIVth centuries as reflected in the Rabbinical Literature of the Period* (London, 1938), especially pp. 239 ff. and the conclusions. That thesis was challenged by other scholars; without entering in the core of the debate, cf. the views of S. W. Baron, *A Social and Religious History of the Jews*, 6 (Philadelphia, 1958), 152–234.

[93] Baer, "The Religious-Social Trends," pp. 6–8.

[94] For England, where the documentation concerning the 12th century is more abundant, see H. G. Richardson, *The English Jewry under the Angevin Kings* (London, 1960), pp. 27–40. For the area of Paris, see A. Grabois, "L'abbaye de Saint-Denis et les Juifs sous l'abbatiat de Suger," *Annales, E.S.C.* 24 (1969), 1187–1196.

[95] A. Grabois, "Du crédit juif à Paris au temps de saint Louis," *Revue des Etudes Juives* 129 (1970), 5–22.

[96] J. Baer, "Rashi and his generation's historical reality" (in Hebrew), *Tarbiz* 20 (1950), 320–332. On Rashi's knowledge of Latin, E. Shereshevsky, "Rashi and Christian Interpretations," *Jewish Quarterly Review* 61 (1970/71), 76–86.

terpretation of the Bible; that challenge stimulated them to develop a very high standard of learning which embarrassed their Christian opponents.[97]

On the other hand the Jewish community was the object of the observation, stimulated by curiosity, of Christians. Such curiosity was first of all a normal reaction to the existence within the city of a strange element, considered as alien and having a certain responsibility for the Passion.[98] But some Christian observers were also induced to seek further into the Jewish community in order to satisfy a desire to learn from Jews. By such endeavors Christian intellectuals acquired a good knowledge of the structures of the Jewish schools, of the organization of learning and of methods of study. Some of them openly expressed their admiration and tried to adopt their systems. One of the students of Abelard wrote about 1140:

> When Christians send their sons to school, they do not send them for the love of God, but for lucrative reasons, so that one of the brothers, by joining the clerical order, may be able to help his father and his mother and his other brothers. They say "as a cleric he will not have progeniture and all his goods will be for us and for our brothers." . . . But the Jews, moved by piety and by the love of the law of the Lord, send to school all their children, so that everyone of them may understand the law of God. . . . A Jew, even poor, would he have ten sons, will send all of them to school, not in order to obtain any [material] advantages, as Christians do, but for the study of the law of God, and [he will send] not only his sons, but even his daughters.[99]

Because Jews and Christians lived together in the cities, the sporadic contacts that had occurred between Jews and Christians from the Carolingian era until the end of the eleventh century were transformed into current and continuous relations in the scholarly centers of the twelfth century. This development was conditioned not only by the transfer of the most important schools to the cities, but also, so far as western European society is concerned, by the rise of a new type of Christian intellectual involved in the social life of his environment. Distinct from the mystics who like Bernard of

---

[97] Smalley, *The Study of the Bible*, p. 163.

[98] This feeling is attested by almost all the sources; it would be opportune to refer to Guibert of Nogent, *De Vita Sua*, ed. G. Bourgin (Paris, 1907), pp. 210–211, for the beginning of the twelfth century, and to Rigord, *Gesta Philippi Augusti*, ed. Delaborde, pp. 14–16, for the end of the century, as they are confined to the area.

[99] ". . . quia christiani, si filios suos erudiunt, non faciunt propter Deum, sed propter lucrum, ut videlicet frater, si clericus fuerit, iuvet patrem et matrem et alios fratres. Dicunt enim, quia clericus sine herede erit, et, quicquid habebit, nostrum erit et aliorum fratrum. Ei autem satis erit et nigra capa, in qua eat ad ecclesiam et suum superpellicium. Judei vero, zelo Dei et amore legi, quotquot habent filios, at litteras ponunt, ut legem Dei unusquisque intelligat. De quibus, cum dicat apostolus: obsecratio mea pro illis ad Deum in salutem supponit: perhibeo enim illis testimonium, quia magnam fervorem habent in Deum, etsi non secundum scientiam. Judeus enim, quantumcumque pauper, etiamsi decem haberet filios, omnes ad litteras mitteret non propter lucrum, sicut christiani, sed propter legem Dei intelligendam, et non solum filios, sed et filias." Commentarius Cantabrigiensis in Epistolam ad Ephesios, in *Commentarius Cantabrigiensis in Epistolas Pauli e Schola Petri Abaelardi*, ed. A. Landgraf (Notre Dame, 1937), 2:434.

Clairvaux searched for the Heavenly Jerusalem in the woods[100] and wrote by divine inspiration in retirement, the urban scholar, like urban society itself, was more open-minded. He searched for contacts with learned society, whose character was necessarily cosmopolitan, and was ready to learn and to discuss his ideas even with opponents of his faith. Such discussions could lead him either to amplify his own knowledge or to enter the field of *Disputationes,* as Gilbert Crispin did[101]

In that more open-minded society of intellectuals, exchange of ideas and social intercourse were facilitated by the sort of frequent, informal meetings which take place in any mixed body, without a permanent membership of any agenda. The so-called William of Champeaux version of the *Disputatio inter Christianum et Judaeum* of Gilbert Crispin clearly attests such meetings.[102] And perhaps the work that Abelard composed and then revised in his retirement at the priory of Saint-Marcel in Cluny[103] was not only an academic treatise bearing the title *Dialogus inter Philosophum, Judaeum et Christianum,*[104] but also a memoir of discussions in which he himself had taken part, at Paris. As he pointed out, the foundations of the common monotheistic faith and possession of the same sacred books created in such a society a feeling of a spiritual brotherhood, uniting the learned society of both Jews and Christians. Thus the words of the old philosopher in the *Dialogus* are more significant: they sat, discussed at length, adduced arguments one after the other and refuted them, but in a spirit of liberal tolerance and love of dialogue which had, as a natural consequence, the renunciation of anathemas.[105]

UNIVERSITY OF HAIFA

---

[100] *De conversione, ad clericos sermo seu liber,* PL 182:855.

[101] *Disputatio Judei et Christiani,* ed B. Blumenkranz (Utrecht, 1956). Cf. A. Funkenstein, art. cit. (note 33).

[102] A twelfth-century version of the *Disputatio* of Gilbert Crispin, which was attributed to William of Champeaux, the *Dialogus inter Christianum et Judaeum de fide Catholica,* mentions: "Quidam mihi cum cognitus esset Judaeus cujusdam negotii causa, . . . tandem amicabili conventione convenimus et disputandi gratia resedimus" (PL 163:1045).

[103] E. M. Buytaert, "Abelard's Collectiones," *Antonianum* 44 (1969), 18–59, who, on the evidence of Vienna, Nat. Bibl. MS 819, concluded that the *Dialogus* was written some years before Abelard's arrival at Saint-Marcel.

[104] Ed. R. Thomas (Stuttgart, 1970).

[105] "Aspiciebam in visu noctis, et ecce viri tres diverso tramite venientes coram me astiterunt. Quos ego statim iuxta visionis modum, cuius sint professionis vel cur ad me venerint, interrogo. Homines, inquiunt, sumus diversis fidei sectis innitentes. Unus quippe Dei cultores esse nos omnes pariter profitemur diversa tamen fide et vita ipsi famulantes" (*Dialogus,* ed. Thomas, p. 41). And then, in the Jew's words: "Frater vero iste, qui se Xpistianum profitetur . . . supplebit" (p. 46).

LES ÉCOLES DE NARBONNE AU XIIIᵉ SIÈCLE

L'école de Narbonne a acquis une place de choix parmi les centres d'enseignement et de diffusion de l'exégèse, au sein du judaïsme médiéval [1]. Si R. Sheshet ben Isaac Benveniste de Saragosse, vers le début du XIIIᵉ siècle, trouve au nom de Narbonne un sens en hébreu, l'appelant *Ner Binnah*, c'est-à-dire « phare de la science » [2], cela peut évidemment n'être considéré que comme une flatterie : il fait usage de cette formule dans sa correspondance avec ses maîtres et parents narbonnais, Calonymos II ben Todros et Lévi ben Abraham, qui avaient occupé successivement la charge de *Nasi*, « Prince », et étaient ainsi les chefs de cette école, de son temps. Pourtant, lorsqu'on examine cette expression de Sheshet à la lumière de plusieurs autres témoignages contemporains, des travaux des savants narbonnais et de la diffusion de leur enseignement, on est en droit d'accorder à ce jeu de mots, sans aucune hésitation, un fondement dans la réalité, bien confirmé par la recherche moderne.

En effet, les témoignages sur les maîtres narbonnais et

142

sur leur enseignement nous montrent une école dont le
rayonnement a notablement dépassé le cadre régional. Les
disciples de l'école de Narbonne fondèrent les centres intellectuels et scolaires de Posquières, de Béziers, de Lunel
et de Montpellier, dont les maîtres acceptèrent l'autorité
du centre narbonnais, leur véritable métropole intellectuelle [3]. De surcroît, aux XIe et XIIe siècles, on faisait état des
Responsa des maîtres narbonnais dans les communautés
de la France septentrionale (Champagne, Lorraine) et de
Rhénanie, ce qui devait aboutir à l'insertion des décrets
du *Nasi* de Narbonne et de « ses » sages dans les *Taqanot*,
« ordonnances », de Rabbenu Tam [4], promulguées à Troyes
en 1150. D'un autre côté, on constate la pénétration de l'influence de cette école en Espagne, qui pourtant ne manquait pas de centres spirituels dont la renommée dépassait
celle de l'école de Narbonne [5]. Quoique l'essor des nouveaux centres, dont quelques-uns furent fondés par les
disciples de celui de Narbonne, eût éclipsé en quelque
manière la vieille école narbonnaise, celle-ci continua pourtant à jouer un rôle important au XIIIe siècle, en raison,
notamment, de l'activité d'une personnalité de l'envergure
de David Kimhi, le fameux RaDaK, dont les commentaires
bibliques furent étudiés partout, et dont on souligne à
bon droit le rôle dans la première polémique maïmonidienne [6]. Il sera opportun d'ajouter que la controverse
maïmonidienne avait préoccupé les esprits à Narbonne,
aussi bien qu'à Barcelone et à Montpellier ; les chefs de
l'école de Narbonne participèrent aux efforts déployés
dans la recherche du compromis qui mit un terme au
conflit ; le texte adopté revêt la forme d'un décret signé
par le *Nasi* Calonymos bar Todros [7].

L'importance de cette école nous a amené à étudier
un aspect négligé de son histoire, le fonctionnement matériel et l'organisation de ce centre scolaire, ainsi que

sa place dans la structure sociale de la communauté de Narbonne. Il est bien connu que l'enseignement et l'entretien des écoles et des maîtres avaient été l'une des tâches fondamentales des communautés juives, dès les origines de leur organisation, dans l'Antiquité même[8] ; le lien étroit de l'enseignement, où dominait le caractère religieux, avec le culte explique assez son importance pour la communauté. Pourtant, il s'agissait, dans la plupart des cas, d'écoles que l'on peut qualifier d'« élémentaires ». Pour ce qui concerne les études avancées, la pratique générale dans la société juive de l'Europe médiévale était le recours à l'enseignement d'un Maître réputé, ce qui impliquait un déplacement vers la localité où celui-ci résidait et enseignait ; cette habitude explique le caractère souvent éphémère et mouvant des centres scolaires en occident. Or, à cet égard, le centre narbonnais, où l'on distingua les « écoles des jeunes » et les « écoles des vieux », donc deux degrés distincts d'enseignement, constitue une exception notoire, et ressemble assez aux grandes Académies de Mésopotamie, sur le modèle desquelles il fut créé et développé[9]. La stabilité exceptionnelle de ce centre pendant deux cents ans, du XIᵉ siècle au début du XIIIᵉ, est telle que certains chercheurs y voient la genèse du rabbinat en tant qu'institution en Europe[10].

Pour mieux comprendre cette continuité, il faut rattacher l'évolution de ces écoles aux structures socio-religieuses particulières à la communauté juive de Narbonne au Moyen Age, pour laquelle nous ne disposons que du travail classique de Jean Régné[11], qui traite surtout de sa condition juridique. De nouvelles recherches ont cependant permis de dégager quelques traits concernant la structure sociale de la communauté de Narbonne aux XIᵉ et XIIᵉ siècles[12]. Ainsi, on observe la genèse et l'essor d'une classe dirigeante, composée, d'une part, par le *Nasi* et sa

144

famille, qui s'est acquis la réputation et le prestige d'une véritable dynastie royale, issue de la race du roi David [13], et, d'autre part, par les maîtres des écoles, promus à la faveur de leur science, et qui, de par l'autorité spirituelle et morale dont ils jouissaient, avaient le pas sur la bourgeoisie, avec laquelle ils étaient du reste très souvent liés par des alliances familiales. L'élaboration de cette structure était sans doute due à l'influence du modèle mésopotamien, qui partageait l'autorité entre l'exilarque, descendant du roi David, et les *geonim*, chefs des grandes académies. La légende selon laquelle Makhir, le fondateur de la dynastie des *Nesiim* de Narbonne, aurait été originaire de Mésopotamie - donc descendant de la famille des exilarques - expliquerait l'observance continue des pratiques « babyloniennes ». D'autre part, il ne faut pas oublier que la fortune foncière est un facteur important dans la prépondérance économique de la couche dirigeante ; ce facteur joue aussi bien à Narbonne qu'en Mésopotamie [14]. Néanmoins, on remarque une différence notable entre le centre narbonnais et son modèle mésopotamien : le *Nasi* de Narbonne réunit les fonctions de l'exilarque et des *geonim*, ce qui en fait un chef à la fois spirituel et temporel. La famille du *Nasi* produit également des Maîtres de la Loi. Ainsi, elle exerce également son autorité sur les écoles, et elle contribue à la production intellectuelle dans les domaines liturgique, casuistique et autres [15].

C'est ainsi que pendant le XIIᵉ siècle l'école juive de Narbonne fut une institution étroitement liée à la *Nesiut*, au « Principat », et son rayonnement se confondit avec celui de cette famille, quasi royale, de Narbonne. Il est évident que ce lien profita aux écoles, non seulement sur le plan spirituel mais aussi sur le plan matériel : le *Nasi* avait pris en charge l'aménagement des locaux et les problèmes de fonctionnement. Si une partie des ressources

des écoles provenait des familles des élèves et des dons
des riches, leur financement reposait aussi sur la grande
fortune immobilière du *Nasi* et de sa famille, qui possédait
en pleine propriété et en libre jouissance des immeubles
au centre même de la cité, formant un complexe autour
de la *Curtada Regis Judei* [16], ainsi que des terres et des
salines autour de la ville, dont les revenus devaient ali-
menter jusqu'au début du XIIIe siècle le trésor de la dynastie [17]. Cette dynastie avançait même, le cas échéant, les
contributions dues par les membres de la communauté
aux seigneurs féodaux [18]. Le chroniqueur anonyme qui
nous fournit ce renseignement fait aussi état de l'appui
du *Nasi* aux écoles, considéré comme une obligation et
non comme un mécénat.

Cependant, un changement important dans la structure
des institutions communautaires, qui devait affecter, notamment, le fonctionnement des écoles, se produisit à Narbonne au cours du XIIIe siècle. Il s'agit de la diminution
progressive du pouvoir réel du *Nasi*, aussi bien à l'intérieur de la communauté qu'à l'égard du pouvoir seigneurial,
au profit des *parnasim*, que les actes vicomtaux désignent
par les termes de « prud'hommes » ou de « conseils de la
Juiverie » [19] - gens aisés qui ont été appelés à la direction
matérielle de la communauté. Quelle fut la cause de la
création et du développement de cette institution, qui devait
ainsi placer la communauté de Narbonne sur le même plan
que les autres communautés de l'Europe occidentale ? Car
il ne s'agit pas d'une innovation, puisque de telles élites
étaient déjà bien connues dans les communautés de la
France du nord et de Rhénanie, où cette institution s'appe-
lait aux XIe et XIIe siècles le « Conseil des Anciens » ou
les « Grands de la ville » [20]. Pourtant, nous semble-t-il, ce
n'est pas, comme ce fut le cas sur d'autres plans, aux
influences septentrionales qu'est dû ce changement dans

146

les structures de l'organisation communautaire. Il doit être lié au développement du Consulat de la Cité, devenu l'institution du gouvernement municipal [21] ; de même que le Consulat avait établi son pouvoir aux dépens de l'autorité vicomtale, de même le Consulat de la Juiverie conquit le sien au détriment de l'autorité du *Nasi*, et ceci au cours d'une évolution qui prit presque un siècle.

C'est ainsi que ce directoire communautaire apparaît au début du XIIIe siècle, lorsque le processus de la vente de domaines ruraux par la famille du *Nasi* s'accélère [22]. Ce changement de l'assiette économique affaiblit la famille dirigeante, qui devient ainsi une famille urbaine, évidemment aristocratique, mais sans avoir d'autre avantage sur le reste de l'élite bourgeoise juive. Certes, il ne s'agit pas d'un changement révolutionnaire ; dans la charte vicomtale de 1217, où l'institution des *parnasim* est officiellement reconnue, le *Nasi* apparaît comme un personnage qui jouit d'une position privilégiée, auprès même du vicomte. En effet, Aimeri IV opère une distinction entre les dix notables représentant la communauté et le *roi juif*, dont le patrimoine n'est pas confondu avec les biens de son peuple : *excepto solummodo honore Regis Judei quem habet et tenet ex successione patrimonii sui* [23] ; la clause est définie en termes empruntés au vocabulaire féodal, ce qui indique qu'à cette date encore le *Nasi* est considéré comme l'un des seigneurs de la ville [24]. En revanche, il faut souligner que l'organisation de l'institution communautaire est encore embryonnaire. Le vicomte conclut avec dix prud'hommes, les *parnasim*, un privilège d'habitation, qui en plus des biens des individus - des membres de la communauté - stipule aussi le sort des possessions collectives - c'est-à-dire de la communauté même.

Les raisons fondamentales de cette ascension des *parnasim* sont liées, à notre sens, à une évolution économique

qui affecta la communauté de Narbonne au début du
XIIIe siècle et dont les conséquences sociales ont été révolu-
tionnaires. En effet, on remarque, au tournant du siècle,
le passage des Juifs de Narbonne au commerce de l'argent [25], lié sans doute à l'essor du commerce maritime narbonnais au XIIIe siècle, et qui se révéla plus profitable
que l'exploitation des terres et des salines. Ce fut sans
doute l'une des raisons de la tendance déjà constatée de la
famille du *Nasi* à se défaire de ses domaines ruraux, dont
la tenure était devenue plus difficile après la croisade
albigeoise [26], pour investir dans les activités commerciales
et dans les activités de crédit. Mais dans ce domaine du
crédit certains avaient déjà acquis une position de « pro-
fessionnels », qui leur avait fourni à la fois une aisance matérielle et des relations d'affaires avec les personnages les
plus importants de la cité, de sorte qu'ils étaient à même
de prendre des responsabilités envers les autorités locales.

Ce régime bipartite, avec le statut seigneurial du
Nasi d'un côté et le gouvernement collégial des *parnasim* de l'autre, tel que la charte de 1217 l'avait défini, ne
pouvait trop se prolonger. Les réalités économiques et sociales favorisaient l'accroissement du pouvoir de la nouvelle institution communautaire, dont les chefs représentaient les nouvelles structures sociales, au détriment du
pouvoir du *Nasi*. L'évolution s'achève au terme d'une cin-
quantaine d'années, au cours desquelles le *Nasi* perd sa
position privilégiée vis-à-vis des autorités seigneuriales, tandis que les notables s'organisent en Consulat, reconnu
aussi bien par les vicomtes que par le Consulat de la cité,
lequel astreint les consuls de la Juiverie par serment à
veiller à l'exécution des ordonnances municipales [27] ; c'est
ainsi que l'autonomie de la communauté à l'intérieur de
la cité n'a plus qu'un caractère formel, avec cette sorte
de « sous-mairie » dont les dirigeants sont devenus les

148

délégués de l'édilité. On peut dater le terme de cette évolution, et donc l'achèvement du changement des institutions, grâce à une charte vicomtale de 1269, dans laquelle Amauri Ier renouvelle les privilèges de la communauté, et qui est adressée aux *consules Judaycorum Narbone*[28]. Cet acte ne fait plus mention ni même allusion au « roi juif », à ses honneurs, privilèges ou patrimoines ; le *Nasi* est ainsi représenté auprès du pouvoir seigneurial par la communauté comme un simple particulier. Evidemment, à l'intérieur de la communauté, il reste un personnage très important, aussi bien par le prestige de son lignage et par sa position spirituelle (il continue à assumer l'autorité religieuse), qu'en raison de sa grande fortune immobilière. Il est important de remarquer la corrélation entre ce changement et la fin du processus de vente des domaines ruraux de la famille du *Nasi*, dont la plus grande partie est passée à la commanderie de Saint-Jean de Jérusalem, qui a son siège dans le faubourg de Belvèze[29].

La nouvelle organisation de la communauté de Narbonne conduit, dès le début du XIIIe siècle, à un partage de pouvoirs entre le *Nasi* et les *parnasim*. Le *Nasi* reste (et restera pendant toute la période étudiée ici, jusqu'à l'expulsion de 1306) le dirigeant religieux, et assume ainsi la direction spirituelle des écoles. De son côté, l'autorité communautaire prend la responsabilité matérielle des locaux du culte et de l'enseignement, qui sont en général logés dans le même édifice, de l'assistance publique (la « charité »), ainsi que de certains services publics, comme les bains. Ce partage peut être constaté déjà sous le *Nasi* Levi ben Abraham (1196-1218), ce qui nous amène à supposer que pendant son « règne » il y eut accord sur la répartition des responsabilités. C'est ainsi que, tandis que Levi préside en 1215 un synode intercommunautaire du Langue-

doc et de la Provence, réuni dans le but de réagir contre
la politique anti-juive d'Innocent III [30], et continue donc
à être le chef incontesté du judaïsme de la France méridionale, c'est la communauté qui prend en charge le fonctionnement des écoles de Narbonne et négocie avec le vicomte le statut de leurs locaux. La charte d'Aimeri IV
de 1217, où sont définis les droits des Juifs et l'état de
leurs biens sis dans la « Juiverie vicomtale », ainsi que
l'application d'un cens sur leurs immeubles et terrains,
mentionne aussi des possessions communautaires, dont les
écoles.

Ce texte, qui définit *grosso modo* les limites du quartier juif dans la seigneurie vicomtale, témoigne de l'existence de plusieurs écoles dans ce quartier, en ce qu'il utilise
le pluriel *scholas vestras* [31], ce qui, évidemment, nous laisse
dans le vague quant à la nature de ces établissements,
leur nombre et leurs édifices. Si l'on peut parler d'une
population juive à Narbonne d'environ mille personnes à
l'époque dont nous nous occupons ici, et dont la plus
grande partie est concentrée dans un quartier assez étroit
(voir la figure 2, page 157), de combien de locaux de culte et
d'enseignement avait-elle besoin ? S'il faut interpréter le
terme employé dans le document latin dans le sens hébraïque de *heder*, il s'agirait alors de « chambres » ou de
« salles » aménagées dans des locaux privés, comme celles
que nous connaissons dans les communautés juives de
France septentrionale et de Rhénanie, à la même époque [32].
Cette hypothèse doit, au moins partiellement, être écartée :
d'une part, les salles sises dans les immeubles privés ne
doivent pas être l'objet d'une clause dans une charte
seigneuriale, puisque les lieux du culte juif ne bénéficient
d'aucune exemption fiscale ; d'autre part, en raison des
témoignages qui concernent le sort de la fortune immobilière des Juifs à Narbonne. En effet, lors de la vente

150

des biens des Juifs expulsés en 1306, on fait état de deux
édifices qui avaient abrité des écoles et qui étaient des
bâtiments importants : leur mise à prix est élevée et ils
sont achetés respectivement 620 et 350 livres tournois [33].
L'une de ces maisons, celle qui fut le siège des « Ecoles
inférieures », ne fut achevée que vers 1240 [34], il n'en est
donc pas question dans la charte de 1217. L'autre, mentionnée en dehors de la clause qui dans ce texte désignait
les *scholae*, est appelée *Scola vetula cum suis pertinenciis*,
et est explicitement désignée comme un édifice situé hors
des nouvelles limites de la juiverie vicomtale [35].

Cet édifice, situé dans la paroisse Notre-Dame Majeure
(ou la *Major*), qui se trouvait dans la partie vicomtale de
la ville, occupait un terrain bordé de rues de tous les
côtés [36], formant ainsi l'un des îlots d'habitation de la
cité. Il s'agissait d'un grand complexe immobilier, composé
de plusieurs édifices, comme l'indique dans notre document l'emploi du pluriel *hospitia*, dont l'un des bâtiments
servait sans doute de synagogue. L'analogie entre ce complexe et un cloître urbain est sans doute frappante, et il
ne faut pas écarter l'hypothèse que ses constructeurs en
aient, de quelque manière, subi l'influence. Quoi qu'il
en soit, cette école était située au centre du grand quartier
juif de Narbonne, tel du moins qu'il était au XIIe siècle,
à l'apogée de cette communauté, avant l'émigration massive
provoquée par la guerre de succession à Narbonne entre
1134 et 1143 [37], qui avait réduit au tiers le nombre des
Juifs dans cette ville. L'édifice fut probablement construit
au cours du XIe ou au début du XIIe siècle, quand l'école
de Narbonne était au faîte de sa renommée. Une partie
au moins de ce groupement immobilier devait être consacrée à l'accueil et à l'hébergement des étudiants et des
scolares étrangers à la communauté, soit qu'ils fréquen-
tassent l'école même ou qu'ils fussent venus y consulter

les maîtres [38]. Ceci peut en même temps confirmer qu'à Narbonne le terme latin *schola* n'est pas l'équivalent de « synagogue » et correspond plutôt à la notion hébraïque de *Yeshiva*, « école talmudique supérieure ».

Cependant, il y eut aussi à Narbonne une école élémentaire, « l'école des jeunes « (*Yeshiva le-talmidim*), dont on connaît l'existence depuis le XIe siècle [39]. Les locaux de cette institution se trouvaient à l'intérieur de la juiverie vicomtale du XIIe siècle. Mais, à la différence de l'« Ecole des Vieux », qui fonctionnait dans un seul local, affecté à cette destination au XIIIe siècle encore, l'école élémentaire était divisée en plusieurs classes, chaque maître ayant ses propres élèves : l'enseignement se donnait dans les locaux des synagogues, ou chez les maîtres mêmes [40]. C'est ainsi que l'emploi du terme *schola* au pluriel dans la charte d'Aimeri IV est bien fondé et représente une situation effective.

La communauté dut trouver, et en fait trouva, les moyens nécessaires à l'entretien d'un système d'enseignement à plusieurs niveaux, dont celui que nous qualifions de « supérieur » avait servi la province entière, au XIIIe siècle même, et ce malgré l'essor du grand centre de Montpellier.

Le développement des écoles narbonnaises au XIIIe siècle révèle une certaine expansion de la communauté, que l'on peut situer entre 1220 et 1240 ; des Juifs provenant des nouvelles sénéchaussées royales de Nîmes, Beaucaire et Carcassonne où les conditions étaient devenues difficiles s'installèrent à Narbonne (il ne faut cependant pas oublier que la majorité de cette migration se dirigea vers Montpellier). Le choix de Narbonne pour lieu de refuge fut sans doute déterminé par l'attitude des vicomtes, constamment favorable envers les Juifs. Cet appui se manifesta efficacement lors des émeutes du printemps 1236, dites

152

Purim de Narbonne[41], qui furent rapidement réprimées par le vicomte et le consulat. Certes, ces émeutes ne représentent qu'un épisode isolé dans la longue histoire des rapports pacifiques et de bon voisinage entre chrétiens et Juifs à Narbonne ; cependant, nous devons considérer cet incident comme le reflet d'une opposition aux Juifs qui commençait à se manifester à cette époque dans une partie, assez importante, semble-t-il, de la population locale. Les opposants, issus des milieux d'affaires, mais aussi du clergé, contestaient le bien fondé des privilèges accordés aux Juifs dans la métropole[42], ce qui provoqua des polémiques et, pour certaines catégories sociales, comme les marins, des actes de violence - d'où le *Purim* en question.

Dans ces circonstances, l'appui des pouvoirs fut un facteur décisif pour l'essor de la communauté, dont l'expansion dépassa rapidement les limites de la « juiverie vicomtale », telles qu'elles avaient été définies dans la charte de 1217, et du quartier plus petit de la seigneurie archiépiscopale. Tandis que des familles isolées s'établissaient dispersées dans la Cité et le Bourg, la majorité des Juifs continuait la tradition de l'habitat regroupé. C'est ainsi que l'expansion de l'habitat juif suivit celle de la Cité : du côté Nord, la « juiverie archiépiscopale », ou « Petite Juiverie », s'agrandit par une implantation dans le faubourg de Belvèze, tandis que la « Grande Juiverie » s'étendit dans la paroisse de Saint-Cosme et, *extra muros*, dans le nouveau faubourg de Villeneuve[43] (voir plan).

Dans cette paroisse, la communauté commença la construction d'une nouvelle grande synagogue, dont seule a été retrouvée une inscription lapidaire, qui nous permet de dater son inauguration du mois de *tevet* de l'an 5000 de la Création (janvier 1240)[44]. Cette synagogue avait fait, elle aussi, partie d'un complexe immobilier, moins important toutefois que celui des « Vieilles Écoles », et qui abritait les *Scholae inferiores*, appelées aussi « Nouvelles Ecoles » [45]. Puisque les locaux des « Vieilles Ecoles » ne furent pas désaffectés et que nous ne possédons aucun témoignage qui permettrait de parler d'un renouveau de l'école narbonnaise au milieu du XIIIe siècle qui aurait amené dans la ville des masses d'étudiants, il faut considérer ces nouvelles écoles comme une institution d'enseignement élémentaire. Ainsi, leur établissement dans la paroisse Saint-Cosme répondait à de nouvelles réalités démographiques ; mais il semble aussi qu'au moins une partie des *scholae* situées dans les logis des maîtres ait été installée dans le nouvel édifice, qui était d'ailleurs très proche du centre de l'ancien quartier juif.

Les documents à notre disposition ne nous permettent pas d'évaluer le coût de ce réseau d'enseignement, dont seule une partie était assurée par les élèves et leurs parents. Le gros des frais restait à la charge de la communauté qui, comme nous l'avons constaté, s'était substituée au *Nasi* dès le début du XIIIe siècle pour le financement de ce réseau. Il sera opportun à cet égard de souligner le fait qu'il ne s'agissait plus alors que d'une communauté d'une importance moyenne ; vers 1300, on dénombre à Narbonne cent soixante-cinq feux Juifs [46], ce qui représente à peu près mille âmes, étant prises en considération les erreurs et omissions possibles. Or cette communauté possédait un réseau scolaire sans égal et devait en assurer le fonctionnement sans interruption jusqu'à l'expulsion de 1306, qui allait mettre un terme au centre scolaire juif de Narbonne [47] - lequel fut, en somme, le seul véritable centre intellectuel de la métropole administrative et ecclésiastique du Languedoc.

La vente des biens des Juifs de Narbonne en 1307-1308 nous mène à l'épilogue de cette histoire des écoles juives de Narbonne, dont nous avons tenté de dessiner l'évolu-

154

tion au XIIIᵉ siècle. Les propriétés du dernier *Nasi*, dont on conserve le sceau bilingue, *Momet* [-*Tauros*] : *Kalonymos bar Todros*[48], concentrées autour de ce que l'on continuait à appeler la *Curtada Regis Judei*, furent achetées par les consuls de la Cité, qui y transférèrent le siège du Consulat[49]. Les locaux des écoles, ainsi que les autres maisons appartenant aux Juifs, furent mis aux enchères. L'un des lots les plus importants, contenant les « Ecoles Vieilles » et les « Ecoles Inférieures », fut acheté par un grand marchand narbonnais, Bernard Sanche, dit *Raseur de Narbonne*, « varlet du Roi », qui certainement opéra ici un placement de ses capitaux[50]. Les deux ensembles immobiliers, qui étaient trop grands pour servir de résidences bourgeoises, avaient été aménagés, en vue d'une nouvelle affectation : lotissement et locations. Il en résulta qu'ils perdirent toute trace de leur ancienne destination et le caractère de lieux de culte qui, dans d'autres villes de France, fut plus ou moins conservé à travers les siècles.

Notes

(1) B.Z. Benedikt, *On the History of the Thorah Centre in Provence* (en hébreu) dans *Tarbiz* 22 (1951), 86-109 ; I. Twersky, *Aspects of the Social and Cultural History of Provencal* (Languedoc) *Jewry*, dans *Cahiers d'histoire mondiale* 11 (1968), 185-207. — (2) Sheshet ben Isaac, Ep. 1, 66-67 : « Du jour où la Ville sainte fut ruinée, le phare de la science ne s'éteignit pas à Narbonne et l'Esprit Saint y réside... tous les grands de la terre, proches et lointains, ont écouté sa voix et recherché ses conseils ». — (3) *Chronique de Narbonne*, 84 (cf. Graboïs, *Chron. anon. de Narbonne*, 75-86) ; Benjamin de Tudèle, *Itinéraire* (en hébreu), éd. E.N. Adler, Londres, 1912, 2 ; *Mahzor Vitry*, éd. S. Hurwitz, Berlin, 1893, n° 141, p. 111 ; Baron, *History* 4, 47-48 ; I. Twersky, *Rabad of Posquières. A Twelfth Century Talmudist*, Cambridge (Mass.), 1962, ch. 1. — (4) Jacob ben Meir de Ramerupt (dit Rabbenu Tam, petit-fils de Salomon Izhaqi (Rashi), la plus grande autorité du judaïsme français au XIIᵉ siècle, chef de la communauté de Troyes), *Sefer ha-yashar,*

éd. E. Rosenthal, Berlin, 1898, 90 ; S. Schwarzfuchs, *A propos des Takkanoth de Rabbenu Gershom et de Rabbenu Tam*, dans REJ 115 (1956), 109-116. — (5) Baron, *History* 6, ch. 27. — (6) La bibliographie des Kimhi est très ample ; pour notre propos il nous suffit de renvoyer à F. Talmage, *R. David Kimhi as Polemicist*, dans *Hebrew Union College Annual* 38 (1967), 213-235. — (7) Abba Mari de Lunel, *Minhat qenaot*, éd. Pressburg, 1838, n° 70, p. 141. — (8) S.W. Baron, *The Jewish Community* 1, Philadelphie, 1945, *passim*. — (9) *Chronique de Narbonne*, 83 ; Graboïs, *Chron. anon. de Narbonne*, 82-83. — (10) S. Schwarzfuchs, *Etudes sur l'origine et le développement du Rabbinat au Moyen Age*, Paris, 1957, ch. 1. — (11) Fondé sur les méthodes de l'érudition historique du début du siècle ; les sources hébraïques n'ont été employées que partiellement par l'auteur, et en traduction. — (12) Benedikt, *Moshe ben Joseph*, 19-34 ; Graboïs, *Alphonse-Jourdain à Narbonne*, 23-35 ; *La dynastie des rois juifs*, 49-54 ; *Chron. anon. de Narbonne*, 75-86. — (13) *Chronique de Narbonne*, 82-83. — (14) Baron, *Hist.*, 3, ch. 18 ; Graboïs, *Chron. anon. de Narbonne*, 75-86. — (15) *Chronique de Narbonne*, 83-84 ; Benedikt, *Moshe b. Joseph*, 19-34. — (16) Saige, 278. — (17) Saige, 137 ; Graboïs, *La dynastie des rois juifs*, 49-54. — (18) *Chronique de Narbonne*, 83 ; Graboïs, *Alphonse-Jourdain à Narbonne*, 23-35. — (19) Gaillard, 108-109. — (20) L. Finkelstein, *Jewish Self-Government in the Middle-Ages*, New York, 1924, 118. L'auteur a publié les textes concernant la France septentrionale et la Rhénanie, et les résultats de ses recherches se limitent à cette zone. L' « autonomie juive » en Languedoc, et particulièrement à Narbonne, n'a pas été étudiée dans cet ouvrage fondamental, ni dans ceux d'I.A. Agus qui, lui aussi, restreint la notion d'Europe « occidentale » à la région comprise entre le Rhin et la Loire. — (21) Amouroux, ch. 1, qui situe la genèse de ce phénomène vers 1140, pendant une période d'affaiblissement du pouvoir vicomtal ; il lie les deux phénomènes. — (22) Régné, 164 sq. ; Graboïs, *Dynastie des Rois juifs*, 52. — (23) Saige, 156. — (24) Ce document confirme les légendes de la « royauté juive » de Narbonne et de son caractère seigneurial, y voyant une réalité ; la haute position de la famille du *Nasi* explique la création de ces légendes, qui, à leur tour ont reçu un caractère de crédibilité. — (25) Anthoine Rocque, *Inventaire des actes et documents de l'archevêché de Narbonne* (1640), Bibl. Municipale de Narbonne, *Ms Rocque ;* S. Stein, *A Disputation on Moneylending between Jews and Gentiles in Meir ben Simon's Milhemeth Miswa*, dans *Journal of Jewish Studies* 10 (1959), 45-61. — (26) Saige, 19-24, 159-192 ; R. Michel, *L'administration royale dans la sénéchaussée de Beaucaire au temps de*

156

saint Louis, Paris, 1910, app. II. — (27) Régné, 182 ; Amouroux, *passim*. — (28) Gaillard, 109. — (29) Régné, 163 sq. — (30) Sheshet ben Isaac, 63-64. — (31) Saige, 156. — (32) L. Rabinowitz, *The Social Life of the Jews in Northern France* (11th-13th *centuries*), Londres, 1936, 174, et *passim*. — (33) Saige, 283 : *Item hospitium in quo erant Scole Judeorum inferiores... pretio trecentarum quinquaginta librarum turonensium ; ibid.* 284 : *Item hospitia, cum suis pertinenciis, in quibus erant Scole Antique Judeorum... inferiores... pretio trecentarum quinquaginta librarum turonensium ; ibid.,* 284 : *Item hospitia, cum suis pertinenciis, in quibus erant Scole Antique Judeorum... pretio sex centarum viginti librarum turonensium parvorum.* — (34) Régné, 83. — (35) Saige, 156 : *licet sit extra has affrontationes subscriptas.* — (36) Saige, 284 : *... que sunt in parochia Beate Marie Majoris, confrontata ex omnibus partibus in viis.* — (37) Graboïs, *Alphonse-Jourdain à Narbonne*, 23-35. — (38) *Chronique de Narbonne*, 84 ; consultations des maîtres venant à Narbonne, Sheshet b. Isaac, 67-74. — (39) Benedikt, *Moshe ben Joseph*, 32-33. — (40) *Ibid. ;* Stein, *Moneylending*, 47-50. — (41) Meir ben Isaac, *Le Purim de* 1236, éd. Ad. Neubauer, *Medieval Jewish Chronicles* 2, Oxford, 1893, 251 ; D. Kaufmann, *Le Pourim de Narbonne*, 1236, dans REJ 32 (1896), 129-130. Cette immigration est aussi attestée dans le compromis entre le vicomte et l'archevêque de 1276 concernant le partage de la juridiction sur les Juifs de Narbonne (Saige, 200-207), et dans la charte de privilège aux Juifs « archiépiscopaux », octroyée en 1284 par l'archevêque Pierre de Montbrun (Régné, 231-234). — (42) S. Stein, *Jewish-Christian Disputation in Thirteenth Century Narbonne* (*Milhemeth Miswa of Meir ben Shimon*), Londres, 1969 ; Graboïs, *Légende de Charlemagne*, 28-35. — (43) Saige, 200-207 ; J. Caille, *La seigneurie temporelle des archevêques de Narbonne*, dans CF 7, Toulouse, 1972, 165-209. — (44) Musée de Narbonne, Coll. lapidaire, Moyen Age ; Régné, 83. — (45) Saige, 283 : *... scole inferiores, site in parochia Sancti Cosme...* — (46) *Le Livre des comptes de Jacme Olivier, marchand de Narbonne*, éd. A. Blanc, Paris, 1899, 54, 545-546. — (47) En effet, après le retour des Juifs à Narbonne, en 1315, il n'y eut plus d'activité scolaire, tandis que d'éminents maîtres, expulsés en 1306, poursuivaient leur activité en Espagne, comme Moïse Narboni (cf. *Pirque Moshe*, éd. C. Sirat, dans *Tarbiz* 39, 1969-70, 287-306) ou Mattatiahu ben Moïse Haytshari, fils d'un expulsé qui, encore à la fin du XIVe siècle, dans son commentaire de la *Mishna* faisait mention de la gloire de l'école de ses ancêtres. — (48) Musée de Narbonne, Coll. des sceaux, matrice, s. class. — (49) Saige, 277-280. — (50) Saige, 284 sq.

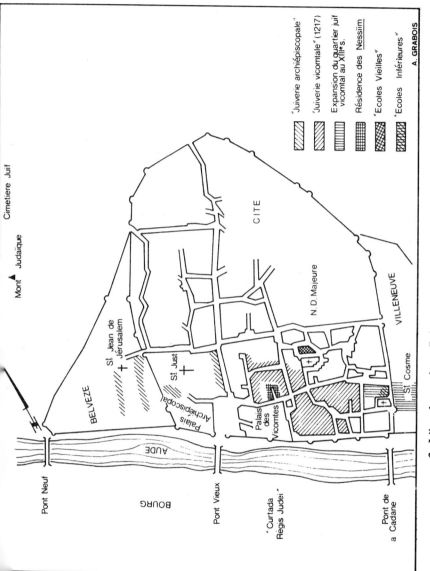

Légende :
- "Juiverie archiépiscopale"
- "Juiverie vicomtale" (1217)
- Expansion du quartier juif vicomtal au XIIIe s.
- Résidence des Nessiïm
- "Ecoles Vieilles"
- "Ecoles Inférieures"

A. GRABOIS

Cimetiere Juif

Mont Judaïque

BELVEZE

St Jean de Jérusalem

St Just

Palais Archiépiscopal

Palais des Vicomtes

CITE

N.D. Majeure

VILLENEUVE

St Cosme

Pont Neuf

BOURG

Pont Vieux

"Curtada Régis Judei"

Pont de a Cadane

AUDE

2. L'implantation Juive à Narbonne au XIIIe siècle.

LES JUIFS
DANS LA SOCIÉTÉ OCCIDENTALE

XV

UNE PRINCIPAUTE JUIVE
DANS LA FRANCE DU MIDI
A L'ÉPOQUE CAROLINGIENNE?

La publication de la thèse soutenue il y a quelques années par M. A.J. Zuckerman[1] offre la possibilité de rediscuter un chapitre de l'histoire du Midi, que l'auteur a traitée d'une façon particulière, qui se prête aux controverses[2]. Grâce à ses larges connaissances des textes latins et de la riche bibliographie concernant la période carolingienne, ainsi que des sources hébraïques et de la littérature rabbinique médiévale, l'auteur crée une image de l'époque qui, de prime abord, paraît appartenir plutôt à la fiction. Mais au fur et à mesure que l'on lit l'ouvrage, ses théories exigent une réflexion, ainsi qu'un examen critique de ses sources et de ses méthodes de travail.

Partant d'un texte hébraïque du XIIe siècle, l'appendice de la chronique d'Abraham ibn-Daoud (ben David)[3], auquel il attribue une valeur de témoignage pour les événements du VIIIe siècle[4], M. Zuckerman étudie l'établissement dans la « Francie » d'une principauté juive, qu'il date de 768. Les conclusions de cette étude l'ont amené à dresser une description insolite, que l'on peut résumer ainsi :

---

1. A. J. ZUCKERMAN, *A Jewish Princedom in Feudal France, 768-900*, Columbia University Studies in Jewish History, Culture and Institutions, t. II, New-York, 1972.

2. Son directeur de thèse, le Professeur S. W. Baron, l'affirme dans sa préface (pp. VII-VIII) et trouve l'utilité de sa publication dans une incitation à réexaminer les textes et les confronter avec les théories de l'auteur.

3. La chronique d'Abraham ibn Daoud, « Sepher Hakabbalah » (le livre de la tradition), a été éditée avec l'appendice en question par Ad. NEUBAUER dans *Medieval Jewish Chronicles*, t. I, Oxford, 1887; l'appendice (que nous proposons d'intituler « Fragment d'une chronique hébraïque anonyme de Narbonne »), dont il faut dater la composition des environs de 1160, s'y trouve pp. 82-84. Cf. nos études, « Le souvenir et la légende de Charlemagne dans les textes hébraïques médiévaux », *Le Moyen Age*, 1966, pp. 5-41, et « Une étape dans l'évolution vers la désagrégation de l'Etat toulousain au XIIe siècle », *Annales du Midi*, 1966, pp. 23-35.

4. En ce qui concerne les fondements authentiques du texte en question, S. W. BARON, *A Social and Religious History of the Jews*, t. IV (2e éd.), Philadelphia, 1957, pp. 46-47, et S. SCHWARZFUCHS, *Etudes sur l'origine et le développement du Rabbinat au Moyen Age*, Paris, 1957, pp. 7-16, ainsi que notre étude « Le souvenir et la légende de Charlemagne », citée ci-dessus.

La conquête de Narbonne, en 759, fut entreprise par Pépin le Bref avec l'aide des Juifs, qui lui ont livré la cité[5]. Afin de continuer ses efforts contre les Musulmans d'Espagne, restés fidèles à la dynastie ommayade, le roi des Francs chercha l'alliance abbasside, dont l'un des avantages était le profit que l'on pouvait tirer du prestige dynastique de l'exilarque juif de Babylonie, descendant du roi David. C'est ainsi que l'arrivée en Occident, en 768, de l'exilarque Natronaï ben Zabinaï, déposé par les recteurs des académies talmudiques en Mésopotamie, et que l'auteur identifie avec Makhir (le nom du Juif, descendant de la maison du roi David et envoyé par le calife à Charlemagne, selon le récit de la chronique du XIIe siècle), est interprétée comme une action commune abbasside-carolingienne, qui fut menée afin d'assurer la fidélité des Juifs de l'Espagne au roi des Francs[6]. Dès son arrivée, Makhir fut installé à Narbonne, où Pépin lui accorda un grand patrimoine foncier, malgré les protestations du pape Etienne III[7] et le fit marier. Se fondant sur les chansons de geste du cycle de Guillaume d'Orange, M. Zuckerman arrive à la conclusion que Makhir, anobli et surnommé Théodoric (ou Thierry)[8], a épousé la propre sœur de Pépin le Bref, Aude[9] ; apparenté ainsi à la famille carolingienne, le dirigeant (« Nassi ») juif, chef incontesté de la juiverie du royaume des Francs, devint en même temps comte de Septimanie et obtint en 791 d'importants privilèges qui, selon la reconstitution de leur teneur par l'auteur, l'original étant perdu[10], représentent le fondement du statut privilégié des Juifs en Languedoc et en Catalogne.

Mort en 793, Makhir-Théodoric fut remplacé dans tous ses honneurs et offices par son fils Guillaume, duc de Toulouse et marquis de Gothie, le véritable commandant en chef des armées de Louis, roi d'Aquitaine[11] ; l'auteur identifie ce Guillaume, fondateur de l'abbaye de Gellone, avec Isaac, le juif que Charlemagne employa dans une ambassade auprès d'Harun al-Rashid[12], et le considère comme un Juif pieux, qui n'est jamais devenu moine et dont l'influence à la cour impériale aurait été la raison des conversions au judaïsme, culminant avec celle

5. ZUCKERMAN, pp. 39 et suiv.
6. Ibid., pp. 86-89.
7. J. L. (Reg. Pont. Rom.) Nº 2389; P. L., CXXIX, 857; ZUCKERMAN, p. 50.
8. ZUCKERMAN, pp. 120-122. L'auteur voit dans le patronyme Todros, qui se répète dans la famille des « Nassiim » de Narbonne (cf. notre article « La dynastie des « rois juifs » de Narbonne », à paraître dans les actes du congrès Narbonne - Archéologie et Histoire), une contraction du nom Théodoric. Pourtant, l'origine du patronyme est hellénistique, et il dérive de Théodoros (Théodore).
9. Ibid., pp. 119-120.
10. Ibid., pp. 140-145.
11. Ibid., pp. 181-184.
12. Ibid., pp. 187-189; ceci sur la foi de la « chançun de Guillaume », qui fait état de la connaissance, par le héros, de l'hébreu et de l'arabe (v. 2170, éd. H. SUCHIER, Halle, 1911) et sur les données de la Vita Willelmi (de Gellone, AASS, Mai, VI, 805), où l'hagiographe relate comment Guillaume avait accompli des missions chez les « barbares ».

du diacre Bodo en 838[13]. Ce Guillaume, à la fois le héros des chansons de geste, le diplomate chargé des missions en Orient et une personnalité de grande valeur intellectuelle et morale, créa, en sa capacité de « Nassi » des juifs, une académie à Narbonne et fonda une bibliothèque, qui fut ultérieurement transférée à Gellone[14].

Avec son successeur, Bernard de Septimanie, le mari de la pieuse Dhuoda[15], la dynastie des Makhiri arriva, selon la théorie de l'auteur, à l'apogée de son pouvoir. Malgré l'opposition du clergé, et en premier lieu d'Agobard de Lyon, Bernard « Naso » (surnom que l'auteur suppose avoir été déformé du titre « Nassi »[16] fut nommé chambrier de l'Empire, lieutenant de Louis le Pieux, gardien de l'impératrice Judith et de son fils Charles, et prit part aux guerres entre l'empereur et ses fils. En même temps, il dirigeait effectivement toutes les communautés juives de l'Empire[17]. Néanmoins, son véritable pouvoir résida dans ses honneurs méridionaux, Toulouse, Septimanie et Marche d'Espagne, où il lia des liens particuliers avec le jeune Pépin II d'Aquitaine. Cette fidélité amena sa condamnation comme traître par Charles le Chauve et son exécution à Toulouse.

L'auteur considère que le changement de l'attitude de Charles le Chauve à l'égard des Juifs[18] a été la conséquence de l'exécution de Bernard de Septimanie ; pourtant, cette concession à l'épiscopat, et surtout à la pression exercée par Hincmar, fut de courte durée et déjà vers 847 on remarque un revirement, dont M. Zuckerman pense qu'une de ses conséquences fut l'ascension de Salomon, comte de Conflent, au marquisat d'Espagne (Narbonne comprise) ; identifié par l'auteur avec un certain juif Salomon du pays (comté) d'Auvergne[19], il est considéré comme apparenté à la famille de Makhir, voire le fils, soit d'une fille, soit d'une petite fille, de Makhir[20]. Après son assassinat en 868, Salomon, que les chansons de geste surnomment Bueuve Cornebut, fut remplacé par son fils, Bernard-Makhir, dit Plantevelue, comte d'Auvergne qui, après la mort en 872 de Bernard de Toulouse, fils de Bernard de Septimanie, réunit les trois marches méridionales ainsi que l'office de « Nassi »[21]. La portée de ce dernier office fut élargie, puisque Charles le Chauve annexa par le traité de Meersen (870) la

13. En ce qui concerne sa piété et l'observation des préceptes du judaïsme, cf. Zuckerman, pp. 194-198; la conclusion qu'il n'y eut pas conversion monastique, pp. 240-244; la conversion de Bodo au judaïsme, pp. 274 et suiv.
14. L'auteur présume que le nom de l'établissement, *Casa Dei,* n'est que la traduction latine du nom hébraïque « Beth El », ce qui évidemment est exact. Mais il faudrait prouver que Guillaume ait désigné son établissement en hébreu, ce qui n'est qu'une hypothèse gratuite (*ibid.,* p. 244).
15. *Ibid.,* pp. 260-288.
16. Pascase Radbert, *Epitaphium Arsenii (MGH, SS,* II, 551); cf. Zuckerman, p. 263.
17. Zuckerman, p. 282.
18. *Ibid.,* pp. 289-306.
19. *Ibid.,* pp. 307-308 et 324-327. Nous aurons à revenir sur cette identification. V. note 33.
20. *Ibid.,* pp. 325-331.
21. *Ibid.,* pp. 334-337.

XV

194

Lotharingie, dont les communautés juives lui prêtèrent allégeance[22].

Après la mort de Bernard Plantevelue, vers 885, son fils Guillaume n'étant plus capable de maintenir son autorité sur la vaste principauté, quasi-royauté[23], de son père, l'auteur remarque le processus de désagrégation de cette principauté juive, dont une branche collatérale, qu'il appelle « les Kalonymides »[24], continua à exercer l'office de « Nassi » après le début du Xᵉ siècle.

*
**

Si la description de M. Zuckerman n'était pas appuyée sur une très vaste documentation, on pourrait considérer son ouvrage comme appartenant au domaine de la fiction et se dispenser de lui consacrer un commentaire dans cette revue. Cependant, ses méthodes de travail méritent un examen critique, qui doit précéder toute appréciation quant aux conclusions de son étude. A cet égard, une première remarque : il avance des hypothèses et des conjectures, ce qui est tout à fait légitime, mais au fur et à mesure du développement de son exposé, ces hypothèses deviennent des faits, qu'il considère comme prouvés, et servent d'appui aux nouvelles conjectures qui, à leur tour, deviennent des faits, etc... Ainsi, son exposé sur la fondation de la principauté makhirienne et la personnalité de son fondateur est un très bon exemple de la méthode de travail de M. Zuckerman.

Un événement reconnu comme authentique, la déposition et l'exil de l'exilarque Natronaï ben Zabinaï, qui trouva refuge en Espagne en 771[25], sert évidemment de point de départ aux conjectures de l'auteur ; il le rapproche du récit de l'appendice du « Sepher Hakabalah », dont l'authenticité, pour ce qui concerne les événements du VIIIᵉ siècle, est loin d'être prouvée. Selon ce récit, le calife de Bagdad, à la requête de Charlemagne, lui envoya un Juif de ses sujets, du lignage du roi David, nommé Makhir, que Charlemagne installa à Narbonne, affranchit, gratifia d'un grand domaine, et fit marier à la fille d'un des grands de la cité[26]. L'hypothèse que Natronaï et Makhir pourraient être la même personne peut légitimement être avancée. L'auteur devrait

22. *Ibid.*, pp. 350-353.
23. *Ibid.*, pp. 360-363.
24. *Ibid.*, p. 368.
25. *Iguéréth Sharira Gaon*, éd. B. N. Lévin, Haïfa, 1926, 104. Le texte qui est une réponse de Sherira, écrite vers l'an mil, à une question qui lui fut adressée d'Espagne, résume les grands traits de l'histoire du judaïsme « babylonien ». L'exilarquat, office laïque, était héréditaire dans la famille royale de Judée, la dynastie davidienne, et, en principe, son autorité était universellement reconnue par toute la Diaspora juive. L'installation de l'exilarque déposé, Natronaï ben Zabinaï, en Espagne était à même d'assurer l'autonomie du centre judéo-espagnol à l'égard de la Mésopotamie et donc correspondrait à l'évolution politique du califat arabe. Cf. Zuckerman, pp. 80-81, où cet auteur propose une éventuelle installation de Natronaï dans le royaume franc, en l'occurrence à Narbonne.
26. *Sepher Hakabbalah* (éd. Neubauer), p. 82.

cependant expliquer comment concilier le récit concernant un exilé, qui ne pouvait pas être déposé sans le consentement (au moins tacite) du calife, devant lequel il représentait les Juifs, et celui d'un sujet fidèle qui, selon la thèse fondamentale de M. Zuckerman, devait rallier la fidélité des Juifs occidentaux à l'alliance carolingienne-abbasside et se trouver donc en bons termes avec l'exilarque et les deux recteurs des académies mésopotamiennes, à savoir ceux qui l'avaient déposé[27]. Pourtant, l'auteur ne pose pas cette question et se contente, en revanche, de mettre en évidence quelques exemples d'emploi des noms doubles, araméïques et bibliques, des personnages connus, afin d'avancer la conjecture, au conditionnel, que le nom biblique Makhir ait été le correspondant de l'araméïque Natronaï, tombé ultérieurement en désuétude en Occident[28]. Dès que cette conjecture est proposée, le conditionnel tombe et Makhir est identifié avec l'exilarque ostracisé, Natronaï.

Le fragment annexé au « *Sepher Hakabbalah* » parle aussi du mariage de ce Makhir, que Charlemagne avait auparavant affranchi. L'auteur traduit le mot hébraïque « ben-khorin » non par « affranchi », mais par « anobli », ce qui serait synonyme dans la société féodale[29], afin de supposer que le mariage du « Nassi » avec la fille d'un des grands de la cité, comme le relate le texte, serait en réalité une alliance avec la dynastie carolingienne ; aussi insinue-t-il que la propre sœur de Pépin le Bref, Aude, aurait été l'épouse de ce descendant du roi David[30]. Encore une hypothèse que l'on a le droit d'avancer, à la condition que les époux soient de la même religion ; mais comment expliquer le consentement d'un roi carolingien à l'abjuration de la foi chrétienne par un des membres de sa famille et sa conversion au judaïsme ? Inutile de mentionner que le fait, s'il eût jamais lieu, et l'auteur lui-même en doute, aurait fait du bruit, beaucoup

---

27. ZUCKERMAN, pp. 81-83.
28. En effet, s'appuyant sur un bon nombre d'exemples relatifs à l'emploi d'une onomastique double, à savoir nom hébraïque et nom en langue vulgaire, l'auteur propose, au conditionnel, la possibilité d'un pareil usage dans ce cas aussi : « Makhir would emphasize the biblical lineage of Natronaï » (p. 82).
29. V. pp. 59 et 118.
30. *Ibid.*, p. 119. Cette hypothèse est fondée sur la chanson de Guillaume d'Orange, fils du célèbre Aymeri de Narbonne, dont la tradition poétique fait le mari de la fille de Charles Martel. L'auteur accepte comme authentiques les récits des chansons de geste (pp. 113-116). Il est ainsi fidèle à la voie tracée par M. R. Louis, qui voit dans le cycle de Guillaume d'Orange le miroir des événements des VIIIᵉ - IXᵉ siècles (« L'épopée française est carolingienne ». *Coloquios de Roncesvalles*, Saragosse, 1956, pp. 327-460), mais avec la différence fondamentale que les chansons lui servent d'appui à l'examen critique des témoignages contemporains. Dans le cas examiné ici, la chanson l'amène à corriger le texte de la source hébraïque (bien que celle-ci soit aussi postérieure) qu'il exploite : il y est dit que Charles fit marier Makhir avec la fille d'un des grands de Narbonne et non pas du royaume (*Sepher Hakabbalah*, p. 82). Ce qui serait très simple à interpréter, un mariage avec la fille d'un des membres riches de la communauté juive de Narbonne, devient, afin d'appuyer la théorie de M. Zuckerman, une allusion à un mariage dynastique, donc un apparentement à la dynastie régnante, en vue de légitimer l'acte de 753.

plus que les protestations acerbes d'Etienne III contre la concession de domaines aux Juifs dans la Narbonnaise. Si, par contre, Makhir avait abjuré le judaïsme, le problème d'une principauté juive dans la France du Midi n'aurait pas existé ; une fois converti au christianisme, il serait chrétien à part entière. C'est ainsi que, faute d'accepter la version littérale du texte (dont il défend l'authenticité), à savoir le mariage de Makhir avec une fille d'un des grands propriétaires juifs de Narbonne, l'auteur suppose qu'il y eut mariage politique, sans expliquer qui aurait pu le célébrer, ni comment[31].

Aussi entre-t-il dans une nouvelle série de conjectures, appuyées cette fois-ci sur les chansons de geste, telles *Aymeri de Narbonne* et la *Chanson de Guillaume*. Elles l'amènent à voir dans la version arabisée du nom Makhir, « Al-Makhiri », le fondement d'une transcription qui aboutit à A

ENDméri, ce qui lui donne la possibilité d'identifier Makhir avec Aymeri de Narbonne[32], le père de Guillaume d'Orange. Or, puisque Guillaume d'Orange est le type littéraire et légendaire du comte carolingien Guillaume de Toulouse (le fondateur de Saint-Guilhem du Désert), son père Théodoric, l'époux d'Aude, est choisi par l'auteur pour devenir le personnage historique incarnant Natronaï-Makhir, qui est appelé dans l'ouvrage Makhir-Théodoric[33] ; la conjecture devient donc fait accompli.

Cette méthode, transformer le conditionnel des conjectures en certitudes, est employée aussi pour traiter des générations postérieures[34] ; ceci, dans le but de prouver par l'enchaînement des hypothèses conjec-

---

31. Un pareil mariage n'est pas reconnu, ni par le droit canon, ni par le droit talmudique et si, par quelque hasard, il avait été contracté, il aurait été jugé nul par les deux religions, et les descendants du couple auraient été considérés comme bâtards. Qui plus est, le judaïsme reconnaît l'appartenance au peuple juif des seuls descendants d'une mère juive (ou évidemment convertie). Si donc l'épouse de Makhir n'était pas juive, ses descendants ne l'auraient pas été non plus; dans ce cas, la raison de l'insertion du passage concernant Makhir dans la chronique narbonnaise du XIIᵉ siècle, à savoir exalter le lignage des « Nassiim » de Narbonne, aurait été superflue.

32. *Ibid.*, p. 165 (n. 38). C'est ainsi que l'auteur accorde à Makhir, comme responsabilité principale, les affaires militaires du secteur pyrénéen.

33. *Ibid.*, pp. 121-130. D'autre part, M. Zuckerman suppose aussi un lien entre les noms Makhir et *Magnarius* (ou Macaire), comte de Narbonne, mentionné dans un acte de 791 (DEVIC - VAISSETTE, HGL, éd. 1870, II, pr. 10-VII, col. 57); il voit dans ce dernier nom une forme romanisée du nom hébraïque Makhir (pp. 180-181). Heureusement, il n'institue pas une synonymie entre ce comte *Magnarius* et Théodoric. Doit-on voir dans ce passage la préparation d'une position de repli pour avancer d'autres théories ?

34. Il serait inutile de citer tous les cas et de les discuter. Pourtant, deux exemples significatifs méritent une analyse. L'un celui de Bernard de Septimanie : la pieuse Dhuoda, à laquelle l'auteur ne conteste pas sa piété chrétienne, fait mention dans son « Manuel » de sa séparation de son jeune fils, amené par son père et par l'évêque d'Uzès, Olifant, en Aquitaine, dès avant le baptême; l'auteur ajoute : « presumably for circumcision on the eights day of his birth » (p. 264). Conjecture étrange, même pour les mœurs du IXᵉ siècle : le fils d'une aristocrate chrétienne, amené par un évêque en Aquitaine pour la circoncision juive ! Et ceci seulement parce que M. Zuckerman a besoin d'un bon juif pour perpétuer le lignage du prince « juif » Natronaï-Makhir-Aymeri-Théodoric-Macaire ! Un second cas est la création, par présomption, de la

turales une théorie concernant l'existence d'une principauté féodale juive, dont l'étendue est fluide, mais qui parvient à couvrir les marches carolingiennes de Toulouse, de Septimanie et de Catalogne. Apparentés à la dynastie régnante, les chefs de cette principauté, tous par ailleurs membres de l'aristocratie franque, qui ont joué, chacun à leur tour, des rôles importants aux cours des rois et des empereurs, sont appelés par l'auteur « Nassi » (ou *magister judaeorum*)[35], en même temps qu'ils sont les porte-étendards de la lutte constante contre l'Islam en Espagne.

La même méthode est employée pour établir la chronologie des événements. La date de la fondation de la « principauté » est fondée sur des renseignements tirés de quatre sources différentes que, par l'échafaudage d'un système de suppositions, l'auteur arrive à concilier. Les *Gesta Karoli Magni ad Carcassonam et Narbonam* lui offrent, malgré la date tardive de l'ouvrage et son caractère légendaire[36], un témoignage sur le partage de Narbonne en trois seigneuries, lors de sa conquête par Pépin le Bref en 759, dont l'une fut accordée au « roi des Juifs », qui se trouvait, par ailleurs, selon le récit des *Gesta,* dans la ville, ce qui devrait fort l'embarrasser[37]. Ce récit et la relation de la chronique du XIIe siècle[38], devaient donc imposer à M. Zuckerman la date de 759, comme le *terminus a quo* de l'établissement de la principauté juive dans le Midi de la France. Mais, dans ce cas, comment concilier ce résultat avec sa théorie d'une principauté fondée sur la double fidélité aux Abbassides et aux Carolin-

---

« branche » auvergnate des Makhiriens. Une copie manuscrite d'une traduction araméïque de la Bible (Bibl. de Parme, Ms. Rossi 12 (2004) a été ponctuée par Nathan, fils de Makhir, fils de Menakhem d'Ancône, fils de Samuël, fils de Makhir du pays d'Auvergne, fils de Salomon. Le manuscrit a été copié en 1311-12, ce qui laisse dans le vague quant à la chronologie de Nathan et de ses ancêtres. Néanmoins, l'auteur s'en sert pour avancer l'hypothèse que les mentions fréquentes du patronyme Makhir dans cette famille, établie en Italie au moins trois générations avant Nathan, indiqueraient une parenté avec le lignage du fameux juif de Bagdad du VIIIe siècle (v. pp. 306-308) ; Salomon, le père de Makhir d'Auvergne, qui « casse la corne » selon le ms. cité, est identifié par M. Zuckerman avec Salomon, comte de Conflent, marquis d'Espagne, dont le surnom emprunté des chansons de geste est Bueve Cornebut. (v. pp. 315-325), tandis que son fils, Makhir d'Auvergne, devient par la méthode des conjonctures Makhir-Bernard Plantevelue, comte d'Auvergne, marquis de Septimanie, « Nassi », etc... (p. 334).

35. *Ibid.,* pp. 246-252. Se fondant sur les termes d'Agobard, qui se plaint de la défense des juifs par le *magister judaeorum,* Everard, M. Zuckerman identifie cette fonction avec celle du « Nassi ». Pourtant le contexte de la lettre de l'archevêque de Lyon (Ep. V, éd. E. Dümmler, *MGH, Ep. Carol.,* V, 3, p. 200), indique clairement qu'il s'agit d'un office impérial.

36. Cf. notre article, cité ci-dessus, pp. 15-20.

37. En effet, les *Gesta* insistent sur le rôle du « roi des juifs » qui se trouvait dans la ville pendant le siège, rôle que les Annales d'Aniane *(HGL,* Preuves, t. II, 2-3) attribuent aux Goths. L'auteur s'en sert pour rejeter la version des Annales d'Aniane (40 et suiv.), ce qui est une méthode étrange de critiquer les sources. Cependant, la version des *Gesta* contredit sa théorie d'un prince envoyé de Bagdad ; il contourne cette difficulté en attribuant le récit de l'ambassade envoyée par le « roi des juifs » de Narbonne à Charlemagne à la demande d'un privilège pour les juifs, qui leur fut octroyé en 791 (pp. 143-144).

38. *Ibid.,* pp. 59 et 67-73.

giens ? L'exil de Natronaï eut bien lieu en 771 et cette date est établie en concordance chronologique avec les personnages qui l'ont déposé[39]. D'autre part, un document authentique, la lettre du pape Etienne III, fait état en 768 des possessions foncières des Juifs dans la Narbonnaise, tenues par le privilège du roi et de ses fils. C'est ainsi qu'il recule l'arrivée de Natronaï-Makhir en Occident de quelques années et interprète la prise de position du pape comme un témoignage de l'établissement, par le roi des Francs, de la principauté juive, en 768[40].

*
**

A supposer même que, grâce à cette méthode de conjectures et de déductions, l'auteur ait découvert une sorte « d'Atlantide » dans la France méridionale et dans la Marche d'Espagne aux VIIIe-IXe siècles, la lecture de son ouvrage et des reconstitutions des textes perdus poserait un certain nombre de questions et impliquerait quelques remarques.

L'essai de M. Zuckerman de présenter la principauté makhirienne comme un élément féodal, avec la particularité d'être dirigée par des seigneurs juifs, ne serait pas en elle-même si étrange, puisqu'on sait que quelques territoires vassaux du royaume carolingien furent confiés à des ducs ou comtes nationaux. Tel fut notamment le cas de la Bavière ou de l'Aquitaine[41]. Cependant, depuis l'avènement de Pépin le Bref, la commende, élément de première importance pour la constitution des rapports vassaliques, n'était plus seulement un acte laïque ; l'hommage et sa prestation avaient pris un caractère religieux, le serment était prêté dans la chapelle du seigneur et était incorporé à la liturgie catholique[42]. Comment donc expliquer l'existence d'une vassalité fondée sur un serment dont la nature n'était pas chrétienne, et ne pouvait pas l'être ? Makhir et ses descendants auraient-ils prêté serment *more judaeorum* ? Pareille hypothèse ne peut être acceptée, en raison des structures de gouvernement de l'Etat carolingien, où l'Eglise était mêlée aux actes du gouvernement et participait acti-

---

39. *Ibid.,* pp. 78-82.

40. Il nous semble néanmoins que cette lettre d'Etienne III (JL 2389) ne peut être considérée comme un témoignage de l'octroi des domaines aux Juifs. Le pape se scandalise contre la possession, par les juifs, de terres héréditaires *per quaedam regum Francorum praecepta.* Dans ce contexte, le mot *praeceptum* ne doit pas être traduit par donation, mais plutôt par confirmation. Cf. J. RÉGNÉ, *Etude sur la condition des Juifs de Narbonne,* Narbonne, 1912, qui fait état de la constitution d'un large patrimoine foncier des Juifs de Narbonne, déjà à l'époque romaine (ch. I-II).

41. Cf. L. HALPHEN, *Charlemagne et l'empire carolingien,* Paris, 1949, pp. 61-65 et 87-90. Cependant, la nomination de comtes « nationaux » était motivée par la concentration d'un certain élément ethnique, qu'il fallait ménager. Tel ne serait pas le cas ici.

42. Cf. F.-L. GANSHOF, *Qu'est-ce que la féodalité ?,* 4e éd., Bruxelles, 1968, pp. 34-36.

vement à ses organes[43]. Par ailleurs, toute la conception politique de Charlemagne, depuis son *Admonitio generalis,* où l'orientation vers l'*Imperium Christianum* est nettement définie, s'oppose à une vassalité non chrétienne. Et ceci est encore plus accentué après la mort de Charlemagne, quand l'influence de l'épiscopat sur le gouvernement de l'Empire et des royaumes carolingiens ne fit que s'accroître.

Même si l'on admettait la théorie de M. Zuckerman comme bien fondée, malgré les objections qu'elle soulève et les réserves qu'il faut exprimer quant à ses méthodes de travail, comment expliquer le « complot de silence » de tous les auteurs contemporains ? Les « Annales royales » pouvaient évidemment cacher une vérité qui ne s'accordait pas avec les principes de gouvernement de la dynastie, d'autant plus qu'il se serait agi, dans ce cas, d'une mesure nécessaire au « salut public » ; l'autorité de Charlemagne pouvait réduire au silence toute protestation contre ses actes et même, ce qui semble beaucoup plus douteux, faire taire toute mention d'une réalité non conforme aux normes. Mais comment expliquer que ce silence se soit perpétué pendant tout un siècle, et même au-delà ?[44]. Pourquoi le silence d'Agobard, dont la polémique antisémite est bien connue[45] et lui amena des difficultés avec Louis le Pieux, en raison des faveurs de l'Empereur aux Juifs ? Cette question doit aussi être posée à propos du silence d'Hincmar, qui était un esprit indépendant et ne ménageait pas ses critiques, ni à l'égard de son roi, ni envers les Juifs. Enfin, Pascase Radbert, abbé de Corbie, antagoniste acerbe de Bernard de Septimanie, qui n'avait pas ménagé ses mots à son égard, accusant même le chambrier impérial d'être « comme un Antéchrist avec ses méfaits »[46], ne fait aucune allusion à ses origines juives, ni à son judaïsme.

La seule explication de ce « complot de silence » de tous les textes est que cette famille de Guillaume et de Bernard de Septimanie, dont

---

43. Le caractère, bien connu, des conciles à l'époque carolingienne, où des problèmes concernant l'administration de l'Empire étaient également abordés, pose la question, à laquelle l'auteur préfère passer outre : comment des Juifs, tels que Makhir et ses descendants, s'ils étaient vraiment les personnalités identifiées par M. Zuckerman, pouvaient-ils y participer ?

44. Le seul texte que M. Zuckerman ait trouvé au long de ses laborieuses recherches, où un comte du Midi fût taxé de judaïsme, est une chronique de l'évêché de Münster, compilée au XIVe siècle par Florence de Wevelinkhofen, qui raconte « le lapse » du comte Guillaume au judaïsme, pendant les trois ans qui avaient précédé sa conversion à Gellone (éd. J. FICKER, *Die münsterischen Chroniken des Mittelalters,* t. I, Münster, 1851, pp. 7-8). La date de la compilation parle elle-même quant à son authenticité.

45. Cf. B. BLUMENKRANZ, « Deux compilations canoniques de Florus de Lyon et l'action anti-juive d'Agobard », *RHDFE,* 1955, 227-254 et 560-582.

46. PASCASE RADBERT, *Epitaphium Arsenii (MGH, SS,* II, p. 554) : *Acsi antichristus cum suis maleficiis apparuisset.* Pour l'ensemble des textes du IXe siècle, faisant état des Juifs et du judaïsme, B. BLUMENKRANZ, *Les auteurs chrétiens-latins du Moyen Age sur les juifs et le judaïsme,* Paris, 1963, pp. 151-215. Le même silence est observé par tous les textes hébraïques que nous avons consultés.

M. Zuckerman n'a pas réussi à prouver l'origine non franque, n'avait rien de commun avec le judaïsme. Par conséquent, il n'y avait pas de principauté juive dans le monde féodal carolingien.

* *
*

Pourtant, l'ouvrage de M. Zuckerman, malgré les réserves faites quant à ses méthodes et conclusions, incite à la réflexion. Et réflexion faite, on peut quand même parler de l'existence d'une principauté juive dans la France méridionale, à condition néanmoins de donner à cette expression un sens particulier. Particulier, parce qu'il ne s'agissait pas de la création et du fonctionnement d'une unité féodale structurée dans l'Empire carolingien, mais d'un essai pour organiser une forme de vie autonome des Juifs, surtout dans la région entre Rhône et Pyrénées, où la population juive était relativement plus dense. On a déjà insisté sur la coïncidence entre l'époque de l'organisation des communautés et de la vie communautaire juives en Europe occidentale et celle de l'avènement des Carolingiens[47] ; cependant, dans la Narbonnaise, qui faisait jadis partie du royaume visigoth de Tolède et qui, pendant deux générations, a été dominée par les Arabes, le processus de l'organisation communautaire doit être raccordé à l'évolution de l'Espagne[48].

Lors de la conquête de Narbonne et de la Gothie, Pépin le Bref trouva déjà une communauté juive implantée, surtout dans la métropole, dont les membres possédaient des biens fonciers[49] et qui était déjà assez bien structurée, au point que la tradition locale faisait état des « rois des Juifs »[50]. Le roi franc leur confirma (entre 759 et 768) la jouissance de leurs alleux, ce qui amena les remontrances du pape Etienne III[51]. Ces changements, contemporains de la révolution abbasside en Orient ont eu, en même temps, leurs répercussions sur l'organisation du judaïsme médiéval. En effet, la création d'un centre ommayade en Espagne eut comme résultat un certain relâchement entre d'une part, les centres juifs de la Mésopotamie, dont la prépondérance était due tant à la supériorité des académies talmudiques qu'à l'allégeance à l'exilarque, le dirigeant laïque du judaïsme et son représentant auprès de l'autorité politique, et, d'autre part, les communautés de l'Occident. Les différents récits concernant la fondation de centres

47. Cf. S. W. Baron, op. cit., IV, pp. 44-53.
48. Cf. les constatations de S. Katz, The Jews in the Visigothic and Frankish Kingdoms of Spain and Gaul, Cambridge (Mass.) 1937, passim.
49. Cf. Régné, op. cit., p. 172.
50. Cette tradition était fort implantée au xiie siècle, quand les textes en font état; Pierre le Vénérable s'employa à prouver le mal fondé de cette royauté « sans royaume » (PL, 189, 560). Elle se manifeste aussi dans les actes de la chancellerie vicomtale. Cf. notre article, « La dynastie des « rois juifs » de Narbonne, ixe - xiiie siècle », cité ci-dessus.
51. Le pape mit surtout l'accent sur le scandale causé par l'emploi de laboureurs chrétiens dans les domaines des juifs.

autonomes juifs en Occident se réfèrent à cette époque[52]. Ainsi, coupées à peu près à la fois du centre mésopotamien et de celui qui se développait en Espagne ommayade, les communautés du Languedoc ont été placées sous la direction du chef de la communauté de Narbonne, lequel, à une date qui reste inconnue, a pris le titre de « Nassi » et fait valoir des droits (surtout dans le domaine de préséance) que lui accordaient l'appartenance au lignage du roi David[53]. La tradition locale fit de cette position sociale une pierre angulaire pour l'édification d'une dynastie aristocratique et, conformément aux récits concernant la diffusion de l'autorité juive de la Mésopotamie aux autres centres juifs, en fit un sujet du calife abbasside de Bagdad, envoyé à Charlemagne selon sa requête et casé par l'Empereur à Narbonne[54].

Ce chef de communauté (que la tradition du XIIe siècle appelle Makhir) fut le fondateur d'une dynastie, nommée même dans les textes diplomatiques des XIIe et XIIIe siècles « les rois des Juifs »[55]. Sur la foi de la chronique annexée au *Sepher Hakabbalah,* le « Nassi » de Narbonne représentait les Juifs de la province auprès la cour royale (ou impériale)[56], ce qui en faisait en somme un « prince des Juifs », mais, surtout, il était en même temps le représentant des Juifs auprès des comtes et des seigneurs locaux, qu'ils fussent ecclésiastiques ou laïques. Néanmoins, il serait plus difficile d'en faire le chef de toutes les communautés du royaume des Francs, comme M. Zuckerman le propose avec beaucoup d'insistance dans son ouvrage[57] ; ceci, malgré les réserves, dont il fait état lui-même, de la promesse d'allégeance faite par les communautés juives de la Lotharingie à un certain dirigeant juif, et qui était conditionnée par sa possibilité d'obtenir la réduction de la redevance en cire qui avait été imposée aux Juifs de Toulouse[58]. Même si l'on acceptait pour exacte la date qu'il pro-

---

52. Cf. G. D. COHEN, « The Story of the Four Captives », *Proceedings of the American Academy for Jewish Research,* XXIX, 1960-61, 55-131.

53. Il était employé en tout cas au XIe siècle. Cf. notre article cité ci-dessus (n. 50).

54. Cf. notre article, « Le souvenir et la légende de Charlemagne dans les textes hébraïques médiévaux », *Le Moyen Age,* 1966 ,pp. 20-21.

55. *Sepher Hakabbalah,* éd. Neubauer, p. 82; cf. notre article cité, p. 13.

56. Le chroniqueur emploie les termes suivants : « Et ce « Nassi », R. Makhir, y fut le chef (de la communauté); lui-même et ses descendants étaient proches du roi et de tous ses descendants... » (*Sepher Hakabbalah,* p. 82). L'expression « proche » a en hébreu deux sens : a) parenté, que M. Zuckerman a choisi; b) proximité, que nous préférons et qui par conséquent doit être traduit par « accès à la cour ».

57. ZUCKERMAN, *op. cit.,* pp. 350-353, où il résume les détails de son article, « The Nasi of « Frankland » in the Ninth Century and the « Colaphus Judaeorum » in Toulouse », *Proceedings of the American Academy for Jewish Research,* XXXIII, 1965, 51-82.

58. La lettre a été éditée par J. MANN *(Texts and Studies in Jewish History and Literature,* t. I, Cincinnati, 1931, pp. 27-30), qui l'a attribuée à la seconde moitié du Xe siècle. S'appuyant sur la *Vita sancti Theodardi (AASS,* mai, I, 143-149), M. Zuckerman suppose, par sa méthode de conjectures (le « Mar » -

pose pour ce texte, à savoir 872-877, ce qui n'est pas le cas[59], le document prouverait le contraire.

En effet, on remarque que les communautés situées en dehors de l'aire géographique et culturelle de la Narbonnaise n'étaient pas tenues d'accepter l'autorité du « Nassi » de Narbonne, sinon volontairement et malgré la tradition de son haut lignage. A partir du xie siècle, quand le centre juif de la Rhénanie, de la Lorraine et de la France septentrionale eut ses propres dirigeants spirituels, la question ne se posa plus. Le « Nassi » de Narbonne, quoique respecté par les autres communautés, ne fut et ne resta que le chef du judaïsme occitan.

c. à d. « seigneur » Samuël qui y est nommé, serait la personne de la branche auvergnate des Makhiriens, qu'il emprunte au Ms. Rossi de Parme — cf. n. 34 supra —, et donc, par son identification, le fils de Bernard Plantevelue) que la lettre aurait été adressée à Bernard Plantevelue (p. 351) et que, par conséquent, elle doit être datée entre 872 et 877.

59. L'hypothèse d'un lien entre le très vague récit de la *Vita sancti Theodardi* et la lettre des communautés de France, ne nous semble pas fondée. La démonstration de M. N. GOLB, concernant la datation du texte au cours de la seconde moitié du xe siècle, est plus convaincante (« New Light on the Persecution of French Jews at the Time of the First Crusade », *Proceedings of the American Academy for Jewish Research*, XXXIV, 1966, pp. 5-7).

XVI

REMARQUES SUR L'INFLUENCE MUTUELLE DE L'ORGANISATION DE LA COMMUNAUTE JUIVE ET DE LA PAROISSE URBAINE DANS LES VILLES ENTRE LE RHIN ET LA LOIRE A LA VEILLE DES CROISADES

La communauté juive, qui est en quelque sorte un phénomène *sui generis* dans la société médiévale, pourtant si riche de structures sociales insolites et exceptionnelles, a servi objet aux études d'une pléïade entière de savants, qui ont traité des différents aspects de son développement et de sa vie. La monumentale étude qui lui a consacrée S. W. Baron [1] est, à cet égard, une admirable synthèse sociologique et religieuse, fondée déjà sur une riche bibliographie et qui sert à son tour le fondement pour toute nouvelle recherche dans ce domaine. L'étude de L. Finkelstein, dédiée au *self-government* [2], met surtout l'accent sur l'histoire des institutions. D'autres travaux, accompagnant parfois des éditions de textes, ajoutent les résultats des contributions fondées sur des recherches, soit sur un plan général [3], soit sur l'histoire de communautés particulières [4].

Une bonne partie des études consacrées aux communautés juives au moyen âge traite aussi des rapports noués entre les dirigeants de la communauté respective et les autorités politiques, féodales ou, bien entendu, ecclésiastiques desquelles elle dépendait. Cependant la moisson des études consacrées à la place de la communauté dans la cité, aussi bien par rapport à la société communale qu'à l'égard de la paroisse urbaine, est très maigre [5]. Si l'on peut parler du modèle que la communauté juive, en raison de son

---

[1] S. W. Baron, *The Jewish Community*, 3 vol., Philadelphia 1943.

[2] L. Finkelstein, *Jewish Self-Government in the Middle Ages*, New-York 1924.

[3] Cf. C. Roth (éd.), *The Dark Ages: Jews in Christian Europe, 711-1096*, Tel-Aviv 1966, qui est également un bon guide pour la compréhension du cadre historique des juifs en Europe occidentale et centrale pendant la période discutée ici.

[4] E. g., A. Kober, *History of the Jews in Cologne*, New-York 1940. Pour autres monographies de communautés, cf. B. Blumenkranz, *Bibliographie des Juifs de France*, Toulouse 1974, et G. Kisch, *The Jews in Medieval Germany*, Chicago 1949, où l'on trouvera une excellente bibliographie.

[5] Les travaux relevants sont cités dans la bibliographie de R. Chazan, *Medieval Jewry in Northern France*, Baltimore 1973.

ancienneté, avait servi à l'élaboration des structures urbaines dans les pays de l'Europe occidentale, nous continuons à déplorer l'absence de travaux comparatifs sur le fonctionnement des institutions, sans lesquels il est impossible de prouver l'existence des influences mutuelles entre les deux organismes sociaux, co-habitant la même ville et qui parfois est mentionnée comme postulat axiomatique.

Par sa structure, la communauté juive médiévale a été surtout un groupement religieux, dont les membres habitaient autour de la synagogue. Constituée ainsi encore à l'époque du Bas-Empire, lorsque les juifs exilés de la Palestine s'étaient établis en Gaule, elle avait certains caractères structurels, dont l'origine était tirée des pratiques municipales palestiniennes, qui avaient été complétement différentes de l'organisation de la *civitas* romaine. En effet, privée des institutions de gouvernement autonome et soumise au pouvoir central de la royauté et des prêtres du Sanctuaire de Jérusalem, la ville de la Judée et de la Galilée fut une émanation de la société populaire, dont le fondement démocratique avait été accentué par l'absence de l'aristocratie, établie à Jérusalem et par l'égalité de tous les habitants devant la Loi. Cette Loi était expliquée aux habitants par l'enseignant qui, grâce au prestige de sa profession, était devenu peu à peu la plus importante personnalité de la petite ville, le *Rabbi* ou bien le maître[6].

Cette structure démocratique de la société urbaine juive de Palestine fut transplantée dans les établissements de la *Diaspora,* où l'école est devenue en même temps le local du culte, la synagogue. Le mot hébraïque *Beth Knesseth* indique bien l'origine de la notion: la maison de l'assemblée, ce qui correspond au terme grec *synagogé.* C'est ainsi que l'on peut remarquer la concentration des juifs autour du local communautaire et la formation des quartiers distincts qui, selon le témoignage de Flavius Josèphe[7], était la meilleure modalité de faciliter la liberté du culte. Cependant, la constitution de communautés dans la *Diaspora* avait, dès la fin de l'Antiquité, amené à un processus de changements de première importance dans leurs structures sociales, par rapport aux communautés palestiniennes. Le plus important de ces changements fut l'apparition d'un élément aristocratique dans les communautés, issu habituellement des gens d'affaires, et qui est devenu l'embryon d'une couche dirigeante, portant des titres comme « grands » ou « vieillards »[8]. Ils ont partagé le gouvernement communautaire avec les maîtres de la Loi et ce système de direction fut déjà bien implanté en Gaule au IVe siècle, comme il est attesté par un Décret impé-

---

[6] Cf. BARON, *The Jewish Community,* ch. I.
[7] FLAVIUS JOSEPHUS, *Contra Apionem,* éd. hebr. I. N. SIMHONI, Tel-Aviv 1959, p. 58.
[8] Cf. BARON, *The Jewish Community,* I, pp. 75 sq.

rial de 331, octroyant à la communauté de Cologne ses privilèges en matière religieuse et juridique et qui est adressé aux « *hiereis et archisynagogis et patribus synagogarum et ceteris qui in eodem loco deserviunt* » [9]. Etant donné que ce décret traite de la reconnaissance d'une organisation déjà existante, il faut voir dans le modèle de Cologne l'implantation on Occident des structures de gouvernement local, à la même époque où les institutions de la cité antique perdaient leur ascendant.

La christianisation de l'Empire au IVe siècle avait posé de graves questions quant au fonctionnement de ces institutions communautaires; ceci, parce que la communauté ne fut pas seulement une entité religieuse, mais aussi bien une corporation sociale. Le judaïsme, comme le christianisme primitif [10], était méfiant quant au recours à la juridiction payenne, soit celle de l'Empire, et avait imposé aux membres de la communauté le recours à sa propre cour de justice, où les litiges étaient jugés selon la jurisprudence talmudique [11]. Afin de résoudre lesdifficultés, Théodose reconnut en 389 l'autonomie de la juridiction juive en ce qui concernait les cas disputés entre les juifs mêmes [12]. C'est ainsi que, depuis le début du moyen âge, la justice juive avait obtenu un caractère officiel, ce qui lui assura l'exclusivité dans les communautés. L'existence d'une cour de justice dans une certaine localité est devenue le symbole de l'élément constitutif d'une communauté, à laquelle se rattachaient les habitats voisins dépourvus de ces juges.

Fortes de cette autonomie, les communautés ont constitué de quartiers distincts dans les villes entre le Rhin et la Loire, dont le développement est contemporain au déclin des anciennes cités. Ces quartiers, comme les établissements voisins des marchands orientaux, les *Syri* [13], ont certes été à leur origine un centre d'habitat groupant un élément étranger dans la ville. Cepedant, par leur particularité religieuse, ces quartiers ont une certaine ressemblance avec la paroisse chrétienne et, malgré leur caractère *sui generis,* on peut les comparer avec les structures paroissiales voisines.

Néanmoins, pendant des siècles, la haute autorité sur la communauté avait été celle des Sages babyloniens, aux académies desquels on apportait,

---

[9] *Cod. Theodos.*, XVI, 8, 4, éd. E. Friedberg, *Corpus Jur. Civ.*

[10] v. ainsi la doctrine paulienne fondée sur le passage de l'épître aux corinthiens (*Ad Corinthios*, 1, 6, 1), où la méfiance envers la justice payenne est clairement exprimée.

[11] L'interdiction à recourir à la justice payenne exprimée déjà au I siècle (*Pirque Abboth*, I, 10, II, 3) fut renouvelée dans le Talmud, *tract. Gittin,* 88 b.

[12] *Cod. Theodos.*, II, 1, 10, et confirmation par Justinien (*Cod. Just.*, I, 9, 8).

[13] Cf. l'article toujours intéressant de L. Bréhier, *Les colonies des Orientaux en Occident,* « Byzantinische Zeitschrift », 12 (1903), ainsi que le travail magistral d'E. Ennen, *Frühgeschichte der Europäischen Stadt,* Bonn 1953.

par l'intermédiaire des marchands voyageant vers l'Orient, les cas de principe. Cette même haute autorité se réservait le droit de reconnaître les juges communautaires [14]. C'est ainsi que, malgré l'existence des éléments significatifs, la véritable organisation communautaire dans la région traitée doit être datée depuis l'époque carolingienne, lorsque le déclin de la cité ancienne fut achevé et les liens entre les communautés occidentales et le centre mésopotamien fut relâché [15].

Les événements du VIII siècle, dont la chute du Caliphat ommayade et la formation d'un Etat musulman en Espagne, rival des Abbassides de Bagdad, ont brisé l'unité du monde méditérranéen et créé des difficultés dans la navigation entre l'Orient et l'Occident. Pour ce qui concerne les communautés juives, ces difficultés ont amené à un relâchement des liens avec le centre de Bagdad et de centres autonomes furent créés, pendant la seconde moitié du VIII siècle, en Italie, Languedoc, Espagne et Afrique du Nord qui, afin de satisfaire la volonté de présenter leur fondation comme un acte légitime de la transmission de l'autorité religieuse, se sont appuyés sur des légendes concernant leur fondation [16].

L'organisation communautaire dans le royaume franc-carolingien fut ainsi basée sur l'élaboration de structures autonomes, aussi bien à l'égard de l'autorité politique qu'envers le centre juif de Bagdad. Cette autonomie, acquise en vertu des circonstances, a amené les communautés à procéder à l'élection de leurs dirigeants spirituels, selon la tradition des anciennes villes palestiniennes, où les enseignants furent élus par le peuple. Muni par ce mandat populaire, le maître exerçait ses fonctions religieuses et judiciaires *voluntate populi*. L'application de cette coutume élective par les communautés juives dans les pays de l'Europe carolingienne est, semble-t-il, aussi le résultat de l'influence des pratiques dans l'environnement chrétien, où l'on avait l'exemple des élections épiscopales, plus ou moins courantes. Par ailleurs, on peut constater que la diminution du collège électoral de la communauté et la monopolisation de l'élection par les « grands », qui prenaient l'avis des maîtres réputés des communautés voisines, ce qui en faisait pratiquement une nomination, fut un processus plus ou moins parallèle avec l'évolution dans la société chrétienne. Dans la société juive ce système est devenu pratique courante depuis l'arrivée

---

[14] BARON, *The Jewish Community*, I, p. 173.
[15] Cf. I. BAER, *Les fondements et les débuts de l'organisation communautaire juive au moyen âge*, « Zion », 15 (1950), 1-41 (en hébreu).
[16] Cf. G. D. COHEN, *The Story of the Four Captives*, « Proceedings of American Academy for Jewish Research », 29 (1960-61), 55-131, et A. GRABOÏS, *Le souvenir et la légende de Charlemagne dans les textes hébraïques médiévaux*, « Le Moyen Age », 72 (1966), 5-41.

en Rhénanie du maître Kalonymos de Lucca et son installation à Worms sous Charles le Gros [17].

Le recours au système électif des dirigeants spirituels autonomes avait néanmoins posé une question de très grande importance, aussi bien sur le plan de l'autorité religieuse et ses sources, que sur le plan du bon fonctionnement des institutions. En effet, dans l'absence d'une direction spirituelle centrale, voire nationale, comment pouvait-on garder l'unité religieuse? Evidemment, il y avait le code, le Talmud; et pourtant, il fallait l'interpréter et appliquer ses prescriptions dans une situation dynamique. Et quant au fonctionnement des institutions, comment pourrait-on garantir l'obéissance des électeurs aux dirigeants élus? Afin de résoudre ces graves problèmes, d'autant plus qu'au cours du XI siècle on constate l'existence de coutumes différentes parmi les communautés des royaumes germanique et français [18], il fallut accorder une autorité suprême aux cours de justice. Ce fut l'institution du *Herem Beth-Hadin,* à savoir le ban judiciaire. Ce concept impose à tout membre d'une communauté la soumission inconditionnée à la juridiction de la cour locale, lui interdisant le recours à toute autre instance judiciaire, que ce soit celle du pouvoir politique-féodal, considéré comme justice payenne, ou bien celle d'une autre communauté [19]. En outre, le *Herem Beth-Hadin* avait servi comme fondement de l'établissement des institutions du gouvernement communautaire, surtout dans les domaines administratif et fiscal. C'est ainsi que le droit des communautés à décréter des ordonnances, à imposer le payement des impôts ou des contribuitions et à réglementer les transactions commerciales avec les seigneurs et la population chrétienne de la région, revêtit une forme de verdicts de la cour, qui furent appliqués sous peine d'excommunication [20]. Cette sanction pourrait amener à l'exclusion du contrevenant du sein de la communauté, qui se pourvut vers la même époque du *Herem Haiyshub,* à savoir son droit de décider à quelle personne il sera permis de résider

---

[17] Cf. notre article cité, pp. 32-33. Le cadre géo-culturel choisi pour cette enquête correspond, sur le plan du développement urbain, à celui étudié par F.L. GANSHOF, *Etude sur le développement urbain des villes entre Loire et Rhin au Moyen Age,* Paris-Bruxelles 1943, ce qui facilite la comparaison.

[18] FINKELSTEIN, *Jewish Self-Government...,* p. 127.

[19] Cf. D.M. SHOHET, *The Jewish Court in the Middle Ages. Studies in Jewish Jurisprudence according to the Talmudic, Geonic and Medieval German Responsa,* New-York 1931. Le problème y est discuté surtout sur le plan juridique et il faut, sur le plan social, ajouter les remarques pertinentes de BARON, *The Jewish Community, passim.* Cf. aussi S. SCHWARZFUCHS, *Etudes sur l'origine et le développement du Rabbinat au Moyen Age,* Paris 1957.

[20] V. e. g., une ordonnance de Rashi vers la fin du XI siècle, éd. FINKELSTEIN, *Jewish Self Government...,* p. 149.

dans le quartier juif[21]. La gravité du verdict de l'excommunication juive fut donc plus accentuée que celle de l'anathème chrétien.

Afin d'éviter des abus qui pourraient résulter de l'application de ce principe de l'absolutisme juridique, on a essayé depuis la fin du X siècle à trouver des modalités de la modération du *Herem*. Un des procédés les plus souvemment appliqués fut le recours à l'avis du maître le plus réputé de la Loi dans la région. C'est ainsi que depuis l'installation à Worms de Kalonymos de Lucca, cette ancienne coutume de recourir aux lumières des Sages mésopotamiens est devenue pratique courante dans le cadre régional de l'Allemagne, Lorraine et la France du Nord et fut développée en système, à la fois scolastique et juridique. Ce système n'avait pas amené à la création d'une instance d'appel, les cas débattus continuant à relever de la cour compétente; l'avis demandé fut traité comme une question de principe par le maître, qui trouvait parfois opportun de discuter le cas et de le commenter devant ses élèves. Il en résultait un *Responsum*, où furent citées les autorités qui s'étaient déjà prononcées sur des cas similaires et où le maître exprimait aussi sa propre opinion. Le poids des *Responsa* fut si grand, qu'ils ont servies de complément à la Loi et de fondement à la rédaction des status communautaires[22].

Ce système quasi-légaslatif, que l'on compare avec le Droit coutumier ou la *Common Law*, a été perfectionné durant la longue activité de Gershom de Mayence, vers la fin du X et le début du XI siècle, dont la réputation lui valut l'épithète de la « Lumière de l'Exil »[23]. Ses préceptes, que la coutume avait considérés valables pour mille ans, ont revêtu une forme de *Herem*[24], aucune dérogation ne pouvant être agréée que par le consentement de cent maîtres réputés, provenant des trois pays de l'Allemagne, de la Lorraine et de la France. Qu'il s'agisse de ses décrets instituant la monogamie, le besoin d'obtenir le consentement de l'épouse pour le divorce, l'interdiction de lire le courrier de l'autrui ou bien l'interdiction de concurrer les négociants avec la population chrétienne[25], l'effet fut une

---

[21] Cf. L. RABINOWICZ, *The 'Herem Hayyshub'*, London 1945, où les origines et l'évolution de ce concept aux X - XIII siècles sont étudiées en concordance avec l'évolution sociale.

[22] Cf. I. A. AGUS, *Urban Civilization in pre-Crusade Europe*, I, Leiden 1965, pp. 20-27. Afin de faciliter au lecteur ne comprenant pas l'hébreu l'accès aux textes des *Responsa*, nous renverrons ici aux textes recueillis et traduits par Agus, avec ses commentaires, après avoir vérifié les références dans les éditions originales.

[23] Cf. *Responsa de R. Gershom, Light of the Exile*, éd. S. EIDELBERG, New-York 1956, Introduction, où l'éditeur a réuni les données biographiques. La date de la naissance de *Gershom* doit être située entre 950-960 à Metz; il mourut en 1028 à Mayence.

[24] Ed. FINKELSTEIN, *Jewish Self Government...*, pp. 118-126.

[25] Cf. S. EIDELBERG, *'Maarufia' in Rabbenu Gershom' Responsa*, « Historia Judaica », 15 (1953), 59-66. V. les textes pertinents, AGUS, *Urban Civilization...*, I, pp. 203-215.

révolution sociale, transformant les structures de l'ensemble des communautés entre le Rhin et la Loire. Il en résulta le raffermissement des liens familiaux, comme unité fondamentale dans la communauté, la consolidation de la communauté comme unité de habitation et, enfin, le resserement des liens entre communautés sur le plan d'un regroupement socio-culturel, voire la civilisation dite « ashkénaze ». Ce dernier résultat fut acquis par la convocation des assemblées des dirigeants spirituels des communautés qui, sous la présidence de Gershom, discutaient les cas soulevés par une certaine communauté [26]. Ces synodes sont rapidement devenus un embryon d'organisation intercommunautaire, ressemblant ainsi aux conciles provinciaux chrétiens, où l'on traitait des affaires paroissiales [27]. De ces assemblées se sont développées au cours du XI siècle des fédérations intercommunautaires, telle que la fédération rhénane, à la base de laquelle étaient les réunions annuelles des dirigeants des communautés de Spire, Worms et Mayence et qui fut élargie depuis le XII siècle à l'ensemble des communautés correspondant au *Rheinisches Bund;* parallèlement, fut créée la fédération champenoise, réunissant les communautés de Champagne et de ses environs autour de celle de Troyes.

Pourtant, à l'époque de Gershom, à l'école duquel affluaient des étudiants provenant des « trois pays », les assemblées furent de véritables synodes « nationaux »; leurs débats se sont soldés par les « Ordonnances de R. Gershom », qui sont la première constitution de l'ensemble des communautés juives entre le Rhin et la Loire. Dans leur forme eclectique [28], les douze articles se réfèrent aussi bien aux questions purement religieuses, qu'à celles dont l'objet pourrait être défini comme « laïc ». Ce décret, qui implique l'autorité corporative de l'établissement socio-religieux sur ses membres, a de points de ressemblance avec l'organisation diocésaine et paroissiale dans le secteur chrétien et, en même temps, est une préfiguration de l'organisation communale, telle qui se développera dans ces pays aux XII-XIII siècles [29].

D'autre part, on attribue, et à bon droit, à Gershom un statut dont le but fut de saufgarder les droits de l'individu envers cet absolutisme judi-

---

[26] Cf. FINKELSTEIN, *Jewish Self Government...*, pp. 20 sq.

[27] Une véritable comparaison pour la période traitée ici est difficile, étant donné que les statuts diocésains concernant la région datent surtout du XIII siècle (cf. A. ARTONNE, *Les statuts synodaux français du XIII siècle au concile de Trente*, « Revue d'Histoire de l'Eglise de France », 36 (1950), 168-181).

[28] Ed. FINKELSTEIN, *Jewish Self Government...*, pp. 118-126. Cf. ses remarques quant à la date des différents articles et du document préservé.

[29] Cf. ENNEN, *Frühgeschichte der Europäischen Stadt*, ainsi que Ch. PETIT-DUTAILLIS, *Les communes françaises*, Paris 1947.

ciaire et qui n'a pas de pendant dans le diocèse et la paroisse chrétiens. Ce statut, intitulé « Le droit de l'interromption de la prière », permet à tout plaignant qui n'a pas obtenu justice, de pénétrer dans la synagogue où priait la personne accusée et interrompre l'office jusqu'à ce qu'on lui assigne une date pour le jugement du cas. Si justice ne lui était pas faite dans trois jours ouvrables, il peut interrompre la prière dans toutes les synagogues de la ville, y compris les offices de *sabbat* et des fêtes. Néanmoins, ce droit n'est pas réservé aux propriétaires des locaux de synagogues, quand il s'agissait du même local, et ceci afin de ne pas ouvrir la voie aux abus [30]. L'importance de ce statut réside surtout dans l'ouverture de la possibilité d'exprimer publiquement la protestation de l'individu à l'époque même où l'organisation communautaire se transformait en régime aristocratique.

C'est ainsi qu'au bon droit que la mentalité juive a conservé de Gershom de Mayence et de son époque le souvenir d'une renaissance du judaïsme européen; par un rapprochement naturel, on a daté ses ordonnances eclectiques, intitulés le *Herem de Rabbenu Gershom,* de l'an 963, ce qui évoque la renaissance ottonienne en Allemagne et les réformes intitulées la constitution ottonienne [31]. Nul doute que dans ce cas, nous constatons la perception dans le milieu juif de l'influence de la *Renovatio Romani Imperii* et de l'intensive activité déployée à la cour d'Othon I, au point qu'il y eut un courant d'opinion parmi les juifs d'Allemagne, où l'on a trouvé opportun de lier les deux phénomènes.

Cepedant, au cours du XI siècle, la direction des communautés est entièrement passée aux groupes aristocratiques des « Vieillards », qui sont devenus la *sanior pars* de la communauté. L'accroissement de leur pouvoir est lié au développement de l'administration financière des communautés. Quoique tous les membres, ainsi que les habitants de petites villes, bourgades et villages voisins qui en étaient agrégés, étaient imposables et tenus à payer les impôts [32], il fut naturel que la gestion financière de la commu-

---

[30] Ordonnances de R. Gershom, éd. FINKELSTEIN, *Jewish Self Government...*, art. 2-4 et 12. Ce statut a été étudié sur une autre variante par A. N. C. ROTH, '*Herem' de ne pas interrompre la prière et une nouvelle version des Ordonnances de R. Gershom,* « Zion », 19 (1954), 57-63 (en hébreu).

[31] Cf. à cet égard, P. E. SCHRAMM, *Kaiser, Rom und Renovatio,* Heidelberg 1929, pp. 68-86; H. BEUMANN, *Das Imperiale Königtum im 10. Jahrhundert,* « Die Welt als Geschichte », 10 (1950), 117-130; R. FOLZ, *Le souvenir et la légende de Charlemagne dans l'Empire germanique médiéval,* Paris 1950, pp. 56-68; P. E. SCHRAMM, *Die Kaiser aus dem sächsischen Hause im Lichte der Staatssymbolik,* « Mitteilungen des Instituts für oestreichische Geschichtsforschung », Erganzungsband 20, Wien 1962.

[32] Ordonnances de R. Gershom, éd. cit., art. 5, 7, 8, 9. Ces textes ont servi de fondement aussi bien aux statuts ultérieurs (aux XII - XIII siècles) qu'aux *Responsa* (AGUS, *Urban Civilization...,* II, pp. 446-485).

nauté passe au personnes aisées. Ceci, en raison de l'imposition collective de la communauté par son seigneur, ecclésiastique ou laïque, ainsi qu'aux exactions et droits exigés et qu'il fallut acquitter dans les delais prévus par les seigneurs. Or, les marchands liés par leur commerce à ces autorités étaient considérés les plus adéquats pour négocier les modalités des payements et, au besoin, avancer les sommes nécessaires. C'est ainsi que ces groupes de « Vieillards » ou « Grands », que l'on doit comparer avec les prud'hommes ou les *aldormen* en Angleterre, ont été munis aux XI-XII siècles de l'autorité à imposer les membres de leur communauté respective; si les statuts saufgardent le droit des imposés à en appeler à la cour communautaire, ils sont néanmoins tenus à acquitter d'abord la somme exigée ou en donner des gages [33].

Faute de témoignages concernant l'organisation des structures sociales des paroisses dans la région étudiée avant le XII siècle, on peut seulement supposer que les conseils des prud'hommes aient été formés vers l'an mil. La documentation provenant des communautés juives, qui nous présente la ressemblance entre ces corps, permet à dévoiler la génèse de ces conseils de prud'hommes qui, semble-t-il, ont subi, consciemment ou bien inconsciemment, l'influence des structures sociales des communautés avant de les adapter, premièrement aux besoins des paroisses urbaines et, puis, à ceux des communes et des autres établissements urbains.

La direction des communautés par les « Vieillards » a été perfectionnée au cours des XI-XII siècles. Si, aux temps de Gershom de Mayence, cette institution avait été encore au stade nébuleux, la pratique au XI siècle, aussi bien en Rhénanie, qu'en Lorraine et en France, en a accentué l'évolution et la cristallisation. En effet, au XI siècle, ces directoires sont devenus en Rhénanie des comités restreints des « Grands de la ville »; en France, on est arrivé à établir leur nombre à « Sept vieillards de la ville », selon l'exemple champenois [34]. Pourtant, malgré ce processus de l'élimination des couches populaires de la direction des communautés, remise pratiquement à un corps restreint composé par de dirigeants spirituels et les « Vieillards », on a toujours gardé la fiction, selon laquelle toute décision prise fut *voluntate et assensu populi*, l'ensemble des habitants étant censés de statuer les ordonnances et exprimer leur consentement. Ce « consentement » ne fut évidemment qu'une expression de formule, afin que l'on garde la fiction de la participation, passive, des membres, au gouver-

---

[33] Ordonnance de R. Gershom, art. 7.
[34] Ordonnances de R. Tam (synode de Troyes de 1150), art. 2, 4 (éd. Finkelstein, *Jewish Self Government...*, 152 sq., où l'on constate l'achèvement de l'évolution de cette institution).

nement de leur quartier respectif, sans que cela ait diminué en quelque sorte le rôle prépondérant des conseils des grands ou des vieillards.

A cet égard, il est intéressant d'évoquer les synodes tenus à Troyes pendant la centaine d'années entre 1060 et 1160; leurs actes sont contemporains aux premiers textes provenant des communes françaises [35], ainsi qu'aux documents concernant les paroisses et issus des textes diocésains qui ont appliqué la réforme grégorienne dans ce domaine [36]; aussi bien, ils sont une importante source comparative. En outre, Troyes était la ville où ont résidé les plus importants maîtres du monde juif à cette époque, le Rashi et ses grands-fils, Rashbam et Rabbenu Tam [37], dont la réputation, universellement répandue dans le monde juif, et qui par ailleurs fut bien connue même par les exégètes chrétiens de l'époque [38], assurait à ces assemblées une large participation. Les préambles de ces actes, surtout des statuts, indiquent bien le rôle constitutif du consentement populaire. C'est ainsi qu'un statut de Rashi, concernant l'obligation de tous les membres de la communauté à payer les impôts et menaçant d'excommunication ceux qui s'en exempteraient grâce à leurs rapports avec les seigneurs féodaux [39], commence par la formule: « Nous, les habitants de Troyes et des communautés voisines, statuons... ». Même quand il s'agissait des mesures prises afin d'appliquer la législation purement religieuse, comme les décrets du *Nassi* (le Patriarche) et des Sages de Narbonne [40], dont l'autorité ne fut pas discutée en Champagne, la pratique des synodes de Troyes exigeait que le « consentement » populaire fût enrégistré. Le préamble des actes de l'assemblée de 1160, où quelques décrets provenant de Narbonne furent insérés, en fait état: « Nous les habitants de la ville de Troyes et (des communautés) de la France, Normandie, Anjou et Poitou, décidons... » [41].

[35] Outre l'ouvrage de PETIT-DUTAILLIS, cf. *La ville,* Recueils de la Société Jean Bodin; VI, Bruxelles 1954, VII, Bruxelles 1955.

[36] Cf. l'ouvrage classique d'A. FLICHE, *La Réforme grégorienne,* 3 vol., Louvain 1924-1937 et le suggestif article de C. N. L. BROOKE, *Canons of English Church Councils in the Early Decretal Collections,* « Traditio », 13 (1957), 471-480.

[37] Cf. S. W. BARON, *Rashi and the Community of Troyes,* in *Rashi Anniversary Volume,* New-York 1941, pp. 47-71.

[38] Cf. A. GRABOÏS, *The 'Hebraica Veritas' and Jewish-Christian Intellectual Relations in the Twelfth Century,* « Speculum », 50 (1975), 613-634.

[39] Ordonnance de Rashi, éd. FINKELSTEIN, *Jewish Self Government...,* p. 149.

[40] Cf. A. GRABOÏS, *La dynastie des 'rois juifs' de Narbonne, IX - XIII siècles,* « Narbonne - Archéologie et Histoire », vol. II, Montpellier 1973, 49-54.

[41] Ordonnances de R. Tam (synode de 1160), éd. cit., p. 290. Le préamble des actes du synode de 1150 (*ibi,* p. 151) est formulé de la même manière. Cette manifestation du consentement populaire, que l'on trouve exprimée également dans les *Responsa,* est expliquée comme l'émanation de la tradition démocratique de la communauté. Cf. S. W. BARON, *A Social and Religious History of the Jews,* V, (« Western Democracies ») Philadelphia 1957, pp. 58-69, I.A. AGUS, *Democracy in the Communities of the Early Middle Ages,* « Jewish Quarterly Review »,

Pourquoi cet acharnement à la fiction du consentement, malgré l'exclusion de l'élément populaire de ces synodes? En effet, les Sages et les maîtres de la Loi, dont le rôle dans ces assemblées fut décisif, en raison de leur prestige, de leur connaissance des Lois et des précédents, y ont été les participants principaux aux côtés des chefs des conseils des « Grands » ou des « Vieillards ». Outre l'emploi de la terminologie traditionnelle, que l'on constate aussi dans les textes ecclésiastiques et féodaux de l'époque, il semble que la principale raison de cette pratique du consentement populaire fictif fut surtout un moyen pour exprimer l'existence de l'élément fondamental de l'organisation communautaire juive, à savoir la solidarité mutuelle. Certes, ce concept de solidarité mutuelle n'avait pas été une innovation des communautés médiévales entre le Rhin et la Loire; on le trouve formulé en toutes lettres déjà dans les textes mishnaïques des I-III siècles [42] et fut appliqué pendant toute l'histoire de la Diaspora [43] en tant qu'expression de responsabilité collective de la communauté envers l'individu. Dans la région de laquelle nous nous occupons ici, cette solidarité est devenue un des principaux fondements de l'activité communautaire ayant une double portée; sur le plan intérieur, il s'agissait de la responsabilité individuelle et de la mutualité réciproque; sur le plan extérieur, il s'agissait de la responsabilité communautaire pour chaque individu. C'est ainsi que si un juif avait été spolié de ses biens par un non-juif et si celui-ci les avait vendus, leur rachat par un autre juif fut considéré comme une action de la communauté pour restituer les objets spoliés à leur possesseur légitime [44].

Ce concept de solidarité communautaire exigeait la manifestation de la responsabilité de la communauté entière, même quand elle n'était pas soumise à l'autorité d'un certain seigneur qui avait exigé d'un de ses membres, *tanquam servus ejus,* de s'acquitter de services, parfois humiliants. On se contentera à ce propos à analyser un exemple, parmi beaucoup de cas de portée différente, afin d'illustrer la manifestation de cette solidarité collective. Lors de la visite d'Innocent II à Saint-Denis en 1131, l'abbé Suger demanda à tous ses vassaux et aux délégations des habitants

---

[43] (1952), 153-176. Nous essayons de proposer ici une explication un peu différente du phénomène, sans rejeter pourtant les arguments de Baron et d'Agus qui sont valables dans leur ensemble.

[42] Tract. *Shebuoth,* 39 a.

[43] Cf. BARON, *A Social and Religious History of the Jews,* V, pp. 79-80. On peut comparer la manifestation de ce comportement dans la société chrétienne; cf. J. DHONDT, *Les solidarités médiévales. Une société en transition: la Flandre en 1127-1128,* « Annales », 12 (1957), 529-560.

[44] AGUS, *Urban Civilization...,* II, pp. 752-753.

sur les domaines de l'abbaye d'être présents à la cérémonie d'accueil devant les portes de l'abbatiale. En raison des circonstances, le schisme d'Anaclet et la stigmatisation des origines juives de Pietroleone, il tenait beaucoup à la présence de ses sujets juifs, avec le Rouleau de la Loi. Or à Saint-Denis il n'y avait pas de communauté et les cinq familles juives du bourg étaient agrégées à la grande communauté voisine de Paris, qui ne dépendait pas de l'abbé de Saint-Denis. Malgré tout, la communauté de Paris fit acte de solidarité avec ses cinq membres dyonisiens et ses dirigeants se présentèrent devant les portes de l'abbatiale, tenant le Rouleau de la Loi [45]. Il serait superflu de souligner à quel point la communauté parisienne éprouvait peu d'intérêt pour cette cérémonie, qui rappelait la soumission de la Synagogue à l'Eglise; cependant, ce fut la manifestation du devoir de la solidarité mutuelle qui lui avait imposé cette présence, sans qu'ils aient cherché de moyens pour s'en dérober.

Une comparaison des actes de ces synodes intercommunautaires avec de textes provenant des provinces ecclésiastiques de Reims, Trèves, Cologne, Mayence et Sens [46], nous amène à constater que les dirigeants des communautés juives se heurtaient aux mêmes problèmes que leurs voisins, les prélats catholiques, à savoir comment aboutir à la cohésion socio-religieuse de leurs entités, respectivement les paroisses et les communautés. Certes, l'antagonisme de la foi avait creusé un fossé entre les deux entités, fossé qui fut approfondi par les éclatements de la haine et des pogroms, dont le point culminant fut le chemin sanglant de la première croisade en 1096, depuis la vallée de la Seine, à travers celles du Rhin et de la Danube [47]. Malgré tout, ce fossé fut franchi par les intellectuels, soit les polémisants, soit en quête de dialogue [48]. Cependant, ce qui est plus important pour notre propos, des contacts quotidiens ont été établis, au marché et à la foire, entre les deux éléments. Ces contacts, où se sont développées des influences mutuelles, doivent être considérés comme un prolongement des échanges commerciaux. Ils reflètent l'importance de la civilisation du marché, qui mérite d'être l'objet de recherches plus amples.

En vertu de l'ancienneté de son organisation, la communauté juive est

---

[45] SUGER, *Vie de Louis VI*, éd. H. WAQUET, Paris 1964², p. 264.

[46] MANSI, *Conciliorum Collectio Amplissima*, vol. XIX - XXI.

[47] Cf. N. GOLB, *New Light on the Persecution of French Jews at the Time of the First Crusade*, « Proceedings of the American Academy for Jewish Research », 34 (1966), 1-63, ainsi que CHAZAN, *Medieval Jewey...*, ch. II.

[48] Cf. A. FUNKENSTEIN, *Changes in the patterns of Christian anti-Jewish polemics in the XII Century*, « Zion », 33 (1968), 125-144 (en hébreu), et GRABOÏS, *The 'Hebraica Veritas'...*, pp. 613-634. Pour des remarques plus générales, cf. F. TALMAGE, *Disputation and Dialogue; Readings in the Jewish-Christian Encounter*, New-York 1974.

arrivée à se structurer avant la paroisse urbaine; ses institutions ont fait encore au XII siècle, l'objet de l'observation de ses voisins [49]. Ses institutions de gouvernement local, ont été adaptées par la paroisse et la commune, probablement après qu'un embryon de l'organisation ait été assimilé par les communautés au début du Moyen Age, développé dans ses cadres et fut retransmis au XII siècle aux paroisses et aux établissements urbains.

Cependant, il faut procéder aux études plus poussées et détaillées sur le plan local, avant qu'il soit possible d'arriver aux conclusions plus précises quant à la portée de ces influences mutuelles.

---

[49] AGUS, *Urban Civilization...*, II, pp. 766 et 794-808. Cf. GRABOÏS, *The 'Hebraica Veritas'...*

L'Abbaye de Saint-Denis et les Juifs sous l'abbatiat de Suger

L'abbaye de Saint-Denis occupe une place importante dans le mouvement révolutionnaire de l'économie médiévale, grâce à l'impulsion de l'abbé Suger (1122-1151), qui opéra une réorganisation dont les résultats se soldèrent par une prospérité sans précédent du monastère [1]. Et nous avons la bonne fortune de posséder le traité que Suger a écrit sur la gestion de la seigneurie abbatiale [2], et de pouvoir ainsi suivre son œuvre et les moyens employés pour réorganiser le domaine et revaloriser ses revenus.

✭

Les textes dont nous disposons ne nous permettent pas de reconstituer la vie et l'activité économique et sociale des Juifs qui se sont installés au cours du Moyen Age à Saint-Denis, donc d'apprécier le rôle qu'ils ont joué dans le développement économique de l'abbaye au XIIe siècle. Néanmoins, malgré la pauvreté de nos sources, nous pouvons constater, en nous fondant sur des textes authentiques, l'existence même de cette « juiverie », établir l'état juridique de ses

---

1. Le développement économique de Saint-Denis a été l'objet de nombreuses études consacrées à ses différents aspects. Notamment : L. LEVILLAIN, « Les origines du Lendit », *Revue Historique*, t. CLV, 1927, pp. 241-276 ; R. BARROUX, « L'anniversaire de la mort de Dagobert à Saint-Denis au XIIe siècle », extr. du *Bull. philologique et historique*, 1942-43 ; R. BARROUX, « L'abbé Suger et la vassalité du Vexin en 1124 », *Le Moyen Age*, 1958, pp. 1-26 ; C. VAN DE KIEFT, « Deux diplômes faux de Charlemagne pour Saint-Denis du XIIe siècle », *Le Moyen Age*, 1958, pp. 401-436. Le lecteur voudra bien se référer, pour l'esquisse du cadre général de cette étude aux ouvrages suivants : E. PANOFSKY, *Abbot Suger on the Abbey of Saint-Denis and its Treasures*, Princeton, 1946 ; M. AUBERT, *Suger* (dans « Figures monastiques », t. VII), Saint-Wandrille, 1950 ; S. MCK. CROSBY, *L'Abbaye royale de Saint-Denis*, Paris, 1953.

2. SUGER, « De rebus in administratione sua gestis », éd. A. LECOY DE LA MARCHE, *Œuvres de Suger* (Soc. d'Histoire de France), Paris, 1867, pp. 155-209.

membres et évoquer brièvement le rôle qu'ils purent jouer dans l'essor de l'abbaye [1].

La première mention de rapports entre l'abbaye de Saint-Denis et les Juifs est de la fin du XIe siècle : à cette époque, le monastère, dont la situation économique était précaire, se vit obligé de recourir au crédit ; il en trouva — entre autres — chez un Juif, nommé Ursellus ou Oursel, habitant à Montmorency [2]. Notre document nous permet de penser que cet Oursel a été un des plus importants créanciers de l'abbaye ; il lui avait prêté, à une date qui nous est inconnue, une somme d'argent qui, selon le texte, aurait été de 24 marcs, ainsi que d'autres sommes importantes :

« ... mais Ursellus, Juif de Montmorency, tenait en gage 10 sous (des revenus hebdomadaires du tonlieu et du change du bourg de Saint-Denis) avec le village de Montlignon pour 24 marcs d'argent et d'autres sommes considérables de deniers, à ce que l'on disait. Nous lui avons pourtant retiré ce village, valant 20 livres ou plus, et les 10 sous du tonlieu à grands frais, c'est-à-dire en payant 3 000 sous à Mathieu de Montmorency, qui avait bien voulu s'en saisir au nom de son Juif, et en donnant à la femme de ce même Juif dix livres et dix muids de froment [3]. »

---

1. Le problème de l'existence d'une communauté juive à Saint-Denis, que H. GROSS mentionne dans son dictionnaire (*Gallia Judaica*, Paris, 1897, p. 151), doit être reconsidéré. En effet, Gross affirme que la communauté de Saint-Denis était florissante au XIIe siècle et qu'elle avait, depuis, décliné, au point qu'au XIVe siècle il n'y avait plus dans la ville que cinq familles. Mais cette note a été rédigée de seconde main, sans que Gross ait vérifié ses sources. Ainsi la mention d'une communauté juive à Saint-Denis au XIIe siècle est fondée sur l'affirmation de G. DUBOIS (*Historia Ecclesiae Parisiensis*, t. II, Paris, 1711, p. 141) ; mentionnant la visite d'Innocent II à Saint-Denis en 1131. G. Dubois dit que, parmi les récipiendaires du pape, il y avait une délégation de la synagogue locale, qui lui présenta le Rouleau de la Loi. Or, la source de ce récit, qui est de Suger lui-même (*Vita Ludovici Grossi Regis*, éd. H. WAQUET, Les Classiques de l'histoire de France, Paris, 1964 [2], p. 264) affirme formellement qu'il s'agit de la communauté juive de Paris : « Judeorum Parisiensium... synagoga ». La présence de la délégation de la communauté de Paris devant les portes de l'abbaye ne s'explique que par l'inexistence d'une communauté à Saint-Denis et par l'appartenance des habitants juifs du bourg à la communauté parisienne. Ceci indique que le nombre des Juifs dionysiens était inférieur à dix familles et qu'ils devaient, selon l'usage, s'agréger à une communauté voisine, en l'occurrence celle de Paris (cf. L. RABINOWICZ, *Social Life of the Jews of Northern France in the XIIth-XIVth Centuries*, London, 1938, pp. 31-32). Quant à l'affirmation de Gross sur la prétendue diminution de la communauté, réduite à cinq familles au XIVe siècle, elle se fonde sur les « Ordonnances des rois de France », t. IV, p. 143 ; mais ce texte — diplôme de Jean le Bon de 1353 — n'est qu'une confirmation vidimée de la charte accordée en 1143 par Louis VII, sur laquelle nous reviendrons plus bas.

2. SUGER, « De rebus in administratione sua gestis », *éd. cit.*, p. 156. Nous n'avons pas réussi à réunir de renseignements complémentaires sur cet Ursellus ou Oursel. Les textes juifs ne nous parlent d'aucun cas qui pourrait nous aider dans la recherche de sa famille et de son nom juif. On constate, en effet, à cette époque, que les Juifs de France emploient des noms en langue vulgaire, réservant le nom hébraïque aux besoins religieux et l'employant seulement à l'intérieur de la communauté. Les noms vulgaires des Juifs pouvaient être soit la traduction du nom hébraïque, soit un nom de consonance semblable au nom hébraïque original, soit enfin des noms choisis arbitrairement (cf. RABINOWICZ, *op. cit.*, pp. 239-241). On trouvera d'autres exemples de cela chez R. ANCEL, *Les Juifs de France*, Paris, 1946, p. 60. Cette pratique a été aussi constatée en Angleterre pendant le XIIe siècle (cf. H. G. RICHARDSON, *The English Jewry under the Angevin Kings*, London, 1960, pp. 27-40 et *passim*).

3. « Erat itaque ministerium illud ejusdem castri, quod vulgo dicitur theloneum et cambiatio, constans sexaginta solidorum unaquaque hebdomada. Sed Ursellus Judaeus de Monte Maurenciaco in vadimonio de his decem habebat, cum villa illa quae dicitur Molignum, pro

L'ABBAYE DE SAINT-DENIS ET LES JUIFS

Afin de garantir le remboursement du prêt et de l'intérêt, l'abbaye engage donc à Oursel des revenus ruraux [1] et urbains dont le montant annuel s'élevait à 46 livres. Si l'on suppose que la somme de 24 marcs d'argent (à savoir 48 livres d'après la valeur du marc sous Louis VI) [2] est la lecture correcte de notre texte, on constate que les biens engagés ne suffisaient même pas à payer l'intérêt ; celui-ci se serait élevé à plus de 100 %. Même si l'on suppose que, sur les 150 livres remboursées par les soins de Mathieu de Montmorency, la moitié (soit environ 35 marcs parisis) représenterait « les sommes considérables de deniers » et leur intérêt, il en résulterait qu'outre les 24 marcs, le monastère devait à Oursel encore 16 marcs à titre d'intérêt cumulé. Nul doute qu'en ce cas Suger aurait pu à bon droit crier à l'usure, car le taux d'intérêt le plus élevé qui était exigé à l'époque ne dépassait pas les 2/3e du capital prêté [3]. Or, l'abbé de Saint-Denis présente le rachat du gage comme une opération profitable au monastère et, pour l'obtenir, il dut recourir aux bons offices de Mathieu de Montmorency, seigneur du créancier et, en même temps, un des amis de Suger.

Cette constatation doit retenir notre attention et nous amener à l'étude critique de notre texte. L'édition du traité de Suger par Lecoy de la Marche est fondée sur un seul manuscrit ; il s'agit d'une copie du XIIIe siècle effectuée à Saint-Denis, tandis que l'original est perdu [4]. La lecture du manuscrit existant est correcte et l'éditeur a eu raison de faire imprimer « quatuor viginti », mots qui figurent en toutes lettres dans cette copie. Nous supposons pourtant que le copiste a fait une erreur de transcription. Le latin de Suger était influencé par la langue vulgaire dans laquelle il s'exprimait [5] ; il comptait par multiples de vingt, selon l'usage populaire dans l'Ile-de-France [6]. Aussi, à notre sens, il y a eu faute de copiste ;

---

quatuor viginti marcis argenti, et alia magna, sicut dicebatur, denariorum pecunia. Nos autem et villam viginti libras aut plus valentem, et ipsos decem solidos magno sumptu, videlicet tria milia solidorum reddendo Mathaeo de Monte Maurenciaco, qui eam occupare libenter pro Judaeo suo vellet, ipsius vero Judaei uxori decem libras et decem modios frumenti reddentes, retraximus eos » (SUGER, *op. cit.,* pp. 156-157).

1. Nous croyons qu'il faut interpréter les mots de Suger « cum villa illa quae dicitur Molignum », comme la mise en gage des revenus de Molignon seulement, sans qu'il y ait, à notre sens, une renonciation des droits seigneuriaux de l'abbé, et notamment de ses droits de justice dans le village. Sur les pratiques de l'engagement des revenus des biens immeubles, cf. R. GÉNESTAL, *Le rôle des monastères comme établissements de crédit, étudié en Normandie du XIe à la fin du XIIIe siècle,* Paris, 1901, p. 2 et Appendice I, p. 275 et suiv.

2. Les changements d'étalon successifs de 1103, 1113, 1120 ont amené une dévaluation de la livre parisis qui, sous Louis VI, ne valait que la moitié du marc d'argent pur (cf. A. DIEUDONNÉ, « Les conditions du denier parisis et du denier tournois sous les premiers Capétiens », *Bibliothèque de l'École des Chartes,* 1920, pp. 48-58 et, en dernier lieu, F. LOT et R. FAWTIER, *Histoire des Institutions françaises au Moyen Age,* t. II, *Institutions royales,* Paris, 1958, p. 211).

3. Cf. l'ouvrage classique de L. DELISLE, *Étude sur la condition de la classe agricole et de l'état de l'agriculture en Normandie au Moyen Age,* Évreux, 1850, p. 203. On y trouvera aussi quelques exemples relevant des revenus sur les gages et de la déduction du capital prêté (pp. 208-211) qui concordent avec la pratique de Saint-Denis. Voir aussi GÉNESTAL, *op. cit.,* p. 60 sq.

4. Cette copie, intitulée « Gesta Sugerii abbatis » se trouve à la Bibiothèque nationale (Ms. lat. 13835). C'est une brochure in-8° ; le passage qui nous occupe se trouve dans les feuillets 2 v° et 3 r°.

5. Cf. A. LECOY DE LA MARCHE, *Œuvres de Suger,* Introduction (Notice sur les écrits de Suger), p. XVIII et H. WAQUET, *Introduction* à son édition de la « Vita Ludovici Grossi », p. XVI.

6. Voici quelques exemples -dans ce traité même : « Sunt igitur quater viginti et decem » (p. 157) ; « quam ego emi quater viginti libras » (pp. 157-158) ; « sexaginta et decem solidos » (p. 158) ; « quater viginti et eo amplius novis hospitibus » (p. 158) ; « septies viginti et

le moine qui a copié le manuscrit original de Suger a dû lire les chiffres XX[IIII] comme XXIIII; et au lieu de transcrire «quater viginti» (c'est-à-dire quatre-vingts) il transcrit « quatuor viginti » (à savoir vingt-quatre). Il en résulte que le capital prêté par Oursel à l'abbaye, et pour l'acquit duquel les revenus cités par Suger avaient été engagés, aurait été de 80 marcs d'argent.

A partir de là, le texte de Suger peut facilement être interprété. Les revenus engagés, dont le montant annuel était, on s'en souvient, de 46 livres, représentaient un intérêt d'environ 28 %; ce taux était beaucoup moins élevé que le taux d'intérêt habituel au XIIe siècle, dont le montant était entre 43 % et 65 % [1]. Aussi pouvons-nous comprendre la raison du remboursement indirect; Suger fut obligé de recourir aux bons offices du seigneur de Montmorency afin d'obtenir des conditions spéciales. En remboursant les 160 livres (3 000 sous à Mathieu et 10 livres à la femme d'Oursel), l'abbé racheta les biens engagés sans devoir acquitter le reliquat de l'intérêt cumulé pendant bon nombre d'années et qui devait s'élever à une somme très importante.

Il nous est impossible de calculer le montant exact du bénéfice réalisé par l'abbaye de Saint-Denis grâce à cette opération. Nous ne disposons pas de l'acte d'engagement et, dans son traité, Suger ne mentionne pas les dates de l'emprunt ni du remboursement. En supposant qu'Oursel ait prêté la somme principale vers la fin du XIe siècle, au moment où la situation économique du monastère l'exigeait [2], nous placerions le « terminus a quo » vers 1100; quant au remboursement, il nous semble qu'on pourrait le situer vers 1130 [3]. Le prêt aurait donc été

---

sex libras et decem solidos » (p. 158), etc. En revanche, on trouve « viginti quinque » pour exprimer le numéro vingt-cinq (p. 185) et non « quinque viginti ». Nous présentons ici notre expression de gratitude à M. le doyen J. Schneider, de l'Université de Nancy, qui a attiré notre attention sur la possibilité d'une erreur dans l'édition du texte, et nous a incité à procéder à la vérification.

1. Sur l'intérêt payé aux créanciers juifs en France, nous disposons de données surtout depuis la seconde moitié du XIIe siècle; la fluctuation du taux était liée à l'évolution économique et surtout à la demande croissante de crédit (cf. RABINOWICZ, op. cit., pp. 44-48). Ce taux était analogue à celui perçu par les Juifs d'Angleterre à la même époque (cf. RICHARDSON, op. cit., pp. 43, 76-77 et surtout 80-81, où le cas de l'abbaye Bury-Saint-Edmunds présente un intérêt particulier, en raison de circonstances similaires). Il est intéressant de souligner que le taux de l'intérêt n'était jamais plus élevé que celui perçu par les établissements monastiques lorsqu'ils prêtaient de l'argent (cf. GÉNESTAL, op. cit., p. 60 et passim).

2. Nous supposons, en tout cas, que le prêt a été effectué avant 1111, quand Louis VI confirma l'ensemble des droits fiscaux de l'abbaye dans le bourg de Saint-Denis (TARDIF, Monuments historiques, n° 347). Vers cette époque, la foire du Lendit rapportait des sommes substantielles (voir l'article de LEVILLAIN, cité plus haut) et le monastère pouvait se passer d'un crédit onéreux. Qui plus est, en faisant état des autres sommes dues à Oursel, Suger emploie l'expression « sicut dicebatur », ce qui veut dire qu'il n'avait pas connaissance directe de ces transactions. Ceci indique, à notre avis, que les emprunts avaient été faits, au début du XIIe siècle, avant le commencement de l'activité du futur abbé, car ensuite Suger fut mêlé à toutes les affaires du monastère.

3. Pour établir l'époque du remboursement, nous devons d'abord fixer la date de l'avènement de Mathieu à la seigneurie de Montmorency. Son père, Bouchard IV, est mentionné comme témoin, dans un acte de 1124 (A. DUCHESNE, Histoire généalogique de la maison de Montmorency, Paris, 1680, Preuves, p. 38); c'est le dernier acte connu de nous, portant son seing. Pourtant, dans l'acte du mariage de son fils Mathieu avec Aline, fille naturelle d'Henri Ier, roi d'Angleterre, célébré en 1126, Bouchard est mentionné sans l'épithète « défunt », comme il était d'usage à l'égard des parents trépassés (id., ibid., p. 39). C'est seulement en 1131-1132 que nous trouvons une charte de Mathieu en tant que seigneur de Montmorency (id., ibid., p. 40) et où son père soit explicitement mentionné comme mort. L'avènement de Mathieu eut donc lieu entre 1126 et 1131. En 1137, le seigneur de Montmorency devint connétable de Louis VII (cf.

remboursé après une période d'environ trente ans. A supposer que les revenus engagés étaient consacrés au paiement de l'intérêt, les reliquats cumulés pendant trente ans auraient dû s'élever (au taux de 43 %) à 690 livres, auxquelles il faut ajouter le capital prêté, d'un montant de 160 livres; ceci évidemment en plus des sommes auxquelles Suger fait allusion sans préciser leur valeur. Aussi la transaction fut-elle profitable à l'abbaye, qui a dû réaliser un bénéfice de 1 000 livres environ.

★

Le redressement économique de l'abbaye de Saint-Denis commença dès le début du XIIe siècle. Le mouvement des pèlerins qui s'y rendaient pour visiter le tombeau du patron du royaume s'accentua avec les départs aux croisades. D'où le développement des changes, la fondation de la fameuse foire du Lendit [1]. Une des conséquences de l'établissement du Lendit fut l'accroissement du bourg et de sa population, par l'établissement de marchands et d'artisans [2]. Parmi ces nouveaux habitants de Saint-Denis, on trouve aussi quelques Juifs, qui semblent avoir été assujettis à la juridiction du roi de France.

Encouragé par cet essor, l'abbé Adam tenta, au début du siècle, de réorganiser la seigneurie abbatiale; il lui fallait d'abord obtenir les droits de justice sur les habitants du bourg et centraliser les droits fiscaux, premières conditions d'affermissement de toute seigneurie. Il se montra particulièrement tenace en tout ce qui concernait les droit abbatiaux sur le bourg et ses alentours, centre de la puissance temporelle du monastère [3].

Les rapports cordiaux (on peut même dire intimes) que Saint-Denis entretenait avec le roi Louis VI [4] et avec le pape Pascal II [5] furent mis à profit par l'abbé : le pape réitéra le privilège d'exemption à l'égard de l'évêque de Paris, dont jouissait l'abbaye, tandis que Louis VI confirmait, par un diplôme de 1111, les immunités du monastère et particulièrement ses droits sur le bourg et ses habitants; il était spécifié que les Juifs du lieu relèveraient de la juridiction abbatiale :

« Nous avons même concédé que les Juifs, qui se trouvent maintenant ou qui seront dans le bourg ou dans le château de Saint-Denis, jusqu'à cinq familles,

---

A. LUCHAIRE, « Remarques sur la succession des grands officiers de la couronne, 1108-1180 », *Annales de la Faculté des Lettres de Bordeaux*, 1881, pp. 364-388). Suger aurait mentionné son titre de connétable, si le remboursement avait été effectué après 1137. Aussi pouvons-nous estimer que la transaction se situe entre 1126 et 1137.

1. Cf. l'article de LEVILLAIN (cité plus haut).

2. TARDIF, *Monuments historiques,* no 347 (pp. 200-201) et no 391 (p. 217).

3. Ces efforts ne sont pas propres à Saint-Denis; ils s'inscrivent dans le cadre de la tendance générale qui caractérisa le second âge féodal.

4. Louis VI fut élève à l'école monastique de Saint-Denis-les-Estrées et eut toujours pour l'abbaye les meilleurs égards. Suger en témoigne et affirme que la raison de cette attitude du roi était due aux souvenirs des années d'études à l'école du monastère (« De rebus in administratione sua gestis », p. 200).

5. Sur les rapports de l'abbaye de Saint-Denis avec Pascal II, cf. l'introduction de H. WAQUET à son édition de la « Vita Ludovici Grossi », en particulier p. VI, où l'on trouvera aussi des références bibliographiques.

soient libres de toutes nos justices et de toute exaction financière de notre part, et qu'ils soient placés sous la juridiction de l'abbé [1]. »

En vertu de ce privilège, les Juifs du bourg devinrent les sujets du seigneur ecclésiastique de Saint-Denis. Le paragraphe concernant les Juifs est identique en ses termes à celui qui s'applique aux habitants chrétiens du bourg; les Juifs dionysiens jouissaient donc du même statut qu'avaient les chrétiens avant 1111. Et le privilège royal qui étendait la juridiction abbatiale sur les habitants du bourg, même quand ils se trouvaient hors de ses limites pour affaires [2], s'appliquait également aux membres des cinq familles juives.

Cette disposition est conforme au statut juridique des Juifs en France, soit dans les limites du domaine royal, soit dans les autres principautés territoriales ou seigneuries du royaume. On trouve, en effet, à la même époque, d'autres seigneurs ecclésiastiques et laïques du royaume capétien exerçant leur juridiction sur les Juifs de leurs domaines et percevant des revenus sur leurs sujets juifs [3].

Quant au nombre des Juifs qui habitaient Saint-Denis, le diplôme de 1111 mentionne « cinq familles », que le roi place sous la juridiction de l'abbé. Le langage de la charte royale est-il limitatif à ces cinq familles, et faut-il supposer un maintien de la juridiction royale sur d'autres Juifs qui auraient habité Saint-Denis ? Non, à notre sens, et les cinq familles mentionnées devaient correspondre à l'état démographique réel au moment où le privilège fut accordé : l'usage du temps indiquait toujours la réalité statique, car les gens du XIIe siècle n'étaient pas conscients du facteur dynamique de la poussée démographique. Mais ne peut-on supposer l'existence d'autres habitants juifs dans le bourg, assujettis à d'autres seigneurs et qui n'auraient pas été inclus dans le privilège ? Nous ne le croyons pas; l'abbé de Saint-Denis, comme les autres seigneurs de l'époque, s'employait à regrouper sa seigneurie, en excluant toute autre juridiction de ses domaines [4]. Nous pensons donc que la population juive de Saint-Denis comptait effectivement, en 1111, cinq familles, nombre trop restreint pour établir une communauté dans le bourg.

Quel fut le sort de ces Juifs ? Notre documentation [5] ne nous dit rien de leurs

---

1. « Concessimus etiam ut Judei, qui ad presens sunt vel habendi sunt in burgo seu in castello sancti Dionysii, usque ad quinque, cum familiis suis liberi sint ab omni justicia nostra, et ab omni exactione nostra, tantum sub jure vel justicia sint abbatis. » (TARDIF, *op. cit.*, n° 347, p. 201.),

2. A. LUCHAIRE, *Annales de la vie de Louis VI le Gros*, Paris, 1890, n° 140.

3. Voir à titre d'exemple la bulle de Calixte II en faveur du prieuré clunisien de Paris, Saint-Martin-des-Champs, du 27 novembre 1119 (J.L., n° 6789, P.L., t. CLXIII, coll. 1142). Cet état de choses exista en France jusqu'au XIIIe siècle; le morcellement des droits seigneuriaux sur les Juifs en France accuse une évolution contraire à celle de l'Empire et du royaume anglo-normand, où les Juifs étaient soumis directement au souverain (cf. G. L. LANGMUIR, « *Judei nostri* and the beginning of the Capetian Legislation », *Traditio*, XVI, 1960, pp. 206-209; on y trouvera des références plus amples sur ce problème).

4. Voir là-dessus les privilèges accordés par Louis VI à Saint-Denis entre 1110 et 1124 (LUCHAIRE, *op. cit.*, n° 97, 1110; n° 119, 1111; n° 140, 1111; n° 136, 1112; n°s 163, 165, 166, 1113; n° 237, 1118; n° 248, 1118; n° 315, 1122; n° 327, 1123; n°s 348, 356, 1124). Cette tendance à amplifier les droits de l'abbaye se manifeste aussi vers la même époque par la fabrication d'un certain nombre de fausses chartes, attribuées aux rois mérovingiens et carolingiens, notamment à Dagobert et à Charlemagne (cf. L. LEVILLAIN, « Études sur les documents mérovingiens et carolingiens de l'abbaye de Saint-Denis », *Bibliothèque de l'École des Chartes*, t. 82, 1921, pp. 5-116; t. 86, 1925, pp. 5-99; t. 87, 1926, pp. 20-97 et 245-346; t. 91, 1930, pp. 5-65 et 264-300, ainsi que l'article de VAN DE KIEFT (cité *supra* p. 1187, n. 1).

5. Les documents de l'abbaye de Saint-Denis ont été publiés seulement en partie. Pour

L'ABBAYE DE SAINT-DENIS ET LES JUIFS

professions, de leur genre de vie, de leur implantation dans le cadre social du bourg ; de même, nous ne savons rien des devoirs extraordinaires qui leur auraient été imposés par le seigneur ecclésiastique, ni s'ils avaient un statut particulier dans le bourg. Le traité de Suger sur son administration abbatiale, où il mentionne les différents revenus de l'abbaye, ne fait pas état de revenus distincts provenant des Juifs ; cependant Suger ne parle que de redevances féodales, omettant les revenus des dîmes ecclésiastiques ; il ne peut donc nous renseigner sur ce point. Il est pourtant plus probable qu'aucune taxe particulière n'était alors imposée aux Juifs et qu'ils étaient soumis au régime fiscal commun aux autres habitants du bourg [1]. Nous pouvons aussi affirmer qu'il n'y avait pas de restriction pour les Juifs dionysiens dans le domaine religieux et qu'ils pouvaient recourir, en ce qui concernait leurs problèmes intérieurs, aux institutions autonomes de la communauté juive ; en l'occurrence, ils s'agrégèrent à la communauté de Paris [2].

Quant à leur situation économique, les Juifs de Saint-Denis ont bénéficié de la prospérité qu'avait connue le bourg durant l'abbatiat de Suger [3]. Il est possible qu'à cette époque déjà ils se soient occupés de change, quoique les témoignages positifs à ce sujet datent du XIIIe siècle [4]. Ils ont acquis des biens

---

la période qui nous intéresse ici, on consultera les pièces servant de « preuves » à l'ouvrage de M. FÉLIBIEN, *Histoire de l'abbaye royale de Saint-Denys en France*, Paris, 1706 ; les actes originaux conservés dans les « Cartons des rois » ont été publiés par J. TARDIF dans ses *Monuments historiques*, Paris, 1866. Cependant, ces documents ne représentent qu'une partie des riches archives de l'abbaye. Un intérêt particulier doit être prêté aux cartulaires composés depuis la seconde moitié du XIIe siècle (Archives nationales, LL 1156-1157-1158). Nous n'avons pas trouvé d'autres textes concernant les Juifs dans les pièces datant de l'époque traitée ici ; cependant, il est possible que la publication de toutes les archives de l'abbaye fasse apparaître des sources complémentaires sur ce point aussi.

1. D'autre part, la situation était différente aux XIIIe et XIVe siècles. Aussi, on trouve des officiers spéciaux, les « prévôts des Juifs », chargés des affaires concernant les sujets juifs demeurant à Saint-Denis, ainsi que dans les autres domaines de l'abbaye. Ces Juifs étaient frappés d'une taxe particulière qui, en 1302, rapporta 40 livres parisis et, en 1324, 56 l. et 6 s.p. (cf. G. LEBEL, *Histoire administrative, économique et financière de l'abbaye de Saint-Denis, étudiée spécialement dans la province ecclésiastique de Sens, de 1151 à 1346*, Paris, 1935, p. 212 sq.). Faute de documents, il est impossible de savoir depuis quand les Juifs dionysiens étaient spécialement imposés et depuis quand exista l'office de prévôt des Juifs. Un des plus anciens signes de taxes spéciales est la mention dans le rôle du rouage perçu dans le domaine de la Trappe, où « un Juif (est taxé) quatre deniers, une Juive quatre deniers et si elle est grosse huit deniers » (LEBEL, *op. cit.*, preuve XXXIV, pp. 311-312) ; ce rôle est daté de juillet 1289. Réduit aux conjectures, nous supposons que ce régime a été introduit au temps de Philippe-Auguste, lorsque les Juifs du royaume furent soumis aux taxes et aux autres restrictions fiscales.

2. Nous avons déjà mentionné la présence d'une délégation de la communauté de Paris à la réception d'Innocent II à Saint-Denis en 1131 (cf. *supra* p. 1188, n. 1), que Suger rangea parmi les vassaux de l'abbaye, et pourtant l'abbé de Saint-Denis n'exerçait pas de droits sur les Juifs de Paris. Cette réception du pape avait un caractère symbolique ; par leur présence, les récipiendaires faisaient acte de ralliement à son parti et, en même temps, désavouaient la cause de l'antipape, Anaclet II (Suger, *l.c. supra*). Comme les adversaires d'Anaclet commençaient à faire état de son origine juive, il y a insistance dans les textes à la participation des Juifs aux différentes manifestations en faveur d'Innocent II. Ainsi l'on a pris soin de souligner le fait que, parmi les participants à la contribution imposée par Henri Ier d'Angleterre et destinée à financer le séjour du pape en France, figuraient les Juifs de Normandie (GUILLAUME DE MALMESBURY, *Historia Novella*, éd. K. R. PORTER, London, 1950, p. 10).

3. Suger nous laisse une bonne relation sur ce sujet dans son traité « De rebus in administratione sua gestis », pp. 155-158.

4. Cf. G. LEBEL, *op. cit.*, p. 235.

immeubles; et leurs maisons semblent avoir été bâties en pierre [1]. Un privilège de Louis VII, accordé en 1143, et confirmant les donations de son père au monastère, mentionne « dans le bourg cinq maisons des Juifs avec leurs familles... » [2] Ce passage figure dans la charte, parmi les premiers privilèges accordés, immédiatement après la confirmation du droit de péage.

Il est intéressant de souligner combien Suger s'intéressait aux droits de son abbaye sur les Juifs de Saint-Denis; cette clause figure parmi les premières concessions de la charte royale qu'il obtint (et qui, selon l'usage du temps, avait été préparée par le bénéficiaire). Il est frappant de constater l'importance que pouvait avoir une poignée de Juifs pour une abbaye aussi riche que l'était Saint-Denis. Les revenus provenant de l'activité de ces Juifs semblent avoir eu une place de choix dans les préoccupations de Suger [3] et dans ses efforts pour réunir les grandes sommes d'argent qu'exigeaient l'achèvement de l'abbatiale gothique et son ornementation [4].

Ces motifs d'ordre économique expliquent, dans l'ensemble, l'attitude favorable de Suger, et plus tard de Louis VII [5], à l'égard des Juifs. Mais des raisons d'ordre religieux ont pu aussi intervenir. Comme Bernard de Clairvaux qui prit la défense des Juifs, notamment avant le départ de la seconde croisade [6], Suger était imbu des prophéties de l'Ancien Testament sur la perpétuité d'Israël. Le vitrail consacré à l'Arbre de Jessé, dans la basilique Saint-Denis, dont il semble qu'il ait été l'inspirateur [7], illustre les prophéties d'Isaïe sur la descendance de David. Et, d'une manière plus générale, la construction même de la basilique était conçue par l'abbé en continuité avec l'Ancien Testament : pour Suger, Saint-Denis, c'est l'équivalent moderne du Temple de Jérusalem, ce même Temple que le roi David n'avait pas été digne de faire ériger; et le roi Louis VII, bâtisseur du nouveau sanctuaire, est un « nouveau David » [8].

Les écrits de Suger ne contiennent pas de polémique antisémite contraire-

---

1. Les textes font allusion à la construction en pierre des maisons des Juifs vers la moitié du XIIe siècle. Cette tendance semble avoir été générale dans les régions de la France du Nord. Ces maisons contenaient habituellement deux étages et un cellier. On trouvera des références, ainsi qu'une description des maisons et de leur mobilier, dans l'ouvrage cité de RABINOWICZ, pp. 55-58.

2. « ... in burgo suo Judeorum quinque mansiones, cum familiis suis » (TARDIF, op. cit., n° 466, p. 254).

3. Pour un aperçu des proccupations de Suger pendant les années 1140-1144, on consultera le régeste établi par O. CARTELLIERI, Abt Suger von Saint-Denis, Berlin, 1898, pp. 140-141, n°r 104-116; cf. aussi, pp. 34-43 et 102-107. Une importante contribution à la compréhension des écrits de Suger est l'étude que lui consacra G. MISCH dans son grand ouvrage, Geschichte der Autobiographie, B. III, 1, Frankfurt 1959, pp. 316-387. L'étude des textes confirme ces conclusions des érudits.

4. Voir le témoignage de Suger lui-même : « His igitur redditus incrementis taliter assignatis, ad aedificiorum institutionem memorandam manum reduximus... » (De rebus in administratione sua gestis, pp. 185-186).

5. Cf. R. ANCHEL, op. cit., p. 100-101.

6. SAINT BERNARD, Ep. 363 et 365 (P.L., t. CLXXXII).

7. Cf. E. MALE, L'art religieux en France au XIIe siècle, Paris, 1928, pp. 168-175; la thèse de Mâle est défendue et reprise par M. AUBERT, op. cit., p. 129, tandis qu'une opinion différente a été formulée par A. WATSON, The Early Iconography of the Tree of Josse, London, 1934, pp. 112-120, sans toutefois qu'elle lui soit entièrement opposée.

8. SUGER, « De rebus in administratione sua gestis », p. 187.

L'ABBAYE DE SAINT-DENIS ET LES JUIFS

ment à ceux des autres Clunisiens ; même lorsqu'il raconte les faits liés au schisme de 1130 [1], il est parmi les rares auteurs qui ne fasse pas allusion à l'origine juive d'Anaclet II. N'étant pas théologien, il pouvait rester sur un terrain pragmatique, sans se mêler de questions d'ordre dogmatique qui l'auraient mis en devoir de définir son attitude à l'égard du judaïsme.

A notre sens, ce sont les réalités économiques qui ont déterminé l'attitude de l'abbé de Saint-Denis à l'égard de ses sujets juifs ; elles ont été un facteur décisif dans la prise de position de Suger en faveur des Juifs au départ de la seconde croisade ; Pierre le Vénérable, abbé de Cluny, avait alors proposé de frapper les Juifs de France d'une taxe particulière, destinée à financer l'expédition de Jérusalem [2]. Mais ce projet fut rejeté et Suger s'employa en tant que régent à réunir les fonds nécessaires en levant une taxe sur les églises du royaume.

---

1. *Vita Ludovici Grossi,* éd. H. Waquet, pp. 258-260.
2. PIERRE LE VÉNÉRABLE, Ep. 36 ; MIGNE, P.L., t. CLXXXVIII, col. 366-68. Cf. V. BERRY, « Peter the Venerable and the Crusades », dans *Peter Venerabilis,* éd. G. Constable et Kritzeck, *Studia Anselmiana,* fasc. 40, Roma, 1956, pp. 141-162.

XVIII

LES JUIFS ET LEURS SEIGNEURS DANS LA FRANCE SEPTENTRIONALE AUX XIe ET XIIe SIÈCLES

L'histoire sociale des Juifs en France a été l'objet de nombreuses études, soit de différents aspects, soit de problèmes locaux, dont la bibliographie est assez vaste; M. R. Chazan en a fait le bilan, ajoutant le résultat de ses propres recherches [1]. Néanmoins, le sujet a une portée très large et toute contribution ouvre de nouvelles perspectives de recherches. Ayant travaillé depuis quelques années sur l'épineuse question des rapports intellectuels entre Juifs et Chrétiens dans la société française du XIIe siècle [2], mon attention a été attirée sur les chaînes de l'intercommunication, dont l'une vise la place des juifs dans la société seigneuriale française. En raison de la différence fondamentale entre le régime féodal du Nord et celui du Midi, la question doit être abordée dans la cadre régional, ce qui nous amène à traiter ici sa portée dans la "patrie" de la féodalité classique, à savoir les pays entre le Rhin et la Loire [3].

Un texte d'importance capitale pour notre propos et par lequel nous nous proposons de l'aborder est la *takkanah* (réglementation) de Rashi, qui fut promulguée avec le consentement des communautés de Troyes

---

[1] R. CHAZAN, *Medieval Jewry in Northern France, a Political and Social History*, Baltimore 1973, où l'on trouvera la bibliographie des travaux antérieurs. Parmi ceux-ci, cf. particulièrement, S. SCHWARZFUCHS, "France under the Early Capets", dans C. ROTH (ed.), *The Dark Ages: Jews in Christian Europe, 711-1096*, Tel-Aviv 1966, pp. 143-161.

[2] Cf. "Le texte hébraïque de la Bible et l'exégèse chrétienne: un chapitre des rapports entre Juifs et Chrétiens au XIIe siècle" (en hébreu), *Studies in the History of the Jewish People and the Land of Israel*, I, 1970, 97-116. Les résultats des recherches postérieures ont fait l'objet d'une nouvelle étude: "The Hebraica Veritas and Jewish-Christian Intellectual Relations in the Twelfth Century", *Speculum*, 50, 1975, 613-634.

[3] Pour le cadre féodal, on se référera aux ouvrages classiques de M. BLOCH, *La société féodale*, 2 vol., Paris 1939 et R. BOUTRUCHE, *Seigneurie et Féodalité*, 2 vol., Paris 1968-69. En ce qui concerne le développement urbain dans la région qui nous intéresse, cf. F.-L. GANSHOF, *Etude sur le développement des villes entre Loire et Rhin au Moyen Age*, Paris-Bruxelles 1943, qui est une étude fondamentale du cadre territorial des villes qui se sont développées dans les pays de la féodalite classique. Dans la partie appartenant au royaume capétien dans cette région, nous avons dénombré 130 communautés et petites implantations (*yishubim*) et, en outre, signalé 77 familles juives dispersées parmi les habitants chrétiens. Cf. la liste provisoire dans l'ouvrage cité de CHAZAN, pp. 213-220 qui, cependant n'a pas fait la distinction entre communautés et *yishubim*.

et des environs; en vertu de cette *takkanah* il fut interdit à tout juif de faire valoir envers sa communauté des privilèges dont il pourrait bénéficier de la part de son seigneur, afin de se faire exempter des impôts dûs à la communauté. Ce document est bien connu et a été largement commenté [4], ce qui nous dispense du besoin de l'étudier ici. Cette *takkanah* fait partie de toute une série d'actes législatifs communautaires, dont le but fut la consolidation de l'autonomie des communautés juives au Moyen Age, ainsi que l'affermissement de l'autorité communautaire sur tous ses membres, sans égard à leur appartenance seigneuriale. A ce propos, il est opportun de souligner que le besoin ressenti pour cette réglementation vers la fin du XIe siécle prouve qu'il y avait bien des juifs qui ont profité de rapports entretenus avec leurs seigneurs afin de s'exempter de la fiscalité communautaire. Peut-on supposer que nous nous trouvons devant un phénomène d'évasion fiscale ou doit-on croire que la fiscalité communautaire ait été si lourde qu'elle aurait incité les gens à s'en exempter? Il est possible que dans certains cas des réponses affirmatives à ces questions soient l'expression d'une réalité. Et pourtant, le problème est sans doute plus compliqué: dans bon nombre de cas, le juif disposait aussi de l'argent ou de biens que son seigneur lui avait confiés. Or, pendant le XIe siècle, les communautés imposaient, en plus des propres biens ou capitaux de leurs membres, l'argent ou les biens appartenant à leurs seigneurs, ou, le cas échéant, à leurs créanciers. C'est ainsi que l'ordonnance de Rashi, tout en interdisant d'avoir recours aux privilèges seigneuriaux d'exemption, en exceptait l'impôt sur l'argent déposé chez les juifs ou les biens hypothèqueé; néanmoins, les intérêts de ces capitaux furent déclarés imposables.

Malgré cette atténuation de la portée de l'impôt, il fallut répéter à plusieurs reprises la promulgation de l'ordonnance, dont le texte final se trouve dans les statuts des communautés rhénanes au XIIIe siècle [5], où les contrevenants sont menacés d'anathème. Ceci prouve que, malgré la fameuse solidarité communautaire, il y avait des juifs qui profitaient de leurs rapports avec les seigneurs féodaux, surtout avec ceux qui étaient munis de l'autorité banale, "pour rompre la discipline par les gentils". Cependant, il sera difficile d'estimer leur nombre et donc d'évaluer à quel point ce phénomène fut de portée générale.

---

[4] Cf. L. FINKELSTEIN, *Jewish Self-Government in the Middles Ages*, New-York 1924, p. 149. Le terme employé pour la notion de "seigneur" est *shilton*, ce qui indique dans les textes hébraïques médiévaux le pouvoir banal.

[5] *Ibid.*, p. 228 (ch. 15).

Cette *takkanah* de Rashi nous amène d'autre part à un phénomène
sui generis concernant la condition juridique des juifs en France féodale. A la différence de l'Empire, où le statut de *servi camerae* avait
mis les juifs en état de dépendance de la chambre impériale, ce qui les
a soustrait, sauf certaines exceptions, au pouvoir des seigneurs, voire
des princes [6], la féodalisation de la société française avait créé aussi
à l'égard des juifs une situation entièrement différente. Le rétrécisse-
ment du pouvoir royal sous les derniers Carolingiens et les premiers
Capétiens fit du roi un seigneur, pourtant sacré, de son propre domaine; la distinction, en fait, des actions royales en tant que seigneur
d'avec celles émanant de l'autorité souveraine était difficile à saisir [7].
On a déjà attiré l'attention à cet égard, sur le fait que du point de vue
législatif, le réveil du pouvoir souverain coïncide avec la législation
concernant les juifs du royaume [8], mais il faut se rappeler que ce
phénomène se situe au XIIIe siècle. Qui plus est, si la plupart des
droits régaliens étaient passés depuis le Xe siècle aux *principes*, qui
jouissaient d'une autorité émanant des traditions du droit romain [9],
on ne peut tracer une analogie avec le sort du pouvoir exercé sur les
juifs. Sans égard pour les traditions romaines, les juifs de la France
septentrionale n'ont pas été soumis à l'autorité politique du roi ou
bien des *principes*. Tels la paysannerie, ils firent partie du système
domanial, ce qui en faisait les sujets de leurs seigneurs immédiats; il
sera pourtant utile de mentionner que ce‐régime n'impliquait pas
automatiquement le servage.

Cet assujettissement est constaté aux XIe et XIIe siècles, soit
lorsqu'il concerne des juifs habitant les terres d'un seigneur, soit par
l'autorité d'un seigneur sur des individus habitant les villes et donc

---

[6] Outre les remarques pertinentes de S. W. BARON dans son *Social and Religious History of the Jews*, vol. IV, Philadelphia 1957, ch. XX, cf. G. KISCH, *The
Jews in Medieval Germany: a Study of their Legal and Social Status*, Chicago
1949.

[7] Cf. J.-F. LEMARIGNIER, *Le gouvernement royal aux premiers temps capétiens*,
Paris 1965.

[8] Cf. G. LANGMUIR, "*Judei nostri* and the Beginning of Capetian Legislation",
Traditio, 16, 1960, 203-269 et aussi, son "Community and Legal Change in Capetian France", *French Historical Studies*, 6, 1969, 275-286. Cependant, et sans
contester les autres conclusions de Mr. Langmuir, le renouveau de la législation
royale en France commança au milieu du XIIe siècle, par la codification de la
paix. Cf. A. GRABOÏS, "De la trêve de Dieu à la paix du roi", *Mélanges R. Crozet*,
Poitiers 1966, T. I, 585-596.

[9] Cf. K. F. WERNER, "Königtum und Fürstentum im französischen 12. Jahrhundert", *Das Königtum* (Vorträge und Forschungen, XII), Konstanz 1969,
177-225.

en dehors du domaine proprement dit, ou bien quand il s'agit seulement de l'exercice des droits fiscaux. C'est ainsi que jusqu'en 1111
on trouve quelques familles juives habitant le bourg de Saint-Denis,
au cœur même des vastes domaines de la prestigieuse abbaye, qui appartenaient au roi de France; à cette date seulement Louis VI en fit
don à l'abbé Adam [10] et ils sont devenus sujets de l'abbé de Saint-
Denis. Dans d'autres cas, vers la même époque et aussi dans la region
parisienne, on trouve des juifs des seigneurs quoiqu'ils n'habitassent
pas leurs terres, comme ç'avait été le cas de quelques juifs dépendant
du sire de Montmorency [11]. De même, en Orléanais, en Bourgogne
et dans la région champenoise...

Cependant, en raison de la concentration des juifs dans les villes,
et surtout dans les cités épiscopales, une grande partie des juifs de
l'Ille-de-France, de la Picardie, de la Champagne et de la région
rémoise furent assujettis aux seigneurs écclesiastiques, dont les
seigneuries couvraient une bonne partie des villes. Mais même dans
pareils cas on peut constater que certains vassaux laïcs de ces seigneurs
sont arrivés à s'assurer l'autorité sur "leurs juifs". Parmi ceux-ci, il
faut surtout attirer l'attention sur les pouvoirs exercés par les vidames
dans des villes comme Reims et Châlons-sur-Marne. En raison de
cette prolifération des seigneurs et du morcellement des pouvoirs, dont
on a traité notamment l'influence en liaison avec les origines du mouvement communal [12], mais qui s'étaient manifestés aussi bien dans les
"juiveries" locales, les communautés se sont trouvées dans une situation
très délicate. Leurs dirigeants, qu'il s'agisse des chefs spirituels ou bien
des prestigieux conseils des "Anciens" [13], devaient tenir compte de
l'existence de plusieurs "gouvernements" exerçant leur autorité sur
tels membres de la communauté, très souvent en rivalité et octroyant
à "leurs juifs" différents privilèges et exemptions, afin de mieux
pouvoir tirer profit matériel de leurs activités.

Pareil phénomène de prolifération des autorités seigneuriales sur les

[10] *Monuments Historiques*, éd. J. TARDIF, No. 347. Cf. A. GRABOÏS, "L'abbaye
de Saint-Denis sous l'abbatiat de Suger", *Annales*, 24, 1969, 1187-1195.

[11] SUGER, "De rebus in administratione sua gestis", éd. A. MOLINIER, *Oeuvres
de Suger*, Paris 1867, pp. 156-157.

[12] Cf. C. PETIT-DUTAILLIS, *Les communes françaises*, Paris 1947 et les deux
volumes dédiés à *La ville*, dans les *Recueils de la Société Jean Bodin*, T. VI
(Bruxelles 1954) et VII (1955).

[13] Les conseils des "Anciens" sont devenus depuis la fin du Xe siècle le
véritable organe de gouvernement communautaire, au point que le pouvoir de
décider au nom de la communauté entière leur fut réservé par la *takkanah* de
Rabbenu Gershom Meor Hagolah (FINKELSTEIN, *op. cit.*, p. 118).

juifs peut être constaté à Troyes vers 1100, où nous avons trouvé au moins neuf seigneurs disposant de juifs, dont le plus important fut sans doute le comte de Champagne, seigneur de la ville et, par cela même, seigneur de la communauté entière [14]. Mais notre constatation se limite à la ville de Troyes même; or, puisque bon nombre de juifs exploitaient encore, comme Rashi, des vignes dans les environs, tout en habitant Troyes, le nombre des seigneurs, urbains et ruraux, fut en réalité plus élevé. Dans la plupart des villes on se trouve devant une situation semblable et même dans de petits *yishubim* on trouve parfois quelques seigneurs exerçant leurs pouvoirs sur les quelques familles y habitant. Seule la Normandie faisait exception en raison du développement du fort pouvoir ducal, qui avait mis un terme au morcellement seigneurial et gardé par conséquent la notion de la dépendance des juifs de l'autorité princière [15]. Or, devant ce morcellement des pouvoirs comment pouvait-on assurer la cohésion communautaire et trouver la *via media* entre les tendances de l'unité et celles de la dispersion anarchique dictée par les réalités de la société féodale?

La volonté tenace de veiller à la sauvegarde de la cohésion communautaire explique l'institution du *herem hayishub* et son adaptation dans les provinces de la France du Nord [16]; sans ce moyen, dont l'efficacité ne peut être sous-estimée, il est impossible de concevoir comment on pouvait organiser la vie communautaire et assurer le fonctionnement de ses institutions religieuses et sociales [17] et, qui plus est, régler les questions posées par les vicissitudes de la vie familiale [18]. Mais en même temps il fallut que la solidarité communautaire couvre

---

[14] Ce dénombrement est fondé sur le dépouillement des actes publiés par C. Lalore, *Collection de principaux cartulaires du diocèse de Troyes*, 7 vol., Paris 1875-1890. Nos constatations reflètent la situation du début du XIIe siècle, où seule une partie de la documentation a été préservée. Cf. S. W. Baron, "Rashi and the Community of Troyes", *Rashi Anniversary Volume*, New-York 1941, 47-71 et S. Eidelberg, „La Communauté de Troyes avant l'époque de Rashi" (en hébreu), *Sura*, I, 1953/54, 48-57.

[15] Cf. R. Chazan, "Jewish Settlement in Northern France", *REJ*, 128, 1969, 41-65.

[16] Pour une vue d'ensemble de ce phénomène, on se référera à L. Rabinowitz, *The Herem Hayyshub*, London 1945.

[17] Cf. Baron, *A Social and Religious History* ..., vol. V, pp. 58-69. Il faut pourtant avouer que les communautés, autant que l'étude du fonctionnement de leurs institutions permet de le dévoiler, ont plutôt revêtu un caractère aristocratique.

[18] Ces questions ont fait l'objet d'une bonne partie des *takkanoth* de Rabbenu Gershom et de Rabbenu Tam, ainsi que de plusieurs *Responsa* aux Xe-XIIe siècles.

les individus menacés par des persécutions, qui, après tout, ne furent pas le sort particulier des juifs de France. Nul doute qu'il y eut des seigneurs qui avaient persécuté leurs juifs ou qui se sont abstenus de leur accorder une protection efficace, surtout aux alentours de la première croisade [19]; mais, en l'absence de l'autorité politique, qu'elle soit royale ou princière, on peut se demander comment on pouvait trouver dans cette anarchie féodale, qui ne connaissait guère la notion de l'ordre public, une défense efficace des personnes ou des biens. Ceci d'autant plus que le mouvement de la paix ou de la trêve de Dieu, dont par ailleurs la réussite ne fut que partielle au XIe siècle, n'aivait pas compris ou protégé les juifs. Certes, il y avait dans cette couche de seigneurs un antisémitisme latent, implanté par l'influence ecclésiastique, qui de temps en temps éclatait et dont les manifestations violentes sont bien connues. Cependant, il nous semble qu'il serait exagéré d'expliquer par l'antisémitisme seigneurial seul les conséquences de cette situation des juifs.

En effet, il faut aussi prendre en considération l'évolution analogue de la société urbaine française à la veille des croisades, qui se heurtait aux difficultés du même genre, sauf évidemment les manifestations de l'antisémitisme. Afin de mieux comprendre les réalités auxquelles se sont heurtés Rashi et les dirigeants des communautés champenoises, il faut donc les étudier en rapport avec les études concernant le renouvellement du commerce et l'essor des villes dans la France du Nord pendant la seconde moitié du XIe siècle. C'est ainsi que l'on arrive aux facteurs qui ont posé, dans toute sa gravité, la question des droits seigneuriaux et de leur exercice dans la ville même et sur ses habitants [20].

On sait bien que le mouvement communal dans la France du Nord a surgi comme réaction de la société urbaine contre la prolifération des droits seigneuriaux, dont l'exercice avait créé de sérieux embarras aux activités économiques. Il a été déjà bien établi que la tendance à s'assurer l'autonomie communale n'avait pas été un but en soi dans la société urbaine française et sa manifestation ne fut que la conséquence sociale de l'implantation des nouvelles structures économiques.

---

[19] Cf. N. GOLB, "New Light on the Persecution of French Jews at the Time of the First Crusade", *Proceedings of American Academy for Jewish Research*, 34, 1966, 1-64 et J. HECKER, "Des persécutions pendant la première Croisade" (en hébreu), *Zion*, 31, 1966, 225-231.

[20] V. là-dessus les remarques de E. ENNEN, *Frühgeschichte der europäischen Stadt*, Bonn 1953, *passim*.

La forte opposition de la couche seigneuriale au mouvement communal, qui s'explique bien comme une réaction aux menaces à l'ordre social, avait pourtant amené des troubles et des actes de violence, qui ont caractérisé pendant la seconde moitié du XIe siècle les soulèvements communaux [21]. Or, ces troubles ont eu leur repercussions sur la communauté juive, creusant un fossé entre les deux éléments ethnico-religieux qui habitaient la ville; certes, ce fossé n'était pas infranchissable et, après tout, le cadre urbain favorisait une certaine coopération. Pourtant malgré l'abstention des juifs à participer au soulèvement communal, qui par ailleurs les avait exclus, les troubles ont impliqué, dans bon nombre des cas, une détérioration des rapports entre les seigneurs et "leurs" juifs [22]. C'est ainsi que le mouvement communal, en soi-même et par ses répercussions, fut lui aussi une raison pour resserrer la cohésion communautaire, soit par des réglementations locales, soit par une *takkanah* de portée plus générale, ou bien par le moyen des *responsa* émanant des autorités religieuses [23]. Face aux intérêts individuels, la communauté opposa la volonté générale par le moyen du *herem*, dont l'emploi se manifesta au cours du XIe siècle dans la région entre Rhin et Loire [24].

Ce précédent dans l'établissement des repports corporatifs de la communauté avec les seigneurs de ses membres, parfois à l'instar même des intéressés, fut imité par le mouvement communal français. En effet, la cohésion intérieure avait été une condition préalable pour toute négociation de la ville avec ses seigneurs et la commune, constituée afin d'obtenir les chartes des "libertés", avait assimilé le système de l'organisation communautaire; l'analogie de problèmes impliqua une analogie de moyens créés pour les résoudre. C'est ainsi que le serment communal, élément fondamental de l'institution des communes [25], a plus qu'une ressemblance avec le *herem hayishub*, de même que l'établissement des cours de justice dans les villes et le fermage des impôts, que l'on constate au XIIe siècle, ressemble au

---

[21] GUIBERT DE NOGENT, *De vita sua*, III, 7, éd. G. BOURGIN, Paris 1907, p. 156.
[22] Cf. CHAZAN, *op. cit.*, pp. 13-21.
[23] La magistrale étude de I. BAER, "Les origines de l'organisation de la communauté juive au moyen-âge" (en hébreu), *Zion*, 15, 1950, 1-41, a mis en évidence, sur le plan de l'Occident européen, les trois aspects de l'activité communautaire: les rapports avec le Pouvoir (en l'occurence les seigneurs), la cohésion intérieure et la réglementation des impôts.
[24] J. MUELLER (ed.), *Teshuboth geone Mizrakh u-Ma'arav*, Berlin 1888; Asher B. YEHIEL, *Sepher Ha-Asheri*, VI, 7.
[25] Cf. PETIT-DUTAILLIS, *op. cit.*, pp. 24-38.

"Beth-Hadin" et aux attributs des "Parnassim", dans les communautés juives, dont le fonctionnement est attesté régulièrement même avant le XIe siècle. Les points de convergence sont si nombreux et l'analogie des institutions est si frappante que l'on doit se poser la question de savoir dans quelle mesure les gens des communes avaient étudié l'organisation des communautés juives avant de forger la leur propre. Afin de réprondre à cette question il faut résoudre quelques difficultés posées par la documentation. Ce qui est frappant à cet égard, c'est le mutisme total des textes. Il est évident que pour les gens des communes pareil mutisme ne serait que la conséquence logique d'une volonté de paraître original, d'autant plus que la documentation urbaine est tardive. Cependant, étant donné que le mouvement communal fut la cause d'une littérature polémique, comment peut-on expliquer l'absence de toute allusion aux "pratiques juives" dans les réquisitoires de ses adversaires [26]? Il est possible que ce mutisme des textes, qui ont été orientés jusqu'au milieu du XIIe siècle vers la société écclésiastique, les élites féodales et leurs entourages, cache certains traits plus anciens de l'organisation urbaine, qui pourraient servir de noyau duquel se seraient développées les institutions communales, sans avoir subi d'influences juives. Il s'agirait dans ce cas de structures paroissiales. Mais cette hypothèse ne peut, elle aussi, donner une réponse suffisante à notre question, étant donné que les paroisses urbaines ne sont pas aussi bien connues avant la réforme grégorienne.

D'autre part, l'organisation communautaire, qu'elle ait gardé ses traits de l'Antiquité ou bien qu'elle se soit accordé ses structures en Occident, a l'avantage, en comparaison avec la commune, de son ancienneté; pour les régions qui nous préoccupent, on possède bon nombre de sources illustrant ses institutions et leur fonctionnement

---

[26] Ceci d'autant plus que l'usage de taxer de "judaïsant" ses adversaires est connu dans la litterature polémique depuis le IXe siècle et fut appliqué dans la couche aristocratique de la société féodale. Tel fut notamment le cas de Rainaud, comte de Sens, déposé par Robert le Pieux vers 1012 et qualifié par Raoul Glaber de "judaïsant" (Raoul GLABER, *Les cinq livres des Histoires*, éd. M. PROU, Paris 1886, p. 69). M. B. BLUMENKRANZ, dans *Les auteurs chrétiens latins du Moyen Age sur les juifs et le judaïsme* (Paris 1963, p. 258), rejette avec beaucoup de raison l'authenticité de l'accusation; cependant, ses objections ne font que renforcer notre propos sur la place de ce motif dans la littérature polémique.

[27] Le très riche recueil concernant la vie communautaire de I. A. AGUS, *Urban Civilization in Pre-Crusade Europe*, 2 vol. Leiden 1965, sert d'appui à cette affirmation et apporte une documentation de première importance pour les phases obscures de l'histoire urbaine.

depuis l'époque carolingienne jusqu'aux croisades[27]. Aussi bien sommes-nous amené à croire que, au moins inconsciemment, ses structures ont dû servir de modèle à l'organisation communale, tout en tenant compte des modifications surgies en raison de leur raccordement avec les structures paroissiales[28]. Ce fut seulement après l'établissement des communes et la formation d'une couche de familles de notables urbains, dont les membres se sont emparés du gouvernement de leurs villes respectives, que les structures urbaines de la France septentrionale on commencé à exercer une influence sur l'organisation de la communauté juive; en effet, vers la moitié du XIIe siècle, on constate des changements dans les institutions des communautés, que l'on ne peut qu'imputer à une certaine influence des structures communales, mais qui, à la différence du système des groupes communaux en France, ont été diffusés, grâce aux *takkanoth* de Rabbenu Tam, parmi toutes les communautés de la France du Nord[29].

Pourtant, cette cohabitation dans la même ville, encore assez petite, où tous se connaissaient, ces ressemblances structurales, ces influences mutuelles n'ont pas abouti à la réception des juifs dans la commune, ni comme individus, ni comme collectivité; le système paroissial et la ségrégation religieuse, aussi bien que la forme chrétienne du serment communal, s'y opposaient fondamentalement. C'est ainsi que, pendant que les communes et la totalité de leurs membres, notion synonyme au XIIe siècle de "ville"[30], se sont affranchies de la juridiction des seigneurs et ont obtenu la protection royale ou princière, c'est-à-dire un statut politique, les juifs en restèrent exclus. Malgré les tendances du regroupement social, qui se manifesta à la fois par la consolidation des principautés féodales et par la renaissance du pouvoir royal, les juifs de la France septentrionale ont continué d'être assujettis à une foule de petits seigneurs. Cependant, cette affirmation doit être considérée en rapport avec l'évolution politique et sociale au cours des XIe et XIIe siècles; aussi bien, les résultats du regroupement social ont changé les proportions au XIIe siècle. A Troyes, par exemple, les petits seigneurs ont perdu leur pouvoir en faveur des comtes de Cham-

---

[28] V. nos "Remarques sur l'influence mutuelle de l'organisation de la communauté juive et de la paroisse urbaine dans les villes entre le Rhin et la Loire à la veille des Croisades", *Le istituzioni ecclesiastiche della "societas christiana" dei secoli XI-XII : Diocesi, pievi e parrochie*, Milano, 1977, 546-558.

[29] Cf. S. ALBECK, "L'attitude de Rabbenu Tam envers les problèmes de son temps" (en hébreu), *Zion*, 19, 1954, 104-141, qui complète l'étude de I. BAER, "Rashi et la réalité historique de son temps" (en hébreu), *Tarbiz*, 20, 1949, 320-332.

[30] Cf. PETIT-DUTAILLIS, *op. cit., passim.*

pagne, qui sont devenus vers 1150, virtuellement, les seuls seigneurs des juifs locaux [31].

Ces juifs des seigneurs, reputés *tanquam servi*, ont posé un sérieux problème à leurs communautés, en raison de leur position particulière. Ceci, soit qu'ils aient habité dans les villes ou qu'ils fussent installés dans les domaines de leurs seigneurs, répartis en petits habitats d'une ou quelques familles (*Hayishub*) et, dans ces cas, rattachés à une communauté voisine [32]. Or, celle-ci exigeait de tous ses membres, quelle que fût leur appartenance seigneuriale, la solidarité, la discipline et la participation aux frais communs, telle que nous l'avons déjà mentionnée dans la *takkanah* de Rashi. D'autre part, les communautés devaient toujours tenir compte des exigences ou des exactions seigneuriales à l'égard de tels de leurs membres. En contrepartie de devoirs que la communauté imposait, par l'émanation de la volonté ou de l'intérêt général, à la totalité de ses membres, elle leur devait la solidarité et sa responsabilité collective. Si un juif avait été spolié de ses biens, meubles ou immeubles, par son seigneur, et si celui-ci les avait vendus à une autre coreligionaire, c'était la communauté qui permettait au spolié de se les faire restituer, évidemment moyennant compensation [33]. Mais si pareils réglementations pouvaient couvrir la responsabilité du collectif à l'égard d'un de ses membres, elle ne furent que la manifestation d'un des aspects où on voyait comment agissait la solidarité communautaire.

Cependant, comment agir dans des cas où le seigneur, et nous faisons allusion surtout à la couche baroniale, exigeait de "ses" juifs des services, parfois humiliants? Le concept de la solidarité communautaire exigeait la manifestation de la responsabilité de la communauté entière, même quand elle n'était pas soumise à l'autorité du seigneur en question, pour s'acquitter des devoirs des individus. C'est ainsi que la

---

[31] J. LONGNON, "La Champagne", dans F. LOT et R. FAWTIER, *Histoire des institutions françaises au Moyen Age*, T. I: *Institutions seigneuriales*, Paris 1957, p. 131.

[32] La dispersion de familles juives parmi les habitants des localités où il n'y eut point de "juiverie" (*Judairea*) est un phénomène attesté dans les *Responsa*. Les remarques du célèbre tossaphiste du XIIe siècle, R. ISAAC de DAMPIERE, *Tossaphoth, Eruvim*, p. 62b, sont intéressantes à ce propos. Cependant, la distinction entre communautés et *yishubim* n'est pas toujours claire dans les documents, ce qui a donné lieu à des erreurs, depuis la publication de la *Gallia Judaica*; cf. B. BLUMENKRANZ, „Quartiers juifs en France (XIIe, XIIIe et XIVe siècles)", *Mélanges de philosophie et de littérature juives*, III-V, 1958/62, 77-86.

[33] V. ainsi le *Responsum* de Rashi à ce propos et qui développe une brève consultation de Rabbenu Gershom (*Sepher Ha-Asheri*, VI, 7).

visite du pape Innocent II à Saint-Denis en 1131 est une bonne illustration de la manifestation de cette responsabilité collective. Le seigneur, l'abbé Suger de Saint-Denis, a envisagé de donner à cet événement une allure très solennelle, symbolisant la reconnaissance d'Innocent comme pape légitime et la déchéance de son adversaire Anaclet II,
"le pape juif"; aussi exigeai-t-il de tous ses vassaux et des délégations
des habitants sur les domaines de son abbaye d'être présents à la
cérémonie d'accueil devant les portes de la fameuse abbatiale. En raison des circonstances, il tenait beaucoup à la présence, avec le Rouleau
de la Loi, de ses sujets juifs. Or, à Saint-Denis il n'y avait pas de
communauté [34] et les cinq familles du petit *yishub* dans ce bourg
étaient rattachées à la grande communauté de Paris. Ce fut celle-ci
qui fit acte de solidarité avec ses membres dyonisiens et ses dirigeants
se présentèrent devant les portes de l'abbatiale avec le Rouleau de la
Loi [35]. Il serait superflu de souligner à quel point la communauté de
Paris éprouvait peu d'intérêt pour cette cérémonie, quoi qu'en dise
Suger, lorsqu'il parle de leur présence "spontanée"; pourtant, ce fut
la manifestation du devoir de la solidarité collective et de la responsabilité envers cinq de leurs membres associés qui leur avait imposé cette
présence, afin de s'acquitter du service exigé de ceux-ci.

Le *modus vivendi* auquel aboutirent les communautés au XIIe siècle
amena à l'établissement d'une coutume qui fut adoptée par l'ensemble
des communautés de la France septentrionale, Normandie incluse.
Cette coutume, qui est connue sous le nom de *takkanoth de Rabbenu
Tam*, fut largement étudiée et, entre autres dispositions, exprime un
ensemble de droits et devoirs envers les communautés et de celles-ci
à l'égard de leurs membres [36]. Il est intéressant de souligner pour
notre propos que malgré le fait que ce texte, adopté vers 1160, coïncidait avec le réveil de la législation royale, on n'y trouve aucune allusion à ce nouveau facteur. Aux temps de R. Tam, les juifs de la France
du Nord sont restés surtout les sujets de leurs seigneurs, dont l'un
portrait la couronne royale; l'organisation du judaïsme français n'eut
aucun rapport avec les changements des structures du gouvernement

---

[34] Au XIIe siécle on fait acte de cinq familles dans ce bourg (cf. A. GRABOÏS,
"L'Abbaye de Saint-Denis et les Juifs...", *Annales*, 1969; malgré GROSS
(*Gallia Judaica*, p. 151), qui fait état d'une communauté, le témoignage de Suger,
qui parle de la présence de la Synagogue de Paris à la cérémonie, est formel
(SUGER, *Vie de Louis VI le Gros*, éd. H. WAQUET, Paris 1964, p. 264).

[35] SUGER, *ibid*.

[36] Le texte est édité par FINKELSTEIN, *op. cit.*, p. 153 et suiv.; cf. CHAZAN,
op. cit., pp. 54-62.

dans le pays. A la différence de la communauté narbonnaise où, vers la même date, on trouve un sentiment "royaliste", fondé sur le concept (faux du point de vue historique) que le roi de France a été la source de leurs privilèges et dont il garantissait l'exercise [37], on ne trouve pas une pareille perception du renouvellement de l'autorité royale en France du Nord. Les juifs y sont restés à "l'heure seigneuriale", malgré l'attitude bienveillante de Louis VII à l'égard de "ses juifs" [38].

Ce rattachement au régime seigneurial, malgré les inconvénients patents qu'il comportait et desquels ils furent, par ailleurs, bien conscients, ne peut être expliqué que par la considération que ses avantages valaient les inconvénients. Le développement de l'économie monétaire au XIIe et la quête continue de l'argent pendant un siècle de hausses de prix et de dépréciation des revenus domaniaux, rendirent les seigneurs dépendants des ressources en espèces. Tandis que le crédit monastique était trop onéreux, les juifs étaient à même de procurer à leurs seigneurs l'argent si recherché, soit par le profit qu'ils tiraient de leur activité commerciale, soit, le cas échéant, par le recours au crédit [39]. C'est ainsi que malgré les exigences, parfois les actes de violence, les seigneurs ont trouvé opportun au XIIe siècle de protéger leurs juifs et, dans certains cas, de représenter leurs intérêts auprès des autres seigneurs [40]. Evidemment, il ne faut pas idéaliser les choses; il s'agissait d'un système d'exploitation économique. Et pourtant, cette marque d'intérêt se traduit par l'efficacité de la protection. Il en résulta que les juifs ont trouvé sous ce régime seigneurial une meilleure condition de vie et d'activité qu'auparavant, ce qui ne les rendait pas désireux de changer leur statut. Le réveil des tendances messianiques qui se manifesta au XIIe siècle était fondé sur la perception de la Diaspora comme "la vallée des lamentations", où l'on ne trouvait pas d'avantage à substituer la domination seigneuriale à celle du roi; l'espoir du Salut

---

[37] Abraham IBN DAOUD, "*Sepher Hakabbalah*" dans *Medieval Jewish Chronicles*, éd. A. NEUBAUER, T. I, Oxford 1887, p. 72. Cf. A. GRABOÏS, "Le souvenir et la légende de Charlemagne dans les textes hébraïques médiévaux", *Le Moyen Age*, 1966, pp. 7-41.

[38] Cf. CHAZAN, *op. cit.*, pp. 37-44.

[39] Le problème du crédit juif dans la France du Nord aux XIe-XIIe siècles n'a pas encore fait l'objet d'une étude particulière. Il semble cependant que son rôle n'avait été que secondaire par rapport au crédit monastique, aussi bien par le volume des affaires que par le taux de l'intérêt (cf. R. GENESTAL, *Le rôle des monastères comme établissements de crédit, étudié en Normandie du XIe à la fin du XIIIe siècle*, Paris 1901). Sur un plan plus général, cf. BARON, *op. cit.*, T. IV, pp. 203-207.

[40] SUGER, "De rebus in administratione sui gestis", p. 156.

se traduisit par la manifestation de l'amour de Sion et de la croyance en la restauration du royaume du roi David.

Ce n'est qu'au XIIIe siècle, lorsque la royauté finit par imposer son pouvoir souverain au détriment de la féodalité, que les juifs de la France du Nord se sont trouvés assujettis dans leur majorité au roi. Mais cette évolution, qui mit les communautés devant un seul pouvoir, leur épargnant les chicanes des petits féodataires turbulents, eut une conséquence néfaste pour le judaïsme français. En effet, à partir du règne de Philippe Auguste, la royauté adopta une attitude hostile aux juifs, aussi bien sur le plan législatif que sur le plan économique dont les résultats furent la ruine du judaïsme français, culminant avec l'expulsion sous Philippe le Bel.

XIX

DU CRÉDIT JUIF A PARIS
AU TEMPS DE SAINT LOUIS

Les changements d'attitude de la royauté capétienne à l'égard des Juifs au xiiie siècle ont été étudiés par bon nombre d'érudits, quoiqu'il nous manque encore une monographie sur le judaïsme français à l'époque des Capétiens directs[1]. Nul doute que la diversité des aspects concernant le sujet ait contribué à cette lacune ; la spécialisation des chercheurs, qui les confine dans un champ limité, est sans doute un facteur important qui empêche d'entreprendre une étude d'ensemble de la question. A ces raisons d'ordre interne il faut ajouter des obstacles provenant du caractère particulier des structures politiques, sociales et économiques du royaume capétien, résultat de l'évolution individuelle des provinces et des unités féodales, qui rend malaisée une description de la société française en tant qu'entité pendant tout le Moyen Age. C'est ainsi que, parallèlement aux travaux concernant les provinces et les localités sur le plan français en général, les chercheurs spécialisés dans les domaines de l'histoire juive se sont mis à l'étude des communautés, étude qui doit encore être approfondie et élargie, et dont, malheureusement, les résultats actuels ne sont pas toujours de la même valeur.

L'une des communautés juives de la France médiévale dont il reste encore à faire l'histoire, est la communauté de Paris. L'absence

1. Le sujet a été surtout traité dans les ouvrages de portée générale qui ont été mentionnés dans les notes et les indications bibliographiques du monumental travail de S. W. Baron, *A Social and Religious History of the Jewish People*, Philadelphia, 1965-1967, X-XII. La publication de l'ouvrage de H. G. Richardson, *The English Jewry under the Angevin Kings* (London, 1960), a mis en relief l'absence d'une pareille étude concernant les Juifs de France à la même époque. Le livre de L. Rabinowitz, *The Social Life of the Jews in Northern France* (London, 1938), traitant de cette époque (xiie-xive siècles), est une étude très importante qui reflète surtout les sources rabbiniques. Quant aux nombreuses études de détails, surtout sur le plan religieux et celui de la polémique judéo-chrétienne, on voudra bien consulter B. Blumenkranz, ed., *Bibliographie des Juifs de France*, Paris, 1960.

d'un pareil travail n'est pas due à une sous-estimation de son importance ; au contraire, c'est la richesse des documents, en partie inédits[1] (ainsi que le manque, jusqu'à ces dernières années, de bonnes études sur la région parisienne[2]), qui a constitué le principal obstacle à la recherche. De plus, les travaux concernant les Juifs parisiens au Moyen Age ont été surtout consacrés à la topographie historique[3] ; on peut néanmoins trouver d'importants éléments sur la vie de la communauté dans les nombreux travaux concernant tant les aspects spirituels et religieux que la polémique judéochrétienne à Paris. La refonte de la *Gallia Judaica*[4] permettra sans doute aux chercheurs d'employer un précieux instrument de travail, tandis que le dépouillement systématique des manuscrits conservés dans les archives et bibliothèques de Paris pourrait fournir la documentation nécessaire au travail.

Une partie de cette documentation se trouve dans le *Cartulaire*

1. Outre les textes juifs concernant Paris ou y faisant allusion, on trouve des témoignages sur les Juifs dans les sources chrétiennes, dont une partie seulement a été publiée dans les cartulaires et recueils de documents, ainsi que dans les appendices et preuves de différentes études ; faute d'un regeste, on doit toujours se livrer à des recherches minutieuses afin de repérer la documentation afférente. Cependant, une bonne partie de la documentation parisienne est encore inédite. En raison de l'absence de répertoires, le dépouillement des dossiers de manuscrits est une tâche indispensable mais difficile. Le répertoire d'Ulysse Robert, « Catalogue des actes relatifs aux Juifs (1183-1300) » (*REJ*, III, 1881, pp. 211-224) concernant les manuscrits de la Bibliothèque Nationale est, quoique incomplet, un important instrument de travail ; il est à déplorer que sa publication n'ait pas suscité d'autres entreprises du même ordre. Cette carence met en plein relief les propos d'U. Robert dans l'introduction de son catalogue : « Tel qu'il est, il sera, je l'espère, utile à ceux qui s'occupent de l'histoire des Juifs au Moyen Age ; il leur évitera surtout, pour une série considérable de manuscrits, de longues et ennuyeuses recherches qui seraient de nature à décourager les plus intrépides » (p. 211), propos dont la portée reste toujours actuelle.

2. La bibliographie générale de Paris est très riche ; il faut noter l'importante collection publiée par les soins de la municipalité au cours de la seconde moitié du XIXe siècle, l'*Histoire générale de Paris*, devenue un fondement indispensable à la recherche. Cependant, du point de vue de la recherche moderne, la région parisienne est en retard. Parmi les études publiées dernièrement, mentionnons pour notre propos : Fr. Lehoux, *Le bourg Saint-Germain-des-Prés, depuis ses origines jusqu'à la fin de la guerre de Cent Ans*, Paris, 1951 ; G. Fourquin, *Les campagnes de la région parisienne à la fin du Moyen Age*, Paris, 1963. A quel point les résultats de la recherche n'ont pas encore comblé les lacunes, on peut s'en rendre compte en constatant le grand nombre de questions laissées sans réponse dans les volumes consacrés à Paris par les colloques des Cahiers de Civilisation, Paris, 1961-1963.

3. *Cf.*, à titre d'exemple, R. Anchel, « The Early History of the Jewish Quarters in Paris », *Jewish Social Studies*, II, 1940, pp. 45-60, reproduit en français dans son ouvrage *Les Juifs de France*, Paris, 1946, pp. 59-77 ; et M. Roblin, *Les Juifs de Paris. Démographie, économie, culture*, Paris, 1952.

4. H. Gross, *Gallia Judaica*, Paris, 1897 ; *cf.* B. Blumenkranz, « Pour une nouvelle *Gallia Judaica*. La géographie historique des Juifs en France médiévale », *L'Arche*, déc. 1965, pp. 42-47.

de la Sorbonne, qui vient d'être édité[1] ; il nous offre quelques textes concernant un Juif de Paris et nous dévoile une affaire de crédit, conclue dans les nouvelles circonstances créées par la fameuse ordonnance royale de 1230, qui se préoccupe du crédit juif.

*

Au XIIIe siècle, les Juifs parisiens ont dû, par nécessité, se tourner vers l'activité financière et les affaires de crédit. Les expulsions dont ils avaient été victimes au début du règne de Philippe Auguste (1180-1223) et l'attitude de la royauté et des grands seigneurs à leur égard ont affecté les activités des artisans et des négociants juifs[2]. En même temps, l'essor du commerce et de l'économie monétaire provoqua une demande croissante de capitaux ; il en résulta que les crédits devinrent nécessaires autant pour financer les affaires, que pour aider les nobles et autres rentiers à maintenir un niveau de vie, devenu plus coûteux à cette époque de croissance générale des prix[3]. C'est ainsi que naquit la banque, dont les fondements et les techniques de travail étaient entièrement différents de ceux des prêteurs et usuriers des XIe-XIIe siècles, parmi lesquels on trouvait même des établissements monastiques[4]. Quelle place occupaient les Juifs dans ce mouvement bancaire ? La conclusion, de portée générale, de M. S. W. Baron, qui affirme que les Juifs étaient en grande partie de « petits prêteurs », faisant leurs affaires surtout avec les couches modestes

---

1. Le *Cartulaire de la Sorbonne* (cité *infra : Cartulaire*), B. N. Paris, ms. lat. 16.069), P. Glorieux, ed., Paris, 1965. Nous avions auparavant copié les documents sur le manuscrit du XIVe siècle (f°s 141-142) et pendant la recherche des originaux aux Archives Nationales, nous avons appris la publication imminente du *Cartulaire.* Comme Mgr Glorieux, nous n'avons pas trouvé les actes originaux et nous devons nous fier aux copies insérées dans le cartulaire.

2. La meilleure étude du problème reste encore le fragment consacré à la France du début du XIIIe siècle dans la magistrale étude de G. Caro, *Sozial- und Wirtschaftsgeschichte der Juden im Mittelalter und Neuzeit,* Leipzig, 1908, I, pp. 360-365.

3. *Cf.* M. M. Postan, « Credit in Medieval Trade », *The Economic Historical Review,* I, 1928, pp. 234-261. Une vue d'ensemble de l'arrière-plan social et économique du problème se trouve dans l'important ouvrage de G. Duby, *L'économie rurale et la vie des campagnes dans l'Occident médiéval,* Paris, 1962, II, pp. 464-472. Pour la compréhension du crédit dans la société urbaine médiévale, il est nécessaire de consulter l'étude de R. De Roover, *Money, Banking and Credit in Medieval Bruges,* Cambridge, Mass., 1948.

4. *Cf.* A. Dauphin-Meunier, *La banque à travers les âges,* Paris, 1937, I, *passim ;* G. Piton, *Les Lombards en France et à Paris,* Paris, 1892, I, pp. 29 *sq. ;* P. Champion, « Juifs et Lombards à Paris au Moyen Age », *Revue de Paris,* 1933, pp. 844-861 ; et Ph. Wolff, « Le problème des Cahorsins », *Annales du Midi,* LXII, 1950, pp. 229-250. Pour les techniques du crédit monastique, *cf.* R. Génestal, *Le rôle des monastères comme établissements de crédit, étudié en Normandie du XIe à la fin du XIIIe siècle,* Paris, 1901. On trouvera une brève mise au point dans la contribution de E. B. Fryde, « Public Credit... », in *Cambridge Economic History,* III, pp. 473-477.

du pays[1], se trouve vérifiée par des textes que nous avons étudiés, concernant le domaine royal au xiiie siècle, et par les « Enquêtes royales » de 1247[2]. Même si les prêteurs juifs n'étaient pas les concurrents, au sens strict du mot, des Lombards et des Cahorsins, ils sont cependant devenus le point de mire de la haine populaire ; le phénomène s'explique justement par leurs contacts avec la masse des « petites gens » ; la mentalité populaire a exagéré leur rôle, les ayant décrits comme des « usuriers par excellence, tirant de gros profits et s'enrichissant sur le compte du peuple chrétien ».

La doctrine ecclésiastique, qui interdisait formellement le prêt à intérêt, n'était pas accordée aux réalités économiques du temps et ne répondait plus aux besoins réels de la société du début du xiiie siècle[3]. Le crédit, ou le commerce de l'argent, comme il était souvent appelé, devint partie intégrante de la vie économique, surtout dans le domaine urbain ; or, puisque cette branche d'activité ne pouvait exister sans offrir un profit raisonnable aux prêteurs, l'intérêt devint une source de revenus, soit ouvertement, soit par le truchement de formules, comme « cadeaux », aumône ou dédommagement des risques ; nombreuses sont les familles qui firent leur fortune grâce au commerce de l'argent. Certes, il était difficile, dans les cadres de l'économie urbaine et du financement des affaires, de recourir au système de mort-gage afin de garantir le remboursement des prêts, comme naguère ; ce système, pourtant, continuait d'être en usage dans le secteur rural, ainsi que dans certains cas de petits prêts[4], les revenus du bien engagé couvrant, le cas échéant, les intérêts. Sur le plan doctrinal, l'Église n'avait pas assoupli son attitude ; au contraire elle adopta une position intransigeante à l'égard du crédit. C'est ainsi qu'au IVe Concile de Latran (1215), les Pères se félicitaient des résultats de leurs efforts en vue d'extirper la pratique de l'usure parmi les Chrétiens, tout en remarquant que cette pratique se répandait chez les

---

1. *Cf.* Baron, *op. cit.*, XII, p. 143.

2. Enquêtes administratives du règne de saint Louis, in *Recueil des historiens des Gaules et de la France*, XXIV, pp. 1-927. Nous pouvons désormais nous dispenser d'une note plus ample sur quelques cas tirés des « Enquêtes » en renvoyant le lecteur à l'article de M. G. Nahon, « Le crédit et les Juifs dans la France du xiiie siècle » (*Annales, Économies, Sociétés, Civilisations*, XXIV (5), 1969, pp. 1121-1449), paru au moment de la rédaction de notre article et qui comble une importante lacune dans nos connaissances sur la condition économique des Juifs de France au xiiie siècle.

3. Le problème est complexe, puisque la doctrine ne se situe pas toujours sur le même plan que les prises de positions réelles. Aussi les érudits ne sont-ils pas tous d'accord avec cette interprétation de l'attitude de l'Église. *Cf.* B. N. Nelson, *The Idea of Usury*, Princeton, 1949, pp. 6-15 ; J. Le Goff, *Marchands et banquiers du Moyen Age*, Paris, 1962, pp. 77 et 92-96 ; J. Ibanès, *La doctrine de l'Église et les réalités économiques au XIIIe siècle*, Paris, 1967, pp. 14-32 et 81-99 ; J. Gilchrist, *The Church and Economic Activity in the Middle Ages*, London, 1969, pp. 62-70. Du point de vue de la théorie juive, *cf.* S. Stein, « Interest Taken by Jews from Gentiles », *Journal of Semitic Studies*, I, 1956, pp. 141-164.

4. *Cf.* Stein, *ibid.*, surtout pp. 142-143.

Juifs, qui « sont en passe d'épuiser à bref délai les richesses des Chrétiens » ; d'où la nécessité qu'ils éprouvaient de prendre des mesures contre les prêteurs juifs[1].

Ces canons et leur esprit trouvèrent rapidement un écho parmi les Ordres Mendiants. Ainsi, peu après la clôture du Concile, le dominicain Raymond de Pennafort s'occupa du problème et en tira les mêmes conclusions dans son traité *Summa de poenitentia ;* tout en exposant ses considérations sur le plan moral et théorique, il exprima l'avis qu'il fallait interdire le paiement d'intérêts sur les sommes prêtées par les Juifs[2].

De pareils arguments furent bien accueillis à la Cour des Capétiens. Cependant, Philippe Auguste, dont les préoccupations étaient surtout d'ordre financier, n'accepta pas d'appliquer dans le royaume de France la législation du IVᵉ Concile de Latran et ne se laissa pas influencer par la prédication des Ordres Mendiants ; l'ordonnance de 1218, portant sur le crédit juif, légalisa le taux habituel de 2 deniers, à savoir 43,3 %[3]. En revanche, le prince Louis, héritier de la Couronne, adopta une attitude différente ; il semble que, pendant son expédition en Languedoc, en 1218, où il prit contact avec les Prêcheurs, il ait subi leur influence à cet égard. Soit à cause de cette influence, soit pour d'autres raisons, Louis vivait dans l'atmosphère de piété, due surtout à Blanche de Castille, qui régnait à la Cour d'Artois ; Blanche avait trouvé dans le dogme catholique un idéal et des préceptes moraux, à la lumière desquels elle éduquait ses enfants[4]. C'est ainsi qu'avec l'avènement de Louis VIII, en 1223, ces normes régirent les mœurs de la royauté. Sous cette influence religieuse, le nouveau roi fut amené, trois mois seulement après avoir ceint la couronne, à ordonner la remise des intérêts dus aux créanciers juifs, tout en stipulant que

---

1. Nous reproduisons ici le texte du canon 67, selon l'édition de C. Leonardi (*Conciliorum oecumenicorum decreta*, Bologna — Freiburg-im-Breisgau, 1962, pp. 241-242) : « Quanto amplius christiana religio ab exactione compescitur usurarum, tanto gravius super his Iudaeorum perfidia inolescit ita, quod brevi tempore christianorum exhauriunt facultates. Volentes igitur in hac parte prospicere christianis, ne a Iudaeis immaniter aggraventur, synodali decreto statuimus ut si de caetero quocumque praetextu Iudaei a christianis graves et immoderatas usuras extorserint, christianorum eis participium subtrahantur, donec de immoderato gravamine satisfecerint competenter. Christiani quoque, si opus fuerit, per censuram ecclesiasticam appellatione postposita compellantur ab eorum commerciis abstinere. Principibus autem iniungimus ut propter hoc non sint christianis infesti ; sed potius a tanto gravamine Iudaeos studeant cohibere. Ac eadem poena Iudaeos decernimus compellendos ad satisfaciendum ecclesiis pro decimis et oblationibus debitis, quae a christianis de domibus et possessionibus aliis percipere consueverant, antequam ad Iudaeos quocumque titulo devenissent, ut sic ecclesiae conserventur indemnes. »

2. *Cf.* Nelson, *op. cit.*, pp. 16-18.

3. *Ordonnances des Roys de France de la troisième race* (cité *infra: Ordonnances*), I, p. 35 (c. 2).

4. Les idées de Blanche de Castille sur ce sujet ont été exposées par E. Berger, *Histoire de Blanche de Castille, reine de France*, Paris, 1895, *passim*.

les sommes empruntées devraient être remboursées dans un délai de trois ans[1]. Seules les considérations d'ordre religieux motivèrent la décision royale, d'autant plus qu'elle s'opposait aux réalités économiques et que Louis adopta une position entièrement différente lorsqu'il autorisa, au début de 1224, l'établissement des Lombards à Paris[2].

Il est inutile de souligner que l'ordonnance royale ne fut pas respectée. De grands vassaux, comme Thibaud de Champagne, roi de Navarre, formulèrent des réserves envers cet acte qui prétendait avoir vigueur de loi pour le royaume entier[3]. Qui plus est, même dans le domaine royal on continuait à recourir aux Juifs pour obtenir du crédit, et le Trésor royal encaissait de substantiels revenus de la part des créanciers juifs[4]. La répétition des ordonnances royales traitant de la question au cours des années suivantes, permet, plus que toute autre preuve, d'affirmer que les réalités économiques furent plus fortes que le dogmatisme religieux du couple royal[5].

Après la mort de Louis VIII en 1226, la régente Blanche de Castille ne changea rien à l'attitude royale à l'égard des Juifs malgré les difficultés fort embarrassantes auxquelles elle eut à faire face, comme les révoltes des barons, la menace d'intervention de la part d'Henry III d'Angleterre et la guerre contre les Albigeois. En 1227, elle renouvela la teneur de l'ordonnance de 1223, exigeant encore une fois de mettre un terme, en trois ans, aux affaires avec les Juifs et avertissant qu'après ce délai, les autorités ne prêteraient plus secours aux créanciers juifs pour forcer les débiteurs chrétiens à rembourser leurs dettes[6]. Cependant, une fois de plus, l'ordonnance royale n'eut pas de résultats pratiques ; en 1230, lorsque le délai des trois années accordé pour liquider les dettes arriva à son terme, le problème était encore loin d'être résolu. Néanmoins, cette fois-ci, la royauté était sortie plus forte des épreuves qui avaient affecté la régence et l'on pouvait prévoir raisonnablement que ses ordres seraient exécutés. L'assemblée des grands du royaume, réunie en décembre 1230 à Melun, servit de

---

1. *Ordonnances*, I, pp. 47-48 (8 novembre 1223).

2. Sur les considérations de Louis VIII, *cf.* G. J. Langmuir, « ' Judei nostri ' and the Beginning of Capetian Legislation », *Traditio*, XVI, 1960, pp. 215-216 ; Ch. Petit-Dutaillis, *Études sur la vie et le règne de Louis VIII*, Paris, 1894, pp. 414-418 ; F. Lot et R. Fawtier, *Histoire des Institutions françaises au Moyen Age*. II : *Institutions royales*, Paris, 1958, pp. 175-176.

3. A. Teulet, ed., *Layettes du Trésor des Chartes*, Paris, 1869, II, nos 1612 et 1620 (1223) ; H. d'Arbois de Jubainville, *Histoire des ducs et des comtes de Champagne*, Paris, 1869, V, preuve 1646.

4. L. Lazard, « Les revenus tirés des Juifs de France dans le domaine royal (XIIIe siècle) », *REJ*, XV, 1887, p. 235. La somme mentionnée comme revenu tiré des Juifs *(summa Judaeorum)* sous Louis VIII est 8 680 livres 13 sous. Le texte ne précise pas de quelle année du règne il s'agit.

5. *Cf.* Langmuir, *art. cit.*, pp. 222-225.

6. *Ibid.*, pp. 222-223.

cadre pour une nouvelle ordonnance, qui abolissait l'obligation de payer les intérêts des dettes déjà contractées ; celles-ci devraient être remboursées en trois paiements successifs, jusqu'à la Toussaint 1233. En même temps, il était interdit aux Juifs de prêter de l'argent aux Chrétiens. Les barons s'obligeaient, pour leur part, à faire respecter l'ordonnance, véritable loi, dans leurs domaines[1]. L'acte accuse la tendance à appliquer le droit canon dans la législation séculière du crédit ; il en aggrave même les dispositions en refusant l'assistance des officiers royaux, pour obliger les débiteurs chrétiens à rembourser leurs dettes. Bien que l'ordonnance ne fût pas adaptée aux réalités économiques et, par là même, ne pût avoir qu'une validité assez restreinte[2], son importance réside surtout dans le renforcement de l'autorité royale, qui, en cette circonstance, entendait faire respecter ses volontés[3]. Quant aux Juifs, qui furent réduits au servage[4], leur situation devenait précaire et ils recevaient un avertissement sérieux concernant le sort de leurs affaires avec les Chrétiens.

Quelle fut la réaction des Juifs parisiens et du domaine royal à ces dispositions ? Il est évident que Paris et ses alentours doivent être traités à part, puisque la concentration du pouvoir royal dans la ville était plus poussée que dans les provinces du vaste domaine des Capétiens[5]. Les Juifs parisiens pouvaient réagir en reconvertissant leurs activités, soit par la formation d'associations avec leurs confrères chrétiens, fondées sur l'analogie d'intérêts commerciaux, et l'établissement de contrats au nom de l'associé chrétien, soit par le truchement d'une dissimulation de l'opération de crédit sous une vente réservée du bien engagé que l'emprunteur pourra racheter au même prix[6]. Dans les deux cas, ils devaient jouir de

---

1. *Ordonnances*, I, pp. 53-54. Nous n'avons rien à ajouter, à ce propos, aux conclusions de Langmuir, *art. cit.*, pp. 203-239.

2. Étant donné que les prêts consentis par les Juifs étaient, pour la plupart, d'un montant peu élevé, l'autorité pouvait difficilement en contrôler les opérations (*cf.* Baron, *op. cit.*, XII, p. 143). Par ailleurs, l'administration royale n'était pas encore assez organisée dans la première moitié du xiiie siècle pour être en état de contrôler efficacement l'activité économique du pays, même lorsqu'il s'agissait des affaires les plus importantes. *Cf.*, en ce qui concerne les dettes dues aux Lombards, les conclusions de A. L. Funk, « The Confiscation of Lombard Debts in France », *Medievalia et Humanistica*, VII, 1952, pp. 51-55. Pratiquement, l'ordonnance de 1230 privait les créanciers juifs de l'aide des autorités, s'ils devaient y recourir pour obtenir le remboursement de leurs dettes.

3. L'évolution a été clairement résumée par Ch. Petit-Dutaillis, *La Monarchie féodale en France et en Angleterre*, Paris, 2e éd., 1952, pp. 343-351.

4. « Nec aliquis in toto regno nostro poterit retinere Judeum alterius Domini, et ubicumque aliquis invenerit Judeum suum, licite capere poterit tamquam proprium servum... » (*Ordonnances*, I, p. 53). Sur la nature du servage juif et ses origines, *cf.* Langmuir, *art. cit.*, p. 227 et n. 92.

5. *Cf.* Lot et Fawtier, *op. cit.*, pp. 372-376.

6. *Cf.* Baron, *op. cit.*, XII, p. 189.

la complicité des membres chrétiens de la société, et de celle des officiers royaux devant lesquels on devait enregistrer les actes.

C'est le procédé que nous dévoilent six documents du *Cartulaire de la Sorbonne*, concernant une opération de prêt dissimulée sous vente du bien engagé, prêt qui fut consenti au vif-gage.

I

Au mois de juillet 1231, le prévôt royal de Paris fit apposer son sceau sur un contrat de vente d'une pièce de terre de 4 arpents[1] de vigne et de terre arable, située près de la porte de Vanves. Le vendeur, Ansel de Vanves, reçut pour ce bien 10 livres parisis de l'acquéreur, le Juif Bonnevie[2] de Paris. Le contrat stipule la remise du bien à Ansel et ses successeurs, en tant que « tenure perpétuelle », en reconnaissance de quoi Ansel s'engage à livrer annuellement un doublier de vin[3], que Bonnevie devra venir chercher avec ses propres récipients au temps des vendanges[4].

1. L'arpent parisien était généralement le plus utilisé dans les domaines situés dans l'ancien département de la Seine ; il équivalait à 3 422,25 m² (*cf.* Fourquin, *op. cit.*, p. 49).

2. Nous n'avons pas réussi à obtenir de renseignements sur ce Bonnevie, en dehors de la mention de son nom dans les actes qui nous occupent ici. Le nom de Bonnevie était répandu parmi les Juifs de France (*cf.* L. Delisle, *Catalogue des actes de Philippe Auguste*, Paris, 1856, pp. 508-509 ; Nahon, *art. cit.*, p. 1144), ainsi que parmi ceux d'Angleterre (*cf.* l'Index des noms du *Calendar of the Plea Rolls of the Exchequer of the Jews*, H. Jenkinson, ed., London, 1929).

3. Le doublier, mesure de capacité, équivalait à 2 tonneaux. En raison de la multiplicité des mesures de capacité pratiquées dans la région parisienne et de leur diversité (ainsi le muid de Saint-Denis équivalait à 36 setiers de Paris, celui de Saint-Cloud à 17 setiers seulement), il est très difficile de convertir cette quantité en litres. Le tonneau parisien contient 804 litres et, à supposer que les mesures de Vanves soient à peu près les mêmes, Ansel se serait engagé à fournir 1 600 litres de vin environ (*cf.* Y. Renouard, « Recherches complémentaires sur la capacité du tonneau bordelais au Moyen Age », *Annales du Midi*, 1956, pp. 195-207 ; et A. Machabey, *La métrologie dans les musées de province et sa contribution à l'histoire des poids et mesures en France depuis le XIIIᵉ siècle*, Paris, 1962, pp. 176-180).

4. « Universis presentes litteras inspecturis prepositi parisienses salutem. Notum facimus quod Ansellus de Vannis vendidit Bone Vite judeo de Parisius quatuor arpenta in una tenente tam in vineis quam in terris sita an son mes juxta portum Vannarum pro decem libris paris. de quibus dictus Ansellus recognovit coram nobis sibi gratum fuisse ; que quatuor arpenta predicta idem judeus tradidit dicto Anselino tenenda ab eodem Ansello et heredibus suis imperpetuum pro uno duplario vini reddendo dicto judeo et heredibus suis annuatim in vindemiis ab eodem Ansello et heredibus suis, ita quod dictus judeus et heredes sui singulis annis tenentur in vindemiis duplarium vacuum de proprio sibi providere. Ad cuius rei testimonium presentes litteras ad petitionem partium sigillo prepositure parisiensis volumus sigillari. Actum A. D. Mᵒ CCᵒ XXXIᵒ, mense julio » (*Cartulaire*, nᵒ 6, p. 51).

Le compilateur du cartulaire, au XIVᵉ siècle, mit comme titre de l'acte : « Ad fossas rubras pro IIII arpenta terre et vinee » (fᵒ 142, nᵒ 356).

La forme de l'acte présente beaucoup d'analogies avec les diplômes des reprises en fief, qui se sont multipliées au XIIIᵉ siècle et qui témoignent de l'achèvement du processus de féodalisation[1] ; il est évident que, malgré cette analogie de forme, notre document ne s'insère pas dans cette catégorie. D'autre part, il ne s'agit pas non plus d'un placement d'épargne avec constitution de rente, opération qui est devenue courante dans les couches bourgeoises de la société et qui assurait aux acquéreurs des terres un prestige social qu'ils recherchaient[2]. Peut-être faut-il supposer que Bonnevie, mû par des considérations de pratique rituelle, cherchait une source de vin *kašēr* et, afin de l'obtenir, aurait acheté la vigne. Malgré l'existence certaine de pareils précédents[3], nous ne pouvons retenir cette hypothèse, surtout dans les circonstances créées par la fameuse ordonnance de 1230 ; en effet, l'observance stricte du rite ne s'accordait pas avec la remise de la vigne à Ansel ; les prescriptions du Talmud exigeaient la préparation du vin rituel par les Juifs eux-mêmes ; or Bonnevie n'était pas devenu vigneron par cet achat. Il est vrai que la doctrine rabbinique au Moyen Age avait assoupli ces prescriptions et que les Juifs requéraient l'aide des Chrétiens dans la préparation du vin reconnu comme *kašēr*[4]. Si Bonnevie ne cherchait qu'à se procurer une source de vin, il pouvait simplement arriver à un accord d'achat, soit des grappes, soit du vin ; pareil accord lui aurait épargné l'investissement du capital.

Ainsi, l'acte en question n'est qu'une dissimulation du prêt de 10 livres parisis sous une vente du bien engagé, sans réserver le droit de rachat, l'hypothèque restant entre les mains du débiteur[5]. Cette dissimulation du prêt s'imposait afin de ne pas contrevenir aux dispositions de l'ordonnance de 1230 et de faire enregistrer l'affaire. Ansel de Vanves y trouva ses avantages, puisqu'il pouvait rester en possession de tous ses biens, dont la terre en question était seulement une partie[6] ; l'obligation de payer l'intérêt en

---

1. Pour l'évolution générale du processus de féodalisation des campagnes au XIIIᵉ siècle et la technique de la reprise en fief, *cf.* Duby, *op. cit.*, p. 468. En ce qui concerne la région parisienne, M. Fourquin a mis en évidence, outre la confirmation de l'évolution générale, l'apparition de vassaux roturiers, issus pour la plupart de la bourgeoisie parisienne dont les membres achetaient des fiefs et se trouvaient ainsi encadrés dans le système féodal de tenure (*cf.* Fourquin, *op. cit.*, pp. 121-122).

2. *Cf.* Fourquin, *ibid.*, pp. 140-145 ; cependant le phénomène, n'est pas restreint à la seule région parisienne; on le constate également dans plusieurs régions en France.

3. *Cf.* Baron, *op. cit.*, XII, pp. 27-28.

4. *Cf.* J. Katz, *Juifs et Gentils* (en hébreu), Jérusalem, 1961 ; le recteur de l'Université hébraïque est arrivé à ces conclusions (pp. 38-49), en se fondant sur l'étude des textes talmudiques, tossaphistes et rabbiniques concernant le problème. Nous nous contentons d'y renvoyer le lecteur pour la documentation nécessaire.

5. La jurisprudence rabbinique semble avoir été à l'origine de ce système, dit du « vif-gage », marquant ainsi, comme le souligne à bon droit M. Baron (*op. cit.*, XII, p. 190), un progrès accentué par rapport aux lois européennes.

6. « ... sita an son mes » (*Cartulaire*, nᵒ 6, de 1231).

nature, sans devoir même investir pour l'achat des tonneaux, pouvait lui épargner les soucis de la vente de son vin et des fluctuations des prix. Les données du prix du vin dans la région parisienne au temps de saint Louis nous permettent d'estimer la valeur du doublier de vin ordinaire à 4 livres parisis[1], ce qui faisait un taux d'intérêt annuel de 40 % environ. Quant à Bonnevie, ses avantages dans l'affaire se soldaient aussi par une provision de vin *kašēr*, soit pour ses propres besoins, soit, comme nous le pensons, pour la vente aux Juifs de Paris, voire pour l'exportation aux communautés de Normandie ou des Pays-Bas, ce qui pouvait, le cas échéant, accroître ses profits[2].

II

Cependant, la première année révolue, des difficultés surgirent et les deux parties s'accordèrent pour changer les termes du contrat ; le nouvel acte fut enregistré en novembre 1232 par l'official de l'archidiacre de Paris :

« Nous faisons savoir que, en notre présence, Ansel fils du défunt Renaud de Vanves reconnut avoir vendu au Juif Bonnevie quatre arpents moins un quartier[3] de terre et de vigne, sis dans le mes dudit Ansel, près des Fosses Rouges[4], pour 15 livres parisis qui lui furent acquittées, comme il avoua devant nous ; et ledit Ansel prêta corporellement [serment de] fidélité

---

1. Ce calcul est fondé sur les données provenant des comptes de l'abbaye de Saint-Denis (*cf.* Fourquin, *op. cit.*, p. 197). Cependant, la somme ne représente qu'une estimation, puisque nous ne possédons pas de renseignements sur la qualité du vin à fournir, laquelle, par ailleurs, ne pouvait être établie qu'après les vendanges ; de même, il faut tenir compte du fait que le prix du vin sur le marché parisien fluctuait et qu'il nous manque des renseignements sur les prix de détail, ceux mentionnés dans les comptes de Saint-Denis devant vraisemblablement être des prix de gros.

2. Faute de renseignements sur le commerce du vin dans le secteur juif, notre propos sur l'exportation du vin *kašēr* de la région parisienne ne saurait être qu'une hypothèse de travail. Il serait pourtant logique, à notre sens, de supposer que les Juifs vivant dans les pays non viticoles aient acheté leur vin dans les pays mêmes d'où on l'importait pour l'ensemble de la population. La région parisienne, produisant le « vin français », vendait ses surplus, depuis le xiiie siècle, aux marchés de la Normandie et des Pays-Bas ; *cf.* J. Craeybeckx, *Les vins de France aux anciens Pays-Bas, XIIIe-XVIe siècles*, Paris, 1958, pp. 45-74.

3. Dans nos documents, c'est le seul lieu où l'on mentionne cette superficie. Il semble néanmoins qu'elle devait être la donnée exacte, tandis que la mention de « quatre arpents » serait une simplification.

4. Les « Fosses Rouges » (à l'origine, dénomination d'une section des fosses qui entouraient l'enceinte de Philippe Auguste) se trouvaient dans le quartier de l'actuel jardin du Luxembourg. Cette appellation tomba en désuétude au xive siècle ; *cf.* A. I. Berty, L. M. Tisserand, C. Platon, « Topographie historique du Vieux Paris », in *Histoire générale de Paris.* VI : *Région centrale de l'Université*, Paris, 1897. Ainsi on peut situer la terre d'Ansel entre la porte Gibert et le village de Vanves, c'est-à-dire dans les VIe et XIVe arrondissements actuels de Paris.

de ne pas contrevenir à cette vente et de la garantir selon les usages et les coutumes de France. Ledit Ansel reçut les quatre arpents en question du juif en fermage, pour 6 muids de vin à la mesure de Vanves[1] à percevoir perpétuellement chaque année dans ladite vigne, au temps des vendanges ; ledit Ansel prêta corporellement fidélité pour la livraison de ce vin. Et ledit juif promit, sur sa Loi, qu'il ne s'opposera à l'avenir à ce fermage. »[2]

Puisqu'il s'agit du même bien foncier, le document nous dévoile qu'au début de l'automne 1232, Ansel ne livra pas le vin qu'il s'était obligé à fournir à son créancier. Bonnevie avait probablement, selon l'allusion faite dans sa promesse de ne s'opposer plus au fermage, exigé la saisie du gage ; évidemment, cette demande devait être à l'origine des pourparlers qui furent engagés sur le sort de l'intérêt ; ils aboutirent à un nouvel arrangement entre les parties et dont les termes se trouvent dans le document qui fut enregistré par l'official de Paris. Nous ne savons pas comment interpréter ce recours à l'autorité ecclésiastique ; il est possible que les parties aient choisi cette procédure afin d'ajouter aux promesses d'Ansel la sanction d'un serment de caractère religieux. En tout cas, les arrérages de l'intérêt, arrondis à la somme de 5 livres parisis, furent ajoutés au capital prêté ; c'est ainsi que le contrat de « vente » fut établi pour la somme de 15 livres parisis. Cependant la quantité de vin à livrer par le débiteur resta inchangée, ce qui implique que Bonnevie dut consentir à une baisse du taux de l'intérêt annuel, qui arriva à 33 % environ. Nous ne savons pas quelles raisons avaient amené Bonnevie à consentir à cette baisse ; serait-ce le fait que la production réelle du vin provenant de la vigne engagée correspondait, à peu près, à la quantité qu'Ansel s'obligeait à fournir ? Dans ce cas, pourquoi Bonnevie n'exigea-t-il pas d'autres modalités de paiement ? Quoi

1. Nous n'avons pas réussi à retrouver la capacité du muid de Vanves ; le muid de Paris contenait, au XIIIe siècle, 268 litres (*cf.* Machabey, *op. cit.*, p. 176) ; celui de Saint-Denis contenait 281 litres (*cf.* G. Lebel, *Histoire administrative, économique et financière de l'abbaye de Saint-Denis...*, Paris, 1955, pp. 4-5). Faute de données précises et supposant que la vente du vin de Vanves sur le marché parisien ait provoqué un certain rapprochement de mesures, nous donnons à titre indicatif un total de 1 600 litres environ.

2. « Omnibus presentes litteras inspecturis officialis Haimerici ecclesie parisiensis archidiaconi, salutem in Domino. Notum facimus quod in nostra presentia constitutus Ansellus filius quondam Reginaldi de Vannis recognovit se vendidisse Bonevie, judeo, pro quindecim libris paris. iam solutis sicut confessus est coram nobis, quatuor arpenta tam terre quam vinee uno quarterio minus sita in maso dicti Anselli apud Fossam Rubeam, et de non contra veniendo et garentizando ad usus et consuetudines Francie idem A. fidem prestitit corporalem ; que quatuor arpenta recepit idem A. ab ipso judeo admodiationem pro sex modiis vini ad mensuram de Vannis percipiendis perpetuo annuatim in dicta vinea tempore vindemiarum ; de quo vino sic solvendo idem Ansellus fidem prestitit corporalem. Promisit autem idem judeus sub lege sua quod contra admodiationem istam non veniet in futurum. Datum anno Domini M° CC° tricesimo secundo, mense novembri » (*Cartulaire*, n° 10, pp. 54-55).

qu'il en soit, il est connu que le taux de l'intérêt fluctuait et dépendait du jeu entre l'offre et la demande du crédit[1].

Quant au changement de termes à propos de la condition de la ferme, il est dû au caractère juridique du contrat, rédigé selon «Les usages et les coutumes de France», à savoir le régime coutumier de Paris et de l'Ile-de-France[2], dont le fondement n'était pas féodal. C'est ainsi que le système de tenure, fondé sur les principes de la société féodale, fut remplacé par le bail à ferme, système qui s'accordait avec les réalités de la société bourgeoise.

III

La deuxième année accomplie, on constata, une fois de plus, qu'Ansel ne remplissait pas ses obligations envers son créancier ; de nouveaux pourparlers furent engagés et ils se soldèrent par un troisième contrat de vente, qui fut enregistré par l'official de l'archidiaconé de Paris en septembre 1233. Les principes de l'année précédente furent retenus par les parties comme fondements du nouvel accord et, ainsi, la dette fut établie à 20 livres parisis, somme qui représentait vraisemblablement la valeur réelle du bien en question. Il est probable que cette correspondance entre la dette et la valeur de l'hypothèque amena les parties à faire insérer dans l'acte quelques détails jusque-là ignorés. En effet, il était nécessaire de mentionner, selon l'usage, les droits seigneuriaux sur le bien foncier ; c'est pourquoi le document mentionne que la terre était grevée d'un cens de 3 deniers et un setier et demi de vin[3], à payer à l'abbaye de Sainte-Geneviève de Paris. Cette mention indique que l'abbaye était le seigneur de la terre et explique au mieux le besoin de dissimuler le prêt ; si les parties avaient rédigé un acte de crédit, le débiteur aurait dû prouver que le seigneur lui avait octroyé l'engagement du bien hypothéqué[4].

---

1. *Cf.* De Roover, *op. cit.*, p. 105 ; et Gilchrist, *op. cit.*, pp. 64-65.

2. « Les usages et les coutumes de France », rédigés pendant la première moitié du XIVe siècle, sont le résultat d'une évolution de quelques siècles du droit coutumier dans la région parisienne. L'influence de la société urbaine y est fort ressentie ; *cf.* Fr. Olivier-Martin, *Histoire de la coutume de la Prévôté et Vicomté de Paris*, Paris, 1922, I, pp. 48-49. Il est difficile de savoir si les notaires parisiens, qui employaient cette expression dans leurs actes, avaient sous les yeux une rédaction antérieure — du XIIIe siècle — de ces coutumes ; cette rédaction devenue inutile au siècle suivant et tombée en désuétude, on aurait supprimé les anciennes copies. En tout cas, à notre connaissance, il n'existe pas de texte de ces coutumes antérieur à 1306 ; nous ne pouvons donc pas savoir si ce droit comportait une attitude particulière à l'égard des Juifs.

3. Le muid de Paris contenait 18 setiers de vin ordinaire ou 16 setiers de vin fin (*cf.* Fourquin, *op. cit.*, p. 54).

4. L'ordonnance de Philippe Auguste de 1218 exige explicitement, dans le paragraphe 5, l'accord préalable du seigneur en cas d'engagement des biens fonciers : « Item, si aliquis Judaeus militi, vel burgensi, seu mercatori mutuo pecuniam tradidet,

Or, en raison des liens très étroits entre la célèbre abbaye parisienne et la royauté, un pareil accord seigneurial ne pouvait être envisagé en 1233, année où toutes les affaires de crédit avec les Juifs devaient être liquidées selon l'ordonnance de 1230. La dissimulation du prêt sous une vente de la terre facilitait les choses de ce point de vue. Notre document, en effet, ne fait aucune allusion à une obligation quelconque du vendeur de présenter le consentement du seigneur à la transaction. Ceci s'explique par le fait qu'une bonne partie de la seigneurie de Sainte-Geneviève — dont la terre en question — n'était plus tenue dans la première moitié du XIIIe siècle sous le régime des services féodaux, qui impliquaient des liens personnels entre le seigneur et le tenancier. Puisque, dans le nouveau système, les services furent transformés en redevances et rentes pécuniaires, les tenanciers y trouvaient une possibilité plus souple de substituer les possesseurs des biens sans devoir recourir au consentement des officiers de l'abbaye ; à la condition que les redevances soient payées régulièrement, ces transactions se passaient de l'accord du seigneur et, parfois, les noms des anciens tenanciers continuaient à figurer dans les censiers[1].

En même temps, l'expérience des deux premières années amena Bonnevie à exiger des clauses qui devaient garantir aussi l'acquit de l'intérêt et spécifier la procédure à suivre en cas de non-livraison du vin qui lui était dû par Ansel. Le texte présente un certain intérêt :

« Il est aussi à savoir que ledit juif Bonnevie a reconnu avoir donné et concédé audit Ansel et à ses hoirs ladite terre et vigne en fermage pour huit muids de vin à la mesure de Vanves[2] ; et il fut stipulé par eux que, s'il manquait à la livraison dans la première année, le juif récupérerait ce qui manquerait dans l'année suivante ; s'il manquait dans la seconde année, ledit juif prendrait possession de la vigne et terre, nonobstant les livraisons déjà effectuées, libres et quittes [de toute revendication]. Et ledit Ansel ne pourra transmettre ladite vigne à autrui afin de l'extirper sans la permission du juif... »[3]

---

pro debito suo accipiet assignamentum, a debitore, haereditatis, tenementi vel redditus per assensu Domini de quo debitor tenet » (*Ordonnances*, I, p. 36).

1. *Cf.* M. Giard, « Étude sur l'histoire de l'Abbaye de Sainte-Geneviève de Paris jusqu'à la fin du XIIIe siècle », *Mémoires de la Société d'Histoire de Paris et de l'Ile de France*, XXX, 1903, pp. 41-126. On trouvera quelques exemples de cette pratique dans le livre des comptes du cellerier de l'abbaye, encore inédit (Bibl. Sainte-Geneviève, Paris, ms. n° 351, Censier de l'abbaye de Sainte-Geneviève ; livre du cellerier, XIIIe siècle).

2. En prenant encore une fois comme indicatif les mesures de Paris, il s'agirait de 2 150 litres de vin environ, estimés à 5 livres parisis.

3. « Universis presentes litteras inspecturis officialis archidiaconi parisiensis salutem in Domino. Notum facimus quod coram nobis constitutus Anselinus de Vannes quondam filius Renaudi de Vannes recognovit se vendidisse pro viginti libris paris. iam sibi solutis ut dicebat, Bonevite judeo quatuor arpenta tam vinee quam terre

Cette disposition à propos de l'intérêt signifie la volonté de Bonnevie de ne pas trop hasarder les arrérages des paiements. L'intérêt cumulé pendant les deux années écoulées double la dette initiale, au point que son montant a atteint la valeur du bien engagé. Un nouveau cumul d'intérêts aurait provoqué des pertes au créancier, qui se serait trouvé dans l'impossibilité de réaliser le capital et ses intérêts, en cas de mise en vente du bien hypothéqué. Le consentement à cette volonté de Bonnevie prouve que, sauf une intervention directe de la part de la royauté, il n'y avait personne à Paris qui fût prêt à repousser pareilles conditions du créancier, conditions qui s'accordaient avec l'opinion publique. Dans les circonstances économiques du marché parisien, ces conditions étaient nécessaires pour assurer le fonctionnement du crédit, soit de Juifs à Chrétiens, soit entre Chrétiens. Le droit de saisir l'hypothèque en cas d'arrérages de l'intérêt après deux années est formulé par le truchement d'annulation du bail, ce qui implique que d'ores et déjà, selon « Les usages et les coutumes de France », Bonnevie était reconnu comme véritable propriétaire de la vigne en question, sans aucun droit d'intervention seigneuriale, et son droit de propriété lui était garanti juridiquement contre toute tentative et prétention, de quelque part qu'elle pût être formulée. Pour défendre ce droit, non moins que pour sauvegarder ses intérêts pécuniaires, on prit soin de spécifier dans l'acte l'obligation du débiteur d'obtenir préalablement le consentement de Bonnevie au cas où il voudrait aliéner la vigne, afin qu'elle soit extirpée pour la parceller ; cette pratique, déjà connue depuis le xiie siècle[1], était profitable au lotisseur, en raison de l'expansion urbaine de Paris au xiiie siècle, expansion qui commençait à atteindre la région environnante.

---

arabilis, sitas ad Fossas rubeas pro quibus debetur Sancte Genovefe parisiensi tres denarii et sextarium et dimidium vini, quitta et libera ab omni alio censu debito, consuetudine vel coustuma, promittens dictus Anselinus fide prestita corporali quod dictam venditionem contra omnes garentizabit, et quod contra per se aut per alium non veniet in futurum. Item sciendum est quod idem Bonevita judeus recognovit se dedisse et concessisse dicto Anselino ac ejus heredibus predictam terram et vineam ad modiacionem [*sic*] pro octo modiis vini ad mensuram de Vannes ; et condictum fuit inter ipsos quod si deffectus esset in admodiatione [*sic*] in primo anno ipse judeus recuperaret deffectum suum in secundo anno, et si in secundo defficeret idem judeus caperet et haberet vineam suam et terram quittas et liberas non obstante traditione admodiationis antedicta ; et idem Anselinus non poterit dictam vineam alii tradere ad excolendam sine licencia ipsius judei ; et de premissis tenendis idem Anselinus fidem in manu nostra prestitit corporalem. In cujus rei testimonium presentes litteras sigillo nostro sigillavimus, salvo jure alieno. Actum anno Domini M° CC° XXXIII°, mense septembri ⁕ (*Cartulaire*, n° 13, pp. 56-57).
1. *Cf.* L. Halphen, *Paris sous les premiers Capétiens*, Paris, 1909, *passim*.

IV

Quelque temps après l'enregistrement de l'acte de 1233, Ansel de Vanves mourut[1] et Bonnevie entra en possession du bien engagé. Cependant, la veuve d'Ansel, Émeline, qui s'était remariée avec Robert Le Maçon, d'Issy, revendiqua des droits sur la terre en question qui, de son aveu, lui avait été assignée du vivant de son premier mari comme douaire. Bonnevie dut arriver à un compromis, fait en février 1235 devant le même official, en dédommageant Émeline, qui reçut 4 livres 10 sous parisis en reconnaissance de la renonciation à ses droits[2].

Il est intéressant de saisir au passage que ce document, rédigé après la promulgation de l'ordonnance royale de 1234 qui interdisait aux officiers royaux de forcer les Chrétiens à vendre des biens immeubles (donc fonciers) pour rembourser des dettes aux Juifs[3], ne fait aucunement état de cette disposition. Nous ne savons pas si le second mari d'Émeline, qui représentait sa femme dans les négociations, n'avait pas demandé l'annulation de la saisie de la vigne d'Ansel par Bonnevie ; en tout cas, même s'il y avait eu pareille exigence, elle ne fut pas retenue. Le dédommagement des prétentions formulées par Émeline n'est pas sans précédent dans les affaires foncières au XIIIe siècle et n'a rien à voir avec la condition de Bonnevie.

V

Cependant, Bonnevie ne put encore jouir tranquillement de sa propriété, où il fit planter la terre arable, sans doute pour accroître

---

1. Dans l'acte de février 1235 (*Cartulaire*, n° 15), Ansel est mentionné comme défunt et sa veuve était déjà remariée. Nous croyons donc qu'il mourut en 1234.

2. « Universis presentes litteras inspecturis officialis archidiaconi parisiensis, salutem in Domino. Notum facimus quod coram nobis constituti Robertus Cementarius de Yssiaco et Emelina ejus uxor recognoverunt quod defunctus Ansellus de Vannes quondam maritus dicte Emeline vendiderat eadem Emelina absente quatuor arpenta tam vinee quam terre sitarum ad Fossas rubeas apud Vannes Bonevite judeo parisiensi ; quam siquidem venditionem ipsi Robertus et Emelina coram nobis fide media quittaverunt, et eadem Emelina quittavit sub fine prestita doarium suum si quod habebat in vinea et terra, et fidem dedit quod quittationem istam faciebat sponte sua ; et pro ista quittatione recognovit idem Robertus et Emelina se habuisse a dicto judeo quatuor libras et dimidiam. Actum anno Domini M° CC° XXXIIII°, mense februario » (*Cartulaire*, n° 15, p. 58).

3. L'ordonnance royale de 1234, qui annulait un tiers des dettes contractées envers les Juifs, interdisait aux baillis d'emprisonner des Chrétiens qui avaient failli à rembourser les prêts dus aux Juifs ou de mettre en vente leurs biens immeubles : « Praeceptum est etiam districte omnibus Bailivis, ne corpora Christianorum capiantur pro debito Judaeorum, et quod Christiani non cogantur pro hoc ad vendendum haereditates suas » (*Ordonnances*, I, p. 55).

ses revenus. On lui fit rapidement savoir que la vigne et la plantation faisaient partie de la censive d'un certain Pierre Loiseleur
de Bagneux, qui partageait la jouissance de ses revenus avec
Jean d'Ivry et sa femme et avec Geoffroi de Caus. Ils présentèrent
leurs revendications à l'égard d'un cens annuel de 18 deniers qui
leur était dû. Bonnevie, lorsqu'il avait reçu en 1231 le gage,
n'avait pu se livrer à une enquête sur les titres de la propriété
et sur les rentes dues par son possesseur et, conformément à des
cas déjà classiques dans l'histoire du crédit juif au Moyen Age[1],
il avait dû accepter les risques ; ainsi, il lui resta seulement à com-
poser avec les possesseurs de la censive. Il s'engagea à payer le
montant annuel du cens et, afin d'obtenir la quittance, versa, en
octobre 1235, un relief de 40 sous parisis, relief qui était devenu
habituel dans les transactions foncières de la région parisienne[2].

VI

L'affaire de 1231 se trouva ainsi compliquée. Le prêt des 10 livres
aboutit à un achat régulier d'une terre et notre créancier se trouva
possesseur d'un bien foncier qui exigeait des soins perpétuels ;
la gestion de ce bien devait s'exercer soit directement avec l'aide
d'ouvriers salariés, soit par remise à un fermier. Dans les deux
cas, il s'agissait de frais d'entretien, qui s'ajoutaient aux investissements directs — dont le capital prêté en 1231 —, soit 10 livres,
au dédommagement et relief payés en 1235, soit 6 livres 10 sous,
et à une somme non mentionnée qui représentait les frais de la
plantation. Le paiement des cens à l'abbaye de Sainte-Geneviève
et à Pierre Loiseleur, quoiqu'il s'agît de sommes peu élevées,
amoindrissait les revenus annuels de la vigne et ceux de la plantation, qui vraisemblablement ne portait pas encore de fruits.
A toutes ces considérations, il faut en ajouter une autre qui devait

---

1. *Cf.* Baron, *op. cit.*, XII, pp. 120 ; 299-201, notes.

2. « Omnibus presentes litteras inspecturis officialis Haimerici ecclesie parisiensis
archidiaconi, salutem in Domino. Notum facimus quod in nostra presentia constituti
Petrus Loiseleor, Johannes de Ivriaco et Aalesia uxor ejus, Gaufridus de Caus quittaverunt Bone Vite judeo in perpetuum unam petiam vinee quam plante, sitam ad
Fossas Rubeas in censiva dicti Petri Loiseleor ad decem et octo denarios censuales
eidem P. et heredibus suis singulis annis in festo Sancti Remigii persòlvendis ; et hec
promisit judeus antedictus et pro istis decem et octo denariis prout dictum est persol-
vendis ipsi tenentur dictam petiam eidem judeo ab omni consuetudine et ab omnibus
redditibus imperpetuum garentizare contra omnes ; quam petiam idem judeus emit
de Ansello filio Reginaldi de Vannis, promittens fide media quod contra quittationis
hujusmodi non venient in futurum et quod eamdem petiam dicto judeo contra omnes
garentizabunt ; pro qua quittatione idem judeus eisdem Johanni, Aalesie et Gaufrido
et pro garendia ista dedit pro bono pacis XL. solidos de quibus iidem quittatores
confessi sunt sibi esse plenius satisfactum. Datum anno Domini Mº CCº XXXVº,
die lune post festum beati Luce [lundi, le 22 octobre 1235] » (*Cartulaire*, nº 17, pp. 59-
60).

être souvent présente à l'esprit de Bonnevie, à savoir la détérioration de la condition des Juifs en France sous saint Louis ; les
changements qui ont affecté la vie des Juifs français faisaient croître
les risques auxquels était exposée la possession des biens immeubles,
que l'on ne pouvait pas liquider facilement en cas de départ ou
d'expulsion. Ainsi une opération de cette nature, moins rentable
que le crédit, devenait bien plus risquée. Conduit par ces raison-
nements, Bonnevie décida donc de se dessaisir de la propriété le
plus rapidement possible. En juin 1236, il trouva acquéreur
dans la personne de Ferry Popin, un des plus importants bourgeois
parisiens du temps, dont la famille était destinée à jouer un rôle
prépondérant dans la vie municipale de Paris au Moyen Age[1].
Il réussit à vendre le bien à Ferry Popin pour la somme de 20 livres
parisis[2], somme qui représentait sans doute la valeur réelle de la
propriété.

*

Grâce à ces six documents du *Cartulaire de la Sorbonne*, nous
avons eu la possibilité de retracer l'aventure d'un Juif parisien,
qui fut obligé, dans les circonstances survenues après la promulgation de l'ordonnance de 1230, de dissimuler un prêt de 10 livres
qu'il avait consenti à un habitant du village de Vanves. Cette
affaire transforma notre prêteur en propriétaire foncier, à vrai dire
malgré lui, si bien qu'il se hâta de se débarrasser de cette propriété
aussi rapidement que possible. Il est très difficile de procéder à
une estimation quelconque des profits que Bonnevie avait réalisés
dans son affaire; à supposer que, dans les trois années d'exploitation directe (1234-1236), il ait pu jouir des revenus provenant de

---

1. Les Popin, marchands parisiens, ont fait leur fortune aux xiie et xiiie siècles ;
avec la croissance de leur fortune et leur ascension sociale, ils ont acheté au cours
du xiiie siècle des biens fonciers dans la région et, vers la fin du siècle, on les trouve
exerçant la fonction de prévôts de marchands, pratiquement maires de la capitale ;
cf. les notes que leur ont consacrées : L.-M. Tisserand, *Les prévôts des marchands
antérieurs à Étienne Marcel*, Paris, 1874, *passim;* et Borrelli de Serres, *Recherches
sur divers services publics, du XIIIe au XVIIe siècle*, Paris, 1895, I, p. 559.

2. « Omnibus presentes inspecturis officialis archidiaconi parisiensis, salutem in
Domino. Notum facimus quod in nostra presentia constitutus Bonevie judeus recognovit se vendidisse Ferrico Popin civi parisiensi et heredibus suis pro viginti libris
paris. iam solutis, sicut idem venditor confessus est coram nobis, quamdam peciam
vinee sitam apud Vannes apud Fossas rubeas in censiva Petri Loiseleor de Balneolis
ad decem et octo denarios censuales ut dicebant. Promisit etiam idem judeus in lege
sua quod contra premissam vendicionem de cetero non veniet et quod eamdem vineam
dicto Ferrico garentizabit ad usus et consuetudines Francie contra omnes. De hac
autem vendicione tenenda et ut dictum est garentizanda contra omnes preterquam
contra dominum regem, Odo de Valle et Dyonisius de Curia de Vannis, uterque in
solidum et per fidem, se plegios constituerunt coram nobis. Datum anno Domini
M° CC° tricesimo sexto, mense junio » (*Cartulaire*, n° 18, p. 60). Il n'est pas à exclure
que Bonnevie ait dû payer une somme d'argent à Eudes des Vaux et à Denis de
la Cour de Vanves pour leur complaisance à lui servir de garants.

la quantité de vin qu'il devait recevoir en tant qu'intérêts sur son capital, nous pouvons estimer qu'il obtint environ 12 livres parisis, qui représenteraient son profit net. Pour un prêteur professionnel, c'était un profit très restreint, d'environ 15 % par an à calculer pour les années 1231-1236 ; le taux était donc réduit à un tiers du taux habituel à l'époque. Si Bonnevie procurait ses fonds avec le concours d'associés dont il était le fondé de pouvoir, on peut supposer que l'affaire lui a causé des pertes substantielles, puisqu'il lui fallait faire la part de ses associés.

Une autre constatation qui s'impose en cette affaire est la complicité générale qui aida les parties à dissimuler le crédit. Cette complicité prouve que les réalités économiques étaient plus fortes que la volonté royale et que le monde des affaires était peu disposé à faire respecter les ordonnances royales, même dans le centre du rayonnement du pouvoir de la dynastie ; ce qui permet de supposer que d'autres affaires du même genre furent plus profitables aux créanciers, car autrement les sources du crédit juif dans la région parisienne auraient été très rapidement taries. Or, les répétitions des ordonnances royales qui prohibaient le recours des Chrétiens aux créanciers juifs et qui suscitaient toutes sortes d'obstacles quand ces derniers voulaient se faire rembourser leurs avoirs[1], prouvent, à elles seules, que ce n'était pas le cas. Évidemment, la nécessité de dissimuler les prêts sous une vente des biens a entraîné des risques pour les créanciers juifs ; il en résulta parfois des péripéties et des complications, mais ni emprunteurs ni prêteurs n'avaient fait défaut ; le marché du crédit, facteur essentiel de l'activité économique de la société, ne pouvait s'en passer.

---

1. Ce sont les ordonnances de 1234, 1254 et 1257 (*Ordonnances*, I, pp. 55-56, 75, 85) qui nous intéressent ici. *Cf.* aussi les remarques de G. Nahon, « Les Juifs dans les domaines d'Alfonse de Poitiers, 1241-1271 », *REJ*, CXXV, 1966/1-3, pp. 167-211.

INDEX

Conformément aux normes de Variorum Reprints, l'index est
sélectif, contenant les tables onomastiques, des lieux et des
matières. Les noms des pays, ainsi que des noms très fréquents, tels chrétiens, juifs, musulmans, Bible, Vulgate, etc.,
ont été omis. Nous avons adopté les règles suivantes :

A. Partie onomastique.
* Les noms des personnes avant 1500 figurent selon les
prénoms et les surnoms.
** Les personnes d'après 1500 figurent selon leur nom de
famille.
*** La transcription des noms hébraïques et arabes suit la
forme la plus fréquente des publications, malgré les
variantes dues aux exigeances de certaines revues.
****Les noms occidentaux sont toujours en français, même
quand il s'agit des anglais, allemands ou italiens; e.g.
Henri, Guillaume, Jean, Pierre.

B. Les noms des lieux sont en français.

C. Les termes et les titres d'ouvrages, en langue originale, sont soulignés.

Yves,évêque de Chartres:
I 586-589;XIII 626

Zacharias,prêtre:VI 804-806,808

Zacutto,Abraham, compilateur de
Yohassin: X 39
Zuckerman,A.J.: XV 191,193-195,
197,199-201